다문화
사회와
리터러시
이해

리터러시 총서 01

다문화 사회와
리터러시 이해

초판 1쇄 인쇄 2020년 11월 13일
초판 1쇄 발행 2020년 11월 20일

지 은 이 김영순 장은영 김진석 장은숙 김창아 안진숙 정지현 윤 영 최승은 정소민
펴 낸 이 박찬익
편 집 장 한병순

펴 낸 곳 (주)박이정
주   소 경기도 하남시 조정대로45 미사센텀비즈 7층 F749호
전   화 (02)922-1192~3 / (031)792-1193, 1195
팩   스 (02)928-4683
홈페이지 www.pjbook.com
이 메 일 pijbook@naver.com
등   록 2014년 8월 22일 제2020-000029호

I S B N 979-11-5848-474-3 93300

리터러시
총 서
01

다문화 사회와 리터러시 이해

김영순
장은영
김진석
장은숙
김창아
안진숙
정지현
윤 영
최승은
정소민

한국리터러시학회

발간사

우리 학회가 오랫동안 준비해 온 리터러시 총서 제1권 『다문화 사회와 리터러시 이해』가 드디어 발간되었습니다. 이 책에서 다루고 있는 교육, 가정, 인공지능, 영화, 애니메이션, 청소년, 유학생 등의 리터러시 문제는 다문화 사회로 변모해 가고 있는 우리 사회를 이해하고 발전시켜 나가는 데 크게 도움이 되리라 생각됩니다.

우리 학회는 2010년 대학작문학회로 출발하여 대학 글쓰기 분야의 발전에 크게 기여해 왔으며, 2017년에는 본 학회의 학술지 『대학작문』이 한국연구재단의 등재지가 되면서 명실상부한 대학 글쓰기 분야를 대표하는 학회가 되었습니다. 그리고 우리 학회는 2017년 12월에 한국리터러시학회로 이름을 바꾸고 그 연구 영역의 외연을 크게 넓혀서 오늘에 이르렀습니다.

그동안 우리 학회는 정기적인 학술대회와 콜로키움을 통해 한국 사회의 리터러시 문제에 대해 깊이 천착해 왔으며, 특히 대학, 초중등, 한국어, 직업, 미디어, 다문화, 문학 등 여러 리터러시 세부 분과를 중심으로 보다 심도 있는 연구를 해 오고 있습니다.

우리 학회의 목표 중 하나는 한국 사회 리터러시 분야의 지식체계를 구조화할 수 있는 이론을 개발하고 이를 사회발전에 환원하는 데 있습니다. 이러한 목표를 잘 달성하기 위해 '리터러시 총서'를 발간하게 되었습니다. 앞으로도 총서를 발간하는 사업을 지속적으로 추진함으로써 우리 학회의 여러 연구 분과를 더욱 활성화시키고, 그것을 통해 얻어지는 연구 결과물을 총서 형태로 계속 엮어 가고자 합니다.

이 책을 집필하신 김영순 교수님을 비롯한 집필자 여러분께 깊이 감사드립니다. 그리고 학회 발전과 총서 발간을 위해 여러모로 애써 주신 노명완 초대회장님, 정희모 전 회장님, 출판위원장님을 비롯한 총서출판 TFT 위원 여러분께 깊이 감사드립니다. 또한 이 뜻있는 총서 발간 사업이 무리 없이 잘 진행될 수 있도록 물심양면으로 지원을 아끼지 않으신 박이정출판사 박찬익 사장님과 임직원 여러분께도 감사 말씀을 드립니다.

2020. 8. 15
한국리터러시학회 회장 김종록

다문화 사회의 리터러시를 위하여

눈이나 입으로 읽는 독서를 흔히 '색독(色讀)'이라 하며, 마음 깊이 절실한 마음으로 읽는 독서를 '심독(心讀)'이라 한다. 우리가 이 책에서 논의하고자 하는 리터러시는 이와 같은 색독과 심독의 범주를 넘어서는 개념으로 사용하고자 한다.

독서를 읽을 줄 아는 수용자의 역량이라고 간주하면 리터러시는 읽고 쓸 줄 아는 능력과 이를 사회적으로 실천할 줄 아는 참여 능력을 의미한다. 다시 말해 리터러시는 한 사회의 구성원으로 생활하기 위해 텍스트를 이해하고 의사소통할 수 있는 기본 능력이며, 그 사회가 요구하는 역할을 수행하고 그 속에서 자신의 지식과 잠재력을 개발하기 위해 활용하는 능력이라고 볼 수 있다.

이 책에서는 사회적으로 실천할 줄 아는 참여 능력, 즉 '사회 참여'의 차원으로 리터러시의 개념과 사례를 제시할 것이다. 특히 다문화 사회의 맥락에서 리터러시를 처음 학문적으로 대하는 독자들이 리터러시를 어떻게 이해하고 활용할 수 있는가를 논의할 것이다. 아울러 다문화 리터러시(Multicultural Literacy)란 개념을 부각시키고자 한다. 이 다문화 리터러시는 '다양한 문화를 읽을 수 있는 능력'을 말한다. 흔히 '다문화 리터러시 능력이 있다'고 하는 것은 다문화 사회를 살아가기 위해 필요한 기본적인 소양을 가지고 있으며, 다문화 사회의 구성원으로서 문화 다양성을 인식하고 있음을 의미한다.

알려진 바와 같이 다문화 사회에서는 다양한 집단에 대한 이해, 포용 및 공존의 방식에 대한 합의를 도출할 능력과 소통 기술이 필요하다. 구체적으로 모든 공동체 구성원이 소수집단을 인정해야 하며, 이들의 사회권과 문화권을 동시에 존중하는 등 국민 전체를 대상으로 한 다문화 리터러시교육이 요구된다. 이러한 다문화 사회의 시대적 요구가 이 책의 집필 이유라고 볼 수 있다.

이 책은 3개의 부와 9개의 장으로 구성된다. 우선 1부 '리터러시 이론과 방향'은 1장 '다문화 사회의 리터러시와 프락시스', 2장 '다문화 리터러시와 생산적 권력', 3장 '인공지능 기반 디지털 리터러시와 세계시민교육의 방향'으로 구성된다.

1장 '다문화 사회의 리터러시와 프락시스'에서는 다문화 사회의 맥락 하에 리터러시와 프락시스를 변증법적 관계로 소급시켜 명제로서의 리터러시를, 반명제로서의 프락시스로 상정한다. 리터러시를 프락시스와 연계하여 강조하는 이유에 대해 저자는 인간을 둘러싼 사회문화적 텍스트가 자본과 이데올로기화로 심화되는 현실을 염려한다. 이 현실에서 개인은 더욱 단순해지고 테크놀로지의 힘에만 의지하게 된다. 이것이 심화되면 리터러시도 프락시스도 잃게 될 것이라고 주장한다. 따라서 우리에게 주어지는 세상의 텍스트들이 정교화되면 될수록 우리의 리터러시 역시 한층 정교화되어야 하고 프락시스는 더욱 더 적극적이어야 한다. 그러려면 비판적 행위의 프락시스가 타인과의 상호소통 과정에서 활발히 수행되어야 할 것이라고 강조한다.

2장 '다문화 리터러시와 생산적 권력'에서는 다문화 리터러시와 비판적 리터러시 관계에 대해 논의한다. 특히 이 둘의 접점은 디자인을 통해 생산적 권력을 창출해 낸다고 주장한다. 저자는 다문화 시대의 교육은 흔히 통합의 이름으로 동일화와 불공평을 자연화한다고 강조한다. 그러면서 다문화 리터러시교육은 비판적 분석으로 교육의 자연화나 당연시함을 경계하고, 다양성을 기반으로 하는 디자인은 재구성과 변화를 위한 가능성을 만들어낼 수 있다고 본다. 저자는 진정한 다문화 사회를 위해 자신과 공동체의 변화를 위한 실천으로 디자인을 강조한다. 비판적 리터러시에 기반한 다문화 리터러시교육은 오늘날 우리 사회와 학교에서 선전구호처럼 외치는 다양성에 대한 무비판적 존중을 넘어서, 우리 삶에 만연하는 불평등에 대한 인식을 통해 진정한 상호이해와 공동체 의식 함양을 주장한다.

3장 '인공지능 기반 디지털 리터러시와 세계시민교육의 방향'에서는 학습자들이 세계시민교육을 통해 의사소통 능력, 창의성, 비판적 사고능력뿐만 아니라 융합, 다문화 이해 및 공감 역량을 신장할 수 있는 효과적인 방안에 대해 논의한다. 저자들은 리터러시의 중요성을 21세기 학습자들의 특성을 고려하여 테크놀로지의 활용과 연결한다. 이와 더불어 학습자들이 다양한 의사소통 채널을 통해 접하게 된 글로벌 이슈들을 탐색·이해하며, 학우들이나 문화적 배경이 다른 사람들과 소통하고 협력하여 그들을 분석·평가·창조할 수 있는 방향을 제시하였다. 무엇보다 학습자의 니즈를 바탕으로 세계시민교육의 주제를 선정하며, 그에 적합한 과제를 개발·구현하기 위해서는 교사교육이 필수불가결하다고 본다.

2부 '교육과 리터러시'에는 4장 '다문화 대안학교 학생의 다중적 다층양식 리터러시', 5장 '스토리텔링교육과 다문화 가정 청소년의 리터러시', 6장 '고등학생의 다문화 리터러시 경험과 의미'가 자리한다.

4장 '다문화 대안학교 학생의 다중적 다층양식 리터러시'에서는 교육연극 수업 사례에서 나타난 리터러시 사례에 주목한다. 저자는 리터러시의 각 층위에서 나타난 특성을 다중 리터러시와 관련하여 설명한다. 1층위에서 나타난 의사소통의 특징은 유동성에 두고 학생들은 연극으로 만들고 싶은 이야기의 선정과 재구성에서 자신의 주요 경험을 활용하였다고 본다. 연극공연을 통한 학생들과 관객의 소통을 나타내는 2층위에서는 상호성이 의사소통의 핵심으로 작용하였다. 3층위의 의사소통은 순환성을 특징으로 한다. 특히 3분기 연극공연은 교사의 비디오 녹화뿐만 아니라 관객으로 참여한 O학교 초등구성원들의 핸드폰과 기억을 통해 기록되고 이야기되는 모습을 통하여 '그들만의' 이야기가 '모두'의 이야기가 될 수 있게 하였다.

5장 '스토리텔링교육과 다문화 가정 청소년의 리터러시'에서는 다문화 가정 청소년들이 다문화 가정 자녀라는 사회적 약자의 관점에서 차별과 결핍을 해소해야 하는 지원의 대상으로 바라보는 시각이 존재한다는 점을 인식하고 있다. 하지만 다문화 가정 청소년은 사춘기라는 시기적 특성상 다문화 정체성보다는 자아 정체성을 바탕으로 자신의 개인적 역량이 그들이 속한 사회 속에서 어떻게 수용되는지에 더 관심이 많았다는 것에 주목해야 한다. 저자는 다문화가 아닌 청소년의 관점에서 자신들을 인식하기를 원하며, 다문화 리터러시와 관련하여 다문화 가정 청소년은 자신들의 다문화 정체성에 대한 이해 수준과 사회적 인식의 격차를 지적하고 있다. 다문화 가정 청소년의 다문화 정체성은 사회적인 상호문화 감수성의 수준에 따라 결정된다고 보았고, 이를 해결하기 위해서는 다문화 리터러시 역량의 강화를 요구했다.

6장 '고등학생의 다문화 리터러시 경험과 의미'는 한국의 다수 고등학생들의 다문화인식 개선을 위해 구안된 다문화 리터러시교육을 분석하고, 이 프로그램에 참여한 학습자들의 학습활동 경험을 수집, 해석하여 연구참여자들의 의식의 변화 양상을 고찰하였다. 다문화 리터러시교육 프로그램은 연구참여자들에게 잠자는 다문화, 침묵의 다문화에서 소통을 이끌어내고, 문맹의 다문화에서 리터러시를 함양시키는 학습활동 과정을 담고 있었다. 저자들은 연구참여자들이 앎의 교육, 성찰의 교육, 행함의 교육을 통해 인식의 변화를 경험할 수 있었음을 보고한다. 또한 연구참여자들이 지식구성 경험 차원의 상호문화 감수성, 태도형성 경험 차원의 상호의존성, 행동실천 경험 차원의 전 지구적 공동체의식을 함양한다고 보았다.

3부 '미디어 리터러시 사례'는 7장 '다문화 사회와 외국인 유학생의 미디어 리터러시', 8장 '한국어교육에서의 영화 리터러시교육 방법', 9장 '상호문화 감수성과 애니메이션 리터러시'로 구성된다.

7장 '다문화 사회와 외국인 유학생의 미디어 리터러시'는 동남아시아계 국가 출신 유학생의 미디어 경험을 통하여 이주민 소수자 미디어에 나타난 재현방식과 차별문제를 파악하고 소수자의 전형적인 이미지 재생산 방식에 대한 문제점을 해결하기 위한 대안적 방향을 모색하고자 하였다. 저자는 동남아시아계 국가 출신 유학생의 미디어 경험은 두 가지 차원, 즉 소수자 미디어 재현에 대한 비판적 차원과 소수자 되기를 위한 실천적 차원에 방점을 두고 분석하였다. 이들의 미디어 경험을 분석한 결과, 소수자 미디어 재현에 대한 비판적 차원에서는 '제노포비아 조장', '수혜자 삶 클로즈업', '지배적 담론의 순응 강요'라는 주제가 도출되었다. 그리고 소수자 되기를 위한 실천적 차원에서는 '저항적 주체', '정체성의 정치', '능동적 구성원'이라는 주제가 도출되었다.

8장 '한국어교육에서의 영화 리터러시교육 방법'은 현대와 같은 지식정보화 시대에는 다양한 미디어들에 접근해 그 정보를 능동적, 비판적으로 읽어내고 소통하는 것이 중요하다는 전제 하에 한국어 학습자를 위한 영화 리터러시교육 방안에 대해 제안하였다. 이에 저자는 스마트폰과 영상에 익숙한 한국어 학습자들에게도 영화를 포함한 여러 미디어 리터러시교육이 수업 현장에서 이루어져야 한다는 필요성을 바탕으로 한국어 학습자들이 가장 익숙하게 접하는 한국영화를 비판적으로 읽어 내는 방법에 대해 제안하였다. 이 방법에 따라 영화를 비판적으로 읽어내고 분석함으로써 영화 자체에 대한 이해를 높일 수 있을 것이며, 나아가 영화 리터러시 분석을 통해 한국의 사회문화와 여러 문화적 상징 등도 더 구체적으로 파악할 수 있을 것이다.

9장 '상호문화 감수성과 애니메이션 리터러시'에서는 다문화 사회를 살아가는 시민을 위해 필요한 역량인 상호문화 감수성의 향상을 위하여 애니메이션 <라따뚜이>의 리터러시 모형을 제안하였다. 이 모형은 <라따뚜이>의 서사구조 분석, 인물기호에 대한 기호학적 분석으로 이루어진다. 특히 기표로 나타나는 인물기호에 대해 1차적 기의와 2차적 기의를 구분하고 사회문화적 의미를 부여하였다. 저자들은 우리가 쉽게 접할 수 있고, 흥미를 갖고 접근할 수 있는 애니메이션 텍스트에 우리의 일상을 투영시키고, 텍스트 속에 존재하는 기호들의 세계가 우리의 현실과 별반 다르지 않다는 사실을 일러 준다. 그러면서 일상의 현실 상황이 리터러시의 장이 되어야 한다고 강조한다.

이 책은 리터러시에 관심을 지닌 모든 독자들이 읽을 수 있도록 설명식 글쓰기를 지향하였다. 나아가 리터러시 연구에 입문하는 독자들에게는 때로 용이하게 읽혀질 수 있거나 내용과 지식이 그리 무겁지 않게 느껴질 수 있을 것이다.

또한 표지에서 제시된 바와 같이 이 책은 한국리터러시학회 리터러시 총서의 첫 번째 저술이다. 무엇보다 본 학회의 다문화교육 분과 회원들이 공동으로 작업한 저술이 '다문화 사회와 리터러시 이해'라는 책 이름을 걸고 총서 1호를 달게 되어 저자 모두는 기쁘게 생각한다.

이 책이 나오기까지 수고와 후원을 아끼지 않으신 분들이 계신다. 특히 이 학회를 창립하신 초대 학회장이신 연세대 정희모 교수님은 리터러시 총서 발간에 대해 각별한 관심을 가지시고 정기 콜로키움을 마련해 주셨다. 또한 현 학회장이신 한동대 김종록 교수님은 집필과 출판 과정에서 우리 집필 팀에 끊임없는 격려를 보내주셨다. 이 두 분의 응원과 학회의 후원이 없었더라면 이 책은 세상을 보지 못했을 것이다. 이에 집필진을 대표하여 무한한 감사를 드린다. 아울러 책의 집필 과정에서 기획했던 4회에 걸친 리터러시 콜로키움에서 동료 회원들의 열띤 토론이 있었다. 회원 분들의 학문적 질타는 이 책의 내용을 가다듬는 데 많은 기여를 했다. 이에 대해서도 한없는 감사를 드리고 싶다.

이 책은 리터러시 총서 1호인 만큼 우리 학회의 성실한 동료 연구자들이 또 다른 제목의 총서를 기획하고 집필을 이어나가는 데 시발점으로 기여하고자 한다. 끝으로 저자들은 이 책을 통해 우리 사회가 다문화 리터러시를 프락시스로 연계할 수 있는 '지속가능한 리터러시 생태계'가 되기를 간절히 꿈꾼다.

2020년 여름이 지나가는 시간에

대표집필자 김영순 씀

목차

발간사 ·· 4

서문 ·· 6

1부 리터러시 이론과 방향

1장 다문화 사회의 리터러시와 프락시스
1. 리터러시 본질 탐색의 이유 ······························· 24
2. 비판적 페다고지와 프락시스 ····························· 30
3. 시민적 프락시스로서의 실천 ···························· 36
4. 다문화 사회의 리터러시와 상호문화 프락시스 ·········· 45
5. 마무리 ·· 54

2장 다문화 리터러시와 생산적 권력
1. 리터러시와 권력 ··· 58
2. 다문화 리터러시와 비판성 ································· 68
3. 다문화 리터러시와 생산적 권력 ························ 76

　　4. 다문화 리터러시와 비판적 리터러시의 접점:

　　　접근성, 다양성, 디자인 ……………………………… 92

　　5. 마무리 ……………………………………………… 98

3장　인공지능 기반 디지털 리터러시와 세계시민교육의 방향

　　1. 디지털 리터러시의 필요성 ……………………… 102

　　2. 인공지능과 디지털 리터러시 …………………… 104

　　3. 핵심역량과 세계시민교육의 구성요소 및 수업모형 … 110

　　4. 디지털 리터러시 기반 세계시민교육의 실러버스 및 평가

　　………………………………………………………… 123

　　5. 마무리 ……………………………………………… 142

2부 교육과 리터러시

4장　다문화 대안학교 학생의 다중적 다층양식 리터러시

　　1. 다중적 다층양식 리터러시의 필요성 ……………… 148

　　2. 다문화 대안학교 학생과 리터러시 ………………… 151

　　3. 다중적 다층양식 리터러시와 교육연극 ……………… 161

　　4. 마무리 ……………………………………………… 193

5장　스토리텔링교육과 다문화 가정 청소년의 리터러시

　　1. 다문화 가정 청소년 대상 스토리텔링교육의 필요성 … 198

2. 다문화 가정 청소년의 스토리텔링과 리터러시 ········ 201

3. 스토리텔링교육과 다문화 리터러시 ····················· 230

4. 마무리 ··· 242

6장 고등학생의 다문화 리터러시 경험과 의미

1. 고등학생과 다문화 리터러시 ······························· 246

2. 비판적 다문화교육과 다문화 리터러시 ················· 249

3. 다문화 리터러시교육 참여 고등학생의 경험 ·········· 262

4. 마무리 ··· 296

3부 미디어 리터러시 사례

7장 다문화 사회와 외국인 유학생의 미디어 리터러시

1. 외국인 유학생과 미디어 ····································· 302

2. 소수자 미디어와 비판적 미디어 리터러시 ············· 310

3. 외국인 유학생의 미디어 경험 ····························· 318

4. 마무리 ··· 338

8장 한국어교육에서의 영화 리터러시교육 방법

1. 영화 리터러시교육의 필요성 ······························· 344

2. 영화 리터러시교육 관련 연구 ····························· 345

3. 영화 리터러시의 개념 및 영화 리터러시교육을 위한
   수업 모형 ··· 349
4. 영화 리터러시 수업의 실제 ····························· 357
5. 마무리 ··· 378

9장 상호문화 감수성과 애니메이션 리터러시

1. 다문화 사회와 상호문화 감수성 ······················ 382
2. 다문화 정책 및 다문화교육에 관한 담론 ············· 388
3. 미디어교육으로서 애니메이션 리터러시 ············· 396
4. 상호문화 감수성을 위한 애니메이션 리터러시 ······· 404
5. 마무리 ··· 416

참고문헌 ·· 418
찾아보기 ·· 471
저자소개 ·· 477

표 목차

⟨표 1-1⟩ 상호문화 소통역량의 요소 비교 ·················· 52

⟨표 1-2⟩ 이주민의 상호문화 소통 과정 기술 요소 ·················· 53

⟨표 2-1⟩ 다문화 리터러시에 대한 오해 ·················· 75

⟨표 2-2⟩ 다문화 리터러시의 개념 ·················· 75

⟨표 2-3⟩ Event 1. 소피를 침묵시키기 ·················· 86

⟨표 2-4⟩ Event 2. 하히후헤호 학교 ·················· 90

⟨표 2-5⟩ 다문화 리터러시와 비판적 리터러시의 접점 ·················· 97

⟨표 3-1⟩ 전통적 시민교육과 세계시민교육의 비교 ·················· 116

⟨표 3-2⟩ 세계시민교육의 구성요소와 주제 ·················· 125

⟨표 3-3⟩ AI기반 디지털 리터러시와 세계시민교육의 주제 ·········· 127

⟨표 3-4⟩ 수업 연계 과정평가 ·················· 141

⟨표 4-1⟩ 2015교육과정 총론에서 제시하는 인간상 ·················· 156

⟨표 4-2⟩ 한국의 교육에서 요구하는 역량 ·················· 157

⟨표 4-3⟩ 교육의 유형과 교육연극의 범주 ·················· 172

⟨표 4-4⟩ 교육연극의 조건과 각 유형의 공통점 ·················· 173

⟨표 4-5⟩ 연구참여자 ·················· 179

⟨표 4-6⟩ 3분기 수업의 교과관련성 ·················· 187

⟨표 6-1⟩ 연구참여자의 일반 사항 ·················· 274

⟨표 6-2⟩ 연구참여자의 학습 경험 분석 결과 ·················· 275

⟨표 7-1⟩ 동남아시아계 국가 출신 유학생의 일반사항 ·················· 320

⟨표 7-2⟩ 국가별 미디어 자료 ·················· 320

⟨표 7-3⟩ 동남아시아계 국가 출신 유학생의 미디어 경험 분석 결과 ············· 321

⟨표 8-1⟩ 영화 리터러시의 8가지 대상 및 접근 방법 ·················· 352

⟨표 8-2⟩ 영화의 전체적인 플롯 구성 ·················· 364

⟨표 8-3⟩ 영화언어를 이해하기 위한 영화의 서술 기법 및 분석할 내용 ·········· 374

⟨표 8-4⟩ 영화 리터러시를 읽기 위한 활동지의 질문 내용 ·················· 376

⟨표 9-1⟩ 애니메이션 ⟨라따뚜이⟩의 서사구조 ·················· 405

⟨표 9-2⟩ 애니메이션 ⟨라따뚜이⟩의 사회문화적 의미 ·················· 415

그림 목차

[그림 1-1] 시민적 프락시스를 위한 이론과 실천 ……………………………… 42
[그림 2-1] 다양성과 비판적 리터러시 ……………………………………… 67
[그림 3-1] 세계시민교육의 핵심 개념 ……………………………………… 112
[그림 3-2] 세계시민교육의 구성요소 ……………………………………… 114
[그림 3-3] 플립러닝 기반 STAR 모델 ……………………………………… 118
[그림 3-4] 정보처리 모형 ……………………………………………………… 119
[그림 3-5] 백워드 설계 모형에서 교육내용의 우선순위 ………………… 128
[그림 3-6] '지구 온난화' 단원 차시별 구성 ……………………………… 129
[그림 3-7] 자기 주도적 학습 역량을 함양하기 위한 평가 모형 ………… 137
[그림 4-1] 다중 리터러시의 기본 틀 ……………………………………… 166
[그림 4-2] 다중적 다층양식 리터러시로서의 교육연극 ………………… 177
[그림 5-1] 다문화 리터러시의 확장 ……………………………………… 221
[그림 5-2] 다문화 가정 청소년의 다문화 리터러시 확장 과정 ………… 240
[그림 6-1] 해석적 현상학의 연구 진행 단계 ……………………………… 272
[그림 6-2] 학습 경험과 의식화 과정 ……………………………………… 296
[그림 8-1] 한국어 학습자를 위한 영화 리터러시 수업의 모형 ………… 355
[그림 8-2] 과거에서 현재로 자연스럽게 연결되도록 편집된 장면 ……… 367
[그림 8-3] 과거의 방송 장면 삽입 및 역사적 사건의 자막처리 ……… 369

1부

리터러시 이론과 방향

1장 다문화 사회의 리터러시와 프락시스

2장 다문화 리터러시와 생산적 권력

3장 인공지능 기반 디지털 리터러시와 세계시민교육의 방향

1장
다문화 사회의 리터러시와 프락시스

태초에 리터러시가 있었다.
이는 신이 인간에게 내린 '인간다운' 가장 큰 선물이었다.

1. 리터러시 본질 탐색의 이유

늦은 감이 있지만 2018년에 들어 대학작문학회가 한국리터러시학회로 새로운학회명을 달고 출범하였다. 비로소 한국의 학계에서 리터러시는 학문적 대상으로 설정되고 견고한 연구 영역을 구축하기 시작하였다. 이제부터 국내에서도 본격적인 리터러시에 관한 심층적인 연구를 기대할 수 있을 것이다. 어떤 학회이건 구성 초기에 그 학회의 정체성 정립은 향후 학회의 발전 향방을 좌우할 수 있는 중요한 사안이라고 생각한다. 그래서 이 총서의 발간은 매우 중요하고 총서 1호가 어떤 내용으로 꾸며지는지는 그 학회의 방향을 갈음할 수 있는 중요한 사안이라고 본다.

필자는 이 글에서 리터러시의 개념을 문자에 갇혀 있는 기존의 관점을 넘어설 뿐만 아니라 문자와 한 단위의 문장 이전의 인간의 생각과 행동에 중심을 두고자 한다. 이에 더하여 리터러시는 초국적 이주로 인해 형성된 다문화 사회에서 '시민'으로 살아가는 데 있어서 필요한 역량이고 프락시스의 초석임을 강조하고자 한다.

리터러시 개념을 담고 있는 대부분의 문헌에서는 리터러시의 개념을 읽고 쓸 줄 아는 능력을 넘어 정치참여적이며, 인간해방에 기여할 뿐만 아니라 초학제적인 융합연구의 맥락을 가지고 발전해 왔다고 기술한다. 필자는 이런 리터러시 개념과 리터러시의 학문적 정체성에 동의하고 글을 시작한다. 이 글은 일단 리터러시 개념의 확장 과정을 짚어보고, 리터러시의 본질을 이해하며 리터러시와 프락시스의 역동 관계를 다문화 사회의 맥락에서 파악하고자 한다.

대부분의 사전에서는 리터러시를 전통적으로 읽고 쓰는 능력으로서의 '읽기'와 '쓰기'로 정의하고 있다. 또한 현대 사회에서 리터러시는 문맹퇴치의 한 방법으로 일종의 운동의 차원에서 정의하기도 한다. 뿐만 아니라 리터러시를 문해력으로 이해하여 특정 분야의 지식과 역량으로 보기도 한다. 이렇듯 리터러시의 개념은 다양하며 학문 분과나 일상의 영역에서 적절하게 변용되었고 사회문화적 맥락에 따라 그 의미를 지속적으로 변화시켜 왔다.

최근에 리터러시의 의미는 언어, 숫자, 이미지, 컴퓨터 및 기타 기본 수단을 사용하여 이해하고, 효율적으로 의사소통을 하는 데 필수적인 개념이며, 유용한 지식을 얻고, 수학적 문제를 해결하고 문화의 지배적인 상징 시스템을 활용하는 능력을 포함시킨다. 이와 더불어 OECD 국가들에서는 리터러시 기술을 통해 지식에 접근하는 능력과 이에 관련된 복잡한 상황을 평가하는 능력을 포함하는 것으로 이해한다. 그렇지만 원래 북미에서 리터러시가 문맹퇴치라는 인간을 위한 존엄과 해방의 차원에서 시작되었다는 점에 우선 주목해야 한다. 이 지점은 바로 필자가 리터러시와 프락시스를 연결시키고자 하는 동인을 포착한 부분이다.

문맹퇴치는 독서를 통해 말로 된 단어를 이해하고 쓰인 단어를 해독하는 능력과 아울러 단어와 또 다른 단어를 연결한 문장들의 총체인 텍스트를 심층적으로 이해하는 것을 주목적으로 한다. 뿐만 아니라 문맹퇴치는 독해력의 개발과 관계가 있는데 이는 앞서 강조한 리터러시가 지니는 학제적인 융합연구의 모습을 명확하게 보여주는 것이다. 독해력을 개발한다는 것은 우선 말소리에 관계하는 음운론, 철자의 패턴에 관련한 철자법, 단어의 의미를 연구하는 의미론, 문법에 관련을 둔 구문론, 단어의 형성 및 조어에 관련한 형태론 등 언어학의 제 분야를 비롯하여 텍스트 언어학과 화용론 등을 포함한다. 또한 독해력은 좀 더 세련된 리터러시 개념으로 변용되면서 인간이 수행하는 복합적인 언어활동과 이 활동을 둘러싼 언어와 사회문화적 맥락을 포함한다.

이런 맥락에서 리터러시는 분명히 문자와 글로 이루어진 단어, 문장, 텍스트 단위의 이해를 넘어서는 어떤 '능력'이라는 기대를 갖게 한다. 이는 인쇄 매체에 대해 독자들에게 요구되는 비판적 분석, 이와 아울러 그 속에 나타난 사건을 추론하거나 그 사건을 다른 사건과 비교 혹은 연결할 수 있는 능력을 포함한다. 또한, 리터러시는 텍스트 읽기와 쓰기의 정확성과 일관성, 정보에 입각한 의사결정 및 창의적인 사고의 기초로서 텍스트의 정보와 통찰력을 사용하는 능력인 것이다. 그래서 리터러시는 행위로서의 '빠롤'이라기보다 능력으로서의 '랑그'이며, 이 글에서 의미하는 이론 및 이념을 뜻하는 '테오리아'이다. 이 테오리아가 프락시스를 가능하게 하는 전제가 된다.

또한 UNESCO(2006; 2017)는 리터러시를 다양한 상황 혹은 사건과 관련된 인쇄 자료를 식별하고, 이해하고, 해석하고, 작성하고, 의사소통하고, 계산할 수 있는 능력이라고 규정했다. 이런 유네스코의 정의는 나아가 문맹퇴치 운동의 개념과 연결된다. 문맹퇴치는 개인이 목표를 달성하고, 지식과 잠재력을 개발하며, 지역사회와 더 넓은 사회에 전적으로 참여할 수 있는 연속적인 학습을 의미한다. 또한 문맹퇴치는 자신과 세계에 대해 이해하려는 목적을 가지고 있으며, 이를 위해 독서와 작문에 대한 지식을 넓혀 사고와 학습을 발전시키기 위한 과정이다. 이 과정에서 모든 교육에 참여하는 학습자들이 변화하는 사회에 능동적으로 대처할 수 있으며, 시민으로 살아가기 위한 역량, 즉 시민성을 획득하는 데 있어 기본이 된다.

실제로 리터러시의 출발점이 된 문맹퇴치 운동은 미국의 흑인 인권운동과 관련이 있다. 흑인 인권운동의 출현으로 1970년대에 소외된 아프리카계 미국인 학습자들을 위한 언어학습 장려 정책이 증가하기도 했다. 미국의 민권법 제6장은 학생을 차별로부터 보호하고 또한 미국 내 다른 언어 소수 민족의 권리를 보호하는 사례(예: Lau v. Nichols)의 기초 역할을 했다.[1] 우리는 이 사건의 판결 결과에 대해 주목해야 한다. 이는 주정부와 연방정부가 학습자들에게 특수한 '교육적 필요'를 제기하고 이를 위한 교육 재정을 고려하였다는 점이다. 특히 보상교육의 필요성을 인정하였다는 점에서 교육의 기회균등 개념을 넘어 '결과의 평등'도 추구하는 것을 볼 수 있다. 또한 이 판결은 교육의 기회 균등을 접하지 못하는 특수교육 대상자들의 교육여건에도 관심을 기울인 것으로서 소수 집단의 권리를 찾을 수 있도록 조치한 중요한 판례인 것이다. 나아가 이 판례는 문맹퇴치 운동을 법적 제도적으로 보장하는 인권 보호 정책 차원으로 이해된다. 더욱이 문맹을 퇴치하고자 그 해당자가 문맹의 사실을 인지하고 과감하게 퇴치를 요구하는 것에서 리터러시는 이미 참여와 저항의 실천적인 측면을 함축하고 있음을 알 수 있다.

SESD 프로그램은 로스앤젤레스, 시카고, 워싱턴 DC, 디트로이트와 같은 미국의 도시 지역뿐만 아니라 아프리카계 미국인 자녀가 다수 거주하는 플로리다 북부 및 중부에서 시작되었다. 유사한 프로그램이 카리브해 전역의 도시 지역에서도 시작되기도 했다. 초기에는 지역사회의 반대 여론에도 불구하고 SESD 프로그램과 철학적으로 유사한 프로그램이 등장했다. 앤아

---

1 1970년 5월 26일 California 북부지역 연방지방법원에서 열린 'Lau v. Nichols' 소송의 경위는 다음과 같다. 원고 측은 샌프란시스코 통합 교육구가 모든 비영어 사용 중국계 학생들에게 이중언어 교육을 제공해야 한다고 주장하였다. 그리고 그러한 교육을 제공하지 못하고 있는 현재의 교육적 조처들은 연방헌법 제14 수정조항의 동등 보호 구절을 위반하고 있다고 주장하였다. 원고 측이 요구하고 있는 이중언어 교육은 부가적인 경비지출을 의미하고 중국어 이외의 언어를 사용하는 학생들을 고려할 때 전국적 수준에서는 엄청난 파장을 일으킬 사건이었다. 이 소송은 동등 보호의 관련내용이 기존 교육 서비스에서의 일반적인 불평등이 아니라 특정집단 학생들의 특수한 필요를 인정치 못하고 있다는 데 초점을 두고 있다는 점이다. 다시 말해 원고 측의 요구사항은 기존의 불평등을 제거해 달라는 것이 아니라, 어떤 의미에서는 '특별한 종류의 불평등'을 제공해 달라는 것이었다. 그러나 원고 측의 요구는 거부되었다. 재판부는 그 거부 이유로서 동등 보호 조항 하에서 비영어 사용 중국인 학생들에게 학교가 할 수 있는 일은 겨우 지역 내의 다른 학생들에게 제공되고 있는 것과 꼭 같은 수준의 교육을 제공하는 것 이상이 아니라는 점을 강조했다. 이러한 거부는 1973년 6월 18일의 연방 제9 순회재판소의 항소심에서도 그대로 유지되었다. 그러나 1974년 1월 21일의 연방대법원 상고에서 1964년에 제정된 민권법 601항에 근거해서 연방의 재정 지원을 받고 있는 모든 프로그램이나 활동에서 인종, 피부색, 혹은 국적에 대한 차별은 금하고 있는데, 샌프란시스코 교육구는 연방지원을 받고 있었기 때문에 이중언어 교육을 제공해야만 된다는 판결로 항소심의 결정을 번복하였다(한일조, 1997).

버, 로스앤젤레스 및 오클랜드의 교육구는 이러한 문맹퇴치 프로그램을 구체화하려고 노력하였다.

이 프로그램들은 부정적인 반향을 일으키고 언론 매체에도 보도되었지만, 언어적으로 건전하다는 이유로 많은 전문가들로부터 긍정적인 평가를 받았다. 이 프로그램은 미국영어교사위원회(NCTE: National Council of Teachers of English)와 미국언어학회(LSA: Linguistic Society of America)에 의해 우수 사례로 UNESCO에 보고되었다.

이어진 다양한 '흑인 논쟁'은 사회적 논의로 확대되었고 아프리카계 미국인의 언어와 문화에 대한 전반적인 고정 관념과 편견을 이해하는 데 도움이 된다. 더불어 모건(Morgan, 2002)은 어떻게 흑인 아동들의 리터러시를 긍정적으로 그리고 경험적으로 증가시킬 수 있는지 사례별로 기술하였다. 이를 통해 리터러시교육이 문맹퇴치 프로그램에 기여한 역사를 자세히 설명하고, 문맹퇴치 운동이 문화와 언어에 관한 지식을 포함하고 있다는 것을 강조했다.

최근에는 다문화교육, 비판적 페다고지, 심지어 힙합을 사용하는 대중문화적 접근까지 포함하는 문맹퇴치 활동이 등장했다. 이를테면, 다문화교육은 다양성을 포용하고 교육의 실천에서 다원주의를 확인함으로써 모든 학생들에게 평등한 교육을 보장하는 학교 개혁의 과정이다. 일부 학자들은 비판적 페다고지는 다문화교육의 근본 철학이라고 주장하지만, 다양한 학자들은 개념을 다르게 정의한다. 잘 알려진 비판적 페다고지 연구자 앙리 지루(Giroux)는 "비판적인 의미에서의 교육은 지식, 권위 및 권력 간의 관계를 조명한다."고 했다. 이 관점은 위에서 설명한 리터러시교육의 목표에 부합한다.

학습자들이 자신의 세계를 이해하는 방법을 확장하기 위해 읽기 및 쓰기를 사용하도록 가르치는 것은 현재 지식 생산, 권위 및 권력 관계에 대한 비판을 가능하게 한다. 지루의 주장이 합리적이라면 아마도 리터러시교육의 미래는 대중문화를 비롯하여 힙합과 같은 청소년 문화의 측면을 포괄해야 할 것이다. 이는 청소년이 경험한 흥미와 관련이 있기 때문에 읽기와 쓰기 교육을 더욱 매력적으로 만들었다. 사실 교사는 청소년 중심의 리터러시와 이에 관련한 토론을 촉진하기 위해 힙합과 같은 대중문화를 활용한 커리큘럼을 디자인할 수 있어야 한다(Morgan, 2002; Smitherman, 2000).

또한 교육학자들은 힙합 가사를 텍스트 또는 교과 간의 수업을 연계하여 연구할 수 있다. 그럼으로써 특정한 문학 용어와 문법 개념을 확인하고 학생들을 지도하는 교사를 연구하면서 이 방법 활용에 주목했다. 이 연구에 따르면 교육자들은 종종 '번역'에서의 연습과 교실에서 아프리카계 미국인 영어(AAE) 정보에 입각한 접근법을 사용하는 것을 보완하기 위해 힙합을 사용한다. 따라서 이러한 학습 전략은 SESD 프로그램, 다문화교육 및 비판적 페다고지에서 앞서 강조한 리터러시교육에 대한 접근 방식을 결합하고 구축한다.

아프리카계 미국인들의 문맹퇴치를 위한 노력을 혁신한 것처럼, 불법 이주민 가정의 아동, 흑인 가정 아동의 리터러시 증진과 관련된 교육 전문가 및 지역사회 전문가들은 지역의 교육 환경을 개선하고 교육 성취의 불균형을 해소하기 위해 노력해야 한다. 이런 맥락에서 리터러시의 지향점은 명확하다. 그래서 리터러시는 인간이 인간이기 위한 가장 기본적인 노력이며, 신이 인간에게 준 가장 큰 선물이라고 본다. 그래서 우리 인간은 이 선물 상자를 풀어헤쳐 열어보아야 할 의무가 있다. 인간이 시민이 된다는 것은 바로 리터러시를 실천하는 것, 즉 프락시스의 행함에 있다. 읽고 쓰는 것은 우리에게 주어진 천부인권적 권리이다. 그래서 읽고 쓸 줄 아는 권리를 주장하고 이를 사회적으로 확산하고 문화적인 운동을 만들어내는 것이 프락시스이다. 그러므로 리터러시는 프락시스와 떼려야 뗄 수 없는 밀접한 관련을 가지고 있다.

필자는 리터러시 및 프락시스 개념과 미래학자 앨빈 토플러의 말을 연결시켜 미래를 생각해 본다. "21세기 문맹은 읽지 못하고 쓰지 못하는 사람이 아니라 배우려 하지 않고 낡은 지식을 버리지 않는 사람이 될 것이다." 이 토플러의 말 "읽지 못하고 쓰지 못하는…"에서 리터러시를, "배우려 하지 않고 낡은 지식을 버리지 않는…"에서 프락시스를 대입해 볼 수 있다. 토플러는 우리에게 리터러시는 프락시스를 지향하고 있음을 일러주고 있는 것이다.

2. 비판적 페다고지와 프락시스

캠벨(Campbell, 2012)과 니에토(Nieto, 2016)는 자신들의 저서에 비판적 페다고지와 리터러시를 연계한 프락시스 사례를 기술하고 논의한 바 있다. 비판적 페다고지는 학습과 사회 변화를, 교육과 민주주의를 그리고 지식을 공적인 삶에서의 행위에 연결한다(Giroux & Giroux, 2006). 이러한 비판적 페다고지는 프랑크푸르트학파의 비판철학에 뿌리를 두었으며, 그람시(Gramci), 프레이리(Freire) 등의 철학에 영향을 받았다. 또한 지루(Giroux), 맥라렌(McLaren), 쇼어(Shor) 등의 학자들이 비판적 페다고지의 담론을 구성하였다.

비판적 페다고지의 기초를 세운 프레이리는 비판적 의식화와 실천이 연계된 프락시스를 통해 '해방'과 '변혁'을 지향하는 교육학적 기본 철학을 제시하였다. 그의 말에 의하면 프락시스는 성찰과 실천, 즉 '말과 행동이 일치되는 사고와 행동의 총합'으로 정의된다. 프레이리(Freire, 2007)는 성찰을 하지 않고 행동만 앞설 경우에는 '행동주의'로, 실천이 없이 말만 있을 때 '탁상공론'이 될 우려가 있다고 지적하였다. 이러한 프락시스는 자신을 둘러싼 구조와 현실에 대한 성찰과 행동을 촉구하면서 인간을 역사적 존재로 만든다. 지루(Giroux, 1994)에 의하면 인간은 프락시스를 통하여 '재현과 주체적 행동의 관계에 대한 투쟁'으로서의 역사를 만드는 주체가 될 수 있다고 한다. 따라서 비판적 페다고지에서 강조하는 핵심 개념은 바로 프락시스(Praxis)인 것이다.

그리스어 'Praxis'는 행위 혹은 실천으로 보통 번역된다. 아리스토텔레스는 이 용어를 인간의 다양한 생체적 활동을 나타내기 위해 사용하였다. 그렇지만 'Praxis'는 자유인의 윤리적이고 정치적인 삶의 활동이자 '자체 안에 목적을 가지는 행위'를 의미한다고 한다(이창우, 김재홍, 강상진, 2008). 그는 이론 또는 이념을 의미하는 '테오리아'와 프락시스를 진정한 인간과 자유로운 삶의 두 가지 측면이라고 보았다. 아리스토텔레스에게 있어서 프락시스는 폴리스에서의 윤리적 실천에 한정되며, 테오리아보다는 열등하지만 제작 및 노동을 뜻하는 '포이에시스(노동)'보다는 상위에 놓여 있었다. 프락시스에 있어서는 바람직하게 실천하는 것 자체가 목적인 데 반해, 포이에시스는 목적이 자기 바깥에 있기 때문이다.

이와 같은 프락시스의 개념에 대해 테오리아와 프락시스의 위계는 역전되었지만 이는 칸트(Kant)에게도 계승된다. 또한 헤겔(Hegel)에서는 테오리아와 프락시스의 상호매개적 관계를 찾아볼 수 있다. 이전에 소홀히 취급되어왔던 포이에시스의 가치가 발견되어 프락시스의 핵심으로 격상된다. 포이에시스는 넓게는 대상의 법칙을 알고 그것에 따라 인간에게 필요한 것을 만들어내는 기술 일반을 의미한다. 또한, 좁게는 대상을 있는 그대로 모방하는 것이 아니라 작가가 참되다고 느낀 세계를 표출하는 활동을 말한다. 그래서 프락시스는 포이에시스 가치의 실현이며 주관 및 객관의 동일성이라는 진리에 접근하는 과정이다.

후설(Husserl)의 현상학에서는 프락시스에 대해 논의하고 있지 않은 것 같다. 그런데 내면에는 이미 프락시스를 불가결한 전제로 하고 있기 때문에 이를 다루고 있는 것으로 판단할 수 있다. 이를테면, 기하학이 성립되기 위해 측량이라는 프락시스가 전제되고 있는 것과 같은 셈이다. 또한 무엇보다도 대상에 대한 지각이 언제나 자기 자신의 신체에 대한 감각(Kinasthese)을 수반한다는 사고방식 속에 테오리아를 프락시스의 전제 하에 포착한다.

물론 이 경우의 프락시스에 대한 파악은 행동주의의 자극-반응 도식과 일치하지 않고 대치된다. 그 점에서는 목적지향적 행위, 의지적 행위의 지표로 간주하는 사회행위론을 계승한 베버(Weber), 파슨즈(Parsons), 앤스콤(Anscombe), 폰 브리크트(von Wright) 등의 논의와 서로 겹치는 것을 볼 수 있다. 그렇지만 현상학에서는 목적이 자각적으로 결정되어 있지 않는다는 측면에서 이미 프락시스가 게슈탈트적으로 구조화되어 있는 것에 주목하여야 한다. 그런 의미에서 프락시스는 가지성과 불가지성의 긴장된 접점에 놓이게 된다. 나아가 이 접점에 대한 고찰로부터 인간의 조건 일반에 대한 새로운 물음이 제기된다. 그럼으로써 현상학의 프락시스 이론은 윤리적 성격을 갖는다. 여기서 목적지향적 행위는 프락시스이고 의지적 행위는 리터러시라고 볼 수 있다. 다시 말해 '목적지향'과 '의지'라는 행위의 측면에서 리터러시는 이미 프락시스를 전제로 하고 있다는 말이고, 이는 곧 리터러시와 프락시스가 동전의 앞뒷면과 같다는 의미로 이해할 수 있다.

마르크스(Marx, 1845)는 자신이 처한 환경을 변화시키는 것만이 인간이 해야 할 숭고한 책무라고 강조하면서 세계를 다양한 방식으로 해석하는 것보다 중요한 것은 세계를 변화시키는 것이라고 주장하였다.[2] 즉 세계에

---

2 필자의 독일 베를린 유학생활에서 인상에 남은 기억 중 하나는 베를린 훔볼트대학교 본관에 위치한 마르크스 흉상과의 만남이다. 흉상 뒷 벽면에 써 있는 이 본문의 문구를 읽는 순간 사회과학자의 책무를 '푼크툼'으로 느꼈고, 중견 연구자가 된 지금에도 마르크스 식의 프락시스, 즉 "테오리아가 프락시스로 행해질 때 가치가 있다."를 실천하는 동력을 갖게 했다고 본다.

대한 지식을 토대로 세계를 변화시키는 프락시스를 강조하였다. 이러한 프락시스는 능동적이며 주체적인 행위로서 인간의 자아실현과 사회적, 정치적 억압으로부터 해방을 목적으로 하는 인간의 자기변혁적인 행위이다. 또한 "해방의 머리는 철학이고, 해방의 심장은 프롤레타리아트이다"라는 마르크스의 명제에 의하면 해방의 머리, 즉 테오리아를 심장, 즉 프락시스에 필수적인 것으로 여겼다는 것을 알 수 있다(채진원, 2009).

한편, 아렌트(Arendt, 1987)는 핵심적인 인간 활동으로 노동, 작업, 행위를 언급하였다. 그중 행위를 가장 높은 위계에 놓았다. 그 이유는 인간의 행위가 인간 삶에서 정치적인 영역과 관련되어 있기 때문이다. 아렌트가 주장하는 노동은 필요에 의해서 혹은 그 이상의 좀 더 거시적인 목적에 대해 성찰 없이 행해지는 활동을 의미한다. 또한 작업은 마음속에 이미 존재했던 것을 현실화하는 활동을 뜻한다. 따라서 노동과 작업은 모두 주체가 '사물'과의 관계 맺음을 의미하는 것이다. 그러나 행위는 주체가 타인과의 관계에서 발생하기 때문에 정치적인 것이라고 볼 수 있다. 즉 노동과 작업은 인간 개인의 능력에 달려 있지만, 행위는 인간과 인간의 관계에서 이루어진다.

아렌트의 관점에서 노동은 생존을 위함이고, 작업은 무엇인가를 만드는 것이기에 인간의 가치를 실현하기에 충분하지 않다. 하지만 인간과 인간 사이의 대화와 소통은 개별 인간이 가진 다양성을 실현함으로써 인간다운 삶을 가능하게 한다. 요즘 시대의 개인들은 끊임없이 자기 계발을 하는 주체로서 노동과 작업에 집중을 한다. 이는 아렌트가 말한 행위를 가능하지 않게 하거나 제한하는 데 기여한다. 이런 의미에서 우리는 아렌트가 말한 '인간다운 삶'을 살고 있는가에 관해 곰곰이 성찰할 필요가 있다. 또한 이는 현대에서 어떤 행위 주체가 어떤 방식으로 삶을 살 것인가에 관한 의문을 제기하게 한다. 테오리아에 의한 프락시스의 지배관계를 논의한 아리스토텔레스와 달리 아렌트와 마르크스는 프락시스와 테오리아의 '상호작용'을 강조하고 있는 것이다(채진원, 2009).

우리는 마르크스가 프락시스를 인간의 자아실현과 사회적, 정치적 억압으로부터 해방을 목적으로 하는 인간의 자기 변혁적인 행위라고 한 점과 아렌트가 의미하는 프락시스, 즉 주체가 다른 주체들과 관계 맺음을 통한 소통이라고 한 점에 주목할 필요가 있다. 이 둘의 논의의 합은 결국 프락시스가 리터러시와 같은 역량 함양을 위한 자기변혁적 행위이며 이는 사회변화를 지향하며, 이 과정에서 타인과의 소통이 필수적임을 시사한다. 이는 프레이리(Freire, 2007)가 주장한 이론과 실천의 통합인 프락시스와 같은 의미이다. 프레이리는 프락시스 개념을 규정하면서 인간을 인간 자체 및 사회변화의 주체로서 간주한다. 이런 점에서 그람시의 논의와 유사하다는 것을 알 수 있다. 그람시는 인간의 의식과 의지를 인간성의 핵심 자질로 보았는데, 이는 인간성을 인간의 의지와는 상관없는 사회적이고 역사적 환경의 산물로 본 마르크스의 관점과 반대 입장에 있다. 이는 그람시(Gramsci, 1971)가 평범한 인간도 교육을 통해 자신을 짓누르고 있는 자본가의 헤게모니적 권력을 이해할 수 있다고 주장한 내용에서 찾아볼 수 있다.

그람시는 구성원들이 '유기적 지식인'으로서 프락시스를 실천할 때 저항이 변혁을 위한 주체적인 행위로 변환될 수 있다고 여겼다(Fischman & McLaren, 2005). 다시 말해 저항이 불만의 표출행위가 아니라 진정한 저항의 성격을 갖추려면 유기적 지식인이 되어야 함을 말하는 것으로 변혁을 위한 주체적인 행위화를 강조한 것이다. 그람시가 주장한 유기적 지식인은 프락시스의 일선에 서는 지식인을 의미한다고 볼 수 있다. 그람시는 지식인을 정의하는 데 있어서 가장 흔히 나타나는 방법상의 오류를 지적 활동의 내재적 성격에서 지식인의 기준을 찾고자 한다고 비판한다. 그러면서 지식인의 활동들이 사회관계의 총체 속에서 이루어진다는 점에서, 그 관계의 총체 속에서 지식인의 기준을 찾아야 한다고 주장한다. 지식인은 결국 어느 계급의 이익에 봉사하는가에 따라 그 위상이 달라진다. 그람시는 지배계급을 위해 일하는 지식인을 '전통적' 지식인이라 하였으며, 반면에 노동자와 민중의 이해를 위해 그들에게 유기적으로 결합하는 지식인을 진정한 지식인임을 강조하였다.

그람시가 유기적 지식인의 역할을 중요하게 생각한 것은 무엇보다도 민중들이 '상식'이라고 믿고 있는 것이 실제로 지배계급의 이데올로기인 경우가 대부분이기 때문이다. 그 때문에 유기적 지식인의 역할을 "대중을 가르치는 단순한 연설자로서가 아니라 건설자, 조직가, '영원한 설복자'로서 실제 일상생활에 능동적으로 참여하는 데 있다"고 강조하였다. 다시 말해 프롤레타리아트는 자기의 새로운 유기적 지식인을 창출함과 동시에 전통적 지식인도 자기에 동화시키지 않으면 안 되는데, 이 새로운 지식인의 진정한 존재 방식은 대중과 깊이 연결되어 실천 활동에 참가하는 것이다.

이 실천 활동은 비판적 페다고지의 측면에서 프락시스가 '말과 행동이 일치되는 사고와 행동의 총합'이라는 개념과 일맥상통한다. 쉽게 이해하자면 언행일치된 사람이 자기혁신적인 사람이며 비판적인 사람임을 말한다. 나아가 비판적인 사람은 사회정의와 해방을 추구하는 역량이 갖추어진 사람으로서, 부정의를 인지하는 것으로 그치는 것이 아니라 이를 변화시키기 위해 행동으로 실천하는 사람을 의미한다(Burbules & Berk, 1999).

이상의 논의를 정리하면, 사회정의를 지향하는 교육철학으로서의 비판적 페다고지에서는 기존의 권력 구조와 모든 종류의 차별에 저항하기 위한 유기적 지식인으로서, 시민으로서의 저항과 투쟁의 과정을 강조한다고 볼 수 있다. 어떤 사회 내 지배 구조가 불합리하다면 시민은 이에 대해 저항하고 그 사회를 변화시키기 위해 실천해야 한다는 것이다. 그런데 실천을 의미하는 프락시스는 어디에서 연유하는가. 그 힘의 원천은 바로 리터러시로부터 나오는 것이다.

3. 시민적 프락시스로서의 실천

이번 절에서 필자는 사회변화를 추구하기 위해 시민이 지녀야 하는 프락시스의 모습을 설명할 것이다. 우리는 앞 절에서 논의한 비판적 시민으로서의 자질을 인지적, 정의적인 측면과 실천이라는 행동적 측면의 연계 등의 내용을 가지고 시민적 프락시스의 개념을 제시하고자 한다. 시민적 프락시스의 이론 측면에서는 비판적 의식이 필요하다. 이 비판적 의식은 비판적 사유, 비판적 사고, 정치적 효능감을 포함한다(정소민, 김영순, 2015).

첫째, 비판적 사유는 어떤 상황과 사건에 대해 '진실'을 찾고자 의문을 제기하고 자신과 타인, 사회에 대하여 사유하는 기능적인 측면에서의 사유를 의미한다. 이데올로기는 현실의 모순을 은폐하며, 그 이면에 은폐되어 있는 실재를 보지 못하게 한다(Giroux, 2005). 이를 아렌트(Arendt, 1973)는 전체주의의 사례를 들어 설명하는데, 전체주의가 과거의 산물로 그치지 않고 실천적이고 이론적으로 반복될 수 있다고 보았다. 그는 전체주의의 필수적인 요소로 공포와 이데올로기의 조장에 대해 주목하였다. 아렌트에 따르면 전체주의에서는 대중화된 사람들에게 체계적인 거짓말을 통해 주어진 현실에 대해 이데올로기를 근거로 판단하도록 한다.

전체주의 체제에서 개별 시민들은 이데올로기적 사고에 빠져서 세상이 처한 현실을 경험하거나 사유하는 능력을 잃게 된다는 것이다. 따라서 시민으로서 갖추어야 할 핵심은 이들 개별 시민의 사유하는 능력이다. 이 사유 능력에서 리터러시는 가장 기초적이면서 가장 중요한 학습이며 행위이자 실천인 것이다. 또한 리터러시는 사회문화적으로 구성되는 텍스트를 읽는 방법론이자 이데올로기를 탐색하고 해체할 수 있는 능력인 것이다.

아렌트(Arendt, 2006)는 '아이히만의 재판'을 보면서 '악의 평범성'을 언급하였다.[3] 이렇듯이, 비판적 사유의 부재는 타인의 입장에서 생각하는 데 무능력하며 어떤 것이 옳고 그른지 생각하지 않는 것을 의미한다. 아렌트(Arendt, 2017)는 다양성을 존중하면서 자신의 정치적 의사를 타자와 공유하고 설득하는 정치적 존재가 될 때야 비로소 인간적인 삶이 가능하다고 보았다. 사유가 있어야 자신의 언어를 통해 그것을 대화로 표현한다. 이 지점에서 사유는 인간이 정치적 행위를 위해 필수적이라고 한다. 리터러시는 바로 사유의 전제가 된다. 문자와 텍스트를 읽고 여기에 감추어진 이데올로기를 들추어내는 의식은 비판적 사유의 초석이 된다는 뜻이다.

둘째, 비판적 사고는 독단적인 생각과 편견에서 벗어나서 합리적이고 논리적으로 분석하고 판단하는 사고의 과정을 통칭한다. 비판적 사고를 위해서는 자기 자신이 가진 관점에 '비판적 기준(critical standards)'을 적용해야 한다(Arendt, 1989). 아렌트의 관점에서 비판적 기준은 타인의 관점, 즉 '모든 가능한 관점'이 된다. 그러나 스미스(Smith, 2001)에 의하면 타인의 관점과 자신의 것을 비교하는 범위는 그 자신의 경험, 시간, 공간에 의해 영향을 받기도 하고 제한이 되기도 한다. 따라서 교육은 서로 다른 관점과 다양한 의견을 가진 사람들을 만날 수 있도록 하는 장이다. 이와 더불어 교육은 사람들에게 비판적 사고를 함양하기 위한 민주적인 절차, 특정 사안, 정보를 획득하고 분석하는 방법에 대한 지식 등을 갖추게 하는 것이 중요하다. 이를 바탕으로 교육은 다양한 관점을 갖게 하는 다문화적 환경을 조성

---

3 한나 아렌트(Hannah Arendt)는 나치의 박해를 받았던 독일 출신의 유대인 정치철학자이다. 그는 평생을 전체주의, 그리고 인간에 대해 성찰한 철학자로 알려졌다. 독일 나치의 친위대 중령이었던 아돌프 아이히만은 유대인 이주국 책임자를 지냈고, 이후 국가안보경찰본부에서 유대인 담당 관료로 일한 인물이었다. 그는 유대인들 전 재산을 빼앗고 해외로 추방하는 일을 담당했다. 그가 쫓아낸 유대인이 수십만 명에 이른다. 그는 법정에서 너무 평범한 중년 사내의 모습이었으며 영악한 인물도 아니었다. 그는 재판 내내 "명령에 따랐을 뿐이기 때문에 나는 무죄다."라는 논리를 구사했다. 이에 아렌트는 1963년 『예루살렘의 아이히만』이라는 책에서 '악의 평범성(Banality of evil)'이라는 개념을 정립했다. "악인은 선천적으로 악마로 태어나지 않는다. 그들의 본성은 매우 평범하다. 그래서 우리 주변의 평범한 사람 그 누구도 악인이 될 수 있다. 상상하기도 싫지만, 어쩌면 우리조차 아이히만이 될 수 있었다." 이 아렌트의 말은 우리에게 프락시스의 본질이 비판적 사유에 기인한다는 점을 알려준다.

해야 한다. 이는 스미스가 주장한 바와 같이 완전히 다른 관점과 의견을 가진 사람들과 만날 수 있는 장의 제공이 중요하고 이를 공교육이 감당해야 한다는 논리이다.

비판적 사고는 사회문제에 대한 해결책을 모색하고 합리적인 의사결정에 이르며 사회 변화 방법을 모색하기 위한 도구가 된다. 이는 '지식을 갖춘 시민'(Westheimer & Kahne, 2004)이 강조되듯이, 지식은 고정된 사실을 암기한 결과가 아니라 현실을 정확히 파악하고 합리적으로 대처할 수 있는 비판적 사고의 원천이 되어야 한다. 이는 시민적 실천이 무엇이든지 간에 이를 행하기 이전에 사회에 대한 문제를 올바르게 인식하는 것이 반드시 선행되어야 함을 의미한다. 프레이리(Freire, 2002)는 일단 문제를 인식하고 그것을 이해하면 가능한 행동을 인지하게 되며, 행동은 이해와 일치한다고 한다. 하지만 사람들은 구조적인 불평등을 이해하더라도 자신들의 노력이 원하는 결과를 가져올 것이라는 믿음이 없다면, 이를 행위로 옮기고 싶어 하지 않을 것이라고 한다(Watts, Diemer & Voight, 2011). 그래서 시민들에게는 자신의 정치적인 결정이 변화를 가져올 수 있다는 믿음을 주는 것이 필요하다.

셋째, 정치적 효능감은 바로 이 믿음을 의미한다. 정치적 효능감은 비판적 사유, 비판적 사고와 함께 시민적 프락시스의 필수적인 요소이다. 특히 프레이리(Freire, 2002)의 '비판적 의식화'에 대한 논의는 정치적 효능감을 포함한 개념으로 볼 수 있다. 프레이리는 의식을 세 가지 형태로 구분한 바 있다. 이는 순진한(naive) 의식, 마술적(magical) 의식, 비판적(critical) 의식이다. 순진한 의식은 마치 권력자들이 모든 이들을 위해 최선의 이익을 위해 기여하는 듯하고, 누군가의 일상적인 문제가 그 자신이 속한 권력 위계적 위치와 상관이 없다고 믿는 상태를 뜻한다. 또한 마술적 의식은 부정의가 언제든 발생하며 부정의를 인식하지만 이를 겪는 이들에게 아무것도 해줄 수 없다고 생각하는 상태이다. 비판적 의식은 일상의 문제와 거시적 권력과 관계가 있기에 이 관계를 이해하고 스스로 사회 변화의 주체로 믿는 상태이다(Grant & Sleeter, 2011). 우리를 이 비판적 의식의 수준으로 도달케 하고 시민성을 갖도록 가능하게 하는 것이 바로 리터러시이다. 리터러시는 글과 텍스트를 읽어내고 이를 현실에 실천할 수 있는 역량이기 때문이다.

웨스타이머와 케인(Westheimer & Kahne, 2004)에 의하면 비판적 의식에는 비판적 시민성의 요소로 강조했던 사회문제의 근원에 대한 성찰을 요구한다고 본다. 이를 통하여 '상황에 대한 의식화'를 할 수 있으며 현실의 제 모습을 지각하고 그 속에 개입할 수 있는 자세를 가질 수 있다(Freire, 2002). 자신의 역할과 참여가 사회변화를 가져올 수 있다고 믿는 것은 정치적 효능감을 지닌 상태이다. 비판적 의식은 일상에서 제기되는 문제에 의문을 제기하고 현실을 지배하는 해석과 설명에 대해 의구심을 갖는 것에서 출발한다(Grant & Sleeter, 2011).

특히 프레이리는 비판적 의식을 통하여 사회에 대한 비판적 분석을 장려한다는 점에서 청소년의 정치적이고 시민적인 발달에 있어서 중요한 시사점을 제공한다고 보았다(Watts, Diemer & Voight, 2011). 비판적 분석을 위해서는 비판적 사고를 행함이 요구된다. 그러므로 전술한 프레이리의 '비판적 의식'의 범주에는 비판적 사유, 비판적 사고, 정치적 효능감이라는 세 가지 개념을 포괄할 수 있다. 신자유주의의 사회문화적 맥락은 시민적 삶을 위협하기 때문에 주체로서의 개인은 사회적 책임을 완수해야 하는 과제를 갖게 되며, 이 책임을 위해 개인은 비판적 의식을 요구받게 된다. 이상의 논의는 시민적 프락시스로서 궁극적으로 추구해야 할 테오리아가 비판적 사유, 비판적 사고, 정치적 효능감임을 알려주는 것이다. 비판적 의식을 기준으로 시민적 프락시스의 이론을 정리하면 다음과 같은 세 단계 의식의 수준으로 구분된다(정소민, 김영순, 2015).

첫째, '순진한 의식'의 수준은 사회문제를 깊이 있게 인지하지 못하기 때문에 비판적 사유와 비판적 사고가 부족하다. 둘째, '미온적 의식'은 문제를 의식했다는 점에서 비판적 사유가 발생하지만, 나아가 비판적 사고와 결합되지 못한 상태이다. 따라서 그 문제의 근원을 파악하지 못하고 타인에 대한 연민으로만 그치거나 타인의 문제를 개인적인 능력 혹은 게으름으로 판단할 가능성이 있다. 이 두 단계에서는 정치적 효능감이 높을 수도 있고 혹은 낮을 수도 있다. 셋째, '비판적 의식'은 시민적 프락시스의 이론이 궁극적으로 지향하는 방향이다. 이 비판적 의식은 문제의 근원을 성찰하고 문제의 핵심을 파악하는 데 기여한다. 이 점에서 비판적 사유와 비판적 사고를 바탕으로 사회를 변화시킬 수 있다고 여기는 상태이다.

시민적 프라시스의 이론적 측면은 세 단계의 의식 수준을 가지는데 이것이 프라시스와 연계되려면 행위자성이 요구된다. 특히 사회적 변화에 개입하는 능력을 연결하는 행위자성은 민주적인 관계, 제도적인 형태 등에 변화를 가져온다(Giroux, 2000). 데일과 스파크스(Dale & Sparkes, 2011)에 따르면 명사로서의 'agency'는 특정한 목적을 위해 특정 과업을 수행하는 사람들의 무리 혹은 구조를 의미한다. 또한 동사로서의 'agency'는 변화를 가져오는 행동을 뜻한다. 이 글에서는 동사로서의 'agency'의 맥락을 차용하기에 지속가능한 민주주의를 위한 변화의 주체로서 행위자성을 '시민적 행위자성(civic agency)'이라고 정의한다. 이러한 시민적 행위자성은 곧 시민적 프락시스를 위한 실천의 계기를 제공한다. 시민적 행위자성에는 순응의 행위, 동의하고 지지하는 행위, 반대하고 저항하는 행위로 구분할 수 있을 것이다. 순응의 행위, 동의하고 지지하는 행위는 기존의 주류 시민성 담론이 자유주의적 시민성과 공화주의적 시민성에서 주로 강조해 온 것이다. 반면에 비판적 시민성의 진영에서는 반대와 저항에 주목한다(정소민, 2014).

이 글은 바로 비판적 시민성을 기초로 하고 있기에 시민적 행위자성의 핵심을 저항으로 놓고 본다. 푸코(Foucault, 1978)는 권력이 있는 곳에 저항이 발생한다고 한다. 저항은 시민들이 부정의가 존재한다는 것을 인식하고 그것을 자신의 경험과 관련 지어 자각할 때 발생한다. 저항 담론이 가진 공통적인 의미는 '반대하다'에서 출발한다(Hollander & Einwohner, 2004). '반대하다'는 저항을 유발하는데, 저항은 바로 '하위의 사회 구성원들이 외부적이고 타자의 것으로 경험하는 문화 권력에 대해 맺는 방어적인 관계'로 정의된다(Barker, 2009).

그람시는 의식적으로 노력함으로써 저항이 실천으로 연계되며, 이 때 비로소 주체적인 행위로 나아갈 수 있다고 강조한다. 이 점에서, 저항이 시민적 행위자성에 있어 중요한 요소라는 점을 암시한다. 즉 저항은 사회변화를 위한 실천을 낳는 씨앗이 될 수 있다. 따라서 이 글은 시민적 프락시스의 실천으로서 저항을 강조하고 저항을 위한 전제가 리터러시 행위임을 강조한다. 그러나 저항에 대한 논의는 학자들마다 다양하다. 여러 학자들의 논의들을 통하여 저항을 개념화하려고 시도한 홀랜더와 아인워너(Hollander & Einwohner, 2004)는 저항 관련 사회학적 논의에서 핵심적인 요소가 '가시성'과 '의도'라고 규명한 바 있다.

우선 가시성은 특정 행위가 타인이 저항이라고 인지할 수 있을 만큼 표출되는지에 관한 여부이다. 즉 타인이 저항이라고 인정하는 행위를 저항이라고 불러야 한다고 보는 관점과 '일상적 저항'(Scott, 1985)과 같이 타인의 눈에 보이지는 않지만 저항의 의도 혹은 의미를 담은 행동일 때에도 저항이라고 부를 수 있다고 보는 관점이 상충한다. 또한 일부는 저항의 의도를 가지고 있지 않고 행위자가 자신의 의도를 의식하지 못하더라도 저항이 발생할 수 있다고 여긴다. 반면에, 일부는 의도가 감춰지거나 관찰자에 따라 다양한 해석이 나올 수 있는 문제를 제시하기도 하였다. 이상으로 논의한 가시성, 의도성, 행위자성을 중심으로 시민적 프락시스의 실천으로서 내면적 저항, 소극적 참여, 주체적 참여로 구분하고자 한다(정소민, 김영순, 2015)

우선, 내면적 저항은 비가시적이면서 사회 변화의 의도를 갖지 않은 수준의 저항으로 볼 수 있다. 이는 그람시가 저항을 불만의 표시로 여겼던 것과 일치한다. 반면 소극적 참여와 주체적 참여는 가시적이면서 의도성을 가지고 있는 저항이다. 그러나 이 둘의 차이는 행위자성이 적극적으로 발현되느냐 그렇지 않느냐에 있다. 즉 소극적 참여와 달리 주체적 참여는 시민으로서의 행위자성에 강조를 둔다. 시민적 프락시스가 실행되려면 주체적 참여가 필수적이다.

소극적 참여와 주체적 참여는 시민적 참여, 즉 '앙가주망(engagement)'으로 드러난다는 점에서 공통점을 가진다. 시민적 참여를 하는 동기는 매우 다양하다. 이 때문에, 마세도 외(Macedo et al., 2005)의 시민적 참여는 개인 혹은 집단적으로 정치적 형태의 삶에 영향을 미치는 활동 모두를 포함한다는 말에 동의를 한다. 예를 들어, 정치적 목소리는 공식적인 정부 기관에 참여하는 것을 의미할 수도 있다. 하지만 이는 또한 한 집단 혹은 단체의 일원이 되거나 항의 혹은 거부를 하거나, 심지어 이웃과 이야기하는 행위를 의미할 수도 있다. 이는 시민적 참여가 선거 제도 하에 투표 참여와 같은 선출이나 자발적 결사체를 조직하여 정치에 압력을 가하는 것 이상을 의미함을 뜻한다(정소민, 김영순, 2015).

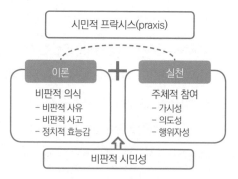

[그림 1-1] 시민적 프락시스를 위한 이론과 실천

이러한 시민적 참여의 출발은 시민으로서 다양한 수단을 통해 정치적 사안에 대한 지식을 습득하는 것이다. 이는 신문을 읽고 뉴스를 보거나 봉사활동 등과 같이 사회를 개선하기 위한 연대적 행동과 지역사회 환경 개선을 위한 동호회 등 비영리 단체에 가입하여 활동하는 시민적 참여 활동을 통해서 이루어진다. 그리고 이와 더불어 비형식적인 일상 대화가 정치적 목소리가 될 수도 있다. 달그렌(Dahlgren, 2006)은 정치적 맥락에서 발생하는 대화뿐만 아니라 일상적인 대화를 통해서도 시민적 정체성을 함양할 수 있다고 강조한다. 바버(Barber, 1984)의 주장과 같이 시민들은 상호작용을 통해 사회에 대한 지식과 자신의 견해에 대해 깊게 이해할 뿐만 아니라 시민적 정체성과 사회문제를 위한 연대의 가치와 연대적 의지를 생성한다는 점에서 필수적이다.

또한 아렌트(Arendt, 1989)의 비판적 사고는 모든 타인들의 입장을 탐색하는 데 열려 있을 때만 가능하다는 주장에 동의할 수 있다. 그의 주장은 비판적 사고가 타인과의 실질적인 상호작용이 없이 이루어질 수는 없으므로 반드시 타인과의 상호작용이 필수적이어야 한다. 사고는 '고독한 작업(solitary business)'이지만, 개인은 대화를 통해 자신의 생각을 타인과 공유함으로써 그것이 공적인 맥락에서 타당한지를 판단할 수 있는 기회를 가질 수 있다. 그러므로 다양한 개인 간의 상호문화 소통은 비판적 사고를 향상시킬 수 있는 도구이다(정소민, 김영순, 2015).

민주주의와 민주적인 사회의 발전을 위하여 시민적 참여는 정치참여와 연계되어야 한다. 이는 곧 시민사회가 국가 및 시장과 구분되고 개인들이 시민으로서 자신들이 공동으로 추구하는 이익을 위하여 상호작용하는 자율적 영역을 의미한다(Macedo et al., 2005; Dahlgren, 2006). 그리고 그들이 추구하는 이익에는 정치적인 것이 포함될 수도 있지만, 그렇지 않을 수도 있다. 그럼에도 불구하고 시민사회는 시민의 정치적 참여를 통하여 시민의 성장을 도

모할 수 있는 공간이 될 수 있다. 이를 테면, 비정치적인 모임이나 단체에서 활동할 경우에도 개인들에게는 협동적 관계를 맺는 기회를 제공한다. 그럼으로써 시민적 혹은 정치적 행위에 참여할 기회를 마련해줄 가능성이 있다.

자신의 문제 혹은 공동체의 문제를 적극적으로 해결하고자 하는 의지를 가지고 정치참여를 해야 한다. 이 경우에 시민은 비로소 사회변화의 주체로 전환될 수 있다. 전통적으로 시민의 정치참여는 주로 정치적 압력을 행사하기, 선거 캠페인에 참여하기, 투표에 참여하기 등이 해당된다. 그러나 최근에 그러한 관습적인 정치참여뿐만 아니라 서명운동, 평화적 시위, SNS 등을 이용한 인터넷 토론, 댓글 달기 등과 같은 비관습적 참여 역시 정치참여의 예로 들 수 있다(Dalton, 2008; 김강훈, 박상현, 2011).

시민적 참여를 하는 경우 날로 다양해지는 정치참여 행태를 고려할 필요가 있다. 시민적 참여가 이러한 정치참여로 연계되기 위해서는 사회변화를 지향하고 이를 실천으로 옮기는 프락시스가 필요하다. 이러한 실천에는 시민으로서의 행위자성이 요구된다. 이는 의식적인 노력, 즉 리터리시 역량이 갖추어 졌을 때 이루어질 수 있다. 그런데 의식적인 노력을 하기 위해서는 개인의 의지가 필요하다. 이는 시민적 행위자성의 맥락에서 사회를 바꾸겠다는 의지가 필수적임을 시사하는 것이다. 하지만 고무된 동기와 의지만으로는 프락시스를 통해 사회변화에 기여하는 데 충분하지 않다. 여러 다양한 정치적 상황을 인식하고 해석하여 그것에 적합하고 필요한 행동을 판단할 수 있어야 한다. 그리고 이러한 시민적 능력을 획득하기 위해서는 리터러시와 프락시스를 연결시키는 시도를 끊임없이 해야 하는 것이다.

개인을 시민적 참여 주체로 성장시키는 것은 의지와 의식적인 노력을 포함한 시민으로서의 행위자성이다. 따라서 소극적 참여와 주체적 참여의 차이는 행위자성에 있다. 소극적 참여는 보다 나은 공동체 실현과 사회정의를 위하여 시민적 참여를 하기보다는 투표를 해야 한다는 막연한 의무감 혹은 개인적인 만족 및 경력을 위하여 봉사활동에 참여하는 등의 형태를 의미한다. 이런 활동들이 가시적으로 드러났다는 점에서 시민적 참여라고 볼 수 있지만, 여기에는 개인적인 의도만이 있을 뿐 시민으로서의 행위자성은 없다.

이 점에서 주체적 참여와의 차이가 존재한다. 주체적 참여의 경우 시민적 참여는 사회변화를 위한 실천을 행위로 옮기는 적극적인 정치참여를 의미한다. 이러한 정치참여는 자신이 처한 문제만을 해결하기 위한 것을 넘어 더 나아가 타인에 대한 책임을 통해 진정한 연대를 지향하는 것이다. 여기에는 사회변화를 위한 시민적 행위자성이라고 할 수 있는 의지와 의식적인 노력이 포함된다. 이런 프락시스적 시민을 성장시키는 바탕에, 이런 프락시스를 가능케 하는 시민 행위자성의 전제가 바로 리터러시가 있다. 이러한 리터러시는 개인의 역량을 넘어 행위로 확장하며, 특히 다양한 주체들의 상호소통과정을 수행해야 한다.

4. 다문화 사회의 리터러시와 상호문화 프락시스

이번 절에서 필자는 리터러시, 상호문화 소통, 프락시스 간의 연계성에 집중할 것이다. 리터러시가 일차적으로 개인적 역량이지만 프락시스로 가기 위해서는 앞 선 3절에서 논의한 바대로 개인 간 상호문화 소통적 차원으로 가야 함은 자명하다. 프락시스가 비판적 의식과 주체적 참여를 요구하기에 시민적 프락시스 참여를 위해 개인이 지녀야 할 리터러시 역량은 이미 상호문화 소통역량을 포괄한다. 이 절에서는 프락시스의 행위 주체인 시민이 지녀야 할 상호문화역량이 무엇인지를 설명하고자 한다. 상호문화역량은 특정 태도, 상호문화 지식, 기술 및 반성에 근거하여 상호문화적 상황에서 효과적이고 적절하게 상호작용할 수 있는 역량이라고 볼 수 있다.

상호문화 소통역량(ICC: Intercultural Communication Competence)에 관한 연구는 1980년대부터 이루어져 왔다. 상호문화역량은 상호문화적 대면 상황에서 상이한 의미 및 기대를 충족시키는 대인 사이에 작용하는 고도의 소통 역량을 말한다. 또한 상호문화 소통역량이란 성공적인 목표를 충족하기 위해 필요한 효과적인 상호작용 또는 맥락에 적절한 방식의 상호작용할 수 있는 역량을 의미한다.

상호문화 소통역량의 개념은 다양한 이론적 렌즈를 통해 연구되어 왔다. 상호문화 소통의 관점에서 상호문화역량을 다룬 모델들은 다음과 같다. 베넷(Bennett, 1986)의 상호문화 감수성 발달 모델, 구디쿤스트(Gudykunst, 1993; 2002)의 불안/불확실성 감소 모델, 팅-투미(Ting-Toomey, 1993)의 정체성 협상 모델, 슈피츠베르크(Spitzberg, 1997)의 상호문화역량 모델, 바이람(Byram, 1997)의 상호문화역량 모델, 디어돌프(Deardorff, 2004)의 상호문화역량 피라미드 모델, 디어돌프(2006)의 상호문화역량 과정 모델, 판티니(Fantini, 2000; 2006)의 상호문화역량 모델, 아라사랏남(Arasaratnam, 2006)의 상호문화 소통역량 통합 모델 등이 그것이다. 이 중에서 상호문화 소통역량에서 자주 인용되는 바이람, 판티니, 디어돌프, 아라사랏남을 검토해 볼 것이다.

바이람은 문화적 배경이 다른 사람들이 교류를 할 경우에 서로의 문화 차이를 인식하고 존중하며 의사소통에서 발생할 수 있는 오해나 갈등을 감소할 수 있다고 한다. 이 경우에 효과적인 의사소통을 위해서는 상호문화 소통역량이 요구된다고 주장한다. 바이람은 상호문화 소통역량을 먼저 언어 능력, 사회언어 능력, 담화 능력, 상호문화 능력 등 네 가지로 분류하였다. 그는 이 중에서 특히 '상호문화능력'의 중요성을 특별히 강조하고 상호문화역량을 지식, 해석 및 연관 기술, 발견 및 상호작용 기술, 태도, 비판적 문화 인식 등으로 구분하였다.

첫째, 지식은 자신이 공유하고 있는 언어나 문화에 대한 지식뿐만 아니라 타인, 즉 소통하고 있는 상대방의 문화와 언어에 대한 지식을 포함한다. 특히 상대방의 문화적 배경을 이해하기 위한 지식은 상대방에게 열린 마음을 갖게 하고 편견이나 차별을 발생하게 하는 것을 차단한다. 둘째, 해석 및 연관 기술이란 자국 문화와 타 문화를 이해하고 해석할 수 있으며 이 해석을 가능하게 해주는 역량이다. 셋째, 발견 및 상호작용 기술은 자국과 타 문화에 대해 이미 배웠던 지식, 습득한 기술 및 태도를 일상생활에서 실제로 활용할 수 있는 역량을 말한다. 넷째, 태도는 타인이 사용하는 언어와 그가 지닌 문화에 대한 지식으로 인하여 상대방에게 공감과 호기심을 가지고 실제적인 행동이나 태도를 통해서 보여주는 것을 말한다. 누군가가 상대방의 언어 및 문화를 제대로 습득하고 존중한다 해도 그 사람이 자기의 태도나 행동으로 보여주지 않는다면 아무런 태도의 변화가 없다는 것이다. 즉 상호문화 소통의 궁극적인 목표는 다른 사람의 입장이 되어 생각할 수 있는 역량을 함양한다는 뜻한다. 다섯째, 비판적 문화 인식은 타인에 대해서 배웠던 지식이나 태도를 통해 발생한 새로운 문화정체성을 일컫는다. 아울러 이런 정체성을 토대로 구성되는 자신의 고유문화와 타 문화에 대해서 비판적으로 생각할 수 있는 역량도 여기에 속한다.

판티니의 상호문화역량 모델은 인식, 태도, 기술 및 지식을 포함하고 있기에 앞서 바이람이 제시한 모델과 유사점이 있다. 그러나 그는 언어교육에 있어서 상호문화 측면에 중점을 두어 학습자가 지역 및 세계 수준에서 적극적이고 개선된 참여자가 될 수 있는 인식, 태도, 기술 및 지식을 개발할 수 있게 했다. 그럼으로써 새로운 언어로 다른 사람들과 이해하고 공감할 수 있다고 덧붙였다. 또한 판티니는 자기 인식 및 반성에 관한 인식에 대하여 자신의 발달로 인해 더욱 강화된 것처럼 더 깊은 인식, 기술 및 태도를 이끌어낸다고 강조한다. 더불어서 그는 상호문화역량을 개발하기 위한 가장 좋은 조건은 긍정적인 환경에서 다른 언어 및 문화권 사람들과의 적극적인 접촉 및 경험이라고 강조한다.

판티니가 제시한 상호문화역량은 모두 4가지로 구성되어 있으며, 이는 앞에서 소개한 바이람의 상호문화 소통역량의 구성 요소와 유사한 면이 있지만 판티니는 인식에 중점을 두고 있다. 다시 말해 바이람이 상호문화에 대한 앎과 이를 실천하는 태도에 무게를 두었다면 판티니는 상호문화를 존중할 수 있는 가치관이나 내적 관점을 중시했다고 볼 수 있다. 상호문화 소통역량은 사람들이 자국문화에 대해서만 아는 것이 아니라 이를 넘어서 다른 문화에 대해서도 배우고, 타 문화 구성원들과 적극적으로 상호작용을 하면서 느꼈던 차이점을 존중하는 것을 의미한다. 또한 사람들이 이런 상황에 맞게 적절한 태도를 보여주고 자기와 타 문화 간의 차이를 다양성으로 보고 인식하는 것을 뜻한다.

디어돌프는 상호문화역량의 피라미드 모델을 개발하였으며 이 모델을 구성하는 요소를 외적 결과, 내적 결과, 지식과 이해, 기술, 필수적인 태도와 같이 다섯 가지로 구분하여 설명했다. 첫째, 외적 결과는 상호문화 지식, 기술, 태도에 근거하여 자신의 목적을 달성하기 위하여 효과적이고 적절하게 행동하고 소통하는 것을 말한다. 둘째, 내적 결과는 준거틀로서 적응능력, 융통성, 민족상대주의적 관점, 공감 등의 요소를 포함한다. 여기서 적응능력은 다른 의사소통 방식, 행동, 새로운 문화 환경에 적응함을 의미하며, 융통성은 적절한 의사소통 방식과 행동 선택, 인지적 유연성 등을 뜻한다. 셋째, 지식과 이해인데 이는 문화적 자기 지각, 문화에 대한 깊은 이해와 지식, 특정 문화의 대한 지식, 사회언어학적 지각을 포함하는 개념이다. 특히 문화에 대한 지식은 문화의 맥락, 문화의 역할과 영향 그리고 다른 사람들의 세계관 포함을 폭 넓게 포함한다. 넷째, 기술인데, 이 개념은 총체적이고 행동의 과정적인 의미를 지닌다. 이는 듣고, 관찰하고, 해석하기 단계와 분석하고, 평가하고, 관련 짓기 단계로 구분해서 볼 수 있다. 앞의 단계에서는 민족중심주의를 확인하고 최소화하기 위해 인내하면서 문화적 단서와 의미를 찾도록 노력한다. 두 번째 단계에서는 분석의 비교 기술을 사용하여 연계, 인과 관계를 찾는다. 다섯째, 필수적인 태도는 존중, 개방성, 호기심과 발견의 하위요소로 구분된다. 존중은 다른 문화와 문화적 다양성에 대한 가치를 인정하는 것이며, 개방성은 상호문화를 학습하는 것과 다른 문화권에서 온 사람에 대한 판단을 보류하는 것, 호기심과 발견은 모호함과 불확실성에 대해 용인하는 것을 포함한다. 따라서 상호문화 소통역량은 자국문화에 대해서만 아는 것이 아니라 타 문화에 대해서도 배우고, 타 문화 구성원들과 적극적으로 상호작용을 하면서 느꼈던 차이점을 존중하며 이런 상황에 맞게 적절한 태도를 보여주고 자기와 타 문화 간의 차이를 다양성으로 보고 인식하는 것을 의미한다.

디어돌프가 의미하는 필수적인 태도란 배웠던 문화에 관한 지식이나 기술을 존중이나 개방성, 또는 호기심 등 태도를 통해서 활용하는 것을 의미한다. 이처럼 지식, 기술, 태도는 융통성 있고, 적용이 가능하며, 공감을 얻는 법을 배우고 친근한 관계의 관점을 수용하거나 채택하는 개별 학습자의 내적 결과로 이루어진다. 이러한 특성은 개인이 관찰 가능한 행동을 할 때나 혹은 의사소통 스타일을 나타내는 경우 외적 결과에 반영된다. 그들은 개인이 상호문화적으로 유능한지, 또는 상호문화를 습득하고 있다는 가시적인 증거가 된다.

학습자들이 배운 지식, 기술, 태도는 행동을 통해서만 일상적인 실천에서 이루어진다. 다시 말해 실천의 측면에서 볼 수 없고 내부적으로, 즉 머릿속에서만 있는 지식, 기술 및 태도는 존재한다고 할 수가 없다. 상호문화역량을 형성하기 위해 내부 및 외부 결과가 동시에 요구되기 때문이다. 따라서 상호문화역량은 우리가 사는 다문화 사회에서 필수적으로 요청되고 있다. 결국 상호문화역량은 유전적으로 얻어지는 것이 아니라 후천적으로 교육기관에서의 사회화와 학습을 통해서 배워가는 것이다. 상호문화역량을 함양하는 교육에 대해 우리는 상호문화교육이라고 말한다. 또한 이 상호문화교육의 목적은 학습자들의 상호문화역량 함양을 넘어서 이들을 세계시민으로 성장시키는 데 있다.

디어돌프는 앞서 언급한 피라미드 모델을 토대로 하여 과정 모델을 개발했다. 이 과정 모델의 구성요소는 피라미드 모델과 동일하지만 이러한 요소들 간에 발생하는 동인들의 이동과 과정 방향을 보다 역동적으로 설명하고 있는 점이 특징이다. 이 모델은 개인적 수준에서 출발하여 상호간 대인 수준, 즉 상호문화적 상호작용으로의 이동을 체계적으로 보여준다. 피라미드 모델과 마찬가지로 과정 모델에서는 태도, 기술, 지식을 외적 결과에 직접적으로 적용할 수 있다. 하지만 결과의 적합성과 효율성의 정도는 전체 순환 작용이 완료될 때보다 높지 않은 채 다시 시작할 수도 있다. 내적 결과와 외적 결과의 고유한 요소는 이 과정 모델에서 유지되고 관리될 수 있다. 실제로 개인은 일상생활에서 내부적인 성과를 완전히 달성하지 않고도 다양한 상황에서 적절하고 효과적으로 행동하고 의사소통을 하는 외적 결과를 얻을 수 있다. 그러나 내적 성과를 갖게 될 경우보다 적절성과 효과성의 정도가 제한적일 수는 있다.

디어돌프가 제시한 상호문화역량에 관한 과정모델은 첫째, 자국 문화와 다른 문화권 사람들의 다양함을 이해하고 존중하게 하는 데 기여한다. 둘째, 사람들과 상호작용을 할 때 효과적이고 원활한 의사소통을 제공하게 한다. 셋째, 다양한 문화권으로부터 온 사람들과 상호의존적이며 긍정적인 대인관계를 구성하게 한다. 넷째, 접촉하는 대화 상대의 다양함을 파악하고 차이점을 인정하며 존중하게 한다.

이런 점에서 상호문화역량은 다문화 사회에서 필수적으로 요청되는 시민윤리라고 간주할 수 있다. 우리가 확실하게 알아야 할 것은 상호문화역량은 생득적, 유전적으로 얻어지는 것이 아니라 후천적으로 학습활동을 통해서 체화해 나가는 배움의 과정에서 생겨난다는 것이다. 이것은 리터러시가 역량으로 정의한 것과 같은 개념이다. 다시 말해 상호문화 소통역량은 리터러시의 확장된 형태이며 리터러시와 프락시스의 변증법이 다문화 사회 환경과 접할 때 시민이 가져야 할 역량인 것이다.

아라사랏남은 공감에 대해서 인지 및 정서적 역할을 수행하고 상황에 적절하게 행동을 적응시키는 개인의 능력으로 묘사된다. 공감을 갖춘 사람은 상호작용에 적극적으로 참여해 상호문화 소통역량을 충분히 드러낼 수 있으며 다른 개인에게 영향을 미치는 행동을 수행할 수 있다. 동기 부여는 다른 문화에 대한 학습을 시행할 수 있으며 다른 문화를 이해하기 위한 결정을 내리는 데 기여한다. 뿐만 아니라 문화 간 상호작용에 참여하려는 열망으로 잘 정의가 되어 있다. 또한 그는 동기 부여에 관한 설명에서 다른 문화를 이해하고 그 문화를 학습하기 위해 문화 간 상호작용에 참여하고자 하는 욕망이라고 한다. 다른 문화권 사람들에 대한 글로벌 태도 또는 긍정적 태도와 같은 변수, 즉 세계적인 태도는 자신이 지닌 세계관 이외에 새로운 문화에 관하여 긍정적인 관심을 가지고 접근하며 교제할 수 있는 능력이다.

이 경우 개인은 다른 문화를 배경으로 가진 개인들을 이해할 때 긍정적인 태도를 가지고 있어야 하며 자민족중심적 시각을 갖지 말아야 한다고 강조한다. 상호문화 소통에 적극적으로 참여하는 것은 예의를 제공하는 것과 더불어 타인의 말을 잘 듣고 이해하려고 애쓰는 경청 능력이라 할 수 있다. 이는 대화에 있어서 인지 및 행동적 참여의 정도를 표시한다. 관심을 잘 기울일 줄 아는 역량을 가진 사람은 다른 사람이 요구하는 사항들을 이해할 뿐만 아니라 이들의 요구에 적극적으로 반응할 수 있어야 한다. 아라사랏남은 자신이 2006년에 개발한 상호문화 소통역량 모델에서는 측정하지 못한 개인적 차원에서의 감정적 측면으로서 자극선호(sensation-seeking)를 검토하였다. 이 자극선호의 추가를 통해 2010년에 상호문화 소통역량을 설명하기 위한 새로운 발전된 모델을 제시하였다.

우리는 이번 절에서 상호문화 소통역량에 대해 바이람(Byram, 1997), 디어돌프(Deardorff, 2004; 2006), 판티니(Fantini, 2000; 2005; 2006), 아라사랏남(Arasaratnam, 2006) 모델 등을 중심으로 살펴보았다. 이들에게서 나온 상호문화 소통역량의 모델에서 제기된 내용 요소들을 과정 모델과 통합 모델로 구분하여 다음 〈표 1-1〉과 같이 정리할 필요가 있다.

〈표 1-1〉 상호문화 소통역량의 요소 비교

과정 모델			통합모델
바이람(Byram)	판티니(Fantini)	디어돌프(Deardorff)	아라사랏남(Arasaratnam)
• 지식 • 해석 및 연관기술 • 발견 및 상화작용 기술 • 태도	• 인식 • 태도 • 기술 • 지식	• 외적 결과 • 내적 결과 • 지식과 이해 • 기술 • 필수적인 태도	• 글로벌 태도 • 동기부여 • 상호작용 참여 • 공감 • 자극선호

우리가 주목할 것은 이들 학자들의 상호문화 소통역량의 요소들을 접하는 다수 사람들이 마치 다문화 사회의 다수자들인 선주민 입장에서의 역량 확보를 생각하는 경향이 짙다. 이것은 진정한 오해이다. 이들 학자들 모두 그렇게 다수자-소수자 프레임으로 상호문화 소통을 설명한 적이 없다. 그래서 김영순(2020)에서는 초국적 이주로 형성되는 다문화 환경 하에서 선주민인 다수자와 이주민인 소수자들의 문화적응 과정에서도 상호문화 소통역량 확보 과정으로서 프락시스를 관찰할 수 있음을 시사하고자 했다. 이를 위해 〈표 1-1〉에서 제시한 과정모델에서 필요한 요소를 뽑아 이주민의 상호문화 소통 과정 즉 상호문화 프락시스를 기술하기 위한 요소들을 추출하

면 다음 〈표 1-2〉와 같이 정리된다.

<표 1-2> 이주민의 상호문화 소통 과정 기술 요소

차원	영역	상호문화 소통의 경험 내용 기준
개인적	지식	• 자신이 공유하고 있는 언어나 문화에 대한 지식뿐만 아니라 타인, 즉 소통하고 있는 상대방의 문화와 언어에 대한 지식
	해석 및 연관 기술	• 자국 문화와 타문화를 이해하고 해석할 수 있었던 경험
	발견 및 상호작용	• 자국과 타문화에 대해 이미 배웠던 지식, 습득한 기술 및 태도를 일상생활에서 실제로 활용한 경험
	태도	• 타인이 사용하는 언어와 그가 지닌 문화에 대한 지식으로 인하여 상대방에게 공감과 호기심을 가지고 실제적인 행동이나 태도의 경험
	비판적 문화인식	• 타인에 대해서 배웠던 지식이나 태도를 통해 발생한 새로운 문화 정체성을 경험
대인적	이해와 존중	• 자국 문화와 다른 문화권 사람들의 다양함을 이해하고 존중한 경험 • 접촉하는 대화 상대의 다양함을 파악하고 차이점을 인정하며 존중한 경험
	상호작용	• 사람들과 상호작용을 할 때 효과적이고 원활한 의사소통을 제공한 경험
	대인관계	• 다양한 문화권으로부터 온 사람들과 상호의존적이며 긍정적인 대인관계를 구성한 경험
	공감	• 타인의 의견에 경청하고 그들의 감정을 이해하려고 그들의 입장에서 고려와 경험을 해보는 것
	자극선호	• 상호문화적인 상황에서 개인이 지닌 인지적 특성인 자극을 중시함으로써, 일상생활에서 조우할 수 있는 여러 다양한 상황에 대응할 수 있도록 더욱 적극적인 태도를 가진 경험
	글로벌 태도	• 초국적 아주자로서 본국과 이주국 사이의 문화매개자 역할을 경험

〈표 1-2〉는 인간의 상호문화 소통 과정을 기술할 수 있는 틀을 제공하는데 초석으로 작용할 것이다. 이 표에서 개인적 차원은 소통의 주체로서 인식과 해석에 중심을 두었다면, 대인적 차원은 타인과의 의사소통과 상호작용 관찰에 중심을 두었다. 이 분석 준거들은 이주자로서 개인이 이민 사회의 선주

민인 다수자나 혹은 다른 문화적 배경을 지닌 다른 이주자와의 상호문화 소통을 이해하는 데 기여할 것으로 기대한다. 또한 자신의 본국에 대한 교류와 한국에서의 문화적응을 통한 글로벌 태도의 변화 등이 관찰될 필요가 있다.

5. 마무리

지금까지 읽을 줄 아는 능력에서 참여하는 실천의 능력으로 리터러시 개념을 변혁적으로 정의하고, 이 개념으로부터 출발해서 리터러시와 프락시스의 관계를 살펴보았다. 아울러 다양성이 공존하는 다문화 사회에서 살아가는 우리 모두를 위해 프락시스로서 상호문화 소통역량을 제안하였다. 그렇다면 리터러시와 프락시스의 연관성의 복잡함은 어떻게 설명할 수 있을까? 필자는 이 관계에 대한 독자의 이해를 돕기 위해 앤서니 드 멜로의 〈바다로 간 소금인형〉에서 흥미로운 구절을 인용할 것이다.

소금 인형이 바다에 이르러 예전에 미처 본 적도 없고 알 수 없었던 것을 발견했다. 단단하고 작은 소금 인형은 딱딱한 땅 위에 서서 움직이고, 불안정하고, 시끄럽고, 이상하고, 알 수 없는 새로운 땅을 보았다.

바다에게 물었다. "도대체 너는 누구냐?" "나는 바다야." "바다가 뭐지?" "그건 나야." "어떻게 하면 너를 알 수 있지?" "나를 만져 봐." 소금 인형은 망설이듯 발을 내밀어 바다를 만졌다. 그런데 다시 발을 뺏을 때 발가락이 보이지 않았다. 그는 덜컥 겁이 나서 물었다.

"내 발가락은 어디 있어? 내게 무슨 짓을 한 거야?" 바다가 말했다. "너는 나를 알기 위해 무엇인가를 준 거야!" 소금 인형이 점점 깊이 들어갈수록 바다는 그를 조금씩 가져갔다. 소금 인형은 바다를 알 것 같았지만 무엇이라 표현할 수 없었다. 마침내 파도가 소금 인형의 마지막을 녹여 버렸을 때 그는 깨달았다.

"그래 바다는 바로 나야!"

리터러시와 프락시스의 관계는 마치 바다와 소금인형의 관계일 것이다. 곧 리터러시가 바다이고 프락시스가 소금인형이다. 리터러시는 능력으로서 랑그이자 다시 파롤로서 프락시스인 것이다. 소금인형이 바다에서 나온 듯이 프락시스는 리터러시로부터 나온다. 프락시스는 곧 리터러시의 행위적이며 참여적인 속성이다. 소금으로 요리에 간을 맞추지만 바닷물로는 직접 요리를 하지 않듯이 프락시스는 생존을 위한 요리 행위에 반드시 필수적이다. 이렇듯 요리에 소금이 필요하듯 인간의 일상에 프락시스는 반드시 필수적인 것이다.

이와 같이 리터러시는 그 자체에 이미 프락시스를 포함하고 있거나 전제하고 있음은 명확하다. 진정 우리의 관심은 바로 리터러시가 단지 개인이 갖는 역량만이 아니라는 점이다. 다시 말해 프락시스가 없는 리터러시는 공허할 뿐이라는 것이다. 바다가 소금인형을 만들 수 있도록 짜지 않다면 바다가 아니듯 리터러시는 프락시스를 만들어야 한다는 것이다.

프락시스는 인간 주체가 '인간다움'을 지니고 있는지 아닌지의 여부를 결정하는 척도이다. 프락시스는 바다가 내어 준 소금인형이고 리터러시는 신이 인간에게 부여한 '인간다움'이란 선물이다. 이 선물을 방 한구석에 쌓아 놓는다면, 그건 선물이 아닌 것이다. 이제 선물의 포장을 뜯어 상자를 열고 그 선물을 일상생활의 현실에 활용하도록 하자. 소금인형이 발을 바다에 담그고 바다와 자신이 한몸이라는 것, 같은 존재라는 것을 비로소 알았듯이 우리는 리터러시 역량을 타고 태어났음을 자각하자.

우리가 아는 만큼 세상은 보이고, 우리가 실천하는 만큼 생존할 수 있다. 리터러시는 역량이며, 테오리아이며 다른 한편으로는 실천과 참여로서 프락시스임은 명백하다. 우리 사회가 다문화 환경을 접하면서 이전의 다른 주체들과는 다양한 문화적 배경을 가진 타자들을 접할 수 있다. 바로 그 '타자'와 '나'라는 주체는 다르지 않다는 것이다. 나는 언제든 타자가 될 수 있기 때문이다. 타자와 나는 분리된 것이 아니라 소금인형과 바다처럼 한몸이라는 것이다. 나는 타자이고, 타자는 나이다. 소금인형의 본질이 바다인 것처럼 말이다. 리터러시와 프락시스는 바다와 소금인형, 주체와 타자가 하나인 듯 같은 모양과 성질을 가지고 있다. 이렇게 리터러시와 프락시스는 상호간에 변증법적 과정에 놓여 있다.

명제로서의 리터러시는 이런 다문화 환경에서 반명제로서 프락시스가 되며, 이 프락시스는 다시 정명제로서의 리터러시로 환원된다. 인간을 둘러싼 사회문화적 텍스트가 자본과 이데올로기화로 심화되어 가는 작금의 현실에서 우리가 더욱 단순해지고 테크놀로지의 힘에만 의지한다면 우리는 리터러시도 프락시스도 잃게 될 것이다. 궁극적으로 우리에게 주어지는 세상의 텍스트들이 정교화되면 될수록 우리의 리터러시는 더욱 정교화되어야 하고 프락시스는 더욱 더 적극적이어야 한다. 그러려면 비판적 행위의 프락시스가 타인과의 상호소통 과정에서 활발히 수행되어야 할 것이다. 적어도 우리가 다양성이 공존하는 이 세상에서 '인간답게' 살기 위해서 말이다.

2장
다문화 리터러시와 생산적 권력*

 텍스트는 우리에 대한 디자인을 가지고 있다. 텍스트 의미의 소비
자로서, 우리는 텍스트가 구성하는, 그리고 텍스트를 구성하는 진
리를 볼 수 있어야 한다. 그리고 그 효과를 상상할 수 있어야 한다.

(Janks, 2019: 159)

* 이 장은 장은영(2020)의 학술지 게재논문을 바탕으로 재구성하였다.

1. 리터러시와 권력

1) 리터러시로의 선회

리터러시라는 용어가 새롭게 부상하고 있다. 오늘날 언어뿐만 아니라 컴퓨터, 과학, 사회학 등 여러 학문영역에서 이 용어가 사용되는 것은 리터러시의 역할과 개념 확장에 대한 학계의 관심을 반영한다. 기존의 리터러시가 문자언어로 산출되는 의미, 즉 활자 리터러시(print literacy)를 의미했다면 오늘날의 리터러시는 문자언어의 한계를 넘어 이미지, 소리, 동영상 등 다양한 텍스트로 이루어진다(The New London Group, 1996). 의미는 문자만이 아니라 다양한 형태의 상징과 기호를 통해 구성되기 때문이다(Kramsch, 1998). 지식과 정보가 정치, 사회, 경제적 측면에서 핵심적 자원으로 떠오르면서 다중 텍스트의 의미를 파악하고 만들어내는 과정은 복잡하면서도 더욱 중요해졌다. 단순히 언어적 기호를 해석하는 디코딩(decoding)의 조작적 리터러시(operational literacy)뿐 아니라 더욱 정교하고 다각적인 리터러시가 필요하게 된 것이다(Green, 2002). 21세기에 부각되고 있는 이러한 리터러시의 필요성을 "리터러시로의 선회(literacy turn)" 또는 "리터러시의 승리(the triumph of literacy)"라고 일컫는다(Green, 2002/ Janks, 2019: 58에서 재인용).

리터러시의 의미를 사회문화적 맥락으로 확장시킨 것은 그리 오래되지 않았다. 1993년에 출판된 『Critical Literacy: politics, praxis, and the postmodern』의 책임 편집자인 콜린 랭크셔(Colin Lankshear)와 피터 맥라렌(Peter McLaren)은 '비판적'과 '리터러시'라는 두 단어가 현재 가장 유행하는 말(buzz words)"이라는 문장으로 서문을 연다(Lankshear & McLaren, 1993: xii). 흥미롭게도 약 20년 후인 2012년에 힐러리 쟁크스(Hilary Janks)의 '비판적 리터러시의 중요성(The importance of critical literacy)'이라는 제목의 논문은 "유행이 지났다고 투덜거리는 지금도 여전히 비판적 리터러시는 중요하다"라는 언급으로 시작한다(Hilary Janks, 2012: 50).

되짚어 올라가면, 비판이론(Critical Theory)의 제1세대는 이 용어를 처음 만들어 낸 막스 호르크하이머(Max Horkheimer)가 속한 프랑크푸르트 학파(The Frankfurt School)라고 할 수 있다(García & Willis, 2001: 19). 프랑크푸르트학파의 비판이론은 자본주의 체제에서 동질화, 상품화된 문화가 대중에게 그 사회의 권력관계를 자연스럽고 보편적인 것으로 인식하도록 함으로써, 대중이 저항 없이 이에 순응하고 기여하여 기존의 권력구조를 재생산하게 됨을 지적한다(박휴용, 2012: 18-19). 이들은 자연스러워 보이는 관행에 대해 의문을 제기하며 마르크스 이후 시대에 권력이 어떠한 모습으로 위장되어 있는지를 설명하고자 하였다. 말하자면 사회에서 억압적인 모든 상황을 설명하고 변혁하려고 시도한다.

그리고 1970년대와 80년대의 마르크스주의로의 회귀와 브라질의 교육학자 파울로 프레이리(Paulo Freire)의 영향과 더불어 교육에 대한 비판적 접근이 가시화되었다. 특히 이 시기에 "학교 교육은 정치적으로 중립적인 활동이므로 적어도 정치적, 사회적 측면에서 드러내놓고 '양심'의 문제를 다루어서는 안 된다는 기존의 전제에 대한 통렬한 비난"이 제기되었다(Lankshear & McLaren, 1993: xiii). 교육학자들은 비판이론을 교육 현장으로 가져왔고 이들은 리터러시에 대한 비판적 인식을 이론화하기 시작하였다. 그 중에서도 히스(Heath, 1983)와 스트리트(Street, 1984, 1995)로 대표되는 뉴 리터러시연구(New Literacy Studies)와 크레스(Kress, 1999, 2003) 등이 포함된 뉴런던그룹의 다중 리터러시 (multiliteracies)는 텍스트의 범위와 의미를 넓히며, 리터러시연구에 획기적 변혁을 가져온 주요한 두 흐름이라 할 수 있다.

푸코(Foucault, 1980)는 텍스트는 담론이 예시화된 것이며 그 담론이 진리를 만들어낸다고 보는 진리 체제(regime of truth)의 메커니즘을 강조하였다. 이러한 관점에서, 진리로서의 담론을 읽어내는 역량, 즉 '리터러시'는 매우 중요하다. 일반적으로 '읽고 쓰기'를 의미하는 문자 기반 리터러시는 교수학습이 이루어지는 핵심 도구이기에 교육 현장에서 언제나 중요한 권력을 가지고 있었다. 현대에는 다양한 텍스트의 다중 리터러시와 함께, 리터러시에 내재되어 있거나, 리터러시 관행을 통해 드러나는 권력관계 역시 보다 복잡하고 다양한 양상을 띠게 된다. 이번 장에서 다루는 리터러시는 리터러시와 권력이 복잡하고 다양하게 서로에게 관여함에 대한 것이다. 비판적 교수법이 '지식과 권력의 관계'에 중점을 둔 교수법이라고 한다면, 비판적 리터러시는 상징/기호와 권력의 관계에 중점을 둔다(Freire, 1970). 혹은 의미구성과 권력의 관계라고 할 수도 있다. 다문화 리터러시는 다양한 문화적 · 언어적 배경을 가진 집단들과 관련된 권력관계, 혹은 집단들이 만들어내는 의미구성과 권력의 관계에 대한 이해라고 할 수 있을 것이다.

이번 장의 목적은 리터러시와 권력의 관계에 대한 다각적 고찰을 통해, 오늘날 교육의 중요한 방향으로서 다문화 리터러시의 개념과 이를 통한 생산적인 권력 창출의 가능성을 제시하는 데에 있다. 앞서 1장에서 단언하였듯이, 리터러시는 언어를 넘어 다문화 시민으로 살아가기 위해 필요한 역량이자 역사를 만들어가는 주체적 인간이 행하는 프락시스(praxis)의 초석이라고 할 수 있다. 우리 사회를 구성하는 중요한 요소인 리터러시, 지식, 교육이 권력과 결코 무관할 수 없음을 전제로 하며, 필자는 이러한 권력관계가 오늘날 다문화 시대에 다양한 집단의 접촉과 공존의 필요성 가운데 가시화되고 있음에 주목한다. 그리고 사회화를 위한 가장 강력한 제도적 장치인 학교가 다양성을 수용하기보다 기존 사회의 권력구조를 재현하고 재생산하는 공간(Larson, 1996; Street, 1984, 1995)으로 전락할 수 있는 위험을 간과하지 않는다. 이에 리터러시와 권력의 관계를 다루는 비판적 리터러시

연구의 흐름을 되짚어 보고, 특히 힐러리 쟁크스의 이론과 연구를 중심으로 리터러시 헤게모니와 '접근성의 모순(access paradox)'을 다룬다(Janks, 2019: 63).[4] 아울러 실제 현장의 예시들을 분석하며 다양성, 접근성, 권력, 디자인의 상호관계에 대해 논의한다. 궁극적으로 다문화 리터러시 개념을 통해 한국 사회의 다문화주의와 다문화교육에 대한 인식 재고를 촉구하고, 교육의 공간은 어떻게 다양성을 수용할 것인가에 대한 대안을 찾고자 한다.

2) 교육 불평등과 리터러시

한국 사회에서 '교육은 공평한가?'라고 묻는다면 많은 이들이 그렇지 않다고 대답한다. 그러나 '교육은 중립적인가?'라고 묻는다면 많은 이들이 그러하다 혹은 그래야 한다고 대답할 것이다. 공평하지 않다는 것은 권력이 평등한 방식으로 배분되어 있지 않다는 것이다. 즉 권력의 불공평이 교육의 불평등이다. 그런데 교육이 중립적이라면 어느 쪽의 편에도 서지 않겠다는 것이다. 즉 불공평한 권력의 분배를 묵인하겠다는 것이다. 그렇다면 그것은 '중립적'이라고 할 수 있을까? 소냐 니에토(Sonia Nieto)는 "교육이 중립적이지 않다는 사실은 많은 사람들을 두렵게 한다. 왜냐하면 이러한 사실은 교육이 평등과 공정에 기반을 두고 있다는 중요한 개념에 도전하고 있기 때문"이라고 지적한다(Nieto, 2016: 25).

교육이 마치 중립적인 것으로 보이는 이유는 교육을 통해 얻는 성취가 정당한 노력의 대가라고 믿기 때문일 것이다. 능력주의(meritocracy)의 패

---

4 힐러리 쟁크스는 남아프리카공화국의 비트바테르스란트 대학 응용언어학과 명예교수로서, 아파르트헤이트로 대표되는 남아프리카공화국의 정치적, 교육적 차별의 환경에서 비판적 언어인식의 중요성을 강조하며 비판적 리터러시교육을 수행한 학자이자 교육실천가이다. 쟁크스는 비판에 그치지 않는 비판적 리터러시 이론인 '비판적 리터러시 상호의존모형(The Interdependent Model)'을 구축하고 이를 실제 교육 현장에 적용하며, 다수의 구체적인 현장 활동을 디자인하고 실행함으로써 이론과 실행의 균형과 접점을 보여준 점에서 높이 평가받고 있다.

러다임에서는 누구나 열심히 노력하여 자신의 능력 혹은 학력을 높이면 성공할 수 있다고 본다. 따라서 실패는 능력이나 노력의 부족으로 귀결된다. 특히 일제 식민지와 한국전쟁으로 기존의 정치적·경제적 권력세력이 졸지에 와해되고 교체되는 것을 경험한 한국 사회에서 교육은 새롭고도 공평한 기회가 되었다. 그리고 교육을 통해 성취한 학력은 개인의 노력으로 계급상승을 획득하는 사다리이자, 자본가와 노동자 외의 "세 번째 계급"으로서 하나의 "지위집단"을 형성할 수 있는 중요한 통로로 인식되었다(윤수인, 이홍직, 2019: 276).

그러나 오늘날 우리는 교육의 공평성과 중립성 사이의 모순된 긴장을 경험한다. 한국에서 부모의 사회·경제적 지위와 자녀의 학업 성취도 간에 유의미한 인과관계가 있음은 여러 실증연구들을 통해 입증되고 있다(윤수인, 이홍직, 2019).[5] 단순히 경제적 능력뿐만 아니라, 교육이 지배계층의 문화적 가치와 기준을 반영하여 사회적 불평등과 계급구조를 재생산한다는 점은 흔히 지적되어 왔다(Bourdieu, 1991). 또한 한국 사회에서 다양한 문화적·언어적 배경을 가진 가정이 증가하면서 다문화 학생과 비(非)다문화 학생 간 교육격차와 교육 불평등에 대한 연구가 다수 진행되어 왔다(오성배, 김성식, 2018; 윤민종, 강충서, 2019; 이현주, 차윤경, 2019). 예를 들어 윤민종, 강충서(2019)는 이러한 교육격차에 대한 연구 결과가 방법적 한계 등으로 인해 상반되거나 혹은 명확한 결과를 보여주지 못해 왔음을 지적하며 이를 보완하여 연구를 실시하였다. 분석결과 다문화 학생의 학업성취도가 저조한 이유 중 일정부분은 개인의 노력여부와 부모의 교육적 지원에도 비롯되지만 결정적으로 그 격차는 학생의 사회경제적 배경에서 기인할 가능성이

---

5 한국에서 부모의 학력을 바탕으로 한 교육기회 불평등이 증가하지는 않았다는 연구결과도 있음을 밝힌다(예: 최성수·이수빈, 2018).

높다는 점을 시사한다.

교육과 공평의 문제는 학계에서는 흔치 않게 논의되지만 현실과는 상당한 괴리가 있다. 교육기관과 교육자는 정치적 혹은 사회적 현안에 대해서는 일반적으로 '중립적 입장'을 취하도록 요구받는다. 더욱이 입시 위주의 한국교육 현장에서 정작 교사와 학생들은 사회 문제를 체계적으로 이해하고 분석할 기회를 갖기란 쉽지 않은 일이다. 『The Critical Pedagogy Reader(2009)』에서 이런 쇼어는 교육이 "위대한 평등자(a great equalizer)"라는 신화에 대해 의문을 제기하며, 공평(equity)을 위한 리터러시, 즉 비판적 리터러시를 강조하였다(Shor, 2009: 287).[6] 그는 비판적 리터러시를 "자아가 사회적으로 형성되는 방식에 대해 질문을 제기하는 언어의 사용"으로 정의한다(Shor, 2009: 282). 언어, 즉 다양한 모드의 텍스트가 우리를 구성하는 하나의 사회적 힘이라고 한다면, 비판적 리터러시는 이 과정에 대해 질문하는 언어인 것이다. 그리고 우리가 어떻게 우리 자신과 우리의 문화를 새롭게 만들기 위해 대립적인 담론(oppositional discourses)을 사용하고, 가르칠 수 있는가라는 질문은 리터러시 실행(literacy practices)의 핵심이 된다.[7]

이는 다시 우리를 '교육'에 주목하게 한다. 당연시해 온 이 사회와 학교의 텍스트를 비판적으로 읽어내며 다문화 시대의 지배구조를 읽을 수 있도록 돕는 리터러시교육이 모든 학생들에게 행해져야 한다. 그러나 안타깝게도 한국 사회와 교육현장에서 이루어지는 리터러시교육은 권력이나 맥락이 제거된 기능적 리터러시의 교육이 지배적이다. 텍스트의 분석과 해체 혹은 교육 그 자체에 대한 '비판적 읽고 쓰기'가 부재한다. 입시 위주의 학

---

6 무료 공립 교육을 지지하고 후원했던 호레스 만(Horace Mann)은 mass education이 19세기 미국의 계급 격차 문제를 해결할 'great equalizer'라고 생각하였음. 쇼어는 이를 "Horace Mann's hope"라고 언급함.

7 영문용어 'practice'는 맥락에 따라 '관행' 혹은 '실행'으로 번역된다. 본 장에서는 일반적으로 '실행'으로 번역하였고, 관습적으로 수행된다는 의미가 중요할 때에는 '관행'으로 번역하였다.

교는 다수의 리터러시 학자들이 경고하였듯이 리터러시를 자율적이고 보편적인 체제로 상정하고, 학교 교육을 통해 오히려 지배계급의 리터러시 관행을 표준화하고 재생산한다. 이러한 학교 리터러시(school literacy)가 바로 리터러시와 교육 불평등이 맞닿는 접점이라 할 수 있을 것이다.

리터러시를 사회문화적 맥락에서 의미를 생성하는 사회적 관행으로 보고, 이데올로기와 권력구조에 미치는 영향에 주목했던 리터러시 연구들을 통틀어 '뉴 리터러시'라고 명명한 것은 브라이언 스트리트(Brian Street)이다(Larson, 1996: 440). 스트리트는 리터러시의 자율모형(autonomous models)과 이념모형(ideological models)을 구분하는데, 먼저 자율모형은 리터러시가 사회적 맥락과 무관하다고 보고, 보편성과 객관성에 근거하여 제시되는 학교 리터러시의 모형이다. 리터러시 모형에서 '자율'이라는 단어에 대한 옹(Ong, 1982/ Janks, 2019: 189에서 재인용)의 다음 설명은 인상적이다.

> 종이 위에 쓰인 생각을 대화 상대와 분리되게 고립시킴으로써, 이런 의미에서 발화를 자율적이고 공격에 무관심하게 만듦으로써, 글쓰기는 발화와 생각을 그 밖의 다른 모든 것에 연관되지 않는 것으로, 어떻게든 자기 완성적이고 완전한 것으로 제시한다.
>
> (Ong, 1982/ Janks, 2019: 189에서 재인용)

즉 자율모형은 리터러시가 읽고 쓰기를 위한 중립적인 기술일 뿐이며, 이는 권위적이고 제도적인 기관인 학교를 통해 학생들에게 가르쳐야 할 내용에 불과한 것으로 정의한다(Street, 1995). 스트리트는 이를 '리터러시의 교육화(pedagogization of literacy)'라 칭하였으며, 라슨은 "교육화란 제도화된 교수학습과정과 리터러시 사이의 사회적으로 구성된 연결고리를 의미한다"라고 설명한다(Larson, 1996: 441).

자율모형에서 전제되는 리터러시의 '보편성'은, 리터러시를 탈맥락화된 기술로 전락시키고 주류나 제도권을 벗어난 다른 사회적 맥락에서 습득한 리터러시를 소외시키거나 주변화하게 된다(Street, 1995). 그리고 이러한 보편성을 기반으로 표준화된 학교/제도권의 리터러시 관행은 보수 중산층의 리터러시를 대변하고, 학교는 리터러시교육을 통해 그들의 권력과 지식의 담론을 재생산하게 되는 것이다. 뉴 리터러시 연구자들은 자율모형이 표방하는 리터러시의 보편성을 비판하는데, 특히 리터러시가 객관적이고 보편적 언어능력이라면 리터러시의 습득은 인종, 성별, 계급 등의 사회적 요소에 상관없이 모두에게 사회적 유동성(social mobility)을 위한 자원이 되어야 함에도 불구하고 사실상 리터러시가 특정 계급의 성공만을 조력하는 수단으로 작용한다는 점을 지적한다(허선민, 2016).

　　그렇다면 공평하지 않은 교육은 어떻게 달라질 수 있을까? 마치 '자연(自然)'처럼 스스로 그러할까? 교육의 모습도 계절에 따라 벚꽃이 피고 단풍이 지듯이 자연스럽게 변화되는 것일까? 그러나 교육은 자연의 일부가 아니라 문화의 한 형태이다. 일찍이 테일러(Tylor, 1871)가 '문화 혹은 문명'으로 문화의 인위성을 강조하였듯이, 교육은 스스로 존재하지도 않으며 스스로 변화하지도 않을 것이다. 그럼에도 불구하고 이미 익숙해진 교육의 현재 모습(status quo)에 대한 변혁의 시도는 종종 '부자연스러워' 보인다. 예를 들면 한국 교육현장의 무자비한 경쟁은 누구나 아는 '당연'한 현상이고, 그 경쟁의 결과로 누군가는 성공(소위 명문대에 진학)하고 누군가는 실패하는 것이 자연스러울 뿐 아니라 심지어 공정하고 정의로워 보이기도 한다. 바르트(Barthes, 1972)는 이러한 '자연화'를 '신화(myth)'라고 지칭하며, 이는 역사를 자연(nature)으로 전환시키는 과정이라 꼬집는다. 말하자면 신화란 사회적으로 형성된 현실의 상태를 마치 자연처럼 당연하고 불가피한 것처럼 보이도록 재구성하여 제시하는 것이다.

어떤 주제에 '비판적'이라는 말이 붙을 때는 어떤 의미에서는 자연을 위배하는 데에서 출발한다. '자연화된' 혹은 '당연시하는'이라고 해석되는 'naturalized' 관행(practices)에 의문을 제기하고, 그 안에 숨겨진 권력구조와 모순을 파헤치고, 힘의 관계를 해체하고 재구성하려는 노력이 비판적 행위의 핵심이 되기 때문이다. 리터러시는 이러한 자연화의 과정을 읽어내고 해체하며, 다시 쓰는 것을 의미한다. 특히 리터러시는 '자연화/당연시'가 의도하는 것이 주류의 비주류 지배에 대한 정당성 부여임을 '읽어내고' 이에 대한 대안의 담론을 '쓰는' 것이다. 이것이 필자가 다문화 시대의 교육을 위한 핵심적 개념으로 '리터러시'에 주목하는 이유이다.

3) 이념적, 다중모드적, 비판적 리터러시

스트리트(Street, 1995)가 자율모형에 반하여 제시한 리터러시의 이념모형(ideological models)은 리터러시가 본질적으로 이데올로기적이며 맥락적이라는 점을 강조한다. 이 모형은 리터러시 안에 내재된 전제와 권력관계를 수면 위로 드러내는 비판성과 사회적 실행으로서의 리터러시를 강조한다. 유사한 맥락에서, 루크(Luke, 2015)는 비판적 리터러시를 텍스트, 이미지, 담론 등을 통한 재현(representation)과 실재(reality)의 관계에 관한 것이라고 본다. 예를 들어 누군가가 일본의 재일조선인에 대해 알기 위해 인터넷을 검색하거나 책을 읽을 때에 이 주제에 대해 다양한, 때로는 상충되는 정보, 즉 '재현'을 접하게 된다. 그리고 누가, 어떤 맥락에서, 어떤 목적을 가지고, 어떤 방식으로 텍스트를 구성하였느냐에 따라 재일조선인이라는 '실재'가 구성된다고 보는 것이다. 텍스트의 정보를 액면대로 이해하는 기능적 리터러시와 비교한다면, 비판적 리터러시란 현실이 어떠한 방식으로 텍스트의 재현을 통해 구성되고 있는지를 아는 것이다.

뉴 리터러시 연구가 리터러시의 영역을 사회문화적 맥락으로 확장하고 권력의 관계를 구심점으로 위치시켰다면, 뉴런던그룹(The New London Group, 1996)은 소통을 위해 읽고 쓰는 도구를 다양한 상징과 기호 체계로 확장하였다. 이 책의 3부에서도 다루어지듯이, 디지털 미디어 시대에 리터러시의 의미는 이미지, 영상, 소리, 레이아웃 등을 포함하면서 다중 리터러시로 확장되었다. 뉴런던그룹의 대표주자라 할 수 있는 크레스(Kress, 2003)는 시각, 청각, 공간, 몸짓 등 다양한 의사소통 양식을 조합하여 의미를 만들어내는 다중모드성(multimodality)을 강조하였다. 다중 리터러시 연구에서 말하는 교육적 접근의 핵심은 학생들이 이용가능한 모든 기호적 자원을 선택하고 활용하는 방법, 조합하고 재조합하는 방법을 배워야 하며, 이를 통해 의미를 이해하고 또한 의미를 만들어낸다는 것이다. 특히 쟁크스는 크레스와 밴 르우웬(van Leeuwen, 2001)이 처음 소개한 개념인 '디자인(design)'을 중요하게 조명하였는데, 이 장에서 차후 논의하겠지만 간단히 말하자면, 디자인은 비판적 인식과 해체의 과정을 거쳐 다중모드 텍스트를 만들어내는 재구성을 의미한다.

다양성 없는 권력	• 차이와 다양성에 대한 인식이 없는 권력은 지배적인 형태와 관습은 당연시하고 같음을 찬양하며 다름을 악마화할 수 있다. 혁신과 변화를 발생시킬 수 있는 다른 관점들은 상실된다.
권력이론 없는 다양성	• 차이가 지배 내에서 구조화되고 모든 담론/장르/언어/리터러시가 같은 힘을 갖지 않는다는 점을 전혀 인식하지 못한 채 다양성을 찬양하게 된다.
접근성 없는 다양성	• 사회에서 지배적인 언어 형태에 접근하지 못하는 다양성은 학생을 게토화한다.
디자인 없는 다양성	• 다양성은 재구성과 변화를 위한 수단, 아이디어, 대안적 관점을 제공한다. 디자인 없으면 다양성이 주는 가능성은 실현되지 않는다.

(Janks, 2019)

[그림 2-1] 다양성과 비판적 리터러시

쟁크스는 뉴 리터러시와 다중 리터러시와 같은 리터러시의 새로운 관점을 비판적 리터러시 상호의존모형(The Interdependent Model)으로 체계화한다. 이 모형에서 비판적 리터러시가 다루는 언어와 권력의 관계를 4가지 요소, 즉 지배성(Domination), 접근성(Access), 다양성(Diversity), 디자인(Design)을 기반으로 모형화하고, 이 네 가지 요소 중 "어느 것을 전면에 내세우느냐에 따라 여러 양상의 비판적 리터러시가 실현"되며, 동시에 이러한 요소들이 상호 연관된다는 점을 강조한다(Janks, 2019: 62).[8]

다음 절에서는 쟁크스 모형에서 다양성의 키워드를 중심으로 접근성, 지배성, 디자인의 관계에 대해 구체적이고 다양한 예시를 들어 논의한다. 그리고 생산적 권력을 창출할 수 있는 새로운 대안으로서 비판적 리터러시에 기반한 다문화 리터러시의 개념과 가능성에 대해 알아본다.

2. 다문화 리터러시와 비판성

비판적 리터러시가 다양한 모드의 텍스트로 재현된 실재를 해체하고 재구성하는 과정의 핵심에는 차별과 불평등, 소수자의 주변화, 기존 권력관계의 재생산에 대한 인식과 실천이 있다. 즉 비판적 리터러시를 통해, 다문화를 구성하는 요소들인 인종, 민족, 언어, 성별, 계급, 성적 취향, 연령, 장애 등을 포함하는 텍스트의 다양성을 읽어내고 써내는 것이다. 그리고 이러한 다양성의 요소들이 학교와 사회에서 차이와 배제의 요소로 이어지지 않도록 하는 교육이 곧 다문화교육이라는 점에서 다문화와 리터러시는 접점을 이룬다. 필자는 쟁크스가 비판적 리터러시에 다양성과 디자인의 요소를 연

---

8 지면관계상 쟁크스의 모형에 사용된 4개의 핵심요소와 12가지 유형에 대한 자세한 설명은 생략하였으므로 쟁크스(2010/2019)를 참조하기 바람.

계시킴으로써 생산적인 권력으로서의 리터러시의 잠재력을 제시한 점에 주목한다. 이는 비판에서 그치지 않고 가능성으로 이어지는 리터러시이며 그 중심에는 다양성의 가치가 있기 때문이다.

'다문화 리터러시'라는 용어는 다소 생경하다. 한국 사회에서는 결혼이 주여성이나 외국인 근로자 가정을 위한 정책수립과 재정지원을 위한 범위를 명시하기 위해 만든 '다문화 가정'이라는 용어가 흔히 쓰이고 있다. 이로 인해 '다문화교육'의 개념은 마치 다문화 가정 자녀를 위한 교육 혹은 이주민을 위한 교육인 것으로 오해되는 경향이 있다. 다문화, 다문화교육이라는 용어의 불명확성으로 인해 다문화 리터러시의 개념 역시 명확한 정의가 부재할 뿐 아니라, 세계시민교육이나 상호문화이해교육 등과 같은 유사 개념들과의 경계가 불분명하다.

먼저, 한국의 학계에서 다문화 리터러시가 다루어지는 양상을 살펴보자.[9] 비교적 최근에 2편의 박사학위논문(안진숙, 2019; 정지현 2015)과 7편의 국내 학술지 논문(e.g., 정지현, 김영순, 홍정훈, 2014; 정지현, 김영순, 장연연, 2015)이 출판되었는데, 학술지 논문 7편 중 5편의 제1저자가 동일한 학자(정지현)였다. 즉 현재로서는 다문화 리터러시에 관한 연구가 활성화되지 않고 있으며 다양한 관점과 관련 주제에 대한 연구가 부족하다고 볼 수 있다. 다문화 리터러시라는 용어를 키워드로 하는 연구를 살펴보면, 다문화 관련 주제를 다룬 리터러시교육이거나, 일반적으로 말하는 다문화교육 프로그램과 동일하거나, 다문화 가정 혹은 다문화 학생이 참여한 리터러시 활동 및 관련된 교육을 다루는 경우 등을 포함하고 있었다.

리터러시의 한국어 번역어 중 하나[10]인 '문식성'이라는 용어를 사용한

---

9 "다문화 리터러시" 키워드로 RISS에서 〈완전일치〉로 2019년 11월 14일자 검색.

10 한국에서 리터러시는 '문해(력)' 혹은 '문식성'으로 번역된다. 본 논문에서는 원어와 번역어 간의 의미차이로 인한 모호성을 줄이고자 '리터러시'라는 용어로 통일한다.

'다문화 문식성'에 대해 다룬 연구의 수는 '다문화 리터러시'와 관련한 연구보다 상대적으로 더 많은 것으로 나타났다.[11] 다문화 문식성을 키워드로 하는 연구는 2007년에 처음 출판(박윤경, 2007)되었고, 2019년까지 10편의 학위논문과 19편의 국내학술지 논문으로 출간되었다. '다문화 리터러시'에 비해 '다문화 문식성'이라는 용어를 사용한 연구 논문들은 공통적으로 문학, 독서, 국어, 한국어교육 등 언어에 중점을 두는 경우가 대부분이며 주로 국어교육과 한국어교육 관련 연구논문이다.

한편 다문화 리터러시라는 용어를 사용한 연구논문의 내용은 언어가 연관되어 있으나 언어보다는 소통에 중점을 두고, 다문화교육이나 세계시민교육과 유사한 개념으로 확장하여 다문화 리터러시 용어를 사용하는 경향이 있다. 예를 들어 Kim(2019)은 다문화의 의미를 확대하고 맥락화하여 21세기 4차 산업혁명 시대의 소통에서 다중모드성(multimodality)과 디지털화(digitalization)가 갖는 의미를 강조하며 다문화 리터러시를 다음과 같이 정의한다.

> 나는 다문화 리터러시를 1) 다른 문화적 배경을 가진 화자의 다양한 가치관과 관점을 인식하고 공감하는 능력, 2) 다문화교육을 통해 지식과 기술을 습득하는 능력, 그리고 3) 다른 문화적 배경을 가진 화자들과 협력하여 글로벌 이슈(예시: 지구온난화, 빈곤, 인종주의, 성차별주의, 전쟁 등)를 적극적으로 해결하는 능력으로 정의한다.
>
> (Kim, 2019: 8-9)

흥미로운 점은, 다문화 문식성 용어를 사용한 가장 최근에 출판된 논문(김지혜, 2019)에서 국어교육과 관련한 여러 논문들에서 제시한 다문화 문

---

11 "다문화 문식성" 키워드로 RISS에서 〈완전일치〉로 2019년 11월 14일자 검색.

식성의 다양한 정의들을 종합하여 제시하는 다음 정의는 기존 다문화 문식성 논문과 비교할 때 언어 영역을 넘어 보다 포괄적이다.

> 다문화 문식성은 다문화 사회의 다양한 문화적·사회적 맥락을 이해하고, 그러한 이해를 기반으로 공동체 내의 소통 능력을 키우는 것이며, 나아가 지식과 기술을 실천적인 영역까지 끌어올리는 인지적, 정의적, 행동적 차원을 아우르는 개념이라고 할 수 있다.
> (김지혜, 2019: 207)

다문화 리터러시 개념이 논쟁적이라는 점은 해외 연구에서도 마찬가지이다. 윌리스, 가르시아, 해리스(Willis, García, Barrera & Harris, 2003: 1)는 다문화 리터러시를 다루는 책의 서문에서 이 용어의 정의가 "다양하고도 불명확"하며, 이처럼 다양한 의미로 개념화되는 것은 다문화 리터러시에 대한 다양한 이해의 수위를 보여준다고 언급한다.

한국의 연구에서 나타난 다문화 문식성과 다문화 리터러시의 차이와 유사하게, 해외 연구에서도 다문화 리터러시의 정의는 '다문화'와 '리터러시' 중 어디에 중점을 두느냐에 따라 차이가 나타났다. 리터러시에 중점을 두는 경우, 다문화 리터러시교육은 흔히 다문화 도서를 포함한 다문화 관련 텍스트를 학습 자료로 활용하여 읽기와 쓰기와 같은 리터러시 영역을 교수하는 것을 의미한다. 이에 대해, 가르시아와 윌리스(2001)는 다문화 도서를 수업에 활용하는 것만으로 다문화 리터러시교육을 실행했다고 생각하는 교육자들에 대해 비판적으로 지적한 바 있다.

반면 다문화 또는 다양성에 중점을 둔 접근에서는 리터러시가 실행되고 학습되는 다양한 맥락이 중요하다. 학습에 있어 맥락과 상호작용을 중요시하는 비고츠키(Vygotsky, 1978)의 구성주의에 입각한 접근은 아이들이 리터러시를 습득하고 발달시키는 과정에서 어떠한 문화적, 사회적 환경에 맥락화되어 있는가에 초점을 맞춘다. 예를 들어 오래된 그러나 기념비적인 히스(Heath, 1983)의 연구는 아이가 속한 공동체의 리터러시 관행이 어떻게 체화되고 발현되는지를 보여준다. 그리고 학교 리터러시(school literacy)와 일치하지 않는 리터러시 환경에서 자란 아이가 학교에 진학했을 때, 제도권의 암묵적 리터러시 관행이 어떻게 그 아이들의 잠재력을 부인하고 평가절하 하는지를 보여준다. 주류적 관점에서 판단된 소수자 학생들의 문화는 결핍된(culturally deprived) 것으로 인식되고 주변화된다. 이를 지적하며, 사회문화이론(sociocultural theory) 기반 학자들은 학생들의 문화적·사회적 경험과 리터러시와의 연결을 중요시하며 '문화감응적 리터러시 교수법(culturally responsive literacy pedagogies)'(Gay, 2018; Paris & Alim, 2017)을 다문화 리터러시와 연결시키기도 한다(Willis et. al., 2003: 2).

살펴본 바와 같이 다문화 리터러시는 국내외에서, 다양한 관점에서, 다양한 주제에 대해, 다양한 방식으로 개념화된다. 다문화 리터러시를 타 문화를 지식적으로 이해하고 열린 태도와 인식을 가지며 다양한 방식으로 재현하고 소통하는 기술의 습득으로 광범위하게 요약한다면, 이는 다문화에 대한 이해, 인식과 공감, 그리고 실천하는 기술과 능력이라는 점에서 여러 학자에 의해 제시된 바 있는 개념인 상호문화 소통역량(Byram, 1997)이나 다문화 수용성(김미진, 김경은, 2018)과도 유사하다고 할 수 있다. 그러나 다문화 리터러시는 다문화교육, 다문화 수용성, 혹은 상호문화 소통역량과는 차별화된 정의가 필요하다. 필자는 이러한 차별성을 다문화 리터러시에 대한 위의 정의에 잠재적으로는 들어 있으나 중요하게 조명되지 않은 한 요소에서 찾을 수 있다고 본다. 바로 '권력'의 문제이다. 앞서 제시하였듯이 "문화적·사회적 맥락을 이해하고" (김지혜, 2019: 207)라는 어구, 혹은 글로벌 이슈의 예시로 "빈곤, 성차별주의, 인종주의" (Kim, 2019: 9) 등 차별의 문제를 암시하는 예시를 들었거나, 학교 리터러시의 암묵적 관행(Heath,

1983)과 같이 다문화와 관련된 제도적 차별을 거론한 점 등은 다문화 리터러시를 다양한 집단들 간의 권력 관계와 사회의 계급구조 등과 연계하여 접근해야 함을 보여준다.

가르시아, 윌리스, 해리스(García, Willis, & Harris, 1998: 183)는 다문화 리터러시를 특집 주제로 하는 학술지 이슈의 논문 모집 안내에서 다문화 리터러시를 "인종이나 민족, 젠더, 계급, 언어, 성적 취향과 같은 차이의 요소가 리터러시에의 접근, 습득, 지도, 수행, 또는 평가에 영향을 미치는 역동적인 긴장을 만들어내는 방식에 대해 중점을 두는 것"이라고 정의했다. 즉 차이와 접근성, 그리고 그로 인한 긴장은 다문화 리터러시의 핵심적인 요소인 것이다. 가르시아와 윌리스(2001)는 당시 연구자들이 수많은 학회발표에서 다문화 리터러시라는 용어를 표제로 차용하면서도 정작 리터러시 연구의 주요 문헌, 리터러시 정책 리포트, 심지어 리터러시 수업에서조차도 막상 다문화에 대한 관점은 그다지 조명되지 않음을 지적한다. 이들은 또한 리터러시 관련 국제학술지(Journal of Literacy Research)에서 1992년에서 1996년까지 발표된 논문들을 내용 분석한 결과, 116편 중 단지 18편(16%) 만이 다문화적 관점에서 차이(difference)의 주제를 다룬다는 점을 지적한다(García & Willis, 2001). 가르시아와 윌리스(2016)는 최근의 연구에서, 자신들이 예전에 내렸던 다문화 리터러시에 대한 정의를 언급하면서, 다문화 리터러시를 정의하는 데 있어 비판적 관점을 포함시키는 것의 중요성을 깨달았다고 다시 강조한다. 그리고 "2015-2016년에는 시민권, 이민, 종교, 종교적 차이가 다문화 리터러시에 대한 1998년의 정의에 덧붙여져야 할 또 다른 역동적 긴장"이라고 단언하였다(García, Willis, & Harris, 1998: 5).

다문화 리터러시의 개념은 다문화교육의 목표에 대한 초등교사의 신념을 탐구한 조와 최(Cho & Choi, 2018: 26)의 논문에서 사용한 "사회정의 리터러시(social justice literacies)"와도 흥미로운 접점을 가진다. 이 논문에서 사회정의 리터러시는 5가지 유형으로 분류되는데, 그 중 기능적 리터러시(functional literacy, 자율적이고 교육받은 시민으로서 사회에서 적절히 기능할 수 있는 능력), 관계형 리터러시(relational literacy, 선입관과 편견 없이 타인을 존중하는 능력), 비판적 리터러시(critical literacy, 지식의 보편적 패러다임에 도전하고 제도화된 권력관계에 의문을 가지며 평등과 사회정의를 위해 행동하는 전략을 쌓는 능력)를 구분한다(North, 2009/ Cho & Choi, 2018에서 재인용). 조와 최(2018)는 인터뷰에 응한 9명의 한국의 교사들 모두 다문화교육의 목표와 관련하여 관계형 리터러시의 필요성에 동의하였고 그 중 일부는 한국어와 관련한 기능적 리터러시의 필요성에 동의하였음을 발견하였다. 이에 반해 비판적 리터러시의 신념은 소수의 교사들에게서만 나타났는데 그 이유는 학생들의 사회화를 돕는 기능적 리터러시에 비해 비판적 리터러시는 "반사회화(counter-socialization)"를 조장하는 것으로 생각하기 때문이었다(Cho & Choi, 2018: 40). 조와 최(2018)는 이러한 연구 결과가 다문화교육을 소수학생들에게 주류 한국문화를 가르치는 것, 혹은 모든 학생들이 배려와 존중, 개방심과 같은 상호문화역량을 함양하도록 돕는 것이라고 보는 데에 그치고, 다른 문화 집단 간의 불균형한 권력 관계를 비판적으로 분석할 수 있는 능력의 함양에는 비교적 소홀한 한국 다문화교육의 일반적인 양상을 보여준다고 주장한다. 즉 사회 정의의 실현을 위한 다문화 리터러시의 부재라고 할 수 있다.

다문화 리터러시의 개념 정의는 비판적 인식과 성찰, 프락시스(Praxis)를 강조하는 파울로 프레이리(1970)의 비판적 문해력 교수이론과 필연적으로 맞닿아 있다. 가르시아와 윌리스(2001) 역시 리터러시 영역에 이러한 접근법을 활용한 사례 중 가장 가까운 예는 바로 억압받는 자들에게 권한을 부여하였던 프레이리의 비판적 리터러시 교수법이라고 단언하였다. 이는 비판적 리터러시와 다문화 리터러시의 접점을 명백히 제시한다. 가르시아와 윌리스(2001)는 다양한 다문화 리터러시 이론과 분석틀에 대해 논의한 후 맺음글에서 다문화 리터러시를 다음과 같이 정의하는데, 이는 본 논문에서 다루는 비판적 리터러시를 기반으로 한 다문화 리터러시 개념을 잘 설명해 준다.

> 우리가 내린 다문화 리터러시의 정의는 다음의 항목들을 포함한다. 문화에 대한 복합적인 이해, 다양성을 지키고자 하는 강한 헌신, 언어와 리터러시가 사회적으로 매개되고 이념적으로 구조되었음에 대한 이해, 리터러시의 다양한 형태에 대한 인식, 언어와 리터러시와 관련된 실행, 정책, 연구를 만드는 사회적, 정치적, 경제적 맥락에 대한 계몽적 탐구. 무엇보다 중요한 것은 이러한 정의가 사회정의, 해방적 패러다임, 변혁의 임무에 대한 강한 헌신을 포함하고 있다는 점이다. (García & willis, 2001: 26)

지금까지의 논의를 토대로, 다문화 리터러시에 대한 오해를 요약하고 그 개념을 제시하면 다음과 같다.

〈표 2-1〉 다문화 리터러시에 대한 오해

- 다문화 리터러시는 다문화 시대의 일반적인 리터러시교육이다.
- 다문화 리터러시는 외국인근로자를 포함한 다문화 가정, 혹은 다문화 학생 대상의 리터러시 활동 및 교육이다.
- 다문화 리터러시는 다문화 문학작품이나 관련자료 기반 리터러시교육이다.
- 다문화 리터러시는 다양한 문화의 특징을 다루는 데 중점을 둔 교육이다.

〈표 2-2〉 다문화 리터러시의 개념

- 다문화 리터러시의 핵심은 다문화 시대가 내포하는 권력구조의 인식, 해체, 재디자인이다.
- 다문화 리터러시는 지식, 인식, 실천의 복합적 역량이다
- 다문화 리터러시의 목표는 사회 정의실현을 통한 공존의 모색이다.
- 다문화 리터러시의 도구는 다양성을 권력구조의 관점에서 통합적으로 분석할 수 있는 비판적 리터러시이다.

한국 사회에서 다문화주의와 다문화교육의 개념은 불명확하고 협소하게 이해되는 경향이 있다. 문화를 특정 국가에 속한 것으로 인식하거나 눈에 보이는 차이(의상, 언어, 관습 등)만 문화로 인식하고 혹은 특정 민족 집단만을 다문화로 인식하기도 한다. 다문화교육의 개념에 대한 이러한 오해가 학문적으로는 이미 지적되고 비판되었지만 실제 사회에서의 인식은 크게 나아지지 않았다. 다문화 리터러시의 개념은 다문화교육에 대한 잘못된 인식의 대안으로서 유용할 뿐 아니라, 다문화교육에서 종종 소홀히 다루어져온 권력의 문제를 조명한다는 점에서 의의를 가진다. 이제 쟁크스의 비판적 리터러시 모형에서 다양성 개념을 중심으로, 다양한 예시의 분석을 통해 '생산적 권력'의 개념에 대해 구체적으로 살펴볼 것이다.

3. 다문화 리터러시와 생산적 권력

쟁크스(2019: 67)는 다양성과 권력의 관계에서 "차이와 다양성에 대한 인식이 없는 권력은 지배적인 형태와 관습을 당연시하고 같음을 찬양하며 다름을 악마화할 수 있다"고 지적한다. 이 절에서는 '사회'와 '교실'이라는 다른 차원의 환경에서 다양성과 권력이 어떠한 방식으로 작동하는지, 그리고 비판적 리터러시는 어떠한 메커니즘으로 기존 체계를 전복시키며 새로운 권력을 생산해내는지에 대해 논하고자 한다. 먼저 한국 사회의 다문화 리터러시 결여로 인한 혐오와 차별의 예시로 예멘 난민 사태와 영어원어민 강사에 대한 인권침해 사례를 다룬다. 그리고 사회라는 매크로 레벨에서 교실이라는 마이크로 레벨의 맥락으로 이동하여 제2언어 수업현장에서 문화적·언어적 다양성이 어떻게 권력구조의 재구성 혹은 재생산으로 이어지는지 살펴본다.

1) 다양성과 권력: 예멘 난민과 영어원어민 강사

'다양성 없는 권력'의 예시는 2018년 여름, 한국을 후끈하게 달구었던 예멘 난민에 대한 논쟁(이라기보다 예멘 난민 사태에 가까운)에서 볼 수 있을 것이다. 한국 사회에 갑작스럽게 도래한 '난민'이라는 생소한 사건은 한국 사회가 다양성에 대한 인식을 결여한 채 주류적 관점에서 소수자를 타자화하며 권력을 휘두르는 모습을 가감 없이 보여주었다. 청와대 국민청원 게시판에는 '난민 신청 허가 폐지' 청원이 올라와 순식간에 70만 명의 동의를 얻기도 했다.

이 문제를 비판적 리터러시의 관점에서 해석해 보자. 당시 국민 다수가 제주도에 입국한 예멘인에 대해 부정적인 인식을 보였고, 난민수용을 지지하는 내국인에게도 욕설과 비난의 댓글이 무성했다. 강진구, 이기성(2019)은 제주도에 입국한 예멘인들과 관련된 주요 포털뉴스의 댓글을 텍스트마이닝 기법으로 분석하여 한국인이 난민을 어떻게 인식하는지 살펴보았다. 이들에 따르면 제주도 난민 관련 기사의 댓글에서 추출한 주요 키워드 상위 50개 중, 검색 키워드(제주도, 난민)를 제외하고 '국민', '사람', '우리' 등 자국민 관련 단어의 출현빈도는 21.6%, '나라', '한국'등 우리국가와 관련 단어는 19.7%로서 국가와 국민에 대한 언급이 압도적(41.3%)이었다. 안보와 대처 등 자국민에 관련된 언급과 함께, 난민의 종교적 특성에 대한 부분인 '이슬람', '무슬림', '종교'의 출현빈도가 15.2%이며, '테러', '강간', '범죄' 등 부정적 단어도 높게 나타나 예멘 난민을 수용함으로써 발생할 수 있는 범죄율 증가 가능성이라는 우려에 집중되고 있음을 보여주었다.

예멘 난민에 대한 기사와 댓글은 푸코(1980)가 '진리체제'로 설명하였듯이 당시 한국 사회의 대중적 담론을 텍스트로 예시화한다. 이러한 텍스트를 비판적 리터러시의 관점에서 분석하면, 담론이 텍스트를 통해 어떠한 방식으로 (주류 중심적이고 억압적인) '진리'를 구성하는지를 파악할 수 있다. 예멘 난민 관련 텍스트에 드러나는 담론은 미국 사회에서 백인성(whiteness)을 기준점, 혹은 무표적(unmarked) 위치에 둠으로써, 백(白)과 비교하여 유색(有色)인종은 유표성(markedness)을 띠게 되는 메커니즘과 같은 양상을 보여준다. 예멘사태 기저에는 한국인을 디폴트(default)로 삼고 제주도의 예멘인을 유표성을 띤 집단, 즉 '폭력적이고 여성비하적인 이슬람 문화를 가진 동일한 집단'으로 획일화시키는 '통합'(Thompson, 1990)의 장치가 있다.

통합은 정체성을 유동적이고 가변적이며 다중적인 개념으로 보지 않기 때문에 특정인, 즉 예멘 난민들을 그들이 속한 공동체(혹은 우리가 그들이 속해 있으리라 생각하는 공동체)와 동일시하면서 이를 본질화하게 된다. 그리고 한국인들은 무표성을 가지게 되고 예멘인들은 가시화되고 유표성을 띠게 된다. 이러한 통합은 성(gender)과 연령(age)에 기반한 차별과도 자연스럽게 이어진다. 제주도에 입국해 난민 신청을 한 예멘인들 중에는 남성이 504명으로 전체 91%를 차지했다. 이중 20대 남성은 307명이고, 30대 남성은 142명으로 난민 신청자 남성의 89.1%가 20에서 30대까지의 젊은 남성들이다. 이들이 가진 개인적 차이는 즉각적으로 무시되고 '이슬람 문화권에서 온 젊은 남성'이라는 종교, 성별, 연령의 지표는 고정관념에 기반하여 이들을 곧 잠재적 성폭력범으로 만든다.

통합은 '예멘난민'과 '우리'를 분리시키는 데에 효과적으로 작용한다. 한국인들은 돌연 '우리', '자국민' 등과 같은 키워드로 '통합'되며 예멘 난민에 대한 이항대립으로 구축된다.

한편 다음 글에서 보여지듯 통합과 분열은 불가분의 관계를 갖는다.

통합은 개인적 차이를 무시하고 집단 정체성을 확립하여 사람들을 하나로 통합시킨다. 분열은 개인 간의 유사성에도 불구하고 분할 통치를 위해 서로를 분리시키는 과정이다. 통합은 '우리'를 확립하는 수단이다. 분열도 통합 과정과 관련이 있는데, 타자를 '우리'와 다른 '그들'로 구성할 때 집단 정체성이 부분적으로나마 설정되기 때문이다. (Janks, 2019: 83)

제주도 예멘인의 난민 관련 텍스트의 비판적 분석은 통합과 분열의 장치가 "같음을 찬양하고 다름을 악마화"(Janks, 2019: 167)함으로써 다양성의 가치를 와해하고, 소수집단에 대한 억압을 정당화하는 과정을 보여준다. 한국인은 평소에는 아무런 의미가 없었던 구분, 즉 '예멘 난민이 아니라는 것'을 통해 마치 하나의 통합된 집단처럼 인식되고, 덕분에 그들(예멘 난민)을 타자화하는 분리에 성공하게 된다. 그리고 난민으로 인해 이슬람문화가 침투하고, 한국이라는 국가 정체성이 와해되리라는 공포가 형성된다. 이는 자기와 타자의 관계가 이상화(idealization)와 악마화(demonization)의 틀에 맞추어질 때 차별과 배제를 특징으로 하는 '타자화(othering)'로 이어짐(Holliday, 2014)을 보여주는 것이다. 텍스트에 대한 이러한 비판적 분석의 과정은 다문화를 바르게 이해하기 위해 다문화 리터러시교육이 반드시 다루어야 할 부분이라 할 수 있다.

'다양성 없는 권력'의 모습은 과거 한국 정부가 외국인 영어 강사에게 계약 연장을 위해 후천성면역결핍증(AIDS·에이즈)과 마약 검사를 받도록 의무화한 것에서도 나타난다. 이에 대해 UN 인권차별철폐위원회는 시정을 요청하였으며 결국 법원은 검사를 거부하여 재계약을 하지 못했던 뉴질랜드 국적의 A씨가 2009년 한국 정부를 상대로 낸 손해배상 청구 소송에서 국가가 3000여만 원을 배상하라고 판결했다(신진호, 2019). 외국인은 성적으로 문란하다거나 마약에 중독되어 있을 가능성이 높다는 선입견으로 인해 영어를 모국어로 사용하는 외국인 강사들을 하나의 집단으로 '통합'하여 생각하였고 이러한 검사를 받게 함으로써 그들과 한국인을 '분열'하였다. 한국인 강사는 받지 않아도 되는 AIDS와 마약 검사를 국가에서 법적으로 요구한 것이다. 당시 이 검사가 학생들의 안전을 위해 불가피한 조치였다고 주장하는 정부(교육부)는 이러한 조치가 기본적인 인권에 위배되며 주류적 관점에서 소수집단에 대해 제도적 불평등을 행사하였다는 인식은 갖지 못한 것이다.

필자는 이 사건이 보여주는 것은 '다양성 없는 권력'이자 아이러니하게도 '권력이론 없는 다양성'이라고 본다. 앞서 언급한 동일성의 찬양과 다름에 대한 악마화의 반대쪽은 다양성에 대한 찬양일 것이다. 정부 차원에서 영어 강사를 영입하고 서구 문화와 언어를 공교육 현장에 더욱 적극적으로 들여야 함을 강조하던 당시의 담론은 다양성을 기치로 하는 소위 '세계화'였다. 그러나 다양한 집단의 관계를 구성하고 관통하는 권력에 대한 비판적 인식은 결여되어 있었다. 다문화 리터러시의 결여는 영어 강사와 제주의 예멘인 모두 비(非)한국인 집단임에도 불구하고, 영어강사의 영입은 세계화이고 예멘인의 난민허용은 국가와해라고 보는 인식의 차이에서도 나타난다. 우리 사회가 다양성의 존중과 찬양 안에 숨은 권력의 작동을 비판적으로 파악하지 못하고 있기 때문에 이러한 차별적 시선을 의식하지 못하는 것이다.

다문화 관련 정책 역시 권력이론이 결여된 피상적인 다양성의 찬양을 종종 드러낸다. 한국의 다문화 관련 대응은 국가 주도적이라는 평을 받는데, 결혼, 노동력, 종교 등의 이유로 90년대 말부터 유입되기 시작하였고, 급속도로 증가하는 이주민에 대해 정부는 비교적 빠르게 대처하고자 하였다. 미등록 이주노동자가 초등생 자녀의 등굣길에 잡혀간 사건, 하워즈의 내한 등은 전국적으로 다문화에 대한 관심과 공감을 불러일으켰고 2006년부터 시작된 다문화 사업은 학교와 지역사회에서 붐처럼 일어나 많은 예산을 들인 다문화 관련 행사 및 교육이 진행되었다. 초기에 이루어진 한국의 다문화교육은 주로 이주민가정 자녀를 위한 한국어교육이나 선주민 가정 자녀들의 다양한 문화적 특징을 이해하는 데 중점을 두었기에, 세계의 민족의상, 음식,

축제 등을 일회적으로 경험하는 것을 학생들에 대한 다문화교육이라 여기며 추진되었다. 권력이론 없는 다양성은 특정 민족 집단의 기념일이나 영웅에 중점을 두는 피상적인 다문화교육으로 이어진다(Nieto, 2009).

한편, 이주민에 대한 정부차원의 때로는 지나친 관심과 지원은 오히려 역차별과 반다문화주의 담론을 형성하는 데에 기여하게 된다. 다양성에 대한 반감은 세계 어디에나 있다. 영국의 칼럼니스트 레오 맥킨스트리(Leo McKinstry)는 다문화주의가 영국의 통합을 와해하고 국민성을 말살한다고 강하게 비판하면서 "문화적 다양성은 국가적 자살암호(Cultural diversity is code for national suicide.)"라고 주장한다(McKinstry, 2015: 이길상, 2018: 65에서 재인용). 이길상(2018)은 우리나라 반다문화주의 담론이 인종주의가 아니라, "문화적 우열이라는 신자유주의적 논리를 무기로 이른바 '불량한 이주민'을 배척하고자 한다는 특징을 지닌다"고 지적한 바 있다. 이는 또 다른 인종주의, 즉 문화적 인종주의(cultural racism)라고 할 수 있다(Blaut, 1992). 겉으로 보이는 피부색으로 차별하는 것이 아니므로 인종차별이 아니라는 변명, 그리고 어떤 집단은 (피부색이 아니라) 문화적으로 뒤떨어져 있을 뿐이라고 보는 변명이 그것이다. 인종이 아니라 문화의 차이라고 주장하면서도 결국 내재된 의미는 문화의 계급화로서 어떤 문화는 더 뛰어나고 어떤 문화는 열등하다는 것에 지나지 않는다. 인종적 우열이 아니라 문화적 우열이라는 담론을 기저로 차별과 배제를 만들어 내는 것, 이것이 바로 오늘날 '인종주의자 없는 인종주의(racism without racists)'로 세계 많은 다문화국가에서 나타나는 현상이다(Bonilla-Silva, 2010).

국가, 민족, 지역, 언어, 성, 연령, 장애, 성적 취향 등의 사회적으로 형성된 경계로 인해 특정 집단이나 그 개인에 대한 억압과 권리침해가 여전히 일어나는 한국 사회에서, 서서히 드러나는 반다문화 담론을 보면 벌써 다문화주의에 대해 피로감을 느낄 때인가라는 질문을 하게 된다. 이 피로감은 선주민의 다문화교육이나 인식개선이 다문화 관련 정책의 압박, 그리고 저만치 앞서가는 학계의 '이상주의적' 다문화 담론을 따라잡지 못하는 데에서 온다고 할 수 있다. 특히 다문화의 열풍과 함께 대중매체에서 쏟아지는 다문화 관련 뉴스, 지원 소식, 외국인이나 탈북민을 출연시키는 예능이나 다큐멘터리 등을 통해 인종주의, 차별, 민족주의를 무분별하게 가시화하는 미디어로 인해 다문화주의는 진정한 이해와 인식개선 이전에 많은 이들에게 때 이른 피로감과 박탈감, 혹은 흥밋거리로 전락하게 한다(장은영, 2017). 이러한 맥락에서 본고의 7장은 외국인 유학생의 시각에서 미디어에 재현된 이주민을 비판적으로 바라보았을 때, 어떻게 미디어가 소수자에 대한 편견과 갈등, 부정적 이미지를 강화하고 재생산하는지를 보여준다. 부정적인 국민정서 속에서 다문화교육의 일선에 있는 다문화 밀집지역 학교의 많은 교사들이 표명하는 딜레마와 반다문화 정서 역시 무시하기 힘들다. 국가주도의 한국 다문화주의에 대해 오히려 이는 "이주민 관리와 동원, 그리고 배제 방식을 적절히 활용한 사회 통합의 수단일 뿐이라는 비판"(이길상, 2018: 78)임을 부인하기 어렵다. 이는 다문화주의를 하나의 이데올로기로 보고 관용을 내세워 탈정치화를 만든다는 슬라예보 지젝(Slavoj Žižek)의 비판과도 궤를 같이 한다.

이처럼 주류적 관점으로 다양성을 볼 때, 비주류 집단의 경험들은 탈맥락화되고, 단지 "이국적인 내용을 가진 작은 부분으로 커리큘럼의 여백에 끼워 넣어질 때 '사소화'되어 버리는 우려가 있다(Janks, 2019: 184). 이는 『슬픈 열대』에 나오는 다음 구절과 일맥상통한다.

> 나는 표면적인 대조나 외면상의 특이성을 경계한다. 그런 것은 단시간 동안밖에 효력이 없기 때문이다. 우리가 이국정서라고 이름 하는 것은 고르지 못할 리듬을 말하는 것으로 몇 세기 동안은 의미가 있어서 서로가 함께 나누어 갖고 있었을지도 모르는 같은 하나의 운명을 가리어 덮어버리는 것이다.　　　　(Lévi-Strauss, 1998: 278-279)

박휴용(2012)은 비판적 다문화주의(critical multiculturalism) 담론의 관점에서 다문화 현상을 하트와 네그리의 '제국'과 '다중'의 개념으로 논의한다. 현대의 이주노동자들은 식민지시대의 제국주의적 영토 확장으로 인해 국경을 넘은 이주민들과 "본질적으로 같은 존재들"이며, 오늘날 기술과 교통의 발전으로 국가 간 이주가 만연하지만 근원적으로는 다문화 사회의 형성이 제국주의 역사와 밀접한 관련이 있다는 것이다(Hardt & Negri, 2008: 26). 따라서 제국주의의 지배와 종속이라는 권력구조를 비판적으로 인식하지 않고서는 다문화 사회를 진정으로 이해할 수 없다는 것이다. 또한 이러한 현실에서 민중이나 대중의 대안적 개념으로 '다중(multitude)'을 제시한다.

다중은 독특한 개인이나 집단들의 차이를 그대로 인정한 채 이를 하나의 정체성으로 동화시키려고 하지 않으며, 자신들의 특이성을 유지한 채 사회 속에서 목소리를 내고 행동하는 능동적인 사회적 주체로서의 개인이나 집단을 가리킨다. 그러므로 다중은 내적인 차이를 가진 다양한 사회적 주체들의 집합으로서, 네트워크적 사회 속에서 어울려 살아가는 다양한 시민들이다.

(Hardt & Negri, 2008/ 박휴용, 2012: 28에서 재인용)

다중이 이루는 다문화 사회로서 한국 사회를 지향하기 위해서는 다양한 집단들의 관계를 관통하는 제국주의적 권력 구조를 먼저 인식해야 하고, "문화가 억압될 수밖에 없는 식민사회에서 그러한 식민성 탈피의 원동력은 바로 문화의 회복에 의해서 이루어질 수 있음"을 인식해야 할 것이다(박휴용, 2012: 39). 다문화 리터러시는 다중에 대한 인정이자 다중의 (비유적 의미에서) 읽고 쓰기 관행에 대한 인정이며, '소수자 문화'가 더 나은 사회를 만드는 생산적 권력으로 작동할 수 있음을 인식하고 실천하는 것이다.

2) 다문화 교실과 권력: 리터러시 사건(Literacy Events)을 중심으로

교실은 중립적이거나 권력이 공평하게 분배된 공간이 아니다(Jang, 2018). 교사와 학생, 학생간, 교과목의 지식 유형과 내용, 교실문화, 그리고 물리적 배치와 동선까지, 다양한 역학적 관계가 존재하며, 다양한 기호와 상호작용이 끊임없이 의미를 생산하고 역동적으로 교실 내 권력구조를 형성하고 해체하고 재구성한다. 다음 리터러시 사건(Literacy Event)의 예시는 교실 현장에서의 다양한 배경을 가진 이들의 상호작용을 통한 권력의 역동성과 참여구조의 변화를 보여준다.[12]

Event 1: 소피를 침묵시키기(Silencing Sophie)[13]

미국의 중학교 7학년 ESL(English as a second language)반에서 생긴 일이다. 영어가 모국어가 아닌 5명의 이주민가정 학생들이 하루에 1~2시간씩 정규 수업 대신 ESL교실에 따로 모여 영어를 배운다. 5명의 학생들 중 4명은 한국인 중도입국학생들이며 1명은 프랑스에서 온 백인 여학생이다. ESL교사는 중년의 백인 여교사이다. 당시 한국 학생들은 미국에 온 지 2년 이하였으며 연구를 수행하던 필자에게 자신들이 학교 안팎에서 다양한 형태의 인종차별을 경험하였다고 말했다. 특히 학교 안에서 자신들이 아시아인/한국인이기 때문에 교사와 다른 학생들에게 지속적으로 무시당하고 인

---

12 리터러시 사건은 "참가자들의 상호작용의 특성과 그들의 의미 해석에 있어 글이 필수적인 모든 경우"를 의미한다 (Heath, 1983: 196). 뉴 리터러시 연구가 사회적·제도적 맥락에서 리터러시를 이해하고자 하면서 리터러시 연구의 방법 역시 실증주의적 접근이 아닌 인류학 이론과 문화기술적 방법을 활용하는 것으로 변화하였다. Larson(1996)은 "스트리트의 리터러시 모형은 우리가 가졌던 리터러시에 대한 기존의 정의와 잠재된 이데올로기가 어떻게 우리의 연구 의제에까지 영향을 미쳤는지를 재평가하도록 연구자들에게 도전한다"고 언급한다 (443). 즉 Street의 이념적 리터러시 모형은 리터러시와 관련된 상황에서 상호작용과 참여 구조를 사회문화적 맥락에서 분석하고 의미생성의 과정을 탐구하는 의제가 중요하게 부각하였다. 특히 뉴 리터러시 연구가 강조하는 문화기술적 접근(ethnography)은 리터러시 사건(literacy events)에서 드러나는 다양한 리터러시 실행(practices)에 주의를 기울이게 된다.

13 필자의 논문(Jang, 2017)에 소개된 이벤트 중 하나를 발췌하여 본 논문의 프레임으로 재해석하였다. 사용된 모든 이름은 가명이며, 원 논문은 영어로 출판되었다.

종차별을 받는다고 말했다. 필자가 당시 1년 6개월의 질적 연구를 수행하면서 지속적인 관찰과 면담을 실시하였고 그 기간 동안 실제로 한국 학생들에게 인종차별적 사건들이 발생하였고 이에 대항하다 징계를 받은 학생도 있었다.

이러한 경험들을 함께 겪을 뿐 아니라 학교 내에서도 '한국 학생'이라는 민족 기반의 유형화로 분리되었기에 자연스럽게 이들만의 집단이 형성되었다. 탐슨이 제시한 '통합'과 '분열'의 기제는 이 상황에서도 드러났다. 성별, 성격, 나이도 다른4명의 한국 학생들은 '미국 학교'라는 공간에서 강한 결속력으로 뭉치게 되고 '중도입국 한국인 ESL학생'이라는 새로운 정체성이 형성되었다. 또한 이들은 미국에서 태어나 자란 한국인 2세 학생들에 대해서는 "미국인보다 더 낯선" 존재로 인식하고 있었다.

ESL교실 환경에서 이들의 집단 정체성은 자신들 이외의 ESL수업 구성원에 대한 '타자화(othering)'로 나타났다. 4명의 한국인 ESL학생들은 ESL교사가 프랑스에서 온 백인 여학생, 소피(Sophie)를 편애하고 자신들을 차별하는데 그 이유는 교사 자신이 백인이라 백인만 좋아하기 때문이라 굳게 믿는다. 이러한 믿음은 또한 그들을 더욱 결속시키는 힘이 되고 누가 타자인지를 명백히 드러내는 기준이 된다. 그리고 소피의 영어능력이 다른 학생들보다 뛰어나다는 사실은 ESL교실에서 소피의 위치를 격상시키고 이에 대해 미묘한 갈등과 긴장은 더욱 깊어졌다. 교사와 소피에 대항하며, 한국인 학생들은 합심하여 백인 여학생을 소외시키기 시작한다.

〈표 2-3〉은 ESL 작문 수업에서 백인 여학생인 소피(Sophie)가 쓴 영어 문장이 틀리지 않았지만 한국 학생들인 스티브(Steve), 미진(Mi-Jin), 대니(Danny)가 합심하여 소피의 문장을 삭제시키는 장면을 보여준다. 한국 학생들 가운데 '백인'에 대항하는 데 있어 리더의 역할을 수행해온 스티브는 적극적으로 소피의 영어 구절이 불필요함을 강조한다(2, 4, 6행). 미진은 이

에 동의하며 스티브의 시도에 힘을 싣는다(9, 12, 15행). 마침내 다수의 원칙에 따라 교사가 소피의 구절을 삭제하자 스티브는 미진의 손을 툭 건드리며 의미 있는 웃음을 보내고 다른 한국 학생인 대니 역시 왜 그들이 웃는지 알고 있다는 신호를 보낸다(18행).

〈표 2-3〉 Event 1. 소피를 침묵시키기

1. 교사	((소피의 문장을 소리내어 읽는다)) He found how to plant a lot more vegetables and fruits including apples, oranges, and lettuce. 자, 아이디어나 제안 있나요? 이 문장을 다듬을 필요가 있을까요?
2. 스티브	((손을 들며)) 제 생각엔, 음, 제 생각엔, 음, apples, oranges, and lettuce를 지워야 할 것 같아요. 왜냐하면 사과, 오렌지는 과일이고 양상추는 야채니까, 그러니까.
3. 교사	그건 맞지만 그래서 여기서 야채와 과일(vegetables and fruits)이라고 말한 거지요
4. 스티브	((그 문장을 혼자 다시 읽으면서)) 음, 어차피 그것들이 과일과 야채라는 것을 모두 알잖아요.
5. 교사	오케이, 오케이. 그럼 스티브가 주장하는 것은 여기서 apples, oranges, and lettuce를 지워야 된다고 말하는 거죠?
6. 스티브	네
7. 교사	((학생들을 보며 다시 묻는다)) 여기서 apples, oranges, and lettuce를 지울 필요가 있을까요?
8. 소피	((머리를 가로저으며)) 아니요. including을 썼으니까 맞아요.
9. 미진, 스티브	((거의 동시에 교사의 질문에 대해)) 네
10. 교사	(과일, 야채 이름을) 나열할까요?
11. 스티브	((작은 소리로)) 아니요…
12. 미진	((작은 소리로, 머리를 가로저으며)) 아니요.
13. 교사	과일과 야채 이름들을?
14. 소피	((작지만 단호하게)) 네!
15. 미진, 스티브	((소피의 말에 즉각적으로 단호하게)) 아니오!
16. 교사	((소피의 문장을 지우면서)) 좋아. 다수의 의견을 따르겠어요.

| 17. 스티브 | ((웃으면서 미진의 손등을 살짝 건드린다. 그리고 다른 한국 학생인 대니 (Danny)를 향해 씩 웃는다)) |
| 18. 대니 | ((스티브의 의도를 알고 있다는 표시로 손가락으로 스티브를 가리키며 의미 있는 눈짓을 한다)) |

필자는 당시 이 수업을 직접 관찰하였고 영상으로 녹화하였다. 이후 연구자와의 면담에서 이 사건에 대해 질문하자 학생들은 지속적으로 소피를 편애하는 교사와 백인이라 자신들을 무시하는 소피에 대한 '복수'("We got rid of her sentence fore revenge")였으며 그것이 성공했기에 기뻤다고 밝힌다.

이러한 '복수'를 감행한 학생들을 비난하거나 혹은 유색인종 학생들에게 차별을 가한 학교 내외의 '인종주의자들'을 비난하는 것은 이 사례를 공유하는 목적이 아니다. 대신 다문화 교실, 즉 다양한 문화와 언어가 존재하는 교실에서 차이에 대한 이해나 관계형성 및 학습에서 권력의 개입(영어실력, 백인정체성 등)에 대한 이해가 부재할 때, 권력을 이용한 타자화가 무비판적으로 이루어지고 다시금 재생산되는 과정에 주목해야 할 것이다. 이 사례는 미국 학교와 사회에서 한국 학생들이 경험하는 인종차별이 어떻게 다시 이들로 하여금 자신들의 집단에서 소수자인 다른 ESL학생, 즉 유일한 '비한국인'인 소피를 차별하도록 만드는지를 잘 보여준다. 이러한 집단적 타자화와 인종이나 민족을 근거로 한 결속과 배제, 차별은 다문화 사회에서 결코 드문 일이 아니다.

뱅크스는 다문화 리터러시가 지식생성과 사용, 전수의 과정에서 어떠한 방식으로 권력이 작동하고 있는가를 인식하는 것과 깊은 연관이 있음을 강조하였다. 그에 따르면 다문화 리터러시는 "다문화 사회에서 누가 지식을 만들어내는지, 그들의 이해관계가 무엇인지를 파악할 수 있고, 지식의 장악을 폭로하고, 다양한 민족적 문화적 관점으로 지식을 바라보고, 인간적이고 정의로운 세상을 만들어낼 수 있는 행동을 이끌기 위해 지식을 사용할 수 있는 기술과 능력"이다(Banks, 2003: 3). 영어습득이 존재 이유인 ESL교실에서 영어지식은 권력의 한 형태이며 이 리터러시 이벤트에서 학생들은 영어가 가진 권력을 감지하였기에 소피를 침묵시키기 위해 아무런 문제가 없는 소피의 문장을 제거하였다. 인종적 차별과 언어적 제한의 어려움 속에서 ESL학생들은 지식구성(knowledge construction)의 과정과 권력과의 관계를 더욱 민감하게 인식하였으나 안타깝게도 이를 "인간적이고 정의로운 세상"을 위해 사용하지는 않은 것이다.

Event 2: 하히후헤호 학교[14]

이 사건은 미국의 공립 중학교 8학년 ESL교실에서 일어난 일이다.[15] 미국으로 이주한 지 1년 남짓의 한국인 여학생인 제니와 윤희는 전학 후, ESL 수업의 필요성을 판단하기 위한 표준화된 영어시험에서 비슷한 성적을 받아 ESL반에 함께 배정되었다. 제니는 한국에서 영어유치원을 다니고 원어민 개인 과외를 받는 등 미국에 오기 전에도 지속적으로 영어 원어민 강사와 접하였다. 그는 영어 발음이 좋고 적극적인 성격으로 수업의 참여도가 높았다. 윤희는 한국 공교육과 학원에서 영어를 배웠지만 미국에 와서 처음 '미국 사람'을 가까이서 보았다고 한다. 제니와 윤희를 가르치는 ESL교사는 수업 중 전혀 입을 열지 않는 윤희에 대해 "알 수 없는 학생"이라고 묘사한다.

---

14 필자의 논문(Jang & Iddings, 2010)에 소개된 이벤트 중 하나를 발췌하여 본 논문의 프레임으로 재해석하였다. 사용된 모든 이름은 가명이며, 원 논문은 영어로 출판되었다.

15 이 연구의 결과는 세 가지 카테고리에서 분석하고 논의되었는데 첫째, 새로운 환경에서 새로운 기호체계의 사용(The use of new signs in the new context), 둘째, 새로운 환경에서 익숙한 기호체계의 사용(The use of old signs in the new context), 셋째, 새로운 환경에서 새로운 학습활동을 통한 새로운 기호체계의 사용(The use of new signs within a new practice in the new context)이 그것이다. 위의 사건은 이중 두 번째 상황에 해당되는 부분을 발췌한 것이다.

필자는 관찰자적 시점의 연구자로서 ESL교실을 정기적으로 방문하여 3인(제니, 윤희, 교사)의 상호작용을 관찰하고 분석하였다. 수업은 주로 교사의 강의 혹은 교사와 제니의 상호작용으로 이루어졌다. 특히 교사는 무의식적으로 제니만을 쳐다보며 수업을 진행하는 경향이 있었는데 이는 제니가 대답과 질문 등 수업 참여도가 높았기 때문이다. 학부모 모임이나 고교 진학 등 중요한 정보에 대해서 이야기할 때에도 관련 자료를 배포하고 설명하면서 교사는 제니에게 윤희와 윤희 가정이 이러한 정보를 놓쳐 불이익을 당하지 않도록 꼭 전달하라고 당부하였다. 윤희는 그 자리에 있으나 이러한 대화를 듣기만 할 뿐 아무 말도 하지 않았다.

그러던 어느 날, 〈표 2-4〉에서와 같이 매우 흥미로운 사건이 일어났다. 그날은 ESL수업에서, 영어 교재에 나온 한 스토리를 함께 공부한 후, 신문 기자가 이 사건을 전달하는 형식으로 텍스트를 바꾸는 장르 전환 수업활동을 하고 있었다. 이야기는 미국 한 학교의 우등생인 마르따가 졸업식에서 최고 우수 학생으로 선정되어 '명예 자켓'을 받게 되었는데 그녀가 이민자 가정의 저소득층 학생이라 부당하게 이러한 기회를 빼앗기는 내용이었다. 수업은 그 상황에 주목하였다. 교사는 'news article'의 형식에 필요한 육하원칙(5W1H)을 먼저 설명한 후, 신문기사를 만들기 위한 정보를 칠판에 적고 있었다. 교사가 누가, 언제, 어디서 등의 질문을 던지면 학생들은 교재의 해당 부분을 뒤적이며 교사의 질문에 대한 답을 찾아 대답하는 것이다. 언제나처럼 제니가 혼자 대답하고 있었고 교사의 시선 역시 제니를 향하고 있었다(1, 3행). 그런데 갑자기 윤희가 입을 열어 "하히후혜호(haheehoohae-ho)"라고 말하자 일순 교실에는 정적이 흐른다. 그리고 즉각적으로 교사는 윤희의 텍스트를 받아들인다(7행). '하히후혜호'는 제니와 윤희 나이 또래의 한국 학생들의 어린 시절에 크게 인기를 끌었던 TV만화인 '호빵맨'에서 나오는 마법 주문이다. 즉 수업의 맥락과는 전혀 상관없는 대답이었다.

<표 2-4> Event 2. 하히후헤호 학교

1.	교사	((제니를 쳐다보며)) 좋아, 마르따가 어디에 있지?
2.	제니	테, 텍사스의 어떤 작은 학교?
3.	교사	((계속 제니 쪽을 쳐다보며)) 좋아. 학교 이름부터 찾아보자.
4.	제니	((교재로 시선을 돌리고 책장을 넘기면서 찾는다)) 음, 여기…
5.	윤희	((빠르면서도 명료하게)) 하히후헤호
6.	제니	((짧은 침묵 후 웃음을 터뜨린다))
7.	교사	((윤희에게로 시선을 돌리며 즉각적으로)) 좋~아. 스펠링은? h, a?
8.	윤희	h,
9.	교사	h,
10.	윤희	a,
11.	교사	h, a,
12.	윤희	(('히'를 강조하며)) h, a, h, E, E
13.	교사	잠깐만, h, a, 뭐라고?
14.	윤희	(('히'를 강조하며)) h, E, E
15.	교사	((스펠링을 받아적는다))
16.	윤희	h, o, o
17.	교사	((자신이 적은 것을 소리내어 읽는다)) 하히호 haheeho
18.	윤희	(('후'를 강조하며)) 하히후헤호haheeHOOhaeho

이 장면은 미국 학교라는 새로운 환경에서 윤희가 어떻게 모국어와 영어라는 두 언어 혹은 두 개의 기호 체계(sign systems)를 효과적으로 사용하고 나아가 그 두 언어의 접점을 발견하여 보다 생산적인 혼종적 언어체계(hybrid sign system)를 구축하고 이를 주도적으로 운용하는지를 보여준다. 윤희는 어린 시절 한국에서 보았던 애니메이션의 주인공을 떠올려, 교재와 관련되어 주어진 과제('마르따가 다닌 학교 이름 찾기')를 누구보다 창의적이고 흥미로운 텍스트로 수행함으로써 자신이 가진 '기호 자원(semiotic resource)'을 보여준 것이다. 한국어 단어인 하히후헤호는 주류언어가 영어

인 미국 ESL수업에서 영어 글쓰기를 위한 자원으로 인정받게 된다.

시니피앙(signifiant)과 시니피에(signifié)는 본질적으로 자의적이다. '기호'라는 것은 "단어만도, 그 단어가 지칭하는 대상만도 아닌, 바로 그 단어와 대상의 관계"(Kramsch, 1998: 15)이기 때문이다. 시니피앙인 'hahee-hoohaeho'는 처음에는 무의미한 '소리'에 불과하였으나 대화자 간의 상호작용 (즉 윤희의 발화와 교사의 인정)을 통해 의미를 가지게 되었다. 그리고 그 소리는 원래의 의미인 마법주문과는 전혀 다른 것, 즉 교재에 나오는 학교의 이름을 의미하는 고유명사의 위치를 가지게 되었고 이는 이 리터러시 이벤트에 관련된 이들의 참여 구조를 역동적으로 변화시킨다. 서로 다른 기호체계의 충돌과 이로 인한 새로운 권력의 생성은 영어능력 부족으로 의기소침하고 ESL수업에서 주변화되어 있던 윤희의 위치를 주요 의미 생성자로 재자리매김하였다. 즉 윤희는 영어가 주요 매개 언어로 이루어지는 ESL 교실에서 기존에 자리매김된 자신의 위치인 '영어를 잘 못하는 조용하고 알 수 없는 학생'에 도전하고, 자신만이 가진 지식(ethnolinguistic knowledge)을 활용하여 '자기 주도적인 이중언어 글쓰기 저자의 위치(the position of a self-regulated bilingual writer)'로 재자리매김한 것이다.

참여구조의 변화는 권력관계의 변화로 이어진다. 오랜 세월, 지식의 전수가 교육의 목표로 인정되어 온 사회에서 교사 혹은 지식의 소유자는 당연하게 권력 피라미드의 상위를 차지한다. 특히 비주류 학생들이 주류의 언어인 영어를 배우는 ESL교실에서 교사이자 원어민인 ESL교사는 더욱 영향력을 가진다. 그러나 이 이벤트에서 윤희는 비원어민이지만 원어민에게, 학생이지만 교사에게 자신만이 가진 지식/경험을 가르치게 된다. 즉 윤희는 하히후헤호라는 단어를 처음 접했으며 스펠링을 모르는 교사를 가르칠 수 있는 지식 소유자로서의 권력을 가지게 된다(7~18행). 하히후헤호의 스펠링을 가르치는 위의 대화는 묻기, 재확인하기, 강조하기 등의 전략을 통해 윤희는 교사의 담화(teacher discourse)를, 교사는 학생의 담화(student discourse)를 구사하고 있는 모습을 보여준다. ESL교실에서 학생이 원어민교사의 스펠링 오류를 수정해주는 권력(authority)을 가질 수 있는 이벤트는 흔치 않은 일이다.

이 한 번의 이벤트가 큰 의미가 있을까라는 반문을 제기할 수 있다. 필자는 이 순간이 오기까지 교사의 윤희에 대한 걱정과 동시에 무의식적 배제, 윤희의 침묵과 주변화, 그리고 제니의 상대적 우세와 또래 경쟁심 등이 자아내는 ESL교실의 긴장을 보았다. 그리고 마침내 윤희가 자신의 정체성(애니메이션을 좋아하고 한국에서 어린 시절을 보낸 학생)을 창의적인 텍스트로 표출함으로써, 오히려 윤희가 새로운 환경에서 새로운 자아 정체성(주도적이고 참여적인 L2 학습자)을 구성하고, 이후 수업의 참여구조를 현저히 변화시켜 윤희와 제니의 균형 잡힌 수업 참여로 이어짐을 관찰하였다. 학습자 정체성(learner identity)과 자기 주도적 조절(self-regulation)은 고차원적인 학습 전략인 주의 집중, 문제 해결, 의도적 기억하기 등과 밀접한 관계를 가지며, 궁극적으로 학생들의 언어능력 발달뿐 아니라 학업 신장에 결정적인 영향을 미치는 요소 중 하나임을 고려할 때 이 이벤트는 수업에서 매우 중요한 모멘텀이라고 할 수 있다.

4. 다문화 리터러시와 비판적 리터러시의 접점: 접근성, 다양성, 디자인

다양성과 권력의 관계는 접근성의 문제와 연결되어 있다. 어떤 사회에서 권력을 가지는 지식의 형태에 접근하지 못하게 된다면 다양성은 의미를 가지지 못하고, 결국 그 사회는 소수자 집단의 지식이나 문화, 언어를 주변화하고 이를 사용하는 학생들을 계토화하게 될 것이다(Janks, 2019). 앞서 제시한 리터러시 이벤트에서 ESL학생들이 영어라는 주류 언어에 접근성을 가지지 못하고 한국어만을 사용하고 유지하게 된다면 그들은 미국 학교에서 주변화되고 고립될 위험에 처할 가능성이 높다. 그렇다 하더라도 다문화 사회에서 단순히 지배적인 언어 혹은 지식에 대한 접근성의 허용이 이에 대한 해답은 아니다. 이는 '접근성 없는 다양성'이 가지는 허울과 '다양성 없는 접근성'이 가지는 지배구조의 재생산이라는 문제점을 설명하는 "접근성의 모순(access paradox)"이라는 딜레마에서 잘 드러난다.

> 만약 학생이 지배적인 형태에만 접근하여 배운다면, 그 형태의 지배를 유지하는 데 기여하게 되는 것이다. 그렇다고 학생이 지배적인 형태에 접근하여 배울 수 없게 된다면, 지배적인 형태의 가치와 중요성을 인정하는 사회에서 학생이 주변부에 머물 수밖에 없는 구조가 지속될 것이다. (Janks, 2019: 63)

비판적 리터러시의 주요 주제 중 하나는 한 사회/제도권에서 쓰이는 다양한 언어 혹은 언어의 변이가 차별적 대우를 받는 것에 대한 지적이다. 지배이론이나 다양성 없이 주어지는 주류언어에 대한 접근성은 "지배적인 담론의 강력한 형태가 어떻게 해서 강력해지게 되었는지에 대한 이해 없이 지배적 담론을 당연하게 받아들일"(Janks, 2019: 67)수도 있는 위험성이 있다.

한편 앞서 예시를 든 미국의 한국인 중도입국 학생들과 마찬가지로 접근성의 관점에서 한국의 다문화 학생들의 경우를 생각해보자. 다문화 가정 자녀들에게 한국어 습득을 위한 접근성만을 적극적으로 제공한다면 언어 다양성의 가치는 인정받지 못하고 언어의 권력관계에서 꼭대기에 한국어가 위치하는 계급구조는 강화될 것이다. 이는 암묵적으로 다양한 이주가정과 자녀들이 가진 언어적, 문화적 잠재력과 가치를 인정하지 않고 주류중심적인 문화에 정당성을 부여하는 결과가 될 것이다. 반면 다문화 가정 자녀들이 자신의 외국태생 부모의 언어를 배우는 데 중점을 둠으로써 오히려 한국어에 대한 접근성이 제한된다면, 이들은 한국어 능력의 결손이나 지연으로 주류 사회에 진입하기 어렵다. 잰크스(2019: 221)는 이러한 접근성의 부재가 "학생들의 삶을 소외된 자신들의 언어가 사용되는 지역사회로 국한"시킬 수 있음을 지적한 바 있다. 그러나 암울한 현실은 한국 사회의 다문화 가정은 이주민가정이라기보다 결혼이주여성으로 이루어진 가정이기 때문에 잰크스가 언급한 민족이나 국적 기반의 '지역사회'가 존재하지도 않는다는 점이다.

접근성의 이러한 모순을 지적하면서 델핏(Delpit, 1988)은 아프리카계 미국인 아이들이 백인중산층이 주로 사용하는, 소위 표준 영어(Standard English)라 불리는 영어를 배워야 한다고 주장한다. 단 아프리카계 미국인이 가정에서 주로 쓰는 영어인 에보닉스(Ebonics)를 희생하지 않으면서 말이다. 델핏은 소수자 집단에 속하는 아이들이 자신들의 언어에 대해 가치를 부여하면서 동시에 표준 영어 습득을 통해 주류사회에 진입하고 계급 이동의 가능성을 가지는 것이 중요하다고 단언한다.

비판적 리터러시가 다루는 이러한 접근성의 주제가 다문화 리터러시와 접점을 이루는 것은 당연하다. 다문화 리터러시란 다양성 존중이나 배려에 대한 강조에 그치는 것이 아니라 다양성이 접근성과 지배성의 문제에 어떻게 역동적으로 영향을 끼치는지 인식할 수 있는 능력이기 때문이다. 그리고 다문화 리터러시는 다양성이 접근성의 딜레마를 넘어 그 자체로 어떠한 가능성을 가지고 있는지를 발견하고 재현하는 능력이다. 앞서 살펴본 리터러시 이벤트 예시들은 교실 현장에서 다양성이 어떠한 형태로 권력과 이어지는지를 보여주었으며 또한 그 메커니즘이 가지는 함의가 때로는 부정적(Event 1)이고 때로는 긍정적(Event 2)임을 보여주었다. 다양성의 가능성은 잰크스(2019: 67)가 제시하는 '디자인'의 개념으로 이어진다. 잰크스는 다양성이 "재구성과 변화를 위한 수단, 아이디어, 대안적 관점을 제공"한다는 점을 강조하며, 다양성이 주는 이러한 가능성은 디자인(즉 전통적 의미에서는 쓰기 혹은 만들기로 불렸던)을 통해서만 실현 가능하다고 단언한다. 즉 텍스트를 상상하고 만드는 것의 실행은 디자인을 통해 이루어지며, 디자인은 곧 다양성을 기반으로 생산적인 권력을 창출해내는 것이다.

쟁크스의 모형은 지배와 피지배라는 권력의 관계를 중심으로 이데올로기가 작동하는 방식에 대한 심층적 분석방법을 제시한 탐슨(1990)뿐 아니라, 권력을 단지 검열이나 억압과 같이 부정적인 것으로 보는 시각에서 벗어나 권력이 마치 "모세혈관 같은 형태로 존재"함으로써 우리 삶에서 효과를 생산하는 힘을 지닌 것으로 보았던 푸코의 관점과도 연계한다(Foucault, 1980/Janks, 2019: 99에서 재인용). 즉 생산적 권력을 우리의 삶을 바꾸는 원동력으로써 정의한 것이다. 이는 소수자를 시혜나 결핍의 대상으로 보는 것이 아니라 가능성과 잠재력을 가진 것으로 보는 포스트모더니즘의 관점과도 접점을 가진다. 다문화 시대에 가시화되는 차이(difference)는 곧 역동적인 생성(becoming)의 과정을 이끌어 내는 원동력이자 변혁으로 이어지는 것이다(Deleuze & Guattari, 2001a).

잠재력은 다양성 그 자체에 있다. 소수자가 지배집단으로 격상되어 얻어지는 것이 아니다. 쟁크스(2019)는 소수자가 접근성을 획득함으로써 관문을 통과하고 이를 통해 지배계층의 리터러시를 얻어내고자 하는 욕망은 인정한다. 이 욕망은 접근성을 통해 획득하는 자원이 상징적 가치뿐 아니라 물질적 가치를 가지고 있기에 사회계층 구조에서 일종의 사다리에 오르고자 하는 욕망이다. 그러나 다음과 같이 경고한다.

욕망은 양날의 검과 같아서 우리에게 부족한 것을 채우고 우리의 정체성을 변화시키지만, 그 과정에서 반드시 잃어버리게 되는 것이 생기기 마련이다. 교육자로서 사람들을 변화시키는 일은 우리가 마땅히 해야 할 과업이지만, 학생들의 타자성(other-ness)에 대한 깊은 존중 없이 해서는 안 되는 일이기도 하다. 자신이 아닌 것을 욕망하는 일이 자기 정체성의 포기를 수반하는 일이 되어서는 안 된다.　　(Janks, 2019: 241)

말하자면 소수자나 비주류 집단의 권력은 기득권에 대한 욕망이 아니라 자기 자신이 가진 것, 자기 정체성의 확신으로부터 나온다. 이러한 권력은 억압적 권력과 차별화되는 생산적 권력이며, "기존의 담론에 대항하거나 그것을 변화시키기 위해 다양한 문화적 위치를 넘나들며 복수의 기호체계를 이용하는 능력"인 '디자인'을 통해 얻어진다(Janks, 2019: 65). 제니와 윤희의 리터러시 이벤트에서 윤희는 자신만이 가진 두 개의 기호체계를 자원으로 창의적인 텍스트를 디자인함으로써 긍정적 의미의 권력을 만들어 낸 것이다. 그리고 교사가 기존의 역할과 상호작용 방식에 집착하지 않고 즉각적으로 그 수업을 '재디자인'을 함으로써, 주변화되어 온 윤희의 생산적 권력의 창출이 가능해진 지점이라 할 수 있을 것이다.

쟁크스(2019)는 탐슨의 이데올로기 이론에 기반하여 지배와 억압의 기제로서의 권력을 이해한다. 한편 기존의 비판적 리터러시가 텍스트의 읽기와 해체를 강조하였지만, 새로운 리터러시의 시대에는 푸코가 말하는 권력, 즉 생산적 권력으로서 디자인에 주목해야 함을 주장한다. 쟁크스가 제시한 현장에서의 디자인에 대한 예시 중 하나로, 특정 집단의 학생들의 지식 자원(funds of knowledge)(Moll, Amanti, Neff, & Gonzalez, 1992)이나 문화자본(cultural capital)(Bourdieu, 1991)에 특혜를 주면, 다른 학생들은 종종 소외를 경험하지만 이것이 곧 비판적 리터러시를 위한 자원으로 활용할 수 있다고 한다. 왜냐하면 그 텍스트를 읽는 도전이 가능하기 때문이다. 이처럼 학생들이 텍스트를 자연화하지 않고 낯설게 바라볼 수 있도록 거리를 두면서, 동시에 그 텍스트를 제대로 이해하기 위해서 자세히 보는 것 사이의 균형이 중요하다. 비판적 리터러시라는 도구를 통해 동일성을 거부하고 접근성을 비판적으로 고찰하며 이를 넘어 다양성을 인정하는 디자인을 만들어내는 것이 바로 다문화 리터러시가 가진 잠재력이다.

필자는 비판적 리터러시를 기반으로 하는 다문화 리터러시교육이 다양성과 공정성을 토대로 하는, 혹은 이를 목표로 하는 새로운 교육적 대안이 될 수 있으리라 주장한다. 다문화 리터러시와 비판적 리터러시의 접점은 분명하다.

〈표 2-5〉 다문화 리터러시와 비판적 리터러시의 접점

> 첫째, 권력의 문제, 즉 비판적 리터러시가 권력체계와 억압의 구조에 대한 해체와 재구성에 중점을 두므로 다문화 리터러시의 목표와 접점을 가진다.
>
> 둘째, 다양성의 문제, 즉 비판적 리터러시는 다양한 텍스트 모드의 리터러시에서 권력과 억압의 관계를 다루므로 다문화 시대 다양한 문화와 언어 텍스트간 권력구조 및 억압의 양상을 조명하는 다문화 리터러시와 접점을 가진다.
>
> 셋째, 정체성의 문제, 즉 비판적 리터러시는 사회 속에 사는 개인이 자신의 자리를 인식하는 정체성의 문제이므로 다문화 시대에 개인의 존재양식과 동시에 공동체 구성을 다루는 다문화 리터러시의 정체성 문제와 접점을 가진다.

다문화 시대의 교육을 위해 다문화 리터러시와 비판적 리터러시가 연계되어야 한다는 필자의 주장은 프레이리와 마세도(Freire & Macedo)의 인터뷰를 실은 논문의 다음 구절과 궤를 같이한다. "세상을 읽는 것은 언제나 글자를 읽는 것의 전제가 되고, 글자를 읽는 것은 지속적으로 세상을 읽는 것을 의미한다"(Freire & Macedo, 1987: 35). 즉 다문화 사회의 불평등과 모순을 읽어내는 것과 텍스트를 읽어내는 것은 서로에게 필수 불가결한 것이다.

5. 마무리

지난 2019년, 법무부장관 후보자 자녀의 입시부정 의혹, 서울 모여고 시험지 유출 의혹 등 한바탕 입시 관련 수사가 대한민국에 휘몰아치고 난 후, 수시축소와 정시확대의 움직임 속에 나라가 어수선하다. 개인마다 다른 장점을 갖고 있음에도 불구하고 표준화된 시험으로 학업 역량을 평가하는 것에 대한 한계점을 극복하고자 도입했던 수시전형이 마치 불공정의 대명사처럼 되었다. 수능점수로 줄을 세우는 정시가 새삼스레 교육의 공정성을 보장하기라도 하는 것처럼 돌연 정시확대의 목소리가 커지고 있다. 학생과 학부모를 볼모로 한 교육의 정치적 이용으로 끊임없이 여당과 야당, 수시와 정시로 편 가르기를 하는 이러한 이분법적 구도에서, 필자는 다양성을 존중하고 진정한 공존을 가능하게 하는 교육의 대안으로 비판적 리터러시 기반 다문화 리터러시교육에 대해 조심스럽게 고민해 보았다.

한국 사회에서 갈등을 유발하는 것은 이주 그 자체가 아니라, 민족주의, 인종주의, 계급주의 등 우리 주변의 다양한 이데올로기이다. 다문화 사회의 갈등이 이주 때문이라면 한국에 결혼이주여성과 동남아 출신 외국인 노동자들이 들어오기 전, 해방 이후 미국 군정시기부터 한반도에 주둔해온 주한미군과 정부가 영어 몰입교육을 강조하던 시대에 대거 입국했던 영어 원어민 강사들은 왜 갈등의 원인이 되지 않았었는지 질문해야 한다. 김진희와 이로미(2019: 39)는 제주도의 예멘 난민 사태는 15년의 다문화 정책 추진에도 불구하고 오히려 이주자에 대한 "따뜻한 환대마저 사라진 국민정서"를 보여주었음을 지적하며, 다문화 정책의 현실을 냉철하게 돌아보아야 할 계기라고 강조하였다. 또한 예멘 난민 사태는 그동안 이루어진 문화이해 수준의 다문화교육 콘텐츠가 결국 인종차별, 계층, 참여적 시민권 문제에 침묵한 결과임을 강조하였다. 필자는 다문화 리터러시와 비판적 리터러시의 접점의 의미는 디자인을 통해 생산적 권력을 창출해내는 데에 있다고 주장한다. 다문화 시대에 교육은 흔히 통합의 이름으로 동일화와 불공평을 자연화한다. 다문화 리터러시교육은 비판적 분석으로 교육의 자연화나 당연시함을 경계하고, 다양성을 기반으로 하는 디자인은 재구성과 변화를 위한 가능성을 만들어낼 수 있다. 쟁크스(2019)가 말했듯이, 사회적으로 정해진 진리를 말하고 쓰고 디자인하고 구성하는 방식은 단지 텍스트로 실현될 때만 눈에 보이기에 우리는 오늘날 다시 텍스트에 주목하고 다시 리터러시에 주목해야 한다. 비판적 리터러시 관점에 기반한 다문화 리터러시는 우리가 텍스트와 진리의 관계를 파악하게 하고(Foucault, 1980), 디자인, 그리고 재디자인으로 이어져 다문화 시대에 공존의 첫걸음이 된다. 구체적으로 학교 현장에서 학생들에게 다중매체로 된 텍스트를 사용하고, 이를 비판적 관점으로 읽어 텍스트로 재현된 담론에 숨겨진 권력관계를 해체하고, 텍스트가 재현한 담론에 대해 '대립적 담론(oppositional discourses)'을 고민하게 하고, 진정한 다문화 사회를 위해 자신과 공동체의 변화를 위한 실천, 즉 디자인을 하게 해야 한다. 비판적 리터러시에 기반한 다문화 리터러시교육은 오늘날 우리 사회와 학교에서 선전구호처럼 외치는 다양성에 대한 무비판적 존중을 넘어서, 우리 삶에 만연하는 불평등에 대한 인식을 통해 진정한 상호이해와 공동체 의식 함양으로 이어질 수 있으리라 기대한다.

3장
인공지능 기반 디지털 리터러시와
세계시민교육의 방향*

 디지털 리터러시는 테크놀로지를 활용하여 정보를 이해 · 분석 ·
배열 · 조직 · 평가할 수 있는 능력이다.

(Greenstein, 2012: 115)

---

* 이 장은 김진석, 장은숙(2019a; 2019b), 김진석(2019e; 2019f), 김진석(2019b; 2020a; 2020b)을 바탕으로
재구성하였다.

1. 디지털 리터러시의 필요성

디지털 혁명을 기반으로 하는 4차 산업혁명은 개인뿐 아니라 경제, 기업, 사회에 커다란 변화를 요구하고 있다(김진석, 2018c). 예컨대 미래에는 사용자의 요구에 적합한 정보를 수집하는 로봇 개인비서(ambient computing)가 상용화될 전망이다. 디지털 학습자들은 심지어 생체 마이크로 칩 등과 같은 기기를 통해 내장된(built-in) 스마트 폰을 활용하여 그간 말로 표현해야 했던 내용을 생각으로 전달하고, 이에 따라 밖으로 드러나지 않은 생각 혹은 감정을 뇌파와 기타 시그널을 통해 전달할 가능성도 있다(Schwab, 2016). 그래서 디지털 기업들은 테크놀로지의 변화를 활용하여 다양한 플랫폼의 구축과 플랫폼을 활용한 폭넓은 상품 및 서비스의 제공으로 구매자와 판매자를 연결하는 네트워크를 통해서 수익의 증대를 누리고 있다(김민식, 이가희, 2017).

초·중·고등학교에서는 21세기 디지털 학습자들의 핵심역량을 함양하기 위해 새로운 패러다임의 교수·학습 방법이나 인공지능(AI: artificial intelligence) 기반 플랫폼을 활용한 수업활동을 강조하고 있다. 실제 21세기 학습자들은 독특하고 고유한 정체성을 갖추는 경향이 많아지고 있으며, '문화적·언어적으로 다양한 성향'을 나타내고 있다(Kilbane & Milman, 2014: 15). 예컨대 미국의 교실에서는 450종 이상의 언어를 사용하며, 영어를 사용하지 않는 가정의 수가 점진적으로 증가하고 있다(Kilbane & Milman, 2014: 17). 2015년쯤에는 미국의 K-12공립학교들 중 50% 이상이 영어를 제1언어로 사용하지 않을 것이라는 전망이 나올 정도다(Gray & Fleishman, 2004: 84-85).

우리나라의 교실수업에서도 디지털 학습자의 특성은 강하게 나타나고 있고, 문화적 배경이 다른 학습자들과 소통하고 공감할 수 있도록 다양한 언어와 문화를 반영한 수업을 진행하는 사례가 점차 증가하고 있다. 그래서 학습자들의 특성에 적합한 테크놀로지를 활용하여 교실수업에서 효율적이고 체계적으로 교수·학습 방법을 구현하는 방안을 마련할 필요가 있다. 다시 말해서 교육 관련 이해 당사자(stakeholder)들은 기하급수적인 속도로 변화하고 있는 테크놀로지를 교실수업에 제대로 활용할 수 있도록 집단 지성을 모아 교육과정의 목표 및 내용체계, 교재 개발, 교수·학습 및 평가방법 등을 재정립하는 패러다임의 전환이 요구되는 시점이 온 것이다(김진석, 2018a; 2018b).

패러다임을 새롭게 구축하는 방안 중 하나는 디지털 리터러시의 활용이 있다. 오늘날 여러 학자들은 21세기 학습자들이 갖추어야 할 역량으로 기초적인 리터러시를 포함하면서 과학, 경제, 기술 관련 리터러시, 정보 리터러시, 다문화 리터러시, 글로벌 리터러시 등의 중요성을 말한다(Metiri Group, 2003; Greenstein, 2012). 특히 인공지능 기반 플랫폼을 활용한 디지털 리터러시의 교수·학습 방법 및 평가는 학습자들의 역량을 효과적으로 함양할 수 있을 것으로 기대된다. 인공지능 기반 디지털 리터러시는 학습자들이 다양한 의사소통 채널을 통해 동료들과 소통하고 협력하여 정보를 탐색·이해·분석·평가·창조하는 것을 가능하게 만들기 때문이다(김진석, 2019b).

또 다른 방안으로는 글로벌 교육 우선 구상(Global Education First Initiative: GEFI)에서 강조하고 있는 '세계시민의식의 함양'이다. 이는 교육의 역할과 목적이 더 정의롭고, 더 평화로우며, 더 관용적이고, 더 포용적인 국제사회를 건설하는 쪽으로 무게 중심을 이동해 가고 있다는 것을 상징한다(한경구, 김종훈, 이규영, 조대훈, 2015: 17). 21세기 학습자들은 매시(Massey, 1994)가 주장한 바와 같이 시·공간의 압축(time-space compression)으로 지구촌에서 일어나고 있는 이슈들을 이웃에서 일어나고 있는 소식만큼이나 다양한 매체를 통해 시시각각으로 접하고 있다.[16] 이런 측면에서, GEFI는

---

16 이러한 Massey의 글로벌 장소감(global sense of place)은 인간의 유대관계(Tuan, 2001)를 전제한 것으로, 지구촌에 살아가려면 이질적인 문화의 화자들과 상호작용(interaction)을 통해 지식을 공유하면서 공감의 긍정적 관련성을 구축하고 유지해 나가는 글로벌 장소감을 형성해야 한다(김진석, 2015: 23).

학습자들이 세계시민성을 갖춘 인재로 성장하는 것이 무엇보다 중요하다는 것을 말하고 있다.

세계시민성을 갖춘 사람은 "어느 곳에 살든지 세계시민으로서 권리를 누리고, 그들이 속한 특정 공동체의 정체성을 기반으로 발전시키면서 문화적 배경이 다른 사람들과 상호 소통하고 책임 의식을 공유하는 사람(Gaudelli, 2016; 김진석, 2019f)"이라고 할 수 있다. 특정 공동체는 학습자들이 속한 사회와 문화를 연결하여 그들의 의사결정이나 의도를 대화 참여자들에게 언어적 · 비언어적으로 표현하게 한다. 학습자들이 공동체의 범위를 특정 공동체에서 글로벌로 확장 · 발전시킨다면, 문화적 배경이 다른 사람들과 상호 협력하여 글로벌 이슈를 능동적으로 해결해 나가는 역량을 갖출 수 있을 것이다(김진석, 2019d).

초 · 중 · 고등학교 교사는 학습자들이 자기 주도적으로 의사소통 능력, 창의성, 비판적 사고능력뿐만 아니라 융합, 다문화 이해 및 공감 역량을 신장하고, 나아가 세계시민성을 함양할 수 있도록 토론 · 협력 · 체험 중심의 수업을 설계 · 구현할 필요가 있다. 따라서 이 장에서는 학습자들이 세계시민으로서 수업 활동에 능동적으로 참여하고, 서로 협력하여 글로벌 이슈를 해결할 수 있는 능력을 함양하기 위해, 인공지능 기반 디지털 리터러시를 활용한 세계시민교육의 목표, 내용 체계, 교수 · 학습 및 평가 방법 등을 제시하고자 한다.

2. 인공지능과 디지털 리터러시

최근 소프트웨어 알고리즘과 테크닉을 활용하는 인공지능을 교실수업에 효과적으로 활용하는 방안이 논의되고 있다(Murphy, 2019: 2). 학습자들은 인간의 지각 및 의사결정과 유사하도록 제작한 컴퓨터와 기계들을 활용하여 교실수업에 주어진 과제를 성공적으로 완수할 수 있기 때문이다. AI를

"다양한 자료를 정확하게 해석하고 학습하며, 이를 활용하여 특정한 목표 및 과제를 달성하는 것(Wikipedia, 2019)"으로 정의하기도 하지만, 여기에서는 교수-학습의 관점에서 AI를 "학습자들이 챗봇, 가상현실(virtual reality: VR), 증강현실(augment reality: AR), 스크래치 등 가상의 도구들을 활용하여 동료들과 소통하고 협력하여 문제를 해결하거나 과제를 완수할 수 있도록 하는 소프트웨어 알고리즘 및 테크닉의 이해와 적용(김진석, 2019e)"으로 정의하고자 한다. 이 정의는 머피(Murphy)의 개념에서 약한 AI의 관점에 해당하는 것으로 특정한 기능을 수행하도록 제작한 소프트웨어 알고리즘을 나타낸다(Murphy, 2019: 2). 이와 대비되는 것으로는 강한 AI가 있다. 강한 AI는 인간의 인지적 추론 능력에 근접하고, 세상이 어떻게 작동하는지에 대한 상식적 이해를 보여주며, 새로운 문제를 해결하거나 새로운 과제를 수행할 수 있으며, 선행지식이 거의 없거나 최근 발생한 문제에 대한 정보로 스스로 학습할 수 있는 이론적 체계를 갖춘 적용들을 말한다(Murphy, 2019: 2-3).

교육에서 AI는 개인화된 학습, 다양한 학업의 자동 수정, 과정 평가, 원격학습을 위한 지능형 강의 플랫폼(intelligent tutoring platform), 정보와 새롭게 상호작용하는 방법, 피드백, 교수-학습 내용 개작, 폭넓은 의사소통 기회, 학습자와 학습 내용 간 상호작용, 촉진을 통한 효율적인 지도, 숙제 보조, 학제 간 통합 환경, 유급자 방지, 접근 가능성을 높여 주는 원격학습, 학습자의 자율성, 폭넓은 게미피케이션(gamification)의 잠재력, 더 효과적인 행정 운영, 자료수집, 자동화된 과제, 인간을 닮은 로봇 등과 같은 다양한 방법으로 교육에 영향을 미치고 있다(Karsenti, 2019).[17] AI는 상용화를

---

17 게미피케이션(gamification)은 비게임 맥락(non-game contexts)에서 게임-디자인 요인들과 게임 원리들을 적용하는 것을 말한다(Huotari & Hamari, 2012; Robson, Plangger, Kietzmann, McCarthy, & Pitt, 2015). 또한, 문제를 풀기 위해 게임 요인들의 특성들을 사용하거나 적용하는 일련의 활동이나 과정들이라고 정의할 수 있다(Wikipedia, 2020)

통하여 교실수업에서 학습자들의 상호작용을 촉진하고 협업 능력을 함양하며, 주어진 수업 과제를 성공적으로 완수할 수 있는 학습용 도구로 활용될 전망이다.

소프트웨어 알고리즘과 테크닉의 한 형태인 지능형 컴퓨터 보조 언어 학습(Intelligent Computer Assisted Language Learning: ICALL)은 언어 연습과 AI를 결합한 것으로 스캐폴딩이나 모니터링을 통해 학습자들이 과제를 완수하거나 문제를 해결하도록 도움을 주는 지능형 강의 시스템(Intelligent Tutoring System: ITS)을 갖추고 있다.[18]

협의의 AI 관점에서 볼 때 규칙 기반 전문 체계들 중 하나인 ITS는 기계 학습과 다르게 영역 모델, 학습자 모델, 그리고 튜터링 모델로 구성되어 있다. 다시 말해서 머피(Murphy 2019: 4-5)에 의하면, 영역 모델은 학습해야 할 모든 의사소통기능, 언어형식, 어휘, 기능 등을 포함하는 인지적인 것으로 학습자들이 그들을 사용하여 교실수업에 주어진 과제를 해결할 수 있도록 한다. 학습자 모델은 학습자들의 최근 학습 상태나 수준을 측정하고 모니터링할 수 있는 자료를 축적하는 것으로, 학습자가 최근에 수행한 자료, 완수한 과제의 수, 과제를 완료하는 데 소요한 시간, 과제 수행 시 범한 오류의 수 등을 관리하는 곳이다. 마지막으로, 튜터링 모델은 학습자들이 과제를 완료할 수 있도록 촉진해 주는 것으로, 학습한 것과 학습하지 않은 것이 무엇이며, 그들이 필요로 하는 피드백은 무엇이고 추가적으로 지도할 것은 무엇인지를 추출하여, 그 자료들을 기반으로 그들과 상호작용하는 방법을 결정하는 역할을 한다. 이러한 ITS의 공통된 특성은 개념이나 역량의 개별화 학습, 자기 주도적 학습, 개별 학습자의 지식 상태, 학습자의 지식과 이해에 대

---

18 CALL은 1960부터 지속적으로 진보를 거듭해 오고 있다. 요즘은 더 정확한 오류 분석이나 피드백 모듈을 창출하기 위해 인터넷, 멀티미디어, AI 등에 활용되고 있다(McClain, 2016: 1).

한 지속적인 평가와 모니터링, 그리고 과제 수행 시 학습자의 수행과 연관된 자동화된 피드백 등으로 구성되었다는데 있다(Murphy, 2019: 4).

디지털 학습자들은 역동적으로 다변화되어 가고 있는 사회에 능동적으로 적응하기 위해서 다양한 성장 배경을 가진 사람들과 소통하고 협력해야 하며, 비판적 사고 능력을 기르면서 창의적으로 문제를 해결해 나가는 능력을 갖추어야 한다(김진석, 2015). 학습자들은 언제 어디서나 인공지능 기반 다양한 매체들을 통해 지식을 능동적으로 탐색할 수 있는 유비쿼터스 환경에서 살아가고 있다. 또한 시대적·사회적으로도 AI기반 매체들을 통해 얻은 지식을 활용하여 비판적 사고 능력, 의사소통 능력, 융합 능력, 창의적 문제해결 능력 등을 함양할 수 있는 인재로 성장할 것을 요구하기 때문이다. 이런 측면에서 디지털 학습자들은 교실에서 핵심역량을 함양할 수 있는 방법 중 하나인 리터러시 기반 수업 활동을 구현할 필요가 있다.

리터러시는 최근 협의에서 광의의 개념으로 폭넓게 정의되고 있다. 예컨대 정보를 얻거나 일기 쓰기와 같은 다양한 종류의 문어체 텍스트를 읽는 활동에서 신문, TV, 스마트폰, 블로그, 인터넷, 유튜브, 페이스북 등과 같은 다양한 의사소통 채널을 통해 확인하고, 해석하고, 의사소통하고, 의미를 창출하는 활동으로 폭넓게 사용되고 있다(Cameron, 2001: 124). 이와 같이 리터러시의 개념은 기능적 리터러시에서 특수 목적의 리터러시(LSP: literacy as a specific purpose)로 확장할 수 있다(김진석, 2019a: 5-6). 좀 더 세분화하여 살펴보면, 리터러시는 읽기와 쓰기에 초점을 둔 기능적 리터러시에서 다문화 리터러시, 디지털 리터러시, 미디어 리터러시, 비주얼 리터러시, 테크놀로지 리터러시 등 다중 리터러시로 확장되고, 법 리터러시(legal literacy), 건강 리터러시(Balch, Memory, Hofmeister, 2008) 등과 같은 특수 목적의 리터러시로 더욱 확장되고 있다. 예컨대 LSP 중 법 리터러시는 학습자들이 법 관련 소양을 함양하여 일상에서 좀 더 좋은 판단을 할 수 있도록 한다.

디지털 리터러시 측면에서, 2015 교육과정의 성격 및 목표에 제시된 역량 중 가장 밀접하게 관련된 정보처리역량(information processing competence)을 바탕으로 핵심영역(core domain)을 세분하면 다음과 같이 정의적(affective), 인지적(cognitive), 심동적(psychomotor) 영역으로 나눌 수 있다(김진석, 장은숙, 2019a).

- 정의적 영역: 학습자들은 디지털 도구를 사용하여 호기심을 가지고 능동적으로 정보를 접근하는 태도를 가지며, 타인을 존중·공감하고 협력한다.
- 인지적 영역: 학습자들은 디지털 도구를 사용하여 정보를 탐색하고 해석하며, 과제를 완료하기 위해 타인과 협력하는 지식과 기능을 갖춘다.
- 심동적 영역: 학습자들은 디지털 도구를 사용하여 주어진 과제에 도전하며, 타인과 협력하여 과제를 창의적으로 해결하기 위해 행동하는 실행력을 갖춘다.

디지털 리터러시는 디지털 도구를 능동적으로 사용하여 주어진 과제와 관련된 정보를 탐색·평가·협력·실행하는 것이다. 이는 학습자들이 디지털 도구를 활용하여 정보를 탐색·수집·종합하고, 그들의 의견을 교환·공유·창출하며, 완수한 과제를 점검·수정·평가하는 일련의 과정을 강조하고 있는 영국의 교육과정과 유사하다. 디지털 리터러시의 활용에서는 무엇보다 학습자들이 수업을 통해 타인을 존중하고 공감하는 태도를 갖추는 것이 중요하다. 더욱이 오늘날의 교육은 문화적 배경이 다른 사람들과 긍정적 관련성을 극대화하면서 소통하고 협력하여 글로벌 이슈를 해결해 나가는 수업 활동이 구현될 필요가 있다.

공감(empathy)은 대화 참여자들이 의사소통을 할 수 있는 기본 능력으로(Lustig, 2006), 상대방의 사고, 감정, 능력에 대한 인식이 선행된다(김진석, 2015). 이러한 특성으로 인하여 공감은 "대화 참여자들의 면 대 면 대화 상황에서, 생리학적 반응(physiological reaction)이나 인지적 관점 형성의 과정에서 대화 참여자들 간 동일시가 일어나는 것"으로 정의할 수 있다(김진석, 2015: 24). 특히 공감은 "동질적인 문화나 이질적인 문화들 속에서 대화 참여자들 간 갈등 없이 의사소통이 원활하고 그들 간 동일시가 일어나 자연스럽게 공감대를 형성하고 있는 상황"을 형성한다는 데 교육적 의의가 있다(김진석, 2015: 25).

디지털 리터러시의 목표는 정의적, 인지적, 심동적 영역을 고려하여 초등학교, 중학교, 고등학교급별로 설정할 필요가 있다(김진석, 2019e). 목표의 설정은 핵심영역, 앤더슨과 크레스월(Anderson & Krathwohl, 2001)의 수정된 이원(two-dimensional) 분류표와 어비, 반 & 까스타네다(Erbe, Ban & Castaneda, 2009)의 교수-학습 연속체 등을 바탕으로 한다. 학습자들은 수업시간에 가상 학습 도구, 웹페이지, 인터넷, 온라인 퀴즈, 온라인 비디오, e-포트폴리오, 오디오 및 비디오 팟캐스팅, 스크래치, 챗봇, VR, AR 등과 같이 사용 가능한 다양한 디지털 도구들을 그들의 수준에 맞게 활용하여 창의적으로 과제를 해결할 수 있는 역량을 함양해야 하기 때문이다. 예컨대 AI기반 디지털 도구들을 제대로 활용하기 위해서는 학습자들이 먼저 AI를 이해하고 적용할 수 있도록 학년군별로 단계적으로 접근해야 한다. 이때 기초 단계에는 AI기반 디지털 도구에 대한 소양을 갖추고, 발전 단계에서는 AI기반 디지털 도구를 연습하고 활용한다. 그리고 심화 단계에서는 도구를 활용하여 창의적으로 과제를 완수하거나 문제를 해결할 수 있는 능력을 함양하도록 한다. 이때 학습자는 설정된 목표를 달성하기 위해서 AI를 활용하여 주어진 과제 및 문제와 관련된 정보 그리고 해결과정을 탐색 · 조사 · 분석 · 해체 · 협력 · 문제해결 · 성찰하는 과정 속에서 핵심역량을 함양할 수 있을 것이다.

3. 핵심역량과 세계시민교육의 구성요소 및 수업모형

교실수업에서 인공지능 기반 디지털 리터러시를 바탕으로 세계시민교육을 설계하고 구현한다면 학습자의 세계시민성을 함양하는 데에 많은 도움을 줄 수 있다. 이 절에서는 세계시민교육의 목표와 학습자가 교실수업에서 함양해야 할 핵심역량을 먼저 확인한 후, 그 구성요소와 수업모형을 살펴보도록 하자.

1) 핵심역량과 세계시민교육의 목표

핵심역량의 중요성을 논의되기 시작한 것은 OECD의 DeSeCo(Definition and Selection of Competencies) 프로젝트(2003) 이후이다. 세계 빈민구제 기관인 옥스팜(Oxfam: Oxford Committee for Famine Relief), 유네스코(2015a; 2015b) 등은 모두 교육의 중점으로 핵심역량을 강조하였고, 한국의 교육계 역시 주목하고 있다(이근호 외, 2012).

DeSeCo 프로젝트는 역량을 '특정한 맥락에서 기술과 태도를 포함하는 사회심리학적 자원을 가동시켜 복잡한 요구를 충족시킬 수 있는 능력'으로 정의하였다(김진석, 2018c: 45). 또한 21세기 역량 파트너십(Partnership for 21st Century Skills: P21)에서는 비판적 사고 능력(critical thinking), 의사소통 능력(communication), 융합 능력(collaboration), 창의적 문제해결 능력(creativity) 등의 4C를 함양할 필요가 있음을 강조하고 있다.[19] 물론 전통적으로 강조해 온 핵심 과목들이나 읽기, 쓰기, 셈하기와 같은 3R도 필수 학습 내용으로 포함하고 있다. DeSeCo 프로젝트가 제시한 역량을 학

---

[19] 미국에서는 2002년부터 21세기 역량 파트너십(Partnership for 21st Century Skills: P21)이 설립되어 "교육과 기업, 지역사회, 정부 사이에 협력적 관계를 구축"하고 "모든 초·중·고등학교에 21세기 역량을 도입하는 계기를 마련"하기 위한 다양한 노력을 시도하였다(김진석, 2015: 4).

습자가 가져야 할 세 개의 역량범주와 그에 따른 핵심역량으로 나누어 제시하면 다음과 같다(김진석, 2018c: 45).

첫째, 도구를 사용하여 상호작용하는 능력으로 언어, 텍스트 등을 통해 상호작용하거나 지식이나 정보를 통해 상호작용하는 능력이다.

둘째, 문화적 배경이 다른 집단들과 상호작용하는 능력으로 그들을 배려하고 상호 협동하며 서로 간 갈등을 해결할 수 있는 능력이다.

셋째, 자율적으로 행동하는 능력으로 넓은 시각에서 인생계획과 개인적 과제를 실행할 수 있으며, 자신의 권리를 주장할 수 있는 능력이다.

국내에서는 초·중등학교 교육에서 강조되어야 할 핵심역량으로 창의력(창의적 사고기능, 창의적 사고 성향), 문제해결 능력(문제 인식, 해결 방안의 탐색 및 실행과 평가, 논리적 사고력, 비판적 사고력), 의사소통 능력, 정보처리 능력(정보 수집, 분석, 활용, 정보 윤리, 매체 활용 능력), 대인관계 능력(타인 이해 및 존중, 협동, 갈등 관리, 관계 형성, 리더십), 자기관리 능력(자아정체성 확립, 여가 선용, 건강 관리, 합리적 경제생활, 기본 생활 습관, 자기 주도적 학습능력), 기초학습 능력(기초적 읽기, 쓰기, 수리력), 시민의식(공동체 의식, 준법정신, 환경의식, 윤리의식, 봉사의식), 국제사회문화 이해(우리문화 이해, 다문화 이해, 문화 향유 능력, 국제사회이해, 외국어 소양), 진로개발 능력(진로인식, 진로탐색, 진로설계) 등을 설정하고 있다(이근호 외, 2012).

학습자들이 3R이나 4C에 더하여 정보처리 능력, 자기관리 능력, 시민의식, 국제사회문화 이해 능력 등을 함양하기 위한 효율적인 방법 중 하나는 인공지능 기반 디지털 리터러시를 활용하는 것이다. 예를 들어 학습자들은 지구촌의 이슈들을 해결하기 위해 가상 학습 도구, 웹페이지, 인터넷, 온라인 퀴즈, 온라인 비디오, e-포트폴리오, 오디오 및 비디오 팟캐스팅,

스크래치, 챗봇, 가상현실(VR), 증강현실(AR) 등의 다양한 의사소통 채널을 통해 동료들 또는 문화적 배경이 다른 화자들과 소통하고 협력하여 정보를 탐색 · 이해 · 분석 · 평가 · 창조함으로써 세계시민성을 함양할 수 있기 때문이다.

21세기 학습자들이 함양해야 할 역량을 바탕으로 설정한 세계시민교육의 목표의 예시는 유네스코(2015a: 15)에서 찾을 수 있다. 유네스코(2015a: 15)는 세계시민교육의 목표를 학습자들이 필요한 지식, 기능, 가치, 태도를 함양하여 더 포용적이고, 더 정의롭고, 더 평화로운 국제사회를 변혁적으로 건설하는 데에 두고 있다. 이에 따라 유네스코(2015b: 9)는 세계시민교육의 핵심 개념을 다음 [그림 3-1]과 같이 제시하였다.

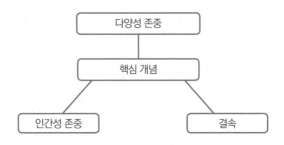

[그림 3-1] 세계시민교육의 핵심 개념(유네스코, 2015)

위의 그림에서 중앙에 위치한 '핵심개념'은 우주론, 건국신화, 국가의 역사 등에 뿌리를 두고 있으며, 헌법, 애국가, 정부 주요 정책의 문서 등에 자주 언급되고 있다. 또한 '다양성 존중(respect for diversity)'은 다문화주의의 개념을 바탕으로 평화로운 사회적 관련성과 모국에 대한 충성심(integrity)을 하위변수로 포함한다. '결속(solidarity)'은 홍익인간과 같은 개념을 기저로 환대, 관용, 동등한 사회 · 경제적 발전을 포함하며, 인간성 공감(shared sense of humanity)은 식량 안심이나 자연환경과의 조화 등을 하위변수들로 두고 있다.

세계 빈민구제 기관인 옥스팜에서도 학습자들이 지식, 기능, 가치, 태도 능력을 갖추어 글로벌 시민성을 함양하는 것을 목표로 하고 있다(Oxfam, 2016). 이는 학습자들이 글로벌 이슈를 해결하기 위해, 다양한 관점에서 비판적으로 사고할 수 있는 능력을 기르고, 능동적으로 참여하여 세계 시민성을 신장하는 방향을 제시한 것이다. 세계시민교육은 학습자들이 글로벌 이슈를 다양한 관점에서 인지 · 이해 · 검토 · 평가하면서 해결할 수 있도록 '관점의식(perspective consciousness)'의 형성이 중요하다(Merryfield & White, 1996: 178).

유네스코(UNESCO, 2015a; 2015b)와 옥스팜(Oxfam, 2016)의 목표를 정의적, 인지적, 심동적 영역으로 나누어 세계시민교육의 목표를 다시 설정하면, ① 학습자들이 세계시민으로서 문화적 배경이 다른 화자들의 다양한 가치와 관점을 인식하고 공감하며, ② 지역, 국가, 글로벌 간 정치적, 경제적, 사회적, 문화적 상호 의존성과 연결성에 대한 지식과 기능을 체득하고, ③ 글로벌 이슈(예: 지구온난화, 빈곤, 인종, 성, 전쟁 등)를 해결하기 위해 능동적으로 실천하는 능력을 함양하여 더 정의롭고, 더 공정하며, 더 평화로운 국제사회를 건설하는 것을 목표로 할 수 있다. 이는 정의적, 인지적, 심동적 영역에서 학습자들이 세계시민성을 함양하여 글로벌 이슈를 문화적 배경이 다른 사람들과 함께 협력하여 해결함으로써 더 나은 국제사회를 건설하는 것을 강조한 것이다.

2) 세계시민교육의 구성요소

학습자들은 다양한 관점에서 글로벌 이슈나 상황을 능동적으로 해결하는 능력을 함양하여 더 정의롭고, 더 평화로운 국제사회를 만드는 데 기여할 수 있도록 태도, 지식, 기능 등의 역량을 갖추어야 한다. 이에 세계시민교육의 구성요소는 다음 [그림 3-2]와 같이 설정할 수 있다.

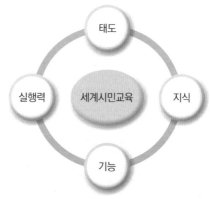

[그림 3-2] 세계시민교육의 구성요소(김진석, 2019f)

위의 구성요소를 구체적으로 살펴보면 다음과 같다.

① 태도: 태도를 구성하는 하위요소에는 CORE(CORE: Commitment, Openness, Respect, Empathy)가 있는데 사회정의, 평등, 참여와 포용, 지속가능한 발전에 기여(commitment)하고, 사회의 변화에 호기심을 느끼면서 긍정적으로 수용하려는 개방성(openness)을 가지며, 인권이나 평화에 가치를 두고 다양성을 존중(respect)하며, 자신과 문화적 배경이 다른 화자들의 정체성 및 자존감에 공감(empathy)하는 것이다. 이는 유네스코(2014)의 비인지적 기능들(non-cognitive skills)에 상응하는 것이다.[20]

② 지식: 지식에는 개인적 및 사회적 상호작용, 보편적 핵심 가치에 대한 이해, 특정한 글로벌 이슈에 대한 이해와 해결, 효과적이고 적절한 의사소통 등과 관련되는 요소를 들 수 있다. 이는 유네스코(2014)에서 설정한 '평화, 인권, 다양성, 정의, 민주주의, 차별 철폐, 관용 등과 같은 보편적 가치

---

[20] 비인지적 기능은 개인의 인종·문화·종교·계급 등의 차이점을 초월하는 공동의 집단 정체성에 기초한 태도, 감정이입, 상이한 관점들에 대한 열린 태도, 공감, 사회적 기술, 그리고 다양한 언어·문화·관점을 가진 사람들과 소통하는 능력 등과 관련이 있다.

및 글로벌 이슈에 대한 심도있는 이해'에 해당된다.

③ 기능: 기능에는 비판적 사고 능력, 창의성, 변혁적 사고 능력, 문제해결력, 의사결정 능력 등이 있다. 이는 유네스코(2014)에서 말하는 '비판적, 창의적, 혁신적 사고, 문제해결 및 의사결정에 필요한 인지적 기능들'과 유사하다고 할 수 있다.

④ 실행력: 실행력은 유네스코(2014)에서 강조하는 '적극적인 행동과 실천에 참여하는 행동능력'으로, 구성요소인 태도, 지식, 기능 등을 함양하여 글로벌 이슈를 적극적으로 해결하려는 학습자의 행동이 실질적으로 나타나야 한다는 것을 부각하고 있다.

세계시민교육의 구성요소는 상호문화 소통역량(intercultural communicative competence, ICC)의 구성요소와 유사하다. 다시 말해서 ICC의 구성요소 중 하나인 지식은 화자가 발화하기 전에 개념을 형성하여 언어를 계획할 수 있는 단계라는 가정 하에서, 바이람(Byram, 1997)과 같이 문화적 배경이 다른 사람들의 문화적 양식, 산물, 가치 등에 대해 아는 것으로 분류한다(김진석, 2015). 그러나 해석기술, 발견과 상호작용 기술 등은 문화가 다른 화자들 간의 상호작용하는 일련의 과정 속에서 나타나는 개념들이다. 그래서 구체적으로 구분할 필요가 있다는 측면에서 기능이라는 범주 내에 발견 기술(skills of discovery), 의미해석 기술(skills of interpreting), 화행 기술(skills of speech act)[21], 의미협상 기술(skills of negotiation of

---

meaning)을 포함하여 구성할 수 있다(김진석, 2015). 문화적 배경이 다른 화자들과 의사소통을 할 경우, 화자는 적절하고 효과적으로 의사소통을 하기 위해 대화 참여자들 간 의미해석 및 상호작용의 기능을 제대로 터득해야 한다는 측면에서는 세계시민교육과 공통점이 있다. 그러나 문화적 의사소통 능력과 달리, 세계시민교육은 국제사회에서 제기되고 있는 글로벌 이슈를 해결하는 역량을 함양하고 실천하는 능력을 강조하고 있는 측면에서 차이점이 있다고 할 수 있다.

3) 수업모형

교실수업에서 세계시민교육의 목표를 달성하기 위해서는 교수 · 학습의 패러다임이 변화되어야 한다. 세계시민교육은 전통적 시민교육의 방식과 달리, 학습자들이 능동적으로 수업 활동에 참여하고 주도적으로 과제를 완수해 나가는 주체로서의 교육으로 전환해 나가야 하기 때문이다(한경구 외 2015: 39). 전통적 시민교육과 세계시민교육을 비교하면 다음과 같다.

〈표 3-1〉 전통적 시민교육과 세계시민교육의 비교(한경구 외, 2015: 39)

전통적 시민교육	세계시민교육
수동적 수용자	능동적인 교육 주체
기성세대의 가치 · 규범 전수	변혁적인 교육
지식 · 내용 이해 중심	과정 · 이해 중심
주어진 학교 지식의 습득	참여 지향적 · 실천 지향적 교육
시민성에 대해 배우는 교육	시민성의 실천을 통해 배우는 교육
단기적 · 공식적 교육과정	평생교육 · 다면적 교육과정

세계시민교육은 전통적 시민교육과 달리 능동적으로 수업에 참여하여 과정 · 이해 중심의 수업활동을 하면서 세계시민으로서 국제사회를 변혁하

는 역할을 실질적으로 체험하고 실천하는 평생교육·다면적 교육과정이라고 할 수 있다.[22] 이는 결과 중심에서 과정 중심의 수업으로 학습자들의 핵심역량을 함양하고, 글로벌 이슈를 능동적으로 해결해 나가는 능력을 신장하는 것이라 할 수 있다. 교수·학습 모형을 구축할 때, 학습자의 세계시민성을 함양하기 위해 고려해야 할 사항에는 다음과 같은 것들이 있다.

- 학습자가 자기 주도적으로 선행 학습한 내용으로 수준별·개별화의 수업 활동 구현
- 학습자가 교육의 주체가 되어 수업 활동에 능동적으로 참여하게 하는 동기 부여
- 쟁점 중심의 수업을 통해 창의적이고 혁신적인 방법으로 문제를 해결하는 능력 함양
- 학습자들 간 짝별·모둠별 토론·협력을 통해 실생활에 실천하는 다면적 교육과정 구현
- 학습자의 메타 인지적 실천과 성찰을 통해 세계시민성을 성장하도록 하는 활동 구현

학습자가 자기 주도적으로 선행 학습할 수 있도록 수업을 구현하는 방법 중 하나는 플립 러닝(FL: Flipped learning)이다. 플립 러닝은 학습자들이 자기 주도적으로 자료를 찾아 선행 학습하는 능동적인 학습자로 변화되고, 스스로 학습한 내용을 바탕으로 수준별 개별화 수업을 가능하도록 하며, 좀 더 향상된 개념을 배우거나 고차원적인 문제해결 활동을 함으로써 심화학습이

---

22 변혁적인 교육은 학습자가 실생활에서 일어나는 다양한 문제들을 비판적으로 분석하고, 창의적이며 혁신적인 방법으로 해결방안을 찾을 수 있는 능력을 함양하는 변혁적 교수법을 필요로 한다(유네스코 아시아태평양 국제이해교육원, 2014: 21).

가능하도록 한다(Bergmann & Sams, 2014; 김진석, 2015). FL기반 글로벌 쟁점 중심의 수업 구현을 통하여 학습자들은 자신의 스키마 활용과 짝별·모둠별 토론·협력을 통해 창의적으로 문제를 해결하는 방안의 탐색과 발표 그리고 그것을 실생활에 실천할 수 있는 능력을 함양할 수 있다.

우리나라 교실수업을 고려하여 개발한 과정중심의 수업을 위한 모형을 제안하면 다음과 같다(김진석, 2017a; 2017b; 2019b; 2019c; 2019d; 2020a; 2020b). 아래에 [그림 3-3]으로 제시한 모형은 플립 러닝을 기반으로 한 것으로 탐색하기(searching), 생각하기(thinking), 행동하기(acting), 성찰하기(reflecting)의 단계들로 나누어 구성한 '플립 러닝 기반 STAR 수업모형'이다.

CLASS		FL
pre	S cap	online
pre	T cap (+S)	online
in	A cap (+S+T)	d.n.a
post	R(check & revised)	online

[그림 3-3] 플립 러닝 기반 STAR 모델(김진석, 2019c)

STAR의 단계는 정보처리이론을 기반으로 한다. 이 이론은 컴퓨터의 '입력(input)-출력(output)' 모형으로, 입력은 컴퓨터의 키보드나 마우스에, 처리 장치는 모뎀이나 중앙처리장치에, 출력은 컴퓨터의 화면이나 프린터에 해당된다고 할 수 있다(김진석, 2016b). 이 이론은 다음 그림과 같이 학습이 이루어지는 동안 정보의 흐름을 추적한다(Connell, 2008; 정종진 외, 2008).

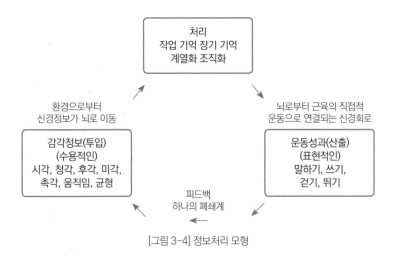

[그림 3-4] 정보처리 모형

위의 [그림 3-4]에서와 같이 시각, 청각 등을 통해 수집된 정보는 뇌로 이동되고, 작업 기억(working memory)을 통해 계열화된다. 학습자들이 탐색하고 생각하고 행동하는 단계들은 학습자들이 정보를 받아들이고(수용기, receptive stage), 이미 알고 있는 내용을 새로운 내용과 관련지으면서 그 정보를 조직화하며(처리기, processing stage), 결국 새로운 정보를 활용하여 행동(표현기, expressive stage)하는 일련의 과정과 유사하다. '성찰하기'는 학습자들이 스스로 어느 정도 학습한 내용을 이해하였는지를 점검하고, 더 학습할 필요가 있는 부분이 있다면 온라인을 통해 자기 주도적으로 탐구하여 목표를 성취하는 메타인지의 단계에 해당한다.

위의 모델을 앞서 제시한 수업모형 설정 시 고려해야 할 사항과 함께 살펴보면 다음과 같다. ① 탐색하기와 생각하기 단계에서는 온라인 학습 도구를 활용하여 학습자가 교육의 주체가 되어 자기 주도적으로 선행 학습을 할 수 있도록 하고, 수업 활동에 능동적으로 참여하게 하는 동기를 부여해 줄 수 있다. ②'행동하기' 단계에서는 쟁점 중심의 수업을 통해 모둠별 또는 짝별로 소통하고 협력하여 주어진 과제를 창의적이고 혁신적인 방법으로 완수하거나 문제를 해결하는 활동을 구현한다. ③ 수업이 종료된 이후에 온라인으로 활동하는 '성찰하기' 단계에서는 실생활에서 실천하는 다면적 교육과정을 구현하는 것으로, 성취목표를 제대로 달성하였는지를 점검하고, 실천한 활동들을 온라인으로 제출하도록 할 수 있다. 모든 단계에서 중요한 점은 인지적(cognitive), 정의적(affective), 심동적 (psychomotor) 요소인 'CAP'를 바탕으로 학습자들의 요구나 수준을 분석하고, 그 결과에 적합한 활동들을 설계·개발·구현하는 것이다. 또한 '행동하기' 단계에서는 '동기화(motivation)-활성화(activation)-개인화(personalization)로 구성된 MAP 모형을 기반으로 수업활동을 설계·구현할 수 있다(김진석, 2015; 2017a, b).

행동하기 단계의 하부영역에서 각각 고려해야 할 사항은 다음과 같다 (김진석, 2015).

㉠ '동기화'에서 고려해야 할 요소
- 이전에 학습한 지식의 이해 여부를 점검하고 학습의 흥미를 제고하여 수업 동기 부여
- 교사와 학생들 간 또는 학생들 간 상호작용이 원활하게 일어나도록 질문을 체계적으로 설계
- 쟁점을 기반으로 다양한 예들을 제시하고, 그것을 기반으로 개념 이해
- 학생들이 해결해야 할 글로벌 이슈들을 제시하고, 수행해야 할 프로젝트 제시
- KWLA(Know-Want-Learn-Apply)[23] 차트 중 KW에 해당되는 부분으로, "학습자들은 글로벌 이슈에 대해 얼마나 알고 있는가? 오늘의

---

23 KWL차트에 Bloom의 '적용' 단계를 첨가하여 KWLA차트 설정.

글로벌 이슈에 대해 무엇을 알고싶은가?" 등을 중심으로 질문 구성

  ㄉ '활성화'에서 고려해야 할 요소

- 선행 학습한 스키마를 활성화하여 해결해야할 글로벌 문제나 수행 할 프로젝트를 계획하며, 관련한 개념을 목록화하고 범주화
- 짝별/모둠별 협력하여 글로벌 이슈와 관련된 자료를 탐색, 수집, 구조화
- 제시단계에서 설정된 가설이나 의견에 대해 검증, 반박, 수정, 지지 등의 활동 구현및 분석과 종합
- KWLA(Know-Want-Learn-Apply) 차트 중 "글로벌 이슈에 대해 무엇을 학습했는가?" 등을 중심으로 질문 구성

  ㄊ '개인화'에서 고려해야 할 요소

- 체득한 지식을 활용하여 자신의 경험을 바탕으로 자신의 문제해결 방법을 발표
- 교사는 이전의 단계와 달리 학생들을 도와주는 조력자이거나 모니터링
- 새롭게 정립된 방안을 다른 상황에 적용하면서 일반화
- 글로벌 이슈에 대해 정립된 지식을 다른 새로운 문제 상황에 적용
- 정립된 체계 및 지식을 다른 사례(사건, 시나리오, 시뮬레이션 등)에도 적용
- KWLA(Know-Want-Learn-Apply) 차트 중 "어떤 상황에서 당신의 지식을 적용하였는가?" 등을 중심으로 질문 구성

학습자들은 '행동하기' 단계에서 자신의 의견을 창의적으로 표현하고 동료들과 협업하여 주어진 글로벌 이슈를 해결하거나 주어진 수업 과제를 완수할 수 있도록 한다. 또한 '행동하기' 단계에서는 학습자들이 글로벌 이슈들을 해결하기 위해 가상 학습 도구, 웹페이지, 인터넷, 온라인 퀴즈, 온

라인 비디오, e-포트폴리오, 오디오 및 비디오 팟캐스팅, 스크래치, 챗봇, 가상현실(VR), 증강현실(AR) 등의 다양한 의사소통 채널을 통해 동료들 또는 문화적 배경이 다른 화자들과 소통하고 협력하여 정보를 탐색·이해·분석·평가·창조할 수 있도록 토론·체험 중심의 수업 활동을 구현한다.

이러한 일련의 과정에서 교사는 학습자들이 이미 알고 있거나 '탐구하기'와 '생각하기' 단계에서 온라인을 통해 체득된 스키마를 활성화하여, 제시된 과제를 완수하도록 모니터링이나 스캐폴딩함으로써 그들의 핵심역량을 신장해주는 촉진자의 역할을 한다. 무엇보다도 교사는 '행동하기' 단계에서, 학습자들로 하여금 실생활의 문제들을 비판적으로 분석하고, 창의적이며 혁신적인 방법으로 해결방안을 찾도록 하는 변혁적 교수법을 구현해야 한다. 다시 말해서 학습자가 '주류 담론의 가설과 세계관, 권력 관계를 비판적으로 고찰하고, 체제에서 소외된 사람들이나 집단을 돕고, 차이와 다양성을 존중하며, 희망의 변화를 가져오기 위한 행동'에 참여하도록 수업을 설계·구현해야 한다(유네스코 아시아태평양 국제이해교육원, 2014: 21).

디지털 리터러시 기반 세계시민교육은 참여·실천 지향적 교육이라는 점에서 베넷(Benett, 2008)의 현실화된 시민(actualizing citizen) 또는 리블과 베일리(Ribble & Bailey, 2005; 2011) 등의 디지털 시민성(digital citizenship)과 유사하다. 그러나 세계시민교육에서는 학습자들이 지역적 국가 경계를 초월하여 지구촌에서 일어나고 있는 실생활의 이슈들을 능동적으로 이해하고 공감하며, 비판적으로 분석하고 창의적으로 해결하며, 변혁적으로 실천하는 역량을 길러 더 정의롭고, 더 평화로운 국제사회를 만드는 것을 목표로 하고 있으므로 디지털 시민성과는 다소 차이가 있다.

4. 디지털 리터러시 기반 세계시민교육의 실러버스 및 평가

교실수업에서 학습자들은 디지털 리터러시를 활용한 세계시민교육을 통해, 문해력이나 시대적·사회적으로 요구하는 역량들을 함양하여 더 나은 국제사회를 구축하는 데 기여할 필요가 있다. 이를 위해서 교사는 세계시민교육에 적합한 실러버스를 설계·구현하고, 학습자들의 세계시민성이 함양되었는지를 평가할 필요가 있다. 이 장에서는 먼저 세계시민교육의 실러버스에 대해 살펴보고자 한다.

1) 세계시민교육의 실러버스[24]

2002년 지구 위원회(Earth Council)에 의하면, 세계시민성을 구성하는 핵심주제로 ① 공동체 생활에 대한 존경과 관심, ② 생태적 통합, ③ 사회·경제적 정의, ④ 민주주의, 비폭력, 평화를 내세웠다(한경구 외, 2015). 또한 옥스팜(Oxfam, 2013)에서는 세계시민교육을 "① 질문하고 비판적으로 사고한다. ② 지역과 세계의 연결 및 관점, 그리고 가치를 탐색한다. ③ 글로벌 이슈의 복잡성을 탐색하고 다양한 관점을 수용한다. ④ 사회적 정의와 관련된 이슈를 지역적·세계적으로 탐구한다. ⑤ 글로벌 이슈와 내용에 대한 학습을 실생활에 적용한다. ⑥ 학습자로 하여금 정보를 제공받고, 반성적 행동을 취하며, 그들의 목소리를 들을 수 있는 기회를 제공한다"로 정의한다(Oxfam, 2013: 4-5). 아울러 유네스코(2014: 9)에서는 학습자가 범지구적 이슈들을 해결하는 데에 능동적으로 참여할 수 있도록 역량을 강화하는

---

24 실러버스는 교육과정의 구체적인 내용을 담고 있는 그릇이다. 일반적으로 선정하는 기준과 내용을 조직하는 원리를 고려하여 교육과정의 내용을 결정하면, 그 기준과 원리에 적합한 실러버스를 결정하고, 아울러 그에 적합한 수업모형 및 수업계획을 설정한다(김진석, 2016a). 이런 측면에서 실러버스는 넓은 의미로 교육과정의 내용을, 좁은 의미로 차시별 수업지도안을 말한다.

것을 목표로 하고, 학습자들이 보다 공정하고, 평화롭게, 수용적이고, 안전하고, 지속가능한 세상에 기여할 수 있도록 가르치는 것에 그 의의를 두고 있다.

세계시민성을 가진 학습자는 글로벌 시민으로서 공동체 사회에 소속감을 가지고 세계의 다양한 사람들과 협력하여 글로벌 이슈를 해결할 수 있는 사람이라 할 수 있다. 이는 유네스코(2015c)에서 설정한 학습 성과 (learning outcome)나 학습자의 주요 특성과 맥을 같이 하고 있다. 유네스코(2015c)에 따르면, 학습 성과를 ①인지적 측면에서는 학습자들이 지역적, 국가적, 국제적 문제들, 그리고 국가 간 상호연결성과 의존성에 대한 지식 및 이해를 습득하며, 아울러 비판적 사고 및 분석의 기능을 개발하는 것으로, ② 사회·정서적 측면에서는 학습자들이 인권을 기반으로 인간의 보편적 소속감과 공유 가치 및 책임감을 경험하며, 아울러 공감, 결속, 차이나 다양성을 존중하는 태도를 함양하는 것으로, ③행동적 측면에서는 학습자들이 더 평화롭고 지속가능한 창의적 세계를 위해 지역적, 국가적, 국제적 수준에서 효과적이고 책임감 있게 행동하며, 아울러 필요한 행동을 취하기 위해 동기와 의지를 개발하는 것으로 설정하고 있다.

또한 학습자의 주요 특성은 지식과 비판적 문해력, 사회적 연결성과 다양성 존중, 윤리적 책임의식과 참여 등으로 대별되고, 그에 따른 하위범주들은 다음의 표와 같이 설정되어 있다. 학습자의 주요 특성과 하위범주를 달성하기 위해, '지역적, 국가적, 글로벌 체계와 구조, 지역적, 국가적, 글로벌 수준에서 지역사회의 상호작용과 연결성에 영향을 주는 이슈들, 내재하는 가정들과 파워 역동성, 다른 수준의 정체성, 사람들이 속해 있는 다른 공동체 사회들과 그들 간 연결되고 있는 방식, 차이와 다양성 존중, 개인적이면서 총체적으로 취할 수 있는 행동들, 윤리적으로 책임 있는 행위, 참여와 실행 등'의 주제를 제시하고 있다. 따라서 학습자들은 디지털 리터러시를 통해 태도, 지식, 기능, 실행력을 함양하고 문화적 배경이 다른 화자들과 소통하고 협력하여 더 정의롭고, 더 평화로운 국제사회를 변혁적으로 만들어 가는 능력을 신장해야 한다. 이를 위해 세계시민교육의 구성요소와 주제는 다음 〈표 3-2〉와 같이 구축할 수 있다.

〈표 3-2〉 세계시민교육의 구성요소와 주제

영역	구성요소	학습자의 주요 특성		주제
정의적	태도	지식과 비판적 문해력	• 지역적, 국가적, 글로벌 체계, 구조, 이슈에 대한 지식	• 현실주의: 정치와 안보 – 군사 안보, 테러리즘과 안보 – 핵무기, 군사개입과 인권 – 해양안보, 국제분쟁
인지적	지식		• 지역과 글로벌 간 상호 의존성과 연결성에 대한 이해	
			• 능동적 학습 참여를 강조하는 시민 리터러시(예: 비판적 탐구와 분석)에 대한 지식과 기능	• 자유주의: 시장과 자유 – 경제, 자유무역과 경제성장 – 무역과 평등, 개입과 균형 – 에너지와 미래, 국가와 세계
	기능	사회적 연결성과 다양성 존중	• 정체성, 관련성, 소속감, 가치, 인간성 이해	
			• 차이와 다양성에 대한 이해와 존경심 배양	• 급진주의: 정의와 분배 – 빈곤, 금융위기, 노동, 고용 – 불평등, 민족 자립 – 다양성, 공정과 재분배, 원조와 연대
			• 다양성과 공통성 간 복잡한 관련성 이해	
심동적	실행력	윤리적 책임의식과 참여	• 인권을 기반으로 타자의 태도와 가치를 포함	• 세계주의: 평화와 문화 – 성, 소수종족, 이민 – 거버넌스, 민주주의 – 기후변화와 질병 – 질병과 에이즈
			• 개인적, 사회적 책임감과 변형	
			• 공동체 사회에 참여하고 실천을 통한 더 좋은 국제사회 구축에 기여하는 능력 함양	

위의 표에 제시된 주제를 기반으로 한 수업 구현의 기대는 다음과 같다. "학습자들이 ① 세계시민으로서 문화적 배경이 다른 화자들의 다양한 가치

와 관점을 인식·공감하고, ② 지역, 국가, 글로벌 간 정치적, 경제적, 사회적, 문화적 상호 의존성과 연결성에 대한 지식 및 기능을 체득하며, ③ 글로벌 이슈(예 : 지구온난화, 빈곤, 인종, 성, 전쟁 등)를 해결하기 위해 능동적으로 실행하는 능력을 함양"할 수 있을 것이다. 물론 위의 '유형(현실주의, 자유주의, 급진주의, 세계주의)별 주제들'은 정치적 상호 의존성과 연결성(전쟁과 평화, 정의, 테러), 경제적 상호 의존성과 연결성(지속가능한 발전, 빈곤, 공정무역), 사회·문화적 상호 의존성과 연결성(지구 온난화, 인종주의, 성)으로 나누어 주제를 설정할 수도 있을 것이다(Haas & Hird, 2017: 38-45). 그리고 주제들은 교실 수업에서 다양한 하위 주제들과 관련하여 구체적으로 설정할 수도 있다. 예컨대 지구 온난화와 관련된 주제들로는 일기변화, 환경보호, 지구촌의 삶과 기후변화, 계절과 날씨, 환경 변화, 환경 개선과 지속가능성, 자연과 사람, 대기와 오염 간의 관련성, 기후변화와 양질의 삶, 국경 없는 환경문제, 천연자원 고갈과 기후 변화, 지속가능한 발전에 대한 지구촌의 노력 등을 들 수 있다(김진석, 2019e).

세계시민교육의 구성요소와 주제를 AI기반 디지털 리터러시와 병합하면 다음 〈표 3-3〉과 같이 설정할 수 있다.

AI		디지털 도구	주　제
이해	적용		
• AI와 윤리 • AI와 일상생활 • AI와 의사소통 • 컴퓨터적 사고[25]	• 탐색하기 • 조사하기 • 분석하기 • 해체하기 • 상호작용하기 • 협력하기 • 문제해결하기 • 자기점검하기 • 자기평가하기 • 성찰하기	• 전자기기 장치 • 가상학습도구 • 발표도구 • 웹페이지 • 인터넷 • 웹 브라우징 • 온라인퀴즈 • 온라인비디오 • 듣기도구 • 쓰기도구 • 웹 페이지 구축 • E-포트폴리오 구축 • 오디오 팟캐스팅 • 비디오 팟캐스팅 • 블로깅 • 스크래치 • 다이얼로그 챗봇 API • VR/AR	• 현실주의: 정치와 안보 　- 군사 안보, 테러리즘과 안보 　- 핵무기, 군사개입과 인권 　- 해양안보, 국제분쟁 • 자유주의: 시장과 자유 　- 경제, 자유무역과 경제성장 　- 무역과 평등, 개입과 균형 　- 에너지와 미래, 국가와 세계 • 급진주의: 정의와 분배 　- 빈곤, 금융위기, 노동, 고용 　- 불평등, 민족 자립 　- 다양성, 공정과 재분배, 원 　　조와 연대 • 세계주의: 평화와 문화 　- 성, 소수종족, 이민 　- 거버넌스, 민주주의 　- 기후변화와 질병 　- 질병과 에이즈

위의 주제는 교재나 수업활동을 개발할 때, 단원의 빅 아이디어로 구성할 수도 있다. 빅 아이디어는 교육과정, 교수·학습 방법, 평가에서 초점이 되는 핵심 개념, 원리, 이론, 과정들을 일컫는 것으로, 다소 추상적이고 특정한 사실이나 기능들을 연결해 주는 교량의 역할(McTighe & Wiggins, 2004; 김진석, 2018c: 54)을 하기 때문이다. 맥티그와 위긴스는 백워드 설계

---

25 컴퓨터적 사고(Computational Thinking)는 21세기의 모든 학생들이 갖추어야 할 필수 역량으로 주목받고 있다(김진석, 2018c). 최근 교육부에서는 학습자들이 컴퓨터를 활용하여 복잡한 문제를 해결할 수 있는 사고 능력을 향상시키기 위해, 코딩 교육을 포함하는 인공지능 기반 교육을 학교 정규수업에서 내실있게 구현할 필요가 있음을 강조하고 있다.

모형에서 '교육내용의 우선순위'를 다음과 같이 구도화 하였다(Wiggins & McTighe, 2004/김진석, 2018: 53에서 재인용).

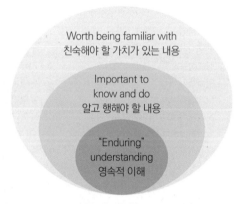

[그림 3-5] 백워드 설계 모형에서 교육내용의 우선순위

위의 그림에서와 같이 가장 작은 원은 그 다음의 원들을 포함하는 '영속적 이해 혹은 빅 아이디어 또는 일반화'의 개념으로, 우선순위가 가장 높은 것이다. 그 다음의 원 'Important to know and do'는 알고 있어야 하고 이해해야 하는 중요한 내용으로, 가장 밖에 있는 원 'Worth being familiar with'는 친숙할 가치가 있는 내용으로 선정될 수 있다.

주제들 중 하나를 빅 아이디어로 설정하면 차시별 수업을 순차적으로 설계할 수 있다. 다시 말해서 빅 아이디어를 설정하면, 단원의 '설계 및 개발'과 연계하여 '구현 및 평가'도 함께 구축할 수 있다. 교사는 수업시간에 수업 연계 과정평가(ongoing assessment aligned with instruction)를 통해 학습자들이 빅 아이디어를 성공적으로 달성할 수 있도록 모니터링하거나 '스캐폴딩'하여 수업 참여와 문제 해결을 돕는 '촉진자(facilitator)'의 역할을 수행한다.[26][27] 예컨대 수업을 설계하고 개발할 때, 빅 아이디어를 중심으로 디지털 리터러시 기반 수업을 다음과 같이 설계할 수 있다.

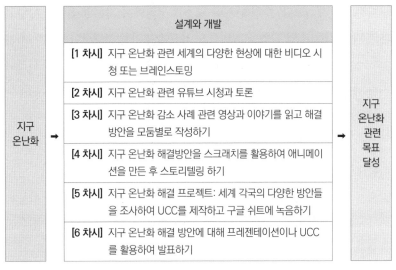

[그림 3-6] '지구 온난화' 단원 차시별 구성(김진석, 2019b)

교사는 단원에서 설정한 빅 아이디어를 달성하기 위해 구성된 각 차시의 수업목표를 구체적으로 설정해야 한다. 수업목표는 학습자들이 수업활동을 통해 반드시 성취하여 인지적, 정의적, 심동적 변화가 일어나도록 명

---

26 스캐폴딩은 교수법의 일종으로 교사가 과제를 세분화하여 제공하고 학생과의 상호작용을 통해 학생이 학습과제를 순차적으로 학습하면서 학습목표에 도달할 수 있도록 지원하는 접근 방법(김진석, 2018: 138-139)으로 학생들이 현재 부족한 부분이 어디인지를 인식시켜주는 활동이라고 할 수 있다(김진석, 2018: 143). 반면 학생의 현재 전전 과정을 추적 관찰하는 활동인 모니터링은 학습목표와 비교하여 해당 학생의 현재 상태에 대한 피드백 정보를 제공하는 것으로, '향후 도달해야 할 곳(where to go)'을 기준으로 학생의 '현재 위치(where you are)'가 어디인지를 알려주는 행동을 의미하는데, 이는 교사의 피드백 제공 및 학생 자기 관찰과 같은 활동으로 구체화될 수 있다(김진석, 2018: 143).

27 교사에 대한 역할은 단계별 주요 활동에 따라서 달라질 필요가 있다. 분석(analysis), 설계(design), 개발(develop), 실행(implement), 평가(evaluation)로 구성되어 있는 ADDIE 모형(Kilbane & Milman, 2014)을 바탕으로, 교사는 각 단계별로 요구 분석가, 수업 설계자, 과제 및 활동 개발자, 촉진자 및 모둠 운영자, 평가자 등의 역할을 수행할 수 있다.

시하고 있다. 다시 말해서 수업목표는 학습자들이 수업활동을 완수하거나 문제를 해결하는 과정을 점검하는 과정 중심 평가 방안을 설계하거나 학습자의 인지적, 정의적, 심동적 수준에 적합한 수업활동을 디자인하는 방향을 구체적으로 제시한다. 수업 단계별 활동과 평가에서 기존의 전통적 수업설계와 다른 점은 수업 활동을 계획하기 이전에 평가를 고려한다는 점이다(김진석, 2018c). 예컨대 학습자들을 평가하기 위해 필요한 근거를 구체화하여 어떤 요소를 평가할 것인지를 설계하는 '백워드 설계(backward design)'는 수업 연계 평가를 강화할 수 있는 접근방법이라 할 수 있다.

교실에서 구현할 단원 및 차시수업의 학습 활동은 'WHERETO 요소'를 바탕으로 계획할 수 있다(강현석, 이지은, 2016; 김진석, 2018: 120-121). 다시 말해서 설계된 학습활동들이 학습목표를 달성하는 데에 적합하고 아울러 평가계획에 적합한지를 'WHERETO 요소'들을 고려하여 점검할 수 있는데 자세한 사항은 아래와 같다.

- W에서는 교육과정의 성취기준을 중심으로 학습자들이 학습할 내용, 기대하는 단원의 목표 등을 고려하여 학습목표를 설정한다.
- H에서는 학습자들에게 동기 유발하는 방법이나 흥미를 유지하고 자신감을 갖도록 하는 방법을 고려하여 활동을 계획한다.
- E1에서는 학습자들이 배운 내용을 마스터하도록 하기 위해 경험을 기반으로 탐구하도록 질문을 구성하고, 정보나 기능을 구체적으로 가르쳐서 학습자들이 준비하도록 하는 경험과 탐구의 단계이다.
- R은 학습자들이 재고, 성찰, 수정하도록 하는 주요 아이디어가 무엇인지, 학습자들이 그렇게 하도록 하는 기회를 제공하는 방법은 무엇인지를 고려하는 성찰과 수정의 단계이다.
- E2는 학습자들이 자기평가를 할 수 있도록 안내하거나 반성적 고찰

을 하도록 안내하는 평가의 단계이다.
- T에서는 학습자들이 개인적인 재능, 흥미, 양식, 필요를 반영할 수 있도록 설계하는 것이며, O에서는 피상적인 이해에 상반되는 개념으로 심도있는 이해를 할 수 있도록 최적화하는 조직의 단계이다(Wiggins & McTighe, 2005).

이러한 'WHERETO' 요소는 단원을 최상으로 계열화하기 위해 고안된 방법으로써, 학습 활동을 계획하는 단계에게 고려할 핵심 요소이다(강현석, 이지은, 2016).

수업을 계획하기 이전에 수용 가능한 학습의 근거를 결정하는 단계는 수업의 성격에 영향을 준다(McMillan, 2014). 다시 말해서 교사가 수업의 평가 계획을 미리 설정함으로써 그것을 기반으로 수업의 과제나 활동을 설계하고, 교사와 학생 간, 학생들 간 상호작용하는 방법을 정립한다.

2) 세계시민성 함양을 위한 교수 · 학습 방법

세계시민성을 함양하기 위한 변혁적인 교육은 변혁적 교수법을 필요로 한다(유네스코 아시아태평양 국제이해교육원, 2014). 구체적으로 살펴보면 다음과 같다(유네스코 아시아태평양 국제이해교육원, 2014: 21).

- 학습자가 실생활 속의 다양한 문제들을 비판적으로 분석하고, 창의적이며 혁신적인 방법으로 가능한 해결방안을 찾을 수 있게 함
- 학습자가 주류 담론의 가설과 세계관, 권력관계를 비판적으로 고찰하고, 체제에서 소외된 사람들이나 집단을 고려하도록 도움을 줌
- 차이와 다양성을 존중함
- 희망하는 변화를 가져오기 위한 행동에 참여할 것을 강조함

• 지역사회의 교육환경 외부 또는 좀 더 넓은 사회범위에 속하는 다양한 이해 당사자들 포함함

위와 같은 변혁적 교수법을 구현할 수 있는 방법들 중 하나는 글로벌 쟁점 중심의 수업이다. 이러한 수업은 학습자의 '관점의식(perspective consciousness)'을 제고할 수 있기 때문이다. 교실에서 포함 수 있는 글로벌 쟁점들은 다음과 같다(Merryfield와 White, 1996: 177-185).

• 시민들이 도전할 수 있는 관련성 있는 쟁점
• 다양한 문화적 배경을 가진 사람들의 삶에 영향을 미치는 쟁점
• 지역적이거나 국가적 맥락에서 이해할 수 있거나 알지 못하는 쟁점
• 직접적인 해결책을 모색할 수 있거나 하나의 정답으로 수렴되지 않는 쟁점

위의 글로벌 쟁점들은 학습자의 실생활에서 접하는 것으로, 사회 구성원들이 토론하고 협력하여 해결할 수 있는 내용들이기 때문에, 문제해결의 과정을 중심으로 단원을 구조화할 수 있을 것이다(남호엽, 2016).

또한 교사는 학습자들이 다양한 글로벌 쟁점들을 비판적으로 분석하고, 창의적이며 혁신적인 방법으로 해결방안을 찾을 수 있도록 인공지능 기반 디지털 도구를 최대한 활용하는 방안들을 모색해야 한다. 충분하지 않은 교실수업 시간에 학습자들이 다양한 관점을 탐구·이해·분석하고 창의적으로 문제를 해결해야 하기 때문이다. 학습자들이 글로벌 쟁점을 디지털 도구를 활용하여 미리 온라인으로 탐색·이해함으로써 사고의 폭을 넓힌다면, 교실수업의 과제들을 수월하게 완수하거나 복잡한 문제를 창의적으로 해결할 수 있을 것이다. 이런 측면에서 앞 절에서 제안한 플립 러닝 기반 STAR 수업모델은 디지털 학습자들에게 효과적일 수 있다. 플립 러닝 수업에서는

교사는 학생들의 토론이나 창의적 과제 수행 활동을 도와주는 촉진자나 상담자로 학생들이 정보를 추출하고 처리하면서 자신의 핵심역량을 향상하는 데 도움을 주기 때문이다(김진석, 2015). 다시 말해서 학생들이 교실의 다양한 활동을 통해 학습 과정에 역동적으로 참여할 수 있으므로 능동적인 학습을 하게 된다. 또한 플립 러닝 기반 수업을 통해 학습자들은 교실 밖에서 Bloom의 '지식'이나 '이해' 부분을 미리 학습하고, 실제 교실 수업에서는 상위 수준의 '적용', '분석', '창조' 등의 활동을 구현할 수 있다(Marshall & DeCapua, 2013).

교사가 빅 아이디어로 학생들의 '관점의식'을 제고할 수 있는 쟁점을 먼저 설정하고, 학습자들이 수업 전에 다양한 의사소통 채널(가상 학습 도구, 웹페이지, 인터넷, 온라인 퀴즈, 온라인 비디오, e-포트폴리오, 오디오 및 비디오 팟캐스팅, 스크래치, 챗봇, VR, AR 등)을 통해 그것에 대해 조사하고 생각하도록 온라인으로 전달한다. 또한 가능한 학습자들이 브레인스토밍을 하는 데 도움을 줄 수 있는 학습 자료나 그래픽 조직자도 지원할 필요가 있다. 무엇보다도, 그래픽 조직자(graphic organizer)는 학습을 통한 시각화 과정으로 학습에 있어 매우 중요한 도구가 될 수 있다(Farris & Downey, 2005). 또한 협력학습을 통해 학생 간, 학생과 교사 간의 상호 교류가 활발해지도록 도와주는 매우 효과적인 도구이다(Bromley, Devitis, & Modlo, 1995). 그래픽 조직자는 쉽게 이해할 수 있도록 구도화해 주기 때문에 기억에 효과적인 학습도구라 할 수 있다. 실제 WIDA(WIDA: World-class Instructional Design and Assessment, 2007)에서는 특정 등급 기준을 수행하는 지표인 모델 수행 지표(MPI: Model Performance Indicators)를 구성 할 때, 그림이나 그래픽 조직자인 지지(support)를 강조한다. 이러한 일련의 학습 활동은 STAR 수업 단계의 '조사하기'와 '생각하기'에서 이루어질 수 있다.

'행동하기' 단계에서는 교사가 제시한 쟁점에 대해 학습자들은 가설을 세우거나 문화적 배경이 다른 사람들의 가치관을 분석한다. 활동을 구현하는 과정에서 교사는 학습자들이 미리 온라인을 통해 탐구하고 생각해 온 스키마를 활성화하여 모둠별로 토론하거나 설명할 수 있도록 촉진자 또는 그룹 운영자의 역할을 수행해야 한다. 이때 교사는 학습자들의 ZPD를 바탕으로 의미협상을 잘할 수 있도록, 모니터링이나 스캐폴딩을 할 필요가 있다. 학습자들이 수업에 부담을 줄이고 학습 동기를 유발하도록 하기 위해, 교사는 정의적 여과(affective filter)를 낮추는 교실 상황을 조성하여, 학습자들이 모둠이나 짝별 활동에서 창의적으로 표현하고 동료들과 협업하여 쟁점을 해결할 수 있는 기회를 극대화해야 한다. STAR 수업 단계들 중 '행동하기' 단계는 앞에서 언급한 바와 같이 'MAP'를 바탕으로 수업활동을 개발·구현할 수 있다.

교실수업에서, 단원의 빅 아이디어로 '지구촌 사람들의 다양성'을 설정한다면, 인지적, 정의적, 심동적 측면을 고려하여 다음과 같이 수업 활동을 디자인할 수 있다.

[당신의 나라는 어디에 속하나요?]

1. 다음을 읽고, Hofstede의 불확실성 회피지수(uncertainty avoidance)를 해석하고, 인터넷 등을 활용하여 그 지수와 관련한 내용을 검색하여 설명하시오.

> According to Hofstede, cultures around the world differ in the extent to which they prefer and can tolerate ambiguity. He defines uncertainty avoidance dimension as 'the extent to which the culture feels threatened by ambiguous, uncertain situations and tries to avoid them by establishing more culture(Decapua 외, 2004).

2. 당신의 나라는 어디에 속하는가요? 모둠별로 토론하여 결정한 후 근거를 들어 발표하시오.

3. 다른 나라들(예: Australia, Brazil, Canada, Finland, Japan, Korea, Mexico, Norway, Portugal, Taiwan, Turkey, United States, etc.)을 위의 좌표에 표시하고, 그렇게 결정한 이유가 무엇인지를 설명하시오.

4. 삶의 질과 불확실성 회피 간 관련성을 모둠별로 토론하고, 불확실성 회피 지수와 관련하여 삶의 질을 향상시킬 수 있는 조건들을 설명하시오.

5. 삶의 질과 불확실성 회피 간 관련성에 대해 어느 정도 이해했는지를 점검한 후, 삶의 질을 높이기 위해 불확실성 회피지수를 어떻게 하면 좋을지에 대해 구체적으로 작성하여 온라인으로 제출하시오.

– 김진석 (2019a)

위의 활동은 STAR수업 모형을 기반으로 한 활동들이다. 학습자들이 인터넷 등을 통해 자료를 검색하고 모둠별로 협력하여 과제를 완수하도록 하고 있다. 이러한 과정에서 세계 각국의 사람들이 갖는 삶의 가치를 이해하고 공감할 수 있으며, 나아가 세계시민으로서 그들과 협력하여 글로벌 이슈를 해결할 수 있는 역량을 함양할 수 있을 것이다. 또한 수업이 끝난 후에 자신의 이해 여부를 점검하고, 그와 관련된 과제를 완수하여 온라인으로 제출하도록 하여 창의적 사고능력을 함양하도록 구성할 수 있을 것이다.

만약 정의와 분배(빈곤, 금융위기, 노동, 고용, 불평등, 민족 자립, 다양성, 공정과 재분배, 원조와 연대)와 관련된 주제를 빅 아이디어로 설정한다면, 그에 적합한 활동으로 세계 각국의 중산층 분류 기준을 다음과 같이 설계할 수 있다.

[세계 각국의 중산층 분류 기준]

1. 다음을 읽고, 중산층의 의미와 성공한 삶에 대해 이해하고, 관련한 내용을 온라인으로 검색하고 국가 간 가치의 차이를 생각해 봅시다.

> Individuals' values and morals may affect the behavior. To some people, certain values may be greater and importance compared to others. For instance, one may value more on family and the relationship compared to success, whereas one may put more value on a successful career and earning more money.
>
> Source: Decapua & Wintergerst(2004, p.17)

> The middle class is a class of people in the middle of a social hierarchy. The very definition of the term 'middle class' is highly political and vigorously contested by various schools of political and economic philosophy. Modern social theorists have defined and re-defined the term 'middle class' in order to serve their particular political ends.
>
> Source: https://en.wikipedia.org/wiki/Middle_class

2. 스마트폰이나 블로그를 통해 중산층 기준에 대한 다른 기준들과 사례들을 찾아 모둠별로 발표하시오.

3. 디지털 도구를 통해 탐색된 세계 각국의 중산층 분류 기준을 바탕으로, 중산층의 개념을 정의하고, 성공한 삶이란 무엇인지 모둠별로 토론하여 발표하시오.

4. 세계 각국의 중산층 기준들 중 보편성과 특수성을 벤 다이어그램으로 작성하여 발표하고, 또한 모둠별로 가장 중요한 기준이 무엇인지를 모둠별로 정하고 근거를 들어 설명하시오.

5. 각자 중산층의 새로운 기준을 그 근거를 들어 세 가지 이상 제시하고 온라인으로 제출하시오.

– 김진석 (2019a)

위의 활동을 통해, 학습자들은 정보를 탐색·공감·협력하는 능력을 함양하고, 다른 나라 사람들의 가치를 이해하며, 창의적으로 새로운 기준을 정립하는 활동을 통해 세계시민의 역량을 함양할 수 있을 것이다.

3) 세계시민성 함양을 위한 교수·학습 연계 과정평가 방안

교육부에서는 수업과 연계한 과정 평가를 강조하고, 다음 [그림 3-7]과 같은 자기 주도적 학습 역량을 함양할 수 있는 수업 평가의 모형을 제시하였다(교육부, 2016).

학습설계	수업 및 평가	학습기록

[교사 ↔ 학생] 학습내용과 활동 선정· 자기주도적 학습 설계	[교사] 기본개념 설명, 활동 안내, 과정평가 실시 [학생] 자기주도적 학습 활동	[교사 ↔ 학생] 학습결과에 대한 학생 맞춤형 피드백
• (학습설계) 학생 수준을 고려한 학습활동 설계, 학습단계별 과정 평가 계획 수립	• (학습활동) 토의·토론, 조사·발표 프로젝트 학습, 실험·실습 등 • (과정평가) 수업활동과 연계 실시	• (학습기록) 학생과정을 학생 성장 중심으로 기록(학교생활기록부 개선)

과정평가1	과정평가2	…기말고사
자기+상호	상호+교사	… 교사

[그림 3-7] 자기 주도적 학습 역량을 함양하기 위한 평가 모형(교육부, 2016: 12)

위의 그림에서와 같이, 학교 현장에서는 수업 연계 과정 중심 평가를 통해 학습자의 역량을 함양할 수 있는 수업을 실행하도록 하고 있으며, 일정한 기간 동안 학습한 내용을 측정하는 수동적인 학습결과 중심의 평가에서 수시로 다양하게 평가하는 능동적인 과정 중심의 평가로의 전환을 강조하고 있다(김진석 2018c: 7). 토론이나 발표 중심의 수업활동 과정에서 촉진자이면서 평가자인 교사가 장기적이고 체계적인 피드백을 제공함으로써 학습자가 과제를 완수하거나 문제를 해결할 수 있도록 해야 한다. 무엇보다도 과정평가에서는 자기평가와 상호평가를 통해 학습자들이 수업활동을 자기

주도적으로 할 수 있어야 한다.[28]

학교 현장에서는 수업 연계 과정 중심 평가를 통해 학습자의 역량을 함양할 수 있는 수업을 실행하도록 하고 있으며, 일정한 기간 동안 학습한 내용을 측정하는 수동적인 학습결과 중심의 평가에서 수시로 다양하게 평가하는 능동적인 과정 중심의 평가로 전환할 것을 강조하고 있다(김진석 2018c: 7). 과정 중심 평가는 수업활동과 연계하여 평가를 시행하고, 학습자의 수준에 적절하게 피드백을 주는 평가라 할 수 있다. 이는 일정 기간 수업한 후에 총괄적으로 평가하는 '학습 결과에 대한 평가(AOL: assessment of learning)'에서 수업 활동 중에 평가하여 수업 활동에 도움을 주는 '학습을 위한 평가(AFL: assessment for learning)' 또는 '학습으로서의 평가(AAL: assessment as learning)'로의 전환이다(김진석, 2018: 7). 영국의 평가개혁단(ARG: Assessment Reform Group, 2001)에서는 교실수업에서 형성적 기능을 수행하는 AFL을 구성하는 요소로 다음과 같이 10개의 AFL원리를 제안하고 있다(김진석, 2018c: 136).

- AFL은 효과적인 교수-학습 계획과 연계되어야 한다.
- AFL은 학습자들이 어떻게 학습할지에 대해 초점을 맞추어야 한다.
- AFL은 교실수업의 중심축으로 인식되어야 한다.
- AFL은 교사를 위한 핵심 전문기술로 간주되어야 한다.
- AFL은 평가 그자체가 갖는 정서적 영향 때문에 섬세하고 미래지향적이어야 한다.

---

28 자기평가는 평가의 주체를 교사에서 학습자로 전환하는 것으로, 학습자들이 스스로 자신의 학습 능력을 평가하여 자기 주도적으로 학습할 수 있는 여건을 마련하는 데에 있다(김진석 2018c: 170). 자기평가는 학습자들이 자신의 학습 정도를 스스로 평가하고 성찰하여 학습 목표를 제대로 달성하기 위해 자기 주도적으로 실천하는 메타인지의 과정이다.

- AFL은 학습자의 동기 유발에 미치는 중요성을 설명해야 한다.
- AFL은 학습목표에 대한 책임감을 갖도록 해야 하고 평가받는 기준에 대한 이해를 충분하게 공유해야 한다.
- 학습자들은 학습 능력을 향상시키는 방법에 대한 미래지향적 안내를 받아야 한다.
- AFL은 학습자의 성찰과 자기 관리를 위해 자기평가 능력을 발전시키도록 해야 한다.
- AFL은 모든 학습자들이 도달해야 할 완전한 범위의 성취 정도를 인지해야 한다.

또한 학습을 위한 평가(AFL: assessment for learning)의 방법들 중 하나로 역동적 평가(DA: dynamic assessment)를 들 수 있다. DA와 AFL은 광의의 교육적 관점에서 보면 1) 평가활동을 통해 학습자의 잠재력을 신장하고, 2) 평가의 출발점으로 학습자의 최근 지식과 능력을 사용하며, 3) 상호작용적 피드백을 통한 수업 중재의 중요성을 강조한다는 점에서 공통점이 있다(Leung, 2007: 267).

초기 DA는 항상 주류 교육 상황에 뿌리를 둔 AFL과 달리, 특수교육이나 소수자들과 관련된 사회적 중재 기구 등에서 연구되었다. DA는 정적(static)인 평가의 대안으로 낮은 수행 능력을 보이는 어린이들의 학습 잠재력을 성장시키고 발달 정도를 평가하기 위해 개발되었다(Feuerstein, Rand, & Hoffman, 1979). DA에는 시험에 더하여 수업중재(instructional intervention)가 포함되어 있다(Sternberg & Grigorenko, 2002). 전통적 시험은 한 개인에게 측정의 오류를 범할 수 있는 피드백을 전혀 주지 않고 제시된 일련의 시험 문항을 풀도록 하는 정적(static)인 단계로서 이해될 수 있다. 그러나 역동적 시험은 학습자 개인에게 명시적 수업을 하고 적합한 피드백을 주면서 시험 문항을 풀어 보도록 하는 동적 과정이다(Lidz, 1997).

그러나 DA가 학습자의 능력을 체계적으로 발달시키기 위해 근접발달 영역(ZPD)을 바탕으로 이론적으로 정립이 되었다면, AFL은 발달 이론을 기반으로 하지 않고 교사의 직관적 교실수업의 구현을 기반으로 하고 있다 (Poehner & Lantolf, 2005: 260). 또한 AFL은 특정 과제를 수행하는 동안 학습자들이 과제를 수행하는 데 겪는 어려움을 해결하는 데에 초점을 두는 반면에, DA는 개별 학습자의 능력을 기반으로 장기간 학습자들의 능력을 함양하는 것에 역점을 둔다(Leung, 2007: 268). 이런 차이에도 불구하고 두 개의 평가 방식은 학습자들을 평가할 때 "학습자의 잠재력을 발달시키기 위해 서로를 촉진시키는 방향"(Leung, 2007: 269)을 추구한다는 공통점이 있다(김진석 외, 2017a; 2017b).

교사는 학습자들이 차시 수업의 목표를 달성하도록 하기 위해, 수업과 연계하여 과정 중심 평가를 구체적으로 계획하고 실행해야 한다. 예를 들어 수업 연계 과정평가를 다음 〈표 3-4〉와 같이 계획할 수 있다.

수업 단계	요소	수 업 활 동	평 가
ST	c	• 사회적 정의와 연관된 스키마 조사하기 • 그래픽 조직자를 활용하여 사회적 정의 브레인스토밍	연결하기
	a	• 그림, 유튜브, AR, VR 등을 통해 글로벌 정의 관련 사례들 공감하기	체크리스트
	p	• 글로벌 정의에 대한 그림이나 그래픽 준비하기	체크리스트
A	c	• 글로벌 정의와 연관된 그래픽 조직자를 활용하여 마인드맵을 그리거나 브레인 스토밍하기 • 스키마 활성화: 인공지능 기반 디지털 도구를 사용하여 글로벌 정의에 대해 모둠별로 토론하기 • 시뮬레이션: 인공지능 기반 디지털 도구를 사용하여 글로벌 정의를 실현하는 방안을 모색하고 표현하기	T/F 관찰
	a	• 그림, 유튜브, AR, VR 등을 글로벌 정의 인식하기 • 수업 활동에 능동적으로 참여하여 상대방의 의견을 존중하고 공감하기 • 글로벌 학습자들의 가치, 규준, 생활관습 등을 이해하고 그들을 내재화하기	퀴즈 자기평가
	p	• 교사의 지시에 따라 글로벌 정의에 대한 그래프나 그림을 완성하기 • 글로벌 정의와 관련한 인공지능 기반 역할극 실연하기 • 글로벌 정의 실천하기	관찰
R	cap	• 성찰하기: 학습목표를 달성했는지를 점검하고 과업을 완성하여 제출하기	포트폴리오

위와 같이 빅 아이디어를 달성하기 위해 플립 러닝 기반 STAR수업모형의 틀을 활용하면, 학습자의 인지적, 정의적, 심동적 수준에 적합한 수업활동을 계획할 수 있고, 그 수업활동과 연계하여 과정 중심 평가도 구축할 수 있을 것이다. 또한 설정한 활동들은 글로벌 정의를 중심으로 토론하고 협력하여 학습자들의 핵심역량을 함양하는 데 목적을 두고 있는 '과정 중심적'이고 '문제해결 중심적' 활동들로 구성되어 있다. 위 활동 중 시뮬레이션이

나 역할극 등의 활동들은 챗봇, VR, AR 등을 활용하여 체험 중심으로 구현하면 학습목표를 더욱 효과적으로 달성할 수 있을 것으로 본다.

5. 마무리

학교 현장에서는 학습자들이 자기 주도적으로 역량을 함양하는 방안에 대한 다각적인 노력을 기울이고 있지만, 세계시민교육에 대한 교수·학습 방법 및 평가 방안이 구체적으로 마련되어 있지 않은 것이 현실이다. 학습자들의 핵심역량을 함양하는 것이 시대적·사회적 요구라는 것에는 공감하지만, 무엇을 어떻게 수업하고 어떻게 평가하는지에 대한 숙의가 부족한 채 교육과정을 개정·고시하였기 때문이다.

이런 측면에서 이 장에서는 학습자들이 세계시민교육을 통해 의사소통능력, 창의성, 비판적 사고능력뿐만 아니라 융합, 다문화 이해 및 공감 역량을 신장할 수 있는 효과적인 방안에 대해 논의하였다. 무엇보다도 21세기 학습자들의 특성을 고려하여 테크놀로지를 활용하되, 학습자들이 다양한 의사소통 채널을 통해 접하게 된 글로벌 이슈들을 탐색·이해하며, 학우들이나 문화적 배경이 다른 사람들과 소통하고 협력하여 그들을 분석·평가·창조할 수 있는 방향을 제시하였다.

학습자의 니즈를 바탕으로 세계시민교육의 주제를 선정하며, 그에 적합한 과제를 개발·구현하기 위해서는 교사교육이 필수불가결하다. 세계시민교육을 내실화할 수 있는 열쇠는 교사에게 있기 때문이다. 향후에는 수업시간에 반드시 포함할 글로벌 이슈가 무엇인지, 그것을 효과적으로 가르치기 위해서 어떤 테크놀로지를 활용할 것인지, 능동적이고 창의적으로 능력을 함양하는 변혁적 교수법에 적합한 과제나 수업활동은 무엇인지, 세계시민교육의 과제와 연계한 과정평가의 방법은 무엇인지에 대해 현장교사가 깊이 있게 논의하고 성찰할 수 있는 방안을 연구할 필요가 있다.

2부

교육과 리터러시

4장 다문화 대안학교 학생의 다중적 다층양식 리터러시
5장 스토리텔링교육과 다문화 가정 청소년의 리터러시
6장 고등학생의 다문화 리터러시 경험과 의미

4장
다문화 대안학교 학생의 다중적 다층양식 리터러시*

 리터러시는 언제나 사회적으로 구축된 인식론의 영향을 받는다.

(Street, 2003)

---

* 이 글은 김창아(2015); 김창아(2020); 김선정, 김창아(2020)를 바탕으로 작성하였다. 이번 장에서 다중적 다층양식 리터러시란 의사소통 활동에서 사용하는 다양한 형식의 표상과, 그 과정에서 나타나는 의사소통의 중첩성을 나타내는 용어로 사용하였다.

1. 다중적 다층양식 리터러시의 필요성

1부에서 살펴보았듯이 리터러시 개념은 다양한 기호체계를 수용하고 사회문화적 맥락을 고려함으로써 확장되었다. 급변하는 세계를 살아가는 오늘날, 다문화 사회를 살아가는 학생에 대한 교육은 전통적인 리터러시교육의 개념을 넘어 다양한 삶을 읽어내고 쓰는 의사소통능력으로 전환될 것을 요구받고 있으며, 이는 오늘날 한국의 교육이 직면한 과제이기도 하다.

대안학교와 대안교육은 기존의 교육이 갖는 한계를 극복하는 데 그 요구와 필요성이 있다는 점에서 다문화교육이나 다문화교육자들이 말하는 '교육적 변혁'과도 맥을 같이 한다. 다문화 가정 학생에 대한 교육적 관심이 시작된 2000년대 이래, 한국의 교육은 주로 이들의 학교 부적응의 원인을 언어적 특성에 있다고 보고, 공립형 다문화 대안학교 설립이나 한국어교육과정의 개발과 개정 등의 대안을 제시하였다.

그러나 학교생활에 어려움을 겪는 학생들에게 대안학교와 대안교육은 희망적이고 형평성교육을 위한 대안임과 동시에 '유기장' 또는 '게토'로서 인식되기도 한다(조인제, 2019; Salter, 2013: 163). 이러한 주장은 여성가족부가 발표한 2019년 자료를 볼 때, 더욱 힘을 얻는다. 자료에서는 다문화 가정 학생들의 한국어 사용에 대한 어려움은 감소하였지만 교우관계와 학업문제는 그들의 학교생활을 더욱 심각하게 위협하고 있다는 것을 나타내기 때문이다(여성가족부, 2019).[29] 이러한 모습은 다문화 가정 학생이 한국어로

---

29 2019년 제시된 전국다문화 가족실태 조사연구를 살펴보면 다문화 가정 학생의 학교 부적응의 주요 이유는 교우관계와 교과교육의 어려움 그리고 한국어의 순으로 나타났다(여성가족부, 2019). 이는 2015년의 발표자료와 비교했을 때 교우관계가 19.8%, 교과교육의 어려움이 17.2% 증가한 수치이고 한국어의 경우 12.9% 감소한 것이다. 뿐만 아니라 2020년 1월 6일자 MBC뉴스에서는 비다문화 가정 학생의 경우에도 고등학교 자퇴자의 증가와 검정고시 응시비율이 날이 날마다 높아진다는 보도가 있었다. 이 뉴스는 '잦은 대학입시제도의 변화'를 문제점으로 지적하고 이에 '대응하는 일부 10대의 전략'이라는 시각에서 보도된 것이다. 그러나 이를 통하여 우리 교육이 그 과정을 통한 '전인적 성장'이 아닌 결과로서 '대입을 위한 자격'으로 전락하고 있다는 것

읽고 쓰는 능력을 향상시키는 것이 학교생활에서 겪는 어려움을 극복하고 학업 성취를 높이는 데 기여할 것이라는 '순진'하고도 '신화'적인 기대에서 벗어나게 한다. 그렇다면 다문화 학생의 리터러시교육에서 고려해야 할 사항은 무엇일까? 아래의 문장을 통해 살펴보도록 하자.

"요즘 젊은이들 참 버릇없다."

위의 문장은 파피루스에 적혀 있던 것으로 수천 년 전 이집트에서 작성되었다고 흔히 알려진 것이다. 이 문장은 먼 옛날에도 문자를 사용했고, '젊은이'에 대응하는 노인 또한 글을 읽고 쓰기가 가능했다는 사실을 짐작하게 한다. 물론 그 문장에서 말하는 '버릇'이 구체적으로 무엇인지 그리고 어떠한 상황·맥락 속에서 그 문장이 사용된 것인지는 알 길이 없다. 하지만 결과적으로 '젊은이들'은 '버릇없음'의 표상이 되어버렸고 '노인'은 판관의 역할을 한다. 만약 파피루스에 글을 적은 사람과 '버릇없다'는 선언적 기술문을 작성하게 된 원인자 사이에 이해와 공감이 바탕이 된 의사소통이 이루어졌다면 노인은 과연 푸념에 가까운 그 문구를 적었을지 잠시 생각해 본다.

그런데 위의 문장은 놀랍게도 한 국내 학자에 의해 '이집트 그림문자의 의미를 제대로 해석하지 못했던 시절' 어느 학자의 잘못된 해석으로부터 시작된 '가짜과학에서 비롯된 전해져 오는 이야기'로 밝혀졌다.[30] 언어와 문화가 다른 구성원들의 초국적 이주가 빈번한 오늘날 이 에피소드는 전통적인 의미의 리터러시교육에 대한 중요성과 함께 '읽고 쓰기'에 있어서 자기중심

을 알 수 있다. MBC뉴스 (2020년 1월 6일). [이슈 톡]10대 '고졸 검정고시' 비율 67.7%…사상 최대.(김수산 리포터).

30 농민신문 [독립문에서] 가짜뉴스는 어제오늘 일이 아니다. (설동훈 전북대학교 사회학과교수, 2019. 05.29.) https://www.nongmin.com/opinion/OPP/SWE/FRE/311939/view

적 해석에 대한 경계 그리고 타자에 대한 이해의 중요성을 다시금 생각하게 한다.

한편 기록의 사실여부와 상관없이 현재 생존하는 모든 세대가 한 번쯤은 들어봤을 저 말은 다양성이 증대되고 있는 사회에서의 보편성과 특수성에 대해서도 다시 한번 생각하게 하는 것임에는 틀림없다. 2015년 한 인터넷 뉴스에서 소개된 기성세대와 새로운 세대 사이의 갈등은 '어른과 부딪치고도 사과 없이 달려가는 어느 대학생에 대한 질타'로 시작된다. 이어진 기사의 내용은 '젊은이들'의 항변에 대한 것으로 '살아남기 위해 고군분투하는 이 시대 대한민국 청춘'을 그린 유튜브 동영상을 소개하였다. 기사를 통해 소개된 새로운 세대의 일상은 오늘날 그들을 평가하는 '버릇없음'이 현시대의 변화하는 사회와 가치에 의한 것으로 결코 개인이나 '젊은이' 집단의 잘못으로 귀결될 수 없다는 것을 나타내었다(김민석 기자, 2015 04.08. 쿠키뉴스).[31] 한국 사회에서 어른에게 당연히 해야 할 사과라는 보편적 문화의 부재 문제는 젊은이가 갖는 개인적 특성과도 관련이 있겠지만, 본질적으로는 '삶을 위해 고군분투' 할 수밖에 없는 사회문화적 배경에 의해 생성된 것이기 때문이다. 이러한 사유는 언어적 이질성이 증가하는 오늘날 문자를 읽고 쓰는 능력을 나타내는 리터러시가 상황·맥락성을 넘어 사회문화적 맥락으로 확장된 개념으로 이해되어야 하며 이를 위해서는 삶에 대한 공감적 이해가 함께 요구된다는 사실을 나타낸다.

이러한 문제의식에 의해 이 장에서는 먼저 한국 사회와 다문화 대안학교에서 지향하는 바는 무엇이고 한국 사회에서 다문화 가정 학생의 리터러시교육에 대한 기대는 어떠한지를 살펴볼 것이다. 이후 리터러시의 개념 확

---

31 쿠키뉴스 [이거 봤어?] "요즘 애들은 참 버릇이 없단 말야"…그런데 현실은 말입니다. (김민석 기자. 2015.04.08.) http://news.kukinews.com/news/article.html?no=261309

장과 다양한 층위에 대해 살펴보고 예시를 통해 그 특징을 확인하도록 하겠다. 주요 예시로써 사용한 필자의 연구물(김창아, 2015)은 2013년 2월부터 2014년 1월까지 문화기술지적 방법을 통해 초등학생을 대상으로 진행한 방과후 수업과 관련하여 작성된 것이다. 문화기술지적 방법은 외부자적 관점(emic)과 내부자적 관점(ethic)을 포함함으로써 '리터러시의 특성을 다각적으로 확인'할 수 있다는 장점이 있다(Brandt & Clinton, 2002). 특히 사례의 학습자들은 주로 한국 사회로의 편입 이전에 사회화에 대한 경험으로 인하여 한국의 교육에 대해 민감성이 높다. 이러한 특징으로 인하여 이곳의 교육 사례를 통한 고찰은 오늘날 '교육적 대안'을 모색하는 우리에게 많은 시사점을 줄 것으로 기대한다.

2. 다문화 대안학교 학생과 리터러시

1) 다문화 대안학교와 교육적 형평성

다원주의가 패러다임으로 작동하는 다문화 사회에서 교육이 이루어지는 곳은 다문화 학교라 할 수 있다. 학교는 우리 사회의 한 부분이며 사회적 가치를 반영하기 때문이다. 인류는 문자를 읽고 쓰는 능력을 통해 지식을 축적하고 과학기술을 발전시켰으며 이를 교육함으로써 사회의 유지와 발전을 이루어 왔다. 그러나 오늘날 국가의 경계를 넘나드는 초국적 이주의 증가는 사회의 인적 구성을 다양하게 하였고, 다문화 사회로의 변화를 이끌었다. 우리가 사는 세계는 과거 어느 때보다 빠르게 변화하고 있으며 높아지는 다양성과 이질성에 따른 갈등이 내재하고 미래에 대한 불확실성이 지배하고 있다. 이러한 이유로 현재 학교에서 가르치는 교육내용의 대부분은 불과 수십 년 후면 쓸모없는 지식이 될 것이라는 의견이 팽배하다. 다양성과 이질성이 증대되는 환경 속에서 개인과 사회의 지속가능한 발전을 위한 '교육적 대안'이 요구되는 시점이다.

다문화 사회의 중요한 가치는 사회통합에 있다. 학교는 개인과 사회의 가치와 공존을 연습하는 장이며, 교육은 지식의 전수 전달 행위가 아니라 학습자의 특성이 고려된, 교육 주체 간의 이해와 공감을 통한 협력적인 의사소통 과정이다(Dewey, 2008: 14-15). 이 과정을 통해서 사회공동체가 구성되고 개인 역시 전인적 성장을 기대할 수 있는 것이다(Campbell, 2012; Dewey, 2008: 14-15; Grant & Sleeter: 2011).

사전적으로 대안학교는 공교육 제도의 문제점을 극복하기 위해 별도의 프로그램을 마련하여 운영하는 학교이다. 대안교육은 학습자 중심 교육으로의 전환을 모색하는 모든 형태의 교육을 의미하는 것으로(이병환, 강대구 외; 2018; 이병환, 김영순, 2008; 장성화, 2014; 이은주, 2017), '비형식 교육 및 무형식 교육을 공교육 체제인 학교 교육과 폭넓게 연계'하는 '교육적 패러다임의 전환'(이병환, 강대구 외, 2014; 이병환, 김영순, 2008)으로 정의된다. 대안학교는 주로 자율, 참여, 공동체 의식 등의 가치에 중점을 둔다(이병환, 김영순, 2008; 이은주, 2017).

1990년대 우리 교육계에 나타난 '대안 교육'과 '대안학교 열풍'은 근대 단일론적 인식론과 현대 다원주의적 인식론의 충돌에 의한 것이다. 과학적이고 합리적인 객관적 인식론에 뿌리를 둔 근대 합리주의적 사고에서 개인이 갖는 특수성은 양적으로 확인할 수 있는 합리적 보편성에서 배제될 수밖에 없다. 이때 소수자에 대한 불평등은 필연적이다. 듀이(Dewey)는 다양한 가치의 주체가 평등한 관계를 바탕으로 상호작용함으로써 변증법적으로 발전하는 사회를 '좋은 사회'로 보았다.

모든 구성원은 동등한 조건으로 그 사회의 복지에 관여할 수 있도록 조건이 정비되어야 한다. 여러 가지 형태의 공동생활의 상호작용을 통해서 그 제도를 다시 조정할 수 있어야 한다. 사람들이 사회의 여러 관계나 통제에 자진해서 흥미를 갖도록 하고, 혼란을 야기 시키지 않고, 사회변화를 가져올 수 있는 마음의 습관을 지녀야 한다.

(Dewey, 2008: 113)

민주주의 사회에 대한 듀이의 인식은 교육에 반영되어 '전통적 교육'에서 '진보주의 교육'으로의 변화를 이끌었다(김병성, 1990: 4). 전통적 교육이 갖는 일방성, 고정성, 폐쇄성이라는 특징과 달리 다원주의 사회에서 교육의 목표는 상호성, 유동성, 순환성에 기반하여 설계되며, 다음과 같은 특징이 있다.

① 상호성: 교육의 동등한 주체로서의 학습자 지위를 전제로, 교실에서 나타나는 학습자의 특성과 요구를 반영하여 교육목표가 설정되고, 다양한 교육방법이 제시된다(Johnson & Johnson, 2002; McCaslin, 2006; Vygotsky, 2009).
② 유동성: 교육목표는 고정된 것이 아니라 변화하는 교실과 사회의 요구 및 전 지구적 차원에서 요구되는 인류의 가치가 반영되며 이를 통해 새로운 교육체제의 개발이 이루어진다.
③ 순환성: 상호성과 유동성의 작동결과 개발된 새로운 체제를 통해 교실 현장에서 이루어진 교육은 재검토되고 교육현장에 다시 반영된다.

오늘날 교육패러다임의 변화 추세는 공급자보다는 수요자를, 가르치는 일보다는 학습하는 일을, 단정적 지식보다는 구성적 지식을, 수렴적 사고보다는 확산적 사고를 중시하는 방향으로 나아가고 있다. (중략) 이러한 시대적 사회적 환경변화와 새로운 교육에 대한 요구는 기존의 교육체제를 극복하려는 시도로 나타났으며 대안교육의 등장은 그 대표적인 예로 (중략) 종래 국가주도의 획일적 교육풍토에서 억제되었던 교육주체의 권리가 원상으로 회복되어야 한다는 주장을 담고 있다.   (이병환, 2008)

이러한 주장을 통해 대안학교, 다문화 대안학교, 학습자 중심 교육과정, 한국어교육과정, 복합양식 리터러시와 같은 교육적 대안들이 제시되었다(교육과학기술부, 2012; 교육부, 2016; 박인기, 2016; 장인실, 2011, 정혜승, 2008a).

다원주의 패러다임의 근간이 되는 평등의 개념은 교육법에서의 '교육의 기회균등'이자 다문화교육자들이 주장하는 '교육의 형평성' 개념에 해당한다(Grant & Sleeter, 2011: 55; Nieto, 2016: 45). '교육의 형평성'은 경제와 관련한 '공정한 배분 이상'의 것으로 개인 혹은 집단은 각기 다른 관점과 다른 차원에서 다양성과 그 가치에 대해 의미를 부여한다(Walzer, 1999: 30-31). 이때 평등은 주체들이 다양한 가치들의 영역에 대해 개별 주체의 관점에서 의미있는 것을 분배하는 것이다. 그렇기에 왈쩌(Walzer)의 관점에서 교육의 평등은 허용적 평등과 같이 단지 입법을 통해 교육에 참여할 수 있는 기회를 주거나 보장적 평등처럼 경제적 지원에 머무르지 않고 개인이 가치를 부여하는 영역에 대한 분배를 통해 이루어진다. 이는 다문화 사회에서 요구되는 교육이 개인의 특성에 기반을 둔 잠재력이나 소질에 대한 지원을 통해 결과를 고려한 과정으로서의 평등, 즉 교육적 형평성을 이룰 수 있다는 것을 뜻한다. 우리의 교육법 제3조와 제4조 역시 학습권과 평등권을 명시함으로써 형평성을 보장하고 있다.

교육기본법 제3조(학습권) 모든 국민은 평생에 걸쳐 학습하고, 능력과 적성에 따라 교육 받을 권리를 가진다.

교육기본법 제4조(교육의 기회균등)① 모든 국민은 성별, 종교, 신념, 인종, 사회적

신분, 경제적 지위 또는 신체적 조건 등을 이유로 교육에서 차별을 받지 아니한다. ②
국가와 지방자치단체는 학습자가 평등하게 교육을 받을 수 있도록 지역 간의 교원 수
급 등 교육 여건 격차를 최소화하는 시책을 마련하여 시행하여야 한다.

이때 제3조의 '능력에 따라 교육'을 받을 수 있다는 학습권은 종종 엘리
트교육 중심의 수월성 교육으로 해석되기도 한다. 하지만 교육의 수월성은
'모든 학생을 위한 재능 계발'을 뜻하기에(박종필, 2005), 제4조에서 제시한
'기회의 균등'을 함께 생각해보면, 형평성은 결과적으로 학습자의 잠재력이
최대한 실현되기 위한 지원, 즉 평등성과 수월성을 통합한 질적 개념으로 보
아야 한다(김창아, 2015; 박휴용, 2012). 따라서 다문화교육에서 요구하는 '공
평한 기회' 혹은 '교육적 형평성'은 우리 교육이 추구하는 '모든 학생이 갖는
개인적 특성과 잠재력 계발을 최대한 실현할 수 있도록' 돕는 것이라고 할
수 있다. 이 점을 고려할 때 다문화 가정 학생의 잠재력 실현을 위한 대안학
교의 개발과 운영은 교육적 형평성을 실현하기 위한 것이라 볼 수 있다.

2) 교육과정 텍스트와 다문화 가정 학생

다문화교육 연구자들은 학생의 요구와 학생에 대한 높은 기대를 반영하
는 교육과정을 운영함으로써 학습자의 긍정적인 성장을 이끌 수 있다고 본
다(Campbell, 2012; Neito, 2016). 또한 다문화 가정 학생에 대한 교육은
'결핍에 대한 보충'이나 '온정주의' 차원을 넘어야 한다고 말한다(Grant &
Sleeter, 2011; Johnson & Johnson, 2002). 다문화 가정 학생의 요구와 다
문화 가정 학생에 대한 높은 기대를 반영하는 교육과정을 운영할 때 그들의
긍정적인 성장의 가능성은 높아진다는 것이다(Lee, Winfield, & Wilson,
1991; Lucas et al., 1990; Moil, 1992).

특히 '교육과정은 교육의 전 과정을 기획하고 통어하는 강력한 체계로

그에 근거하여' 교육이 이루어진다(정혜승, 2008b). 따라서 다문화 가정 학생에 대한 교육은 교육과정을 벗어나기 어렵다는 특성이 있다.

2015개정 교육과정 총론은 교육의 비전으로 '미래사회가 요구하는 창의융합형 인재 양성', '학습 경험의 질 개선을 통한 행복한 학습의 구현'을 강조한다(황규호, 2015/ 교육부, 2016에서 재인용). 2015교육과정 총론에서 제시한 '기대하는 인간상'은 다음과 같다.

〈표 4-1〉 2015교육과정 총론에서 제시하는 인간상

가. 전인적 성장을 바탕으로 자아정체성을 확립하고 자신의 진로와 삶을 개척하는 자주적인 사람
나. 기초 능력의 바탕 위에 다양한 발상과 도전으로 새로운 것을 창출하는 창의적인 사람
다. 문화적 소양과 다원적 가치에 대한 이해를 바탕으로 인류 문화를 향유하고 발전시키는 교양 있는 사람
라. 공동체 의식을 가지고 세계와 소통하는 민주 시민으로서 배려와 나눔을 실천하는 더불어 사는 사람

위에서 알 수 있듯이 2015개정 교육과정에서 제시하는 인간상은 '자아정체성', '인류문화 향유', '공동체 의식'을 제시한다. 또한 '모든 학생'을 그 대상으로 하며 '교육기회의 제공'을 목적으로 명시하였다(교육부, 2015: 79-80). 2015개정 교육과정은 '자아정체성 확립', '문화적 소양과 다원적 가치에 대한 이해', '세계와 소통하는 민주시민'을 강조한다. 이러한 교육의 방향성은 다문화교육연구자들이 교육을 통해 함양해야 할 것으로 제시한 다문화 감수성, 문화리터러시, 문화적 가치 존중, 긍정적 자아정체성, 세계시민성 등의 간문화적 역량과 크게 다르지 않다(Bennett, 2010; Campbell, 2012; Johnson & Johnson, 2010; Nieto, 2016).

또한 이의 실현태로 구체적인 역량을 제시하고 있다(교육부, 2016: 5).

OECD의 DeSeCo 프로젝트 이후 세계적으로 미래 사회의 변화에 대비할 수 있는 역량 중심의 교육에 대한 필요성이 대두되었다. 이러한 역량의 함양을 위한 교육은 현재와 미래를 살아가는 개인이 갖추어야 할 능력임과 동시에 사회 구성원으로서 갖추어야 할 능력으로 지적 능력뿐만 아니라 사회적, 인격적 측면을 고려한 '총체적 관점'에서 이루어지는(교육부, 2016: 3), '전인적 접근'이어야 한다(교육부, 2016: 14). 한국교육의 각 층위에서 요구하는 '역량'은 다음과 같다.

〈표 4-2〉 한국의 교육에서 요구하는 역량

층위	역량
2015교육과정 총론 해설	지식정보처리 역량, 의사소통 역량, 심미적 감성역량, 자기관리역량, 창의적 사고 역량, 공동체 역량
2015국어과 교육과정	자료 · 정보 활용 역량, 의사소통 역량, 문화 향유 역량, 자기 성찰 · 계발 역량, 비판적 · 창의적 사고 역량, 공동체 · 대인 관계 역량
2017고시 한국어교육과정	학습 기초 역량, 의사소통 역량, 문화 이해 역량, 대인관계 역량, 공동체 · 정체성 역량

위의 표에서 나타나듯이 의사소통역량은 공동체 역량과 함께 각 층위의 교육과정에 공통적으로 명시하여 그 중요성을 강조하고 있다. 특히 국어과와 한국어교육과정에서도 전통적인 리터러시가 아닌 의사소통 능력의 함양에 더욱 주목하는 것은 교육이 이루어지는 인적 · 물적 환경의 변화와 이를 반영하여 변화하는 삶을 살아가는 인간에 대한 '생태학적 관점'의 영향이 크다(박인기, 2016; 원진숙, 2019). 박인기(2016)는 생태학적 관점에서 미래 사회에서 요청되는 언어능력의 효용과 언어교육이 지향해야 할 바를 미래형 사고의 가능태로써 창조, 융합, 연결, 확장을 말하였다.

다문화 가정 학생에게 언어교육은 어떤 의미가 있을까? 김선정, 김창아(2020)는 기존의 논의를 통하여 다문화 가정 학생에게 있어서 언어교육은 사회·문화적 특성과 심리적 거리감 그리고 한국 사회에 편입한 시기 등에 따라 다른 의미가 부여된다는 것을 말하였다. 특히 스폴스키는 다문화 사회에서 언어에 대한 접근방식의 하나로 '인간의 언어적 권리(Language Rights)'에 주목하였다(Spolsky, 1998: 59-60). 그가 언급한 언어적 권리는 ① 국가의 공식 언어로 교육받을 권리, ② 언어 때문에 차별받지 않을 권리, ③ 선호하는 언어를 계속 유지하고 보존할 권리이다.

① 공식 언어는 대부분 모국어와 일치하며, 한 사회에서 태어나고 살아가는 사람들이 일상적으로 사용하는 말이다. 사회공동체의 구성원으로서 한국어로 교육을 받는 것은 권리이다. 이는 '사회의 유지' 뿐만 아니라 '개인의 권익실현' 측면과도 관련된다. 개인이 언어공동체인 사회로부터 유리됨으로써 자신의 권리를 획득하지 못하는 것은 개인 간의 관계단절에 따른 손실보다 큰 영향을 주기 때문이다. ② 언어와 관련하여 차별받지 않을 권리란 한 사회에서 공용어 외의 언어를 주로 사용하는 사람들의 언어에 대한 권리이다. 다문화 가정 학생의 특성 중 하나인 언어적 다양성에 대한 관심은 이들의 '언어 때문에 차별받지 않을 권리'와 관련된다. ③ 선호하는 언어를 유지하고 보존할 권리는 이중언어 환경이나 다중언어 환경에서 개인이 보다 익숙하고 용이하게 사용할 수 있는 언어선택에 대한 권리이다. 개인이 선호하는 언어는 모국어에 해당하지만 때때로 제2언어가 그 지위를 대신하기도 한다.

그런데 다문화 가정 학생에게 한국어는 학습자에 따라서 그 지위가 다를 뿐만 아니라(박재익, 2017; 조태린, 2014; Vathi, Z, 2013), 언어교육에 영향을 주는 변인도 다양하다(전은주, 2009). 바티(Vathi, Z, 2013)는 이주민들의 이주시기에 따른 경험이 다르기 때문에 이주민과 관련한 연구는 입국 시기에 따라서 1.5세대, 1.75세대, 2세대 등과 같이 세분하여 연구하여야 한다고 했다. 언어학습은 일반적으로 모국어인 L1(first language)의 습득 후에,

외국어인 L2(second language)의 학습 순으로 이루어진다(Gass & Selinke, 2008). 이때 한국 사회에서 출생한 다문화 가정 학생과 해외에서 출생하여 학령기 전 입국한 다문화 가정 학생 그리고 해외에서 출생하고 학교라는 사회화기관을 통해 소정의 교육을 받다가 이주해 온 다문화 가정 학생이 각각 느끼는 한국어와 출신국에 대한 거리감은 모두 다르다는 것이다.

뿐만 아니라 조태린(2014)은 다문화 가정 학생이라는 통칭 속에서도 이들은 국제결혼 가정 자녀, 북한이탈주민 가정 자녀, 외국인 가정 자녀, 귀국 가정 자녀 등과 같이 부모와 이주배경의 특성에 따라 나눌 수 있으며 이러한 유형은 한국체류기간과 복합적으로 작용하여 그들의 언어교육에 영향을 미친다고 하였다. 이 외에도 전은주(2009)는 이주국에서의 거주기간뿐만 아니라 자기평가, 성격, 부모의 언어문화권, 부모의 학력 등과 같이 다양한 변인이 다문화 가정 학생의 의사소통능력과 한국어 사용능력 그리고 국어과 교수-학습 능력에 유의하게 작용하고 있음을 설문을 통해 확인하였다. 이들의 연구는 다문화 가정 학생의 언어교육을 위해서는 다양한 변인에 대한 복합적인 고려가 필요하다는 것을 나타낸다. 더불어 다양성이 증대되는 사회에서 교육이 일률적인 접근방식보다는 학습자의 특성을 고려하여 접근해야 하는 이유이기도 하다.

'의사소통 능력' 함양을 중심으로 2012년 개발·보급되었고 이후 2017년에 개정 고시된 한국어교육과정은 이러한 맥락에서 이해할 수 있다(교육과학기술부, 2012; 교육부, 2017). 그러나 한국어교육과정에서 제시한 의사소통의 목적이나 교육적 기대는 교육과정 총론이나 국어과 교육과정에서의 기대와 달리 아래와 같이 차이가 있다.

…한국어로 의사소통할 수 있는 능력을 길러 일상생활과 학교생활에 적응하게 하고, 이를 바탕으로 학교급별로 여러 교과의 학습을 한국어로 수행할 수 있는 역량을 기름

으로써 장차 한국 사회의 구성원으로서 주체적인 삶을 영위하는 데 필요한 소양을 갖추게' 하는 것으로…

(교육부, 2017: 1)

위의 인용을 통해 알 수 있듯이 한국의 교육은 모든 학생이 '창의융합형 인재'가 될 것을 기대하지만 한국어교육과정은 '적응'과 '기초'에 중점을 두고 있다. 이와 같은 기술은 적어도 다음의 세 가지 문제를 갖는다. 첫째, 국어교육과정과 한국어교육과정의 다문화 가정 학생에 대한 기대의 차이는 비판적·창의적 역량이 한국어 능력 함양 이후에만 함양될 수 있다는 위계를 전제한다. 둘째, 앞서 다문화 가정 학생의 언어교육은 그들의 다양한 특성이 함께 고려되어야 하며, 어떤 다양한 특성이 있는지를 예시적으로 살펴보았다. 그러나 위의 인용에서는 다문화 가정 학생에 대한 다양한 특성 중에서 '낮은 한국어 능력' 그 자체에 시선이 고정된 채 여타의 특성은 고려하지 못하고 있다. 셋째, 위의 교육과정을 통해 교육이 이루어짐으로써 새롭게 발생되는 학습결손의 문제이다. 한국의 학교에서 수업시수는 일정 기준 내에서의 증감을 허용하며, 대안학교는 교육과정 운영에 있어서 전체 수업시수 중 50%를 학교의 설립목적에 따른 특성화교육과정을 개발·운영하게 된다(조인제, 2019). 그리고 대부분의 다문화 대안학교는 그 50%의 시간을 한국어교육과정의 운영에 할애한다. 이는 한국어 능력을 증대하기 위해 일정 시간을 사용하는 경우 일반교과를 공부할 시간이 줄어든다는 것을 뜻하는 것으로, 어쩌면 끊임없이 노력하나 영원히 메워질 수 없는 결과의 차이에 대한 암묵적 동의를 의미할 수도 있다.

이처럼 국어교육과정과 한국어교육과정이 갖는 위계성은 한국어교육에서 국어교육으로 연결과 확장을 고려하였다는 측면에서는 바람직하지만 창조와 융합에 대한 고려가 부족하고, 결과적으로 교육적 형평성을 고려하지 못하였다는 비난을 피하기 어렵다. 한국의 교육이 나아가야 할 바가 '적어도 선언적'으로는 교육과정에 포함되어 있다는 박인기(2016)의 평가에도 불구하고, 한국어교육에서는 '선언조차도' 이루어지지 못하고 있기 때문이다.[32]

따라서 한국어에 대한 이해와 수용 그리고 적응을 강조한 교육이 어떻게 '학습 경험의 질 개선'을 담보할 수 있고 어떻게 '행복한 학습의 구현'을 이룰 수 있는지에 대한 고민이 요구된다. 다음은 다중적 다층양식 리터러시 개념을 통하여 이에 대한 대안을 모색할 것이다.

3. 다중적 다층양식 리터러시와 교육연극

이 절에서는 다원주의 사회에서 학생에 대한 한국어교육이 양질의 교육이 되기 위해 어떠한 리터러시교육이 요구되는지 그 개념의 범위와 작동방식을 살펴본다. 또한 이 과정을 통해서 다중적 다층양식 리터러시의 개념을 정의하고 사례를 함께 제시함으로써 그 실현태를 확인한다.

1) 리터러시 개념의 확장과 다중 리터러시

(1) 리터러시 개념의 확장

윤여탁(2015)은 리터러시라는 개념의 범주가 넓고 효용성이 매우 높다고 말하며 인간 대상의 교육이 지향하는 모든 능력에 대해 설명할 수 있을

---

32 박인기(2016)는 현재 언어교육이 갖는 고질적인 문제를 규범주의, 순 언어주의, 메타 언어주의, 텍스트주의, 표준지향 주의, 완강한 장르주의, 지식 환원주의에 있다고 보았다. 박인기가 제시한 문제는 진보적 교육이 갖는 특징인 상호성, 유동성, 순환성에 배치된다. 순 언어주의는 다른 형식의 기호체계를, 텍스트주의는 문자 이외의 텍스트를, 표준지향주의는 '표준'으로 지정되지 않은 것을, 완강한 장르주의는 원래의 장르 이외의 것을 인정하지 않음으로써 모두 유동성이 결여되고 있다.

만큼 활성도가 높다고 하였다. 박인기(2016)는 활자 텍스트에 대한 높은 의존도는 '일상 삶에서 중요한 위치를 차지하는 구어 생활의 역동성'을 반영하기 어렵게 한다고 하였다. 문어와 구어를 포괄하는 의사소통 능력이라는 용어는 사회언어학자인 Hymes(1972)에 의해 처음 사용되기 시작하였다 (Richards & Rodgers, 2008: 244). 이후 상황·맥락적 의사소통과 사회문화적 측면을 고려한 의사소통 능력으로서의 개념정의로, 그리고 언어 이외의 다양한 기호형식을 수용함으로써 영역의 확장이 나타났다(김영순, 오장근, 2004; 안혁, 2014; 윤여탁, 2015; 이승이, 2019; Broderick, 2014; Jef Verschueren, 2002; Richards & Rodgers, 2008).

리터러시의 본질적인 기능이 의사소통에 있고 오늘날 리터러시가 발현되는 환경이 변화하고 있음을 고려한다면 기존의 리터러시 개념 확장과 관점의 변화는 자연스러운 것이라 볼 수 있다. 전통적인 리터러시 개념을 통해서는 '대면, 지면, 화면'이라는 활동공간의 변화와 이에 따른 표상형식의 다양성을 수용하기 어렵고 다양한 관점에서 해석할 수 있는 의미를 이해하기 어렵기 때문이다(정현선, 2014).

리터러시의 활동공간의 변화를 수용하여 그 개념의 확장과 관점의 변화를 주장한 기존의 연구들에는 김영순, 오장근(2004), 서명희(2018), 원진숙(2019), 정현선(2014), 정혜승(2008a), 박인기(2016), Caiyun Wen(2019) 등이 있다.

리터러시는 그 목적과 방법에 따라서 다양한 방식으로 분류되기도 한다 (윤여탁, 2015). 이를 표상형식의 다양성을 기준으로 하면, 소극적 의미의 리터러시와 적극적 의미의 리터러시로 나눌 수 있고 그 관점에 따라서는 내부자(ethic) 관점, 외부자(emic) 관점으로 분류할 수 있다.

① 소극적 의미의 리터러시: 이는 문맹(illiteracy)에 상대되는 개념으로 언어 사용 중에서도 '문자사용 능력'을 나타낸다. 교육에서 주요 관심은 문

자연어를 사회가 용인하는 기호체계에 따라 정확히 읽고 쓰는지 여부에 있다. 음운론이나 문법 등은 소극적 리터러시의 주요 관심 사항이다.

② 적극적 의미의 리터러시: 적극적 의미에서 리터러시는 문자를 넘어 구두언어와 의사소통을 위한 다양한 표상형식들을 수용한다. 적극적 의미의 리터러시를 대표하는 뉴 런던그룹의 다중 리터러시는 다섯 가지 표상형식을 디자인하여 의미를 재구성한다는 특징이 있다.

③ 리터러시의 내부자(ethic) 관점: 내부자 관점에서 리터러시는 미시적 차원에서 이루어지는 것으로 담화가 이루어지는 상황맥락성을 고려하고 내부자의 관점에서 살펴보지만 그것을 거시적 차원인 사회문화적 맥락과 연결하거나 외부자의 관점을 고려하지 않는다. 상황별로 제시되는 언어학습 교재나 의사소통이 원활하게 이루어지도록 활용하는 담화전략에 대한 고려는 모두 내부자 관점을 수용한다.

④ 리터러시의 외부자(emic) 관점: 외부자 관점의 리터러시는 거시적 차원에서 사회문화적 맥락성을 고려한 것으로 의사소통 행위자 간의 관계성에 주목한다. Street(2003)는 기존의 리터러시에 대한 교육이 단지 문자를 읽고 쓰는 것을 학습함으로써 학습자들의 삶을 풍요롭게 할 것을 가정한다고 비판하였다. 그가 비판한 '자율적 모델'은 리터러시에 내포된 사회문화적 이데올로기의 영향이 배제된 채 이루어지는 서구중심 개념으로 다른 문화나 한 국가 내의 특정 계층 또는 문화집단의 타자에 대한 일방적인 접근방식이다. 이러한 관점은 리터

〈극중 극〉

극 중 극은 여러 가지 형태의 소극을 연극 속에 넣는 형식을 말한다. 위의 모습은 'O'학교 연극에서 붉은 여왕이 나쁘게 변한 이유를 설명하는 회상장면을 나타내는 데 사용되었다. 이는 공연 속에서 소극을 통하여 인물의 개인적 경험을 참여자들과 관객들이 공유함으로써 인물의 현재를 이해하도록 요청하는 행위이다. 이때 소극 내에서 이루어지는 의사소통 행위와 극 중 인물들 간의 의사소통행위는 내부자 관점에서 이루어지며 관객은 연극에 대해 외부자적 관점을 취할 수 있다.

러시 이벤트를 외부자의 시선으로 바라봄으로써 사회문화적으로 의식적 혹은 무의식적으로 발현되는 의사소통 참여자 간의 권력이나 평등성에 대한 관계성을 드러나도록 한다.

적극적 의미의 리터러시와 소극적 의미의 리터러시는 무엇을 알고 표현하는 인지와 방법의 문제와 관련되며 적극적 의미의 리터러시는 소극적 의미의 리터러시를 항상 포함한다. 이와 달리 내부자 관점의 리터러시와 외부자 관점의 리터러시는 독립적으로 혹은 함께 발현될 수 있다. 또한 리터러시의 내부자(ethic) 관점과 외부자(emic) 관점을 함께 고려하는 것은 관련 텍스트에 대한 이해를 보다 깊이 있게 할 수 있다.

브랜트와 클린턴은 신 리터러시가 갖는 관점의 한계를 말하며 이를 극복하기 위해서는 문화기술지적 방법의 활용이 요구된다고 말하였다(Brandt & Clinton, 2002). 브랜트와 클린턴은 리터러시를 사회적 실행의 측면이라는 외부자적 관점에서만 접근하고 '자율적' 모델에서 나타나는 내부자적 관점을 무시하는 것은 리터러시를 온전히 이해하였다고 말하기 어렵다고 본다. 내부자(ethic) 관점과 외부자(emic) 관점을 통한 이해는 중층기술(thick description)의 작업으로도 말하는데, 이는 어떠한 사회 혹은 문화가 갖는 문화의 단면을 그 사회가 갖는 의미 구조 속에서 드러냄으로써 보다 정확하게 기술하고(ethic), 설명(emic)함으로써 보다 풍부한 이해를 가능하게 하기 때문이다(Geertz, 2012).

예를 들어 라디오에서 흘러나오는 대중가요는 소극적 의미에서 리터러시를 실행할 대상이 될 수 없지만, 적극적 의미에서는 그 대상에 포함된다. 또한 리터러시의 내부자 관점과 외부자 관점에서 보았을 때, 아버지를 아버지라 부르지 못하고 대감마님이라고 부르는 홍길동의 발화행위는 '조선'이라는 시대와 '서출'이라는 맥락 속에서 적절하고 이해 가능한 것이다. 그러나 불합리한 권력관계와 사회제도라는 틀을 기준으로 외부자의 관점에서 본다면 불합리하고 불공평한 것으로 비판과 변화가 요구된다고 볼 수 있다. 리터러시 개념의 확장과 관련성이 높은 적극적 의미의 리터러시를 좀 더 살펴보면 다음과 같다.

(2) 다중 리터러시: 적극적 의미의 리터러시

적극적 의미의 리터러시는 뉴런던그룹의 다중 리터러시 개념으로 가장 잘 설명될 수 있다. 언어적 이질성이 높은 다문화 사회에서 뉴런던그룹(New London Group)이 제시한 다중 리터러시(multimodal literacy)는 더욱 주목된다. 리터러시의 개념이 사용환경의 변화와 함께 달라진 것은 사실이지만 서명희(2018)의 주장과 같이 학교 현장에서는 언어체계를 중심으로 하는 리터러시가 여전히 강력한 지위를 부여받고 있으며, 앞서 2장에서 살펴본 바와 같이 주류 언어를 모국어로 하지 않는 학생들의 학습과 또래와의 상호작용에 일종의 권력 관계를 형성하게 될 가능성을 높이기 때문이다.

뉴런던그룹의 다중 리터러시는 교육방법적 개념으로 리터러시교육에서 문화적, 언어적, 의사소통적, 테크놀로지적 다양성을 포함하는 것을 목표로 한다(임지원, 2015). 뉴런던그룹의 아이디어는 특히 다섯 가지 의미양식을 디자인(design)하여 생성된 의미작용(redesign)에 주목한다. 다중 리터러시와 유사한 용어로는 멀티리터러시(multiliteracy), 이미지 리터러시(강현미, 김영순, 2007; 김강원, 2019; 손민영, 2019), 다중 문해력(multiple literacies) 등이 있다.

멀티리터러시는 TV나 영상과 같은 미디어 환경에서 여러 표상형식을 복합적으로 사용한 텍스트를 읽고 쓰는 능력을 가리키는 용어이다. 이미지 리터러시는 문화교육과 관련하여 인간의 감각적 표상과 심상적 표상을 함께 고려한 개념이다. 그림이나 동작 등과 같은 비언어적 기호는 연극적 행위와 함께 역사 이전 시대부터 실제 의사소통 활동에 사용되었다(김영순, 오장근, 2004: 207). 인간의 발달과정 측면에서도 '어린이가 그림을 그리고 의

사소통을 위해 그것을 말로 표현하는 것처럼' 여러 형식의 기호를 복합적
으로 사용하는 것은 자연스러운 활동이다(정현선, 2014). 실제 의사소통에
서 제스처와 같은 '비언어적 표현은 65%'를 차지하며(김영순, 오장근, 2004:
138), 비언어적 의사소통은 20-90%에 이른다(Bennet, 2010: 105). 의사소
통 활동에서 제스처나 그림 등과 같이 다양한 기호양식을 함께 사용하는 것
은 대상체가 갖는 의미를 보다 직관적으로 이해할 수 있게 하며, 강력하게
어필하고, 언어적 약점을 보완하는 데 기여한다(김영순, 오장근, 2004; 서명
희, 2018; Caiyun Wen, 2019; Eisner, 2014). 다중 리터러시의 주요 아이디
어는 다음 [그림 4-1]과 같다.

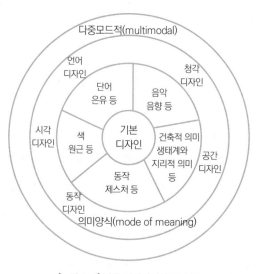

[그림 4-1] 다중 리터러시의 기본 틀

[출처: Cope & Kalantzis, 2000: 26]

정혜승(2008a)은 크레스(Kress, 2000)가 개념화한 디자인(design)이 '인
간 주체의 흥미와 의도를 반영하여 어떤 요소를 어떤 양식(mode)으로 표현
할 것인가를 선택하는 창조적 행위'라고 하였다. 또한 장은영(2020)에서는

디자인을 '비판적 인식과 해체의 과정을 거쳐 다중모드 텍스트를 만들어 내는 재구성'이라고도 하였다. 이때 하나의 의미양식을 만들기 위해서 활용하는 언어적 디자인의 기본은 텍스트성과 관련된다.

언어적 디자인의 몇 가지 기본(Some elements of Linguistic Design)

㉠ 전달(Delivery): 억양, 강세, 리듬, 악센트 등의 특징

㉡ 양식(Modality): 절(節)의 생산자가 의도한 메시지의 본질에 충실하기

㉢ 전환성(Transitivity): 절(節)의 명료성과 효과성

㉣ 어휘와 은유(Vocabulary and metaphor): 단어선택, 자리매김, 의미

㉤ 프로세스의 명사화(Nominalization of processes): 동사, 형용사, 평가 또는 논리적 연결을 명사 또는 동명사로 전환(예: '평가하다'는 '평가'로, '할 수 있다'는 '가능성'으로)

㉥ 안내구조(Information Structures): 절과 문장에서 정보가 제공되는 방법

㉦ 지엽적인 응집성의 관계(Local coherence relations): 절 간의 결속 및 논리적 관계(예: 포함, 종속)

㉧ 전체적인 응집성의 관계(Global coherence relations): 텍스트의 전체 절의 속성(예: 장르)

[출처: Cope & Kalantzis, 2000: 27]

위에 제시한 디자인의 기본은 텍스트의 응집성을 명시적으로 제시하는 가운데(㉦, ㉧), 의도성과 용인성이 고려되고(㉡, ㉢, ㉣), 상황성(㉤)과 정보성(㉠, ㉥)이 드러난다. 특히 ㉤이 나타내는 상황성은 컴퓨터 기반 활동이라는 도구적 상황을 나타낸다. 언어적 디자인과 같이 다른 네 개의 디자인 역시 개별적인 의미양식(mode of meaning)으로 작용하는데, 이처럼 하나의 새로운 의미를 형성함에 있어서 다양한 형식의 기호체계가 함께 기여하는 것을 다중모드적(multimodal)이라 한다. 다양한 기호체계를 통해 새로운 의미를 만든다는 것은 기호체계들의 융합과 전환이라는 재구성 작업을 통해 생성되는 의미를 말하는 것으로, 개인 내적 개념을 외적으로 드러내는 일종의 인지적 명료화이다(Eisner, 2014).

기본 디자인에 의한 다중 리터러시는 대부분 미디어나 매체를 통해 구현된다. 일반적으로 쉽게 접할 수 있는 것으로는 개인 블로그나 트위터, 유튜브 동영상 등이 있으며, '태아의 초음파 동영상'과 같이 특수목적을 위한 다중 리터러시 연구도 있다. 오스터만, 프레자, 페로벨리(Ostermann, Frezza, & Perobelli, 2020)는 태아의 초음파 동영상을 통해 건강상태를 나타내는 연구를 진행하였다. 이 연구에서는 동영상 속 태아가 움직이는 소리, 태아의 자궁 내 위치, 태아를 지칭하는 은유 등이 '건강 리터러시(Health Literacy)'로서 작용한다. 이 연구에서 사용한 언어적 표상은 'golf ball'인데, 초기 임신상태에서 자궁 내 태아의 작고 둥근 모습을 은유적으로 표현한 것이다.

보다 일반적인 예로는 개인 블로그를 들 수 있다. 블로그의 운영자는 자신의 의도에 따라서 블로그를 만들고 꾸미는데 이모티콘과 폰트를 활용하여 시각적 디자인을 적용하고, 음악과 다양한 사진에 대한 적절한 공간 배치를 통하여 블로그 운영자의 의도 혹은 성향을 드러내게 된다. 다소 진부한 예이지만 파스텔톤의 배경화면에 하트 이모티콘, 이마를 맞대고 미소짓는 남녀의 모습, 초점을 흐리게 잡은 커다란 꽃다발과 반지 그리고 D-day를 향해 줄어드는 전광판의 숫자와 달콤한 음악이 들리는 블로그를 상상해 보자. 이 블로그를 구성하는 색, 숫자, 음악, 미소짓는 남녀, 꽃다발과 반지라는 각각의 기호 자체는 결혼을 의미하지는 않는다. 그러나 그 모든 기호가 결합하여 만들어 낸 하나의 장면은 '결혼'이라는 의미로 재구성된다는 것을 생각할 수 있을 것이다.

서명희(2018)는 다중 리터러시의 주요 아이디어라고 할 수 있는 다양한 표상형식들이 융합과 전환을 통해 새로운 의미를 생성하고 개념을 명료화하는 것에 주목하였다. 그러나 그는 멀티리터러시나 다중 리터러시와 달리 미디어나 매체의 특성을 덜 강조하는 의미에서 다중 문해력이라는 용어를 사용하였다. 이러한 모습은 이미 산업사회를 기반으로 한 전통교육의 폐해를 경험한 오늘날, 세계적으로 요구되는 '새로운 기술'에 대한 교육에 앞서 인간 중심 교육이 선행되어야 한다는 의지로 파악할 수 있다. 다문화 사회에 내재된 갈등의 중심은 인간관계에 있기 때문이다(Johnson & Johnson; 2010; Cambell, 2010). 원진숙(2019) 역시 컴퓨터 기반 학습의 필요성을 말하였지만 이와 함께 인간이 인공지능과 차별화될 수 있는 교육이 미래사회에서 절실하게 요구되는 교육이라는 것을 강조하였다. 특히 의사소통 능력은 개인의 특성에 의해 생성되고 협동적 과정을 통해서 창의적으로 발전한다는 측면에서 기계와 차별되는 가장 인간적인 능력이자 인간과 사회 발전의 원동력이라 할 수 있다.

서명희(2018)의 개념에서 표상형식은 우리가 경험한 것이나 상상한 것을 표현하기 위해 사용하는 매체이자 방식을 말한다. 또한 '표상의 형식들(forms of representation)'은 감각에 의해 개인에게 수용된 개념을 공적 혹은 외적으로 바꾸고 개념의 명료화를 돕는 수단이다(Eisner, 2014: 90). 그는 '표상형식의 전환'과 '표상형식 간 융합 제재'를 통해 개인적 경험을 개념화하거나, 개념을 창의적으로 발전시킬 수 있고 표상형식의 전환과 표상형식 간 융합 제재를 통해 교과 간 융합 교육이 가능하다고 보았다.

표상형식의 전환은 어떻게 이루어지는가? 김영순, 오장근(2004: 224)은 그 실마리가 되는 요소들을 직시소(deixis)라 하였다. 직시(deixi)는 '담화와 담화가 사용되는 상황 사이의 연결'과 관련된다. 직시는 인물, 장소, 시간이라는 전통적 범주 외에도 담화적 직시, 사회적 직시, 몸짓 직시 및 상징직시가 있다. 특히 몸짓직시나 상징직시의 경우 표현된 어휘 요소뿐만 아니라 문맥 통합적인 이해가 요구된다.

2) 교육연극의 다층적 의사소통 체계

(1) 경험과 교육 그리고 연극

우리의 삶이 의사소통에 의해 형성되고 유지된다면, 연극이 보여주는 삶, 즉 극행동
은 의사소통의 모습일 것이다. 이때 의사소통은 단지 메시지를 주고받는 행위만을 뜻
하는 것이 아니다. 이 행위를 통해 참여자들은 서로에게 영향을 주고, 이 영향을 통해
자신의 정체성을 형성하며 또 다른 타인들과의 관계를 형성하고, 이 관계들을 바탕으
로 사회적 삶을 이룬다.   (서명수, 1998)

헐과 슐츠(Hull & Schultz)는 리터러시와 관련하여 듀이의 경험교육을
강조하며, 교육이 학생의 삶의 경험을 반영할 때 의미 있는 학습이 이루어
진다고 하였다. 또한 그들은 학교 간 혹은 학교와 학교 밖의 것에 대한 이분
법적 분류를 경계해야 한다고 주장하였다(Hull & Schultz, 2002; 3). 학생의
삶이 갖는 특수성과 모든 학생을 대상으로 하는 보편적인 학교 교육에 대한
이분법적 사고는 학교 밖에서 이루어지는 무형식 혹은 비형식 교육에 대한
학생의 경험을 단지 경박하거나 부수적인 것으로 치부함으로써 교육과 삶
의 연계를 어렵게 한다. 그러나 '무의식적으로 언어를 습득할 수 있는 최적
의 환경'은 언어 사용이 '학습자에게 관심있고 필요한 영역의 내용을 전달
하는 매개체'로서 큰 역할을 할 수 있게 한다(홍종명, 2015).

학습자의 경험을 중시하는 교수기법으로는 인본주의 교수기법(human-
istic techniques)이 있다. 인본주의 교수기법은 '학생이 느끼고 생각하고
알고 있는 것을 목표어에서 배우고 있는 것과 통합하는 것'으로 학습자의
자아실현과 자부심을 이상적인 학습활동으로 여긴다(Richards & Rogers,
2008). 인본주의 교수기법 계열의 교수법들은 라포의 형성과 학습활동 참여

자(학생 참여자, 교사 참여자 등) 간의 친밀감과 응집성을 통하여 학습효과의 극대화를 추구한다. 모스코비츠(Moskowitz, 1978)는 인본주의 교수기법이 그 과정을 통하여 '학생들에게 각각 그들 자신이 되도록 도와주고, 그들 자신을 수용하고, 자신에 대해 자부심을 갖도록 도와준다'고 말하였다.

교육과 경험의 단절은 일리치(Illich)가 제기한 탈학교론이나 교육이 주류 집단에 의해 선별된 문화적 재생산을 꾀한다는 부르디외(Bourdieu)의 뼈아픈 주장과도 무관하지 않다. 학생의 경험은 어떻게 교실에 수용될 수 있는가? 아래의 예시는 학생의 일상적인 경험을 대본으로 만들고 재현한 것으로 학생의 삶을 교육적 장면에 어떻게 통합할 수 있는지에 대한 아이디어를 제공한다.

예: 장면1.
어느 월요일 아침 학교 가는 길이에요. 지금은 8시 20분, 거리에는 자동차 소리가 들리고, 아이들은 삼삼오오 학교에 가요.

즐거운 표정을 하고 있는 아이, 뭔가 심각한 표정을 짓고 있는 아이… 학교로 향하는 아이들의 모습은 모두 다양하지요.

- 행동 -

S-7: 무표정 그냥 지나감.
S-9: 옷과 머리 모양새를 다듬으며 간다.
S-1: S-3를 보며 무언가 끊임없이 얘기하며 간다.
S-3: 옆에서 계속 이야기하는 S-1의 이야기에 가끔 맞장구를 친다.
S-2: 책을 보며, 중얼거리며 간다.
S-10: 빠른 속도로 뛰어가서 사라진다.

장면 2.
학교에 도착한 순서대로 선생님께 인사를 드린다. 그리고 자기 자리로 가서 숙제를 꺼내 선생님께 드린다.

[출처: 김창아, 2015: 122]

위의 대본은 실제 수업에서 사용한 것으로 학생들의 가장 평범하면서도 일상적인 경험을 담아낸다. 학생들은 매일 등교를 하고 학교에 도착하면 숙제를 제출하는 것과 같은 경험을 반복한다. 학교에서 나타나는 정형화된 모습과 달리 학교를 향하는 그들의 모습에서는 그들 자신의 관심사가 표정과 행동을 통해 나타나고 있다.

학교와 학교 밖에서 이루어지는 교육은 형식성을 기준으로 볼 때, 무형식적 교육과정, 비형식적 교육과정, 형식적 교육과정으로 나눌 수 있다. 무형식적 교육과정은 체계성과 공인성이 결여되고, 비형식적 교육과정은 체계성은 있지만 공인성을 보장하지 못한다. 그리고 학교 교육으로 대표되는 형식적 교육과정은 체계성과 공인성을 모두 보장한다(김창아, 2020). 이러한 분류는 다문화교육학자들이 평등교수법으로써 주목하는 교육연극의 분류와 유사하다. 평등교수법은 교육주체 간의 상호작용을 중시한다. 이때 학습자의 다양한 특성에 대한 이해가 바탕이 되며 교육의 맥락성을 고려한다(김영순 외, 2016).

교육연극은 연극적 방법을 교육을 위해 활용하는 것으로 놀이, DIE, TIE로 분류할 수 있고 이것을 포괄하는 창의적 드라마가 있다. 김창아(2020)가 제시한 형식성을 기준으로 한 교육의 형식성과 교육연극의 분류는 다음과 같다.

〈표 4-3〉 교육의 유형과 교육연극의 범주

	창의적 드라마		
유형	놀이/무형식적 교육과정	DIE/비형식적 교육과정	TIE/형식적 교육과정
특징	비체계성, 비공인성	체계성, 비공인성	체계성, 공인성
작동방식	흥미에 의함	자발성에 의함	규칙에 의함

[출처: 김창아, 2020]

위의 표에서 흥미는 무형식적 놀이가 비형식적 유형인 DIE로, 그리고 형식적 유형인 TIE의 형태로 발전하는 것을 추동(推動) 한다. 흥미는 관심사, 이해관계, 정서적 경향으로 발전하는 가운데 몰입을 유도한다(Dewey,

〈마임으로 표현하기〉

사진 중앙은 실제 축구를 하는 학생들의 모습이고 왼편 구석에는 '투명 공을 이용한 공놀이' 모습이다. 마임을 하기 위해서는 상대의 모습을 잘 관찰하고 그 행동에 호응하는 추후 행위가 이루어져야 한다.

2008: 141-147). 이때 놀이의 핵심은 의미장과 시각장 사이의 새로운 관계, 즉 생각 속의 상황과 실제 상황 사이의 새로운 관계를 창조하는 데에 있다(Vygotsky, 2009: 162).

교실에서 가장 많이 활용되는 DIE는 '리더로서의' 교사와 학생들이 함께 활동한다. DIE는 살아보기(Living through), 반성하기(reflection)의 주요 과정을 통해서 학습주제의 이해와 자기성찰, 태도의 변화를 추구한다(Bolton, 2012: 207). 창의적 드라마는 연극놀이 활동부터 학습자의 요구에 의한 연극공연까지 활동의 범주가 가장 넓다. 창의적 드라마, DIE, TIE는 각기 지향점은 다르지만 교육연극으로서 주제, 감정이입을 통한 의견교환, 표현활동이 요구되며 은유성, 자연성 실제성, 교육성이라는 공통점을 갖는다.

〈표 4-4〉 교육연극의 조건과 각 유형의 공통점

조건	희곡(내용)과 표현활동(Wessels, 2008) 자발적 참여와 창의성, 풍부한 상상력과 교사의 훌륭한 지도(김창화, 2003) 자료, 토론-질문, 아이디어의 연기, 평가(Stewig & Buege, 2004: 23-25) 의견 조정활동(Bowell & Heap, 2010)	주제 감정이입을 통한 의견교환 표현활동
공통점	① 은유성: 교육연극의 기본 가정은 마치' ~인 것처럼' 활동하는 것으로 자아의 허구적 표현 방식이다(Courtney, 2007: 32). ② 자연성: 연극은 놀이가 발달한 한 형태로 인간의 감정과 그에 따른 행동을 바탕으로 하는 자연스럽고 흥미 있는 학습수단이다(김창화, 2003: 13). ③ 실제성: 상상과 허구의 세계를 실제 벌어지는 것으로 생각하고 그것을 지금 여기에서 행해봄으로써 연극적 체험을 하게 된다(김창화, 2003; Courtney, 2007, 2010; Wessels, 2008; Stewig & Buege, 2004). ④ 교육목적: 교육연극은 연극을 교육의 목적으로 활용한다. 따라서 학습자는 실제의 상황과 유사하지만 '안전한' 환경에서 자신의 문제를 마주하려는 의지나, 문제를 해결해보려는 의지가 생긴다.	

[출처: 김창아, 김영순, 2013에서 재구성]

〈표 4-4〉에서 보웰, 힙(Bowell & Heap, 2010)이나 김창화(2003)의 '의견교환'과 '표현활동'에는 '무엇'이라는 대상이 필요하다. 따라서 웨슬스(Wessels, 2008)의 '희곡(내용)'은 극본으로서의 '희곡'과 내용인 '주제'로 분리해서 생각해야 한다고 본다. 또한 풍부한 상상력, 아이디어의 연기 등은 모두 인물 혹은 작품에 대한 감정이입을 전제로 한다. 교실 수업에서는 그림자극, 즉흥극, 가면극, 역할극 등의 형식이나 '마임', '역할 속 교사', '이어질 글을 상상하여 말하기', '인물이 되어 행동하기' 등의 기법이 활용되고 있다.

(2) 리터러시의 다층성

주제에 대한 다양한 방식의 표현 과정에서 퍼스(Peirce, 1839-1914)가 제시한 도상, 지표, 상징의 기호유형 개념과 졸리(Joly, 1999)의 이미지 개념은 '무엇을 무엇이 아닌 것으로' 나타내는 연극적 '은유'를 설명하는 데 유용하다. 기호유형에서 도상은 대상체와 유사한 성질을 가지며, 지표는 대상체와 유추 혹은 인과적 관계가 있다. 상징은 임의적인 기호지만 사회적 약속을 통해 생성되며 도상기호로부터 또는 도상기호와 상징 기호들이 취하는 혼합 기호들로부터 발전한다(김성도, 2006: 180). 기호가 갖는 이러한 특징을 졸리(Joly, 1999)는 '이미지'로 정의한다.

사전적 의미에서 이미지는 '마음속에 언어로 그린 그림'을 나타내며 '거울이나 거울과 동일한 재현의 과정을 차용하는 모든 것에 존재'한다(Joly, 1999: 14). 이미지의 주요한 수행성은 현실

〈이미지와 상징〉
가면은 극중 인물의 정체성을 표현한다 (McCaslin, 2006: 136). 사진 속 학생은 '모든 걸 다 알지만 말이 없는 사람'의 이미지를 가면으로 표현했다. 가면의 왼쪽과 오른쪽을 상반된 색으로 칠하여 인물의 특성이 드러난다. 그러나 이데올로기를 포함한 관점에서 저 가면은 대한민국의 분단된 현실로 해석할 수도 있다.

을 보다 완벽하게 모방함으로써 이미지를 현실로 인식하게 한다는 점이다 (Joly, 1999: 55-56). 사진, 언어, 영상 등의 기록은 이미지의 '흔적'으로 지시적 성격을 갖는다. 또한 사회문화적으로 생성된 관례는 '마음속 그림'의 흔적을 이해하기 위한 조건이 된다. 그런데 기호유형과 이미지의 수행성은 순환성을 갖는다(Joly, 1999: 56).

사회문화적 특성이 반영된 '관례' 혹은 '상징'은 다시 개인적 차원에서 개인의 특성을 반영하여 재생산됨으로써 의사소통의 복합성이 발생한다. 예를 들면 시각에 의해 정보화된 색(color) 역시 하나의 상징으로 작용할 수 있다(Caiyun Wen, 2019). 인간이 자연에 존재하는 '색감(color form)'을 느끼는 것은 신체 감각에 의한 '순수한 삶의 직관적인 상태'이지만 도덕, 윤리, 정치 등과 결합되면서 하나의 이데올로기적 상징을 나타내는 '색(color)'으로 사용되기도 하는 것이다.

창의적 드라마에서는 삶을 구성하는 다양한 층위에서 행위자 간의 의사소통이 복합적으로 나타난다. 서명수(1998)는 연극에서 등장인물들 간에 그리고 극작가와 관객 간에 이루어지는 이중적인 의사소통체계에 주목하였다. 그런데 이러한 의사소통 행위는 공연으로서의 연극뿐만 아니라 문학작품을 읽거나 이야기를 만들고, 극본을 쓰는 과정에서도 이루어진다.

정희모(2006: 25-26)는 '작가와 독자의 상호 소통적 성격'을 말하며 글쓰기 협력학습에서 대화성을 강조하였다. '대화성'은 바흐친(Bakhtin)의 주요 개념으로 '인간의 의식'에 대해 '일상생활적 이데올로기'에서부터 학문 · 예술 · 법률 등의 상부구조에 이르기까지의 모든 단계에서 '미시 상황(micro-context)'과 '거시 상황(macro-context)'의 일부로, '화자와 청자의 상호작용의 산물'이자 '화자와 사회 · 역사 · 제도와의 대화의 산물'로서의 성격을 강조한다(박동섭, 2008). 따라서 문학작품 속 인물들의 목소리에는 개인의 의식뿐만 아니라 사회문화적 의미가 내포된다. 또한 협력적 쓰기활동

과정을 통해 대화는 중층적인 다성의 목소리로 구현된다(정희모, 2006: 32).

이때 정희모(2006)가 강조한 협력학습은 다문화 사회에서의 발생가능한 갈등을 해결하기 위한 주요 방안 중 하나인 협동학습과 유사한 개념이다. 협동학습은 다양성이 높은 구성원들 사이에서 빈번하게 발생하는 또래 간의 다툼과 같은 교육의 어려움을 해소하기 위해 개발한 전략의 하나이다(Campbell, 2010: 371). 협동학습(cooperative learning)에는 유사한 용어가 많지만 협동학습이라고 말하기 위해서는 필수 요소를 충족해야 한다. 협동학습(cooperative learning)이라는 개념에는 목표 달성이라는 결과의 산출 그리고 이를 효과적으로 달성하기 위한 구조와 목표, 개인의 욕구와 동기유발 및 인간관계 이론이 관련된다. 이와 달리 협력 학습은 과정 그 자체에만 초점을 둔다. 교육이 그 과정을 통하여 결과적으로 '학습자의 잠재력 계발', '시민성의 발현' 등과 같이 변화와 실천을 목적으로 하는 활동임을 고려하면 협력학습보다는 협동학습이라는 용어가 더욱 적절하다고 본다. 물론 이때의 변화와 실천은 단순한 점수의 향상과는 다른 것이다.

제 2언어교수법과 관련하여서는 쿠란(Curran)과 그의 동료들이 개발한 협동학습법(CLL: Community Language Learning)이 있다(Richards & Rogers, 2008). CLL은 인본주의 교수기법(humanistic techniques)의 하나로 언어교육에 상담 학습 이론을 적용한 것인데 로저스(Rogers) 상담이론의 영향을 받았다. 따라서 CLL의 장면에서 교사와 학습자는 상담자와 피상담자의 역할 속에서 상담이라는 은유적 활동을 통해 이루어지며, 그 절차 또한 상담자와 피상담자 간의 관계로부터 유도된다.

교육연극의 기본조건과 관련한 의사소통의 특징을 나타내면 다음 [그림 4-2]와 같다.

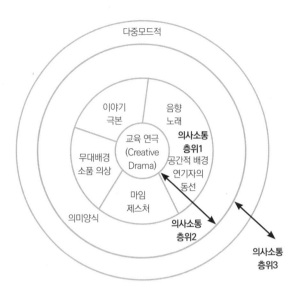

[그림 4-2] 다중적 다층양식 리터러시로서의 교육연극

교육연극에서 의사소통 행위는 위의 그림에서와 같이 다양한 표현 양식을 빌려 학습자의 내적 인식을 발현하고 수용하는 상호작용을 통해 이루어진다. 위의 그림은 앞서 [그림 4-1]에서 제시한 다중 리터러시의 기본틀과 매우 유사하다. 그러나 메시지의 재구성을 핵심으로 하는 [그림 4-1]과 달리 [그림 4-2]는 메시지의 발신자와 수신자 간의 상호작용을 강조한다는 차이가 있다. 리터러시의 다층성은 의사소통을 나타내는 것으로 문자 혹은 언어라는 표상형식보다는 상호작용에 주목한다. 즉 발신자의 메시지를 전달받은 수용자의 반응이 요구되는데 수용자로부터의 반응이 결여될 경우, 의사소통은 성공했다고 보기 어렵다(La Forge, 1983: 3). 다중 리터러시는 다양한 표상형식의 재구성이 주요 관심사이며 수용자의 반응은 다중 리터러시를 구성하는 데 영향을 주지 않는다. 의사소통의 각 층위는 교육연극에 참여하는 집단 내 혹은 집단 간의 상호작용을 통해 이루어지며 공연을 중심으로 공연 전 단계와 공연 후 단계에서 나타난다.

1층위에서 의사소통은 공연 전 단계에서 극의 중심 이야기를 이해하고 공감하는 과정에서 이루어지며 개인 내적 차원 혹은 학습자 간의 대화로 이해할 수 있다. 개인 내적 차원에서 이루어지는 대화는 기존의 경험에 의해 형성된 지식 및 가치관과 새로운 경험인 텍스트의 대화, 즉 비평의 영역에 해당한다. 학습자 간의 대화는 토론과 토의 등의 형태로 나타나며 그 경험의 다양성으로 인하여 개인 내적 차원의 대화에 비해서 주제에 대한 폭넓은 사고가 가능하다.

2층위에서의 의사소통은 공연의 과정 속에서 이루어지는 것으로 학습자들이 생산한 내용은 연극의 관객에게 보여지고 등장인물과 관객의 소통으로 이루어진다.

3층위의 의사소통은 공연 후 단계에서 이루어지는데 연극을 통해 새롭게 구성한 의미를 재생산하고 그에 대한 의사소통 행위를 통해 이루어진다.

이때 의사소통 행위는 각 층위에서 주체가 갖는 사회, 문화, 역사적 특성이 복합적으로 반영된다는 특징이 있다. 이처럼 교육연극으로서의 기본 조건인 주제, 협력적 의사소통, 다양한 표현방식이 여러 층위에서 복합적으로 작용하는 것을 다중적 다층양식 리터러시라고 정의하고자 한다.

3) 다문화 대안학교에서의 다중적 다층양식 리터러시

여기에서 소개할 교육연극 수업은 경인지역의 한 다문화 대안학교에서 필자가 수행한 '교육연극을 통한 다문화 대안학교 초등학생의 협동학습 경험에 관한 연구'를 다중적 다층양식 리터러시의 특성을 중심으로 재구성한 것이다. 이 연구는 방과 후 수업의 하나로 시행한 것으로 약 1년간 KSL교육연극 방과 후 교사로 활동하며 수집한 자료를 바탕으로 이루어졌다. 연구자가 수집한 자료는 참여관찰 일지, 수업관찰 기록, 활동 결과물, 활동 모습 사진, 녹음자료, 비디오자료를 포함한다. 참여관찰 일지에는 수업계획과 주요 활동, 수업에서 나타난 참여자의 관심과 반응이 포함되어 있다.

사례의 학교는 초국적 이주배경의 학생들과 일반학교에서 학교부적응을 경험한 다문화 가정 학생들을 대상으로 2013년 3월 개교하였다. 학생들은 일반적으로 10개월 동안 이 곳에서 학교생활 적응교육 후에 원래 소속된 학교(원적교)로 돌아간다. 따라서 학습자의 특성을 알 수 있는 관찰기간이나 기존의 자료가 충분하지 않았다는 특징이 있다. 연구자는 4월-6월(총 8차시, 6명), 7월-8월(총 6차시, 5명) 그리고 9월-11월(총 9차시, 8명), 총 3분기에 걸쳐 교육연극 수업을 시행하였다. 연구참여자는 학생참여자 10명을 중심으로 하였는데 다음 〈표 4-5〉와 같이 이질성이 매우 높다.

〈표 4-5〉 연구참여자

참여자	학년(성별), 만 나이	한국어 학습경험	기숙사 이용	가능언어	입국시기	참여 분기	좋아하는 과목
1	6(여), 15세	센터 5개월	○	베트남어, 한국어	2010년	①, 2, 3	체육
2	6(여), 12세	한국학교	×	중국어, 한국어	2012년 말	1, 3	수학
3	6(여), 12세	없음	○	5개 언어	2013년 4월	1, 2, 3	영어, 과학
4	6(여), 12세	한국학교	×	일본어, 한국어	2011년 말	③	과학
5	6(여), 12세	한국학교	×	중국어, 한국어	2011년 말	3	음악
6	6(여), 13세	없음	×	태국어	2013년 3월	2, 3	미술
7	6(남), 12세	없음	○	따갈로르어, 영어	2013년 3월	①, 3	영어
8	6(남), 13세	없음	○	중국어	2013년 2월	③	미술
9	1(남), 8세	없음	×	중국어, 한국어	2012년	①, 2	즐거운 생활
10	6(남), 15세	없음	○	중국어	2010년	①	체육

[김창아, 2015에서 재구성]

각 분기의 차시별 수업은 초등학교 수업 기준(40분)으로 2시간씩 진행되었으며 수업 장소는 분기마다 달랐다. 특히 1분기 수업에서는 학교사정과 교사의 요구로 수업장소가 강당-도서실-교실로 변경되었다. 참여분기에서 원숫자는 비자발적 참여를 나타낸다. 수업의 각 분기별 개요는 아래와 같다.

〈1분기 수업〉
- 시행기간: 2013년 4월-6월. 주1회 총 8회(초등학교 수업 기준 2시간씩)
- 대상: 경인지역 ○다문화 대안학교 초등학생 6명
- 목표: KSL한국어에 대한 흥미 증진과 학습자의 능동적 참여
- 연구 참여자: 5-6명. 처음에는 5명으로 시작했으나 중간에 한 명이 더 참여함.

〈2분기 수업〉
- 시행기간: 2013년 7월-8월, 주 3회 총 6회(초등학교 수업 기준 2시간씩), 여름방학 기간
- 대상: 경인지역 ○다문화 대안학교 초등학생 6명
- 목표: 이야기 만들기
- 연구 참여자: 4명. 비연구 참여자 1명

〈3분기 수업〉
- 시행기간: 2013년 9월-11월, 주 1회 총 9회(초등학교 수업 기준 2시간씩)
- 대상: 경인지역 ○다문화 대안학교 초등학생 8명
- 목표: 연극 공연
- 연구 참여자: 8명, 중간에 그만 둔 3명의 비자발적 학습자 3명 미포함. 1명의 비자발적 참여자는 수업이 진행되는 동안 전학을 와서 함께 함.

단계: 활동	내용
1단계: 오리엔테이션	놀이를 통한 마음열기, 간단한 수업 안내, 수업의 목표정하기
2단계: 이야기하기	• 학습자가 선정한 이야기를 함께 알기 • 학습자가 선정한 이야기 속 인물을 생각하며 내가 생각하는 이야기를 만들고 표현하기(이야기의 배경, 인물의 행동, 소품, 대본 포함) • 인물이 되어 생각하기(감정이입)
3단계: 연극하기	.이야기 만들기 활동을 통해 만든 이야기를 연극으로 표현하기

공립학교 초등교사 14년 경력의 연구자가 구안한 교육연극 프로그램은 일반교과와 특성화 교과의 심화보충적 성격을 갖는다. 또한 전체 수업은 초등학생의 발달수준과 한국어교육과정 및 한국어 교재를 고려하여 놀이-즉흥 표현-연극적 표현으로 확장될 수 있도록 구안하였다. 각 분기별 수업은 오리엔테이션, 이야기하기, 연극하기의 단계로 간단하게 구성되었지만 학습자의 요구에 따라 분기가 지날수록 각 단계별 활동이 다양해지고 교과교육과의 연계성 및 수업의 형식성이 높아졌다는 특징이 있다. 전체 연구의 주제는 '협동학습'으로 이루어졌다.

(1) 행위에서 나타난 주제

수업 시작 전 연구자는 '초등학생'이라는 학습대상의 특징을 고려하여 수업을 준비하였다. 그러나 연구자가 생각한 흥미와 연구참여자가 생각하는 흥미는 아래와 같이 차이가 있었다.

> 10과 9는 걸어서 온다. 9 뒤쪽에 있는 1도 걸어서 온다. 1의 표정이 밝지가 않다.
>
> (2013.4.19 수업 관찰 기록)

연극수업에서 활용할 이야기를 고르는 과정에서 연구참여자 2의 '요정 이야기'를 하자는 제안은 '어린애 같다'는 이유로 거절되었고, 연구참여자 1이 제안한 '왕따 이야기'를 주제로 하게 되었다. 학생들은 평소에 '왕따' 현상을 일상적으로 경험하지만 갈등의 대상은 분명한 경우도 있지만, '불특정 다수의 일방적인 행위'와 같이 불분명한 경우도 있다. 이때 학생들의 대응전략은 갈등이 발생하는 맥락적 조건에 따라 달랐다. 갈등의 대상이 분명한 경우에는 '피하기', '밀어내기' 등과 같은 뚜렷한 방안이 제시되었다. 그러나 책임 소재가 불분명한 경우에는 '욕'이라는 언어적 폭력으로 대응하였다. 뿐만 아니라 수업에 큰 관심을 보이지 않던 참여자 10도 '싸움'에 대해서는 적극적인 관심을 나타내었다.

> 그때 10이 "선생님, 지금. 저기서 그래요."라고 말한다. (중략) "저기 싸워요." (중략) "쟤네 맨날 싸워"하고 말한다. (중략) 2는 10의 의자 바퀴가 자기에게 다가오자 손으로 밀려고 준비를 하고 있다.
> (2014.5.10 참여관찰 일지)

위의 사례에서 수업의 주제를 '왕따'라는 부정적인 것으로 하는 것에 대해 해당 교사는 부담을 가지고 있었다. 그러나 학생의 경험이 학교 교육과 연계되지 못하는 것은 오히려 전통적 교육으로의 회귀를 의미하는 것이다. 이분법적 혹은 경험이 단절된 교육은 학생과 교육현장에서의 요구가 교육목표와 교육과정에 반영되지 못하는 것으로 다원주의 사회에서 교육의 특징인 유동성이 결여되기 때문이다.

학생들의 경험은 1분기 수업의 이야기 만들기에서 '학교에서 일어난 왕따 사건'에 대한 이야기로 반영되었다. 등장인물은 '만물박사, 귀여운 아이, 조용한 아이, 나쁜 아이, 수다쟁이, 운동만 잘하는 아이'였다. 학생들이 자유롭게 정한 배역은 해당 학교 교사의 평가를 통해 학생 자신의 성향과 성격이 투영된 것이 확인되었다. 그러나 1분기 수업에서 이야기의 마지막 부분에 대해 해당 교사는 학생들의 동의를 얻지 못하였다. 따라서 아래의 대화에서 나타나듯이 열린 결말로 마무리되었다.

> 야, 이제 마무리하자~ 저는 교사니까 세상은 긍정적인 거야 ~ 그렇게 마무리를 짓고 싶었어요. 솔직히. (중략) 1이 마지막에 선생님 그런데요, 마지막을 좀 바꾸면 안돼요? 그래요. (중략) 이건 좀 영화 같긴 한데요~ 그 왕따 당한 애가요~ 그냥 다른 학교로 전학가면 안돼요? 그러더라구요. (중략) ///1이 현실 같아요. 1이 생각하는 게 더 현

실 같아요. (2013. 7.29 T-2와의 대화)

위에 제시한 대화는 교육연극 교사가 1분기 수업에서 있었던 상황을 해당 학교의 교사에게 이야기한 내용이다. 교육연극 교사는 '긍정'의 메시지를 통해 마무리하고자 하였지만, 연구참여자 1의 공감이 이루어지지 않음으로써 거부되었다. 연구참여자 1은 갈등 해결에 대한 대안으로 '영화 같지만'이라는 단서와 함께 '전학'을 제시한다. 이러한 상황에 대해 T-2는 연구참여자 1의 의견이 보다 현실에 가까움을 말하였다. 1분기 연극의 결말은 연구참여자1의 의견과 이에 동의하지 않은 다른 참여자들의 의견을 모두 받아들여 열린 결말로 마무리되었다.

이와 함께 수업시간 중 나타났던 연구참여자 2와 연구참여자 10의 꾸준하고 지속적인 갈등에도 불구하고 마지막 수업에서 연구참여자 2는 연구참여자 10이 꼭 필요한 존재임을 나타내었다. 담임선생님께 핸드폰을 빼앗긴 연구참여자 10은 교실에서 연구참여자들만의 연극을 하는 날 수업에 오지 않았다. 연구참여자 2는 잘됐다며 박수를 쳤다. 그러나 이내 연구참여자 2와 나머지 아이들은 자신들이 하고 싶은 활동에 연구참여자 10이 없어서는 안 될 존재라는 것을 깨닫고 데려왔다.

그러나 모든 활동을 마치고 함께 아이스크림을 먹는 자리에서 연구참여자 2는 연구참여자 10을 '구박'함으로써, 2와 10의 갈등이 완전히 해결된 것이 아님을 나타냈다. 이 연구에서 1분기 마지막 수업인 연극하기는 비디오로 촬영되었고 2분기 수업의 오리엔테이션 시간에 제시되었다.

(2) 융합과 전환을 통한 의미구성

방학 중 교실에서 이루어진 2분기 수업의 참여자는 총 5명이고 이 중 자발적 참여자는 3명으로 진행되었다. 2분기 1차시 오리엔테이션 시간은 1분기 수업의 결과물이라 할 수 있는 비디오 관찰이 이루어졌고 설문이 더해졌다. 비디오 관찰은 1분기에 참여하였던 3명에게는 자신의 활동을 객관적으로 확인하는 자료로서, 새로운 참여자 2명에게는 교육연극 수업이 무엇인지를 알 수 있는 '지시적' 성격의 자료로서 기능한다. 2분기 수업은 참여자들이 교육연극 수업에 갖는 기대에 맞추기에 수업시간이 부족하다는 교사의 판단으로 수업 중 마임활동, 학습지와 같은 부수적인 활동을 하였다. 세 개의 간단한 질문으로 구성된 설문에서 연구참여자 3과 연구참여자 6, 연구참여자 9는 드라마와 연극을, 연구참여자 1은 문화를, 그리고 ##는 한국어를 배우고 싶다고 하였다.

> 비디오 관찰이 끝난 후 아이들은 서로 이야기하느라 바쁘다. 그런데 같은 나라 출신인 ##와 S-1은 조금 큰 소리를 내며 이야기를 하다가, 이제는 일어서서 밀거니 당기거니 한다. 마침 잘 됐다 싶어서 실과 바늘 활동으로 들어갔다. 동작 알아맞히기 활동과 실과 바늘을 접목해서 바늘에 실을 꿰는 모습을 보여주었다. 주의집중을 위해서는 일부러 몸동작을 크게 할 필요가 있다.
>
> (2013.7.22 참여관찰 일지)

위의 일지에서는 수업 중 ##와 연구참여자 1의 장난이 교사에 의해 '실과 바늘 활동'이라는 마임으로 전환되었다. 연구참여자 6과 ##는 2분기에 처음 참여하고 한국어 구사를 매우 어려워했다. 교사는 연구참여자 6에게 그림을 통해 의사표현을 하도록 안내하였다. 연구참여자 6과 달리 ##는 같은 나라 출신이자 '베트남어 선생님이 되고 싶은' 연구참여자 1의 도움을 통해 수업을 이어갔다.

> ##는 과거 이야기로 할 거예요, 미래 이야기로 할 거예요?" 1이 ##에게 베트남어로 말한다. ##도 1에게 베트남어로 대답한다. 1은 "미래래요." 한다.
>
> (2013.7.26 수업관찰 기록)

위의 기록은 연극의 시간적 배경을 설정하기 위해 '과거'와 '미래'에 대해 간단한 개념 학습을 하고 난 후 학생들의 의견을 묻는 교사와 ##를 언어 간 전환을 통해 돕는 연구참여자 1의 모습이다.

또한 일반학교와 다르게 함께 하는 시간이 1년 이내로 매우 짧은 상황에서 학생들의 '함께 하고 싶어 하는 마음'은 그들이 흥미 있어 하는 노래와 융합하여 연극부 노래로 만들어졌다. 노래는 학생들의 음악 교과서에 소개된 것을 교사가 개사하고 학생들에 의해 다시 수정되어 연극 활동에 사용되었다. 방학 전 경험한 '원적교 체험'은 학생들에게 '뭔가'를 느끼게 하고 현재를 더욱 소중하게 인식하는 계기가 되었다. 연극교사와 T-2는 0학교 학생들의 당시 특성을 '소속감'과 '사랑에 목말라하는'으로 해석하였다. 또한 위의 대화를 통해 학생들이 한국어에 대한 부담을 갖지 않도록 '발음하기 쉽고', '외우기 쉽고', '노래하기 쉬운' 가사를 만들고자 한 교사의 의도가 드러난다. 학생들의 모습에 대한 교사의 해석과 이를 통해 만들어진 노래는 학생들에 의해 다음과 같이 수정되었다.

바누와 (0학교 아이들의 노래)

우리들 모두가 친구예요. 생김새 고향은 달라도요

모두들 여기에 모였어요. 서로가 원한 것 달라도요.

우리는 여기서 공부해요. 서로가 서로를 ① 사랑하며

② 한국친구 사**귀기 어려워요.** 생각도 많이들 다르지요

우리들 모두가 친구예요. 서로가 원한 것 달라도요.

우리는 여기서 공부해요 서로가 서로를 사랑하며

연극을 하면서 공부해요. 다른 점 같은 점 생각해요.　　　　　(2분기 대본)

위의 일지 속 노래에서 굵은 글씨는 학생들에 의해 수정된 부분이다. 수

정 전 교사가 제시한 가사는 '① 생각하며, ② 한국말 배우기 어려워요'였다. 이를 통해 학생들의 요구는 한국어 학습보다는 '친구'관계나 '사랑'과 같은 인간관계에 대한 욕구와 관련성이 높다는 것을 알 수 있다. 2분기 수업에서 연구참여자 6은 연구참여자 2가 1분기 수업 중에 '화가'로 소개한 태국 출신 여자아이이다. 학생들은 연극을 하고 싶다는 목적은 같았지만, 그들이 연극으로 만들고자 하는 내용은 연령에 따라 차이가 뚜렷해졌다. 16세의 연구참여자 1은 로미오와 줄리엣을, 13세의 연구참여자 6과 12세의 연구참여자 3은 동화를 8세의 연구참여자 9는 '착한 로봇이 자신을 괴롭히는 큰 로봇에게 아파트 위에서 초음파로 혼내주는 이야기'를 연극으로 만들고 싶다고 하였다. 하지만 함께 연극을 하고 싶다는 학생들의 마음은 자신의 주장을 양보하게 하였다.

연극은 연구참여자 1이 하고 싶은 로미오와 줄리엣 이야기는 연구참여자 9가 하고 싶은 로봇이야기와 연구참여자 1, 연구참여자 6이 하고 싶어하는 이상한 나라의 앨리스를 함께 넣음으로써 '이상한 나라에 간 로봇 로미오와 인간 줄리엣'을 내용으로 하게 되었다.

2분기에서 주요 갈등은 로미오와 줄리엣 이야기의 큰 흐름을 벗어나지 않은 가운데 '로봇' 로미오와 '인간'인 줄리엣의 만남을 '다름'을 이유로 허락하지 않는 로봇 로미오 아버지와 특별한 이유 없이 남을 괴롭히는 붉은 여왕에 의해 발생한다. 로봇 로미오 아버지와 붉은 여왕은 힘과 권력을 가진 대상으로 설정되었다. 이야기는 이들의 뉘우침으로 끝을 맺었다. 하지만 로미오 아버지와 붉은 여왕의 뉘우침은 주변의 질타 때문에 마지못해 자신의 행위를 수긍한 것으로 본질적으로 해결되었다고는 볼 수 없다.

2분기 수업에서 연구참여자 1과 3은 선생님들이 연극 하기에서의 관객으로 참여하기를 원하였고 다른 참여자들 역시 선생님들을 초대하는 것에 동의했다. 그러나 연극공연을 하는 날 당일 평소와 달리 예쁘게 입고 온 연구참여자 1과 3의 기대와 달리 선생님들은 오지 않으셨다. 2분기에서 시행한 연극은 1분기와 마찬가지로 비디오로 녹화하여 3분기 수업에 활용하였다.

(3) 새로운 의미의 생성과 재생산

3분기 수업은 9월 초부터 11월 말까지 일반교실에서 이루어졌으며 총 9차시 중 마지막 차시는 강당에서 공연을 하였다. 3분기 수업은 11월 1일에 예정된 개교기념행사에서 연극 공연할 것을 계획하였다. 그러나 개교기념 행사에서는 '연극하기'를 할 수 있는 시간이 주어지지 않았다. 이에 따라 0학교 초등 교사들의 도움으로 11월 27일 초등학교 학생들과 교사들을 관객으로 한 '연극하기'를 진행할 수 있었다.

〈표 4-6〉 3분기 수업의 교과관련성

활동	내용	교과 관련사항
대본 작성	교사와 참여자, 참여자 간의 의견 교환을 통하여 만든 이야기를 대본으로 작성하여 제시한다.	국어 7단원. 즐거운 문학 사회 2단원. 세계 여러 지역의 자원과 문화 과학 1단원. 날씨의 변화
노래와 대사 및 챈트 녹음	교과서 제시 음악을 화음에 맞게 부르기, 연극의 장면에 어울리는 음악 고르기	음악 3단원. 세계와 함께 음악 5단원. 장구와 함께 춤을: 이야기 음악
무대의상과 메이크업, 소품 준비	역할에 어울리는 의상 준비와 배경 및 소품 제작	미술 9단원. 나도 디자이너
배경 꾸미기	참여자들이 배경을 꾸밀 수 있도록 준비	미술 9단원. 나도 디자이너
대사와 행동의 호응	대사에 어울리는 행동하기	체육 1단원. 느낌 따라 표현이 솔솔
연극하기	용기를 내어 무대에 오르기	도덕 6단원. 용기, 내 안의 위대한 힘

(2013.11.27 참여관찰 일지)

2학기 방과후 수업 참여자는 모두 11명으로 시작하였다. 이들 중 4명은 비자발적으로 참여하였는데 이 중 3명은 중간에 그만두었다. 반면 연구참여자 6은 '담당 교사도 모르게' 참여하였고 전학생 1명이 중간에 합류하여 총 9명이 함께 활동하였다. 교사가 제시한 목표는 2분기의 연구참여자 1과 연구참여자 3의 연극공연이라는 '기대'에 '응'하지 못한 것과 그에 대한 학생의 '실망'에 의한 것이었다. 새로운 목표 설정에 따라 3분기 수업은 기존의 수업보다 빠른 전개가 요구되었고 1차 수업에서부터 수업규칙에 대한 안내가 이루어졌다. 이전 경험에 따른 교사의 '관례적 행위'는 '시간이 별로 없음'으로 인하여 지속적으로 나타났다. 또한 '무대 위' 공연의 계획은 학생들의 목소리의 크기와 발음, 휴지에 대해서도 다시 한번 생각하도록 했다.

> 자신의 대사를 직접 읽어보며 아이들은 무엇이 이상한지에 대해서는 금방 이야기를 하였다. 소리 내어 대본 읽으며 대본 수정하고 이야기 이어가기를 할 때, 1은 대본의 문장부호가 이상함을 말하였다. 1: 아니? 그래요? 이게 너무 (음이) 올라가서 이상해요. (중략) 연구참여자 2: 아니를 빼고, 네 그래요? 연구참여자 4: 진짜요? (중략) 역할을 맡은 3이 제안된 대사를 해 보고, 그 중에서 가장 편한 것(네? 그래요?)으로 결정하였다. (2013.10.02 참여관찰 일지)

이후 이야기의 배경인 '이상한 나라'를 설정하기 위해서 현실의 자연스러운 사실을 알고 '이상함'을 생각하는 활동이 요구되었다. 아래의 기록은 사회와 과학교과와 관련된 현실의 자연스러운 사실에 대한 교사의 설명이다.

"어, 그거 좋다. 예를 들어서 지금 바깥을 봐요. 비가 오지요? 비가 와요. 비가 와서 물이 모여요. 비가 모여서 강으로 흘러요. (중략) 이 물을 이용해서 농사를 지어요. 그런데 붉은 여왕이 비를 안 오게 하면, 강이 다 말라버리겠죠? (중략) 사막이 되겠지요?" (중략) 그럼 사막은 어디에 많이 있지? (중략) 교사는 칠판에 원을 그려 지구 표시를 하고, 상하로 나누어 북반구와 남반구를 나눈다. "여기 이 줄 위를 북반구라고 하고, 이 줄 밑을 남반구 하고 하지요? 여기가 북극, 여기가 남극이지요?

(2013.9.11 수업관찰 기록)

1, 4, 6은 대본을 읽고 있다. 1은 대본을 소리 내어 읽기를 한다. 2와 3은 책상을 말발굽 대형으로 옮기고 있다. (중략) 3, 1, 6은 태양을 만들고, 2와 4, 8는 함께 선인장을 만들었다. (중략) (2013.10.16 수업관찰 기록)

이야기의 배경인 '이상한 나라'는 '지구의 숨겨진 곳'으로 지구온난화에 영향을 받은 '사막'으로 표현되었는데 이를 나타내기 위해 학생들은 재활용 박스를 이용하여 소품으로 사용할 태양과 선인장을 만들었다.

3분기 이야기의 주요 내용은 1분기의 '왕따' 이야기와 2분기의 '이상한 나라의 로미오와 줄리엣'이 결합되고 재구성되어 만들어졌다. 또한 2분기에서 '연극부 노래'로 제시하였던 바누와 역시 학생들에 의해서 '화음을 살려서' 부르게 되었다. 또한 학생들이 자신의 노래를 녹음하고 이를 스스로 평가한 후 '다시 할 것을 제안'하였다. 학생들이 넣기를 원한 개그, 만들기, 그리기, 노래 등의 활동은 수업에 반영되었다. 또한 아래의 기록은 학생들이 맥락성을 고려하여 이야기를 구체화하는 모습을 담고 있다. 3분기의 '붉은 여왕'은

〈'이상한 나라'에 대한 이해〉
이상한 나라가 갖는 '다름'을 나타내기 위해서 위의 학생은 사막에서 생장하는 선인장을 생각하고 소품으로 이용하기 위해 만들었다.

2분기의 '붉은 여왕'과 다르게 '나쁜 일'을 하게 된 구체적인 계기가 있었고 그 계기에 공감하고 사과함으로써 갈등이 해소된다.

"응~ 붉은 여왕이 어릴 때 무슨 일이 있었어요? " 6은 "네. 붉은 여왕.. 음… 어릴 때, 어… 왕따 당했어요." . (중략) 1은 (중략) "어릴 때부터 하얀 여왕만 다들 좋아하고, 레드 퀸은 안 좋아했어요." "왜?" "어, 레드 퀸은 언니보다 안 예쁘고, 아니, 하얀 여왕~ 하얀 여왕만 다들 좋아하고, 공부 잘 하고~" 3이 이어간다.   (2013.9.11 수업관찰 기록)

마술피리 서곡(6학년 음악 교과서) 시작 음이 3번 들린 후에, 어딘가에서 붉은 여왕이 등장을 알리는 소리가 들린다.
소리: 비키세요, 붉은 여왕 들어가실게요~ ×2   (3분기 완성 대본)

또한 위의 일지와 대본은 3분기 학생들의 의견 중 연극 내용에 재미있는 것을 많이 넣고 싶다는 의견을 반영한 것인데, 극중 인물인 '붉은 여왕'의 모습을 즐겨보던 TV프로그램에 나온 '보라 언니'의 이미지를 통해 쾌활하고 명확하게 구체화하였다.

학생들의 활동은 공연 날짜가 다가올수록 자발성이 높아졌다. 아래의 일지에서 나타나듯이 학생들은 스스로 연습을 위해 모임을 갖기도 했다.

오후가 되기 전 아이들에게 톡으로 물어보니 3이 지난 금요일에 몇몇 아이들이 모여서 연습을 했다고 자랑하듯 말한다.   (2013.11.6 참여관찰 일지)

8은 자기가 이야기를 할 때는 내가 무대 밑에서 어떤 지시도 하지 않았는데 앞으로 한 발자국 나와서 자기의 대사를 하는 모습을 보여 주었음.

(2013.11.27 참여관찰 일지)

특히 위의 일지에서 나타나듯이 소극적인 연구참여자 8은 연극공연에서 '앞으로 한 발' 나오는 행동을 함으로써 연극에 몰입하고 있는 모습을 보였다. 또한 0학교의 모든 초등학생과 교사는 관객으로, 스태프로 함께 참여하였다. 공연이 끝난 후 몇몇 학생들이 핸드폰으로 촬영한 공연사진을 보며 얘기하는 모습이 보였고 어떤 교사는 연극에서 사용한 음악을 콧노래로 부르며 복도를 걸어갔다.

긴장과 흥분 속에서도 연구참여자들은 0학교의 모든 초등 구성원을 관객으로 자신의 역할을 수행했다. 그리고 연극이 끝나고 함께 이야기하는 자리에서 연구참여자 2는 연극활동에 도움들 준 사람으로 수업시간에 자신이 '구박'했던 연구참여자 4를 포함하여 말함으로써 1분기에서의 10과는 달리 긍정적인 관계가 형성되었다는 것이 나타났다.

장소: ○학교에서 시작해서 이상한 나라로 장소가 바뀐다.

때: 어느 월요일 오후에 시작한다.

나오는 사람: 하나, 둘, 셋, 붉은 여왕, 하얀 여왕, 신성한 새, 주민1, 주민2, 늙은 신하

필요한 소품: 책가방, 커다란 선인장, 쓰레기, 쓰레기봉투, 쓰레기 수거용 집게, 새장, 나무, 태양 3개

장면1.

학교가 끝나는 종소리가 나고 아이들이 집에 돌아가는 소리가 들리면

하나가 둘을 위로하며 걸어 나온다.10초

셋: *(둘의 등을 토닥이며)* 걱정 마. 이제 다른 애들도 하나가 자꾸 너 괴롭히는 거 알았으니까. 이제 괴롭히지 않을 거야.

둘: *(힘없는 목소리로)* 그래. 하지만 이제 다들 내가 괴롭힘 당해도 아무 말 못하고 그냥 당하는 애라고 생각하겠지?

셋: *(둘의 팔을 잡아 세우며)* 무슨 얘기야? 그런 게 어디 있어? 오히려 니가 그렇게 힘들어 한걸 우리가 **이제야 눈치 채서** 미안하지!

뒤쪽에서 하나가 둘과 셋을 향해 소리치며 쫓아온다.

하나: *(큰 소리로)* 야! 너희들 거기 서!

둘과 셋은 하나가 쫓아오는 것을 보고는 도망가다가 (제주 '원천강본풀이'를 배경으로한 애니메이션 '오늘이' 관련 음악) 구멍으로 비명을 지르며 떨어진다. 하나는 씩씩거리며 구멍 앞까지 쫓아 왔다.

(중략)

늙은 신하: *(붉은 여왕을 보며)* 여왕님, 그만하세요. 사람들이 싫어해요. *(하얀 여왕을 보며)* 여왕님, 그만하세요. 붉은 여왕님도 좀 이해해주세요.

하얀 여왕: *(신하를 보다가 다시 붉은 여왕을 보며)* 어떻게 이해하라는 거죠? 언니는 어릴 때부터 남을 괴롭히기만 했는 걸요. 난 아직도 기억해요. 그 커다랗고 연두색의 끔찍한 벌레를…

(중략)

붉은 여왕: 흥! 그 애벌레는 곧 나비가 될 거였어! *(하얀 여왕, 주민1, 주민2를 가리키며)* 너희들은 겉모습만 보고 징그럽다고 내 소중한 것을 밟아 죽였잖아!

하얀 여왕: 그건 사고였어요. 게다가 그게 나비가 될지 나방이 될지 어떻게 알아요?

붉은 여왕: 그래. 그건 나방이 될 수도 있었겠지. 하지만 모습이 바뀌기 전까지는 난 그 아이를 통해서 꿈을 꿀 수 있었어. 나도 너처럼 모두에게 사랑받는 사람이 될 거라는 꿈 말이야.

(생략)

(3분기 연극하기 사용 대본)

위의 대본을 통해서 공연을 목표로 한 3분기 '연극하기'에서는 여러 교과학습과 관련하여 수업이 이루어졌음을 생각 수 있다. 대사는 1, 2분기에 비해 길어짐에 따라서 v표지가 휴지를 알리는 시간적 직시로 새롭게 사용되었다. 연극의 공간적 배경은 소품을 통해 알 수 있는데 쓰레기, 쓰레기봉투, 집게 등과 같이 일상생활에서 흔히 접할 수 있는 물건과 태양 3개라는 비일상적인 것이 함께 제시됨으로써 '지구와 관련된 곳'이라는 것을 짐작케

한다. 등장인물의 이름은 신분이나 직업을 나타내는 사회적 직시로 기능한다. 또한 2분기 수업에서 이탤리체와 밑줄이 함께 있는 것은 해당 역할을 맡은 학생이 '더 어울리는' 표현이라고 생각한 것으로 바꾼 대사이다. 연극에서 관객은 기본 요소 중 하나이지만 0학교에서 연극 공연의 관객은 공연의 도우미로 함께 참여하기도 하였고, 그들이 핸드폰으로 녹화한 공연은 학교 구성원에게 새로운 이야기의 소재가 되었다. 특히 교육연극반 학생들은 무대에서의 공연을 '떨리면서도' 다음 활동이 '기대되는' 것으로 평가하였다.

사례에서 3분기 수업의 연극공연은 1, 2분기의 활동 과정과 내용이 다양한 표상형식의 융합과 전환을 통해 심화되고 확장되는 가운데 창의적으로 발전한 것으로 평가할 수 있다. 2016년에 개봉한 영화 〈거울 나라의 앨리스〉는 〈이상한 나라의 앨리스〉의 후속편으로, 전편과 같이 하얀 여왕과 붉은 여왕의 단순한 대립구조가 아니라 붉은 여왕이 하얀 여왕으로 인하여 어린 시절에 겪은 나쁜 경험을 드러내고 공감하고 용서를 구함으로써 갈등을 해소하는 내용을 담고 있다(위키피디아). 이 영화는 0학교에서의 연극이 공연된 다음 해에 제작을 시작하였으며 2016년에 개봉되었다.

4. 마무리

전통적인 의미에서 볼 때, 이 장에서 제시한 사례는 결코 성공적인 '리터러시' 혹은 '교육'으로 분류될 수 없다고 본다. 수업의 대부분을 학생들은 단지 자신의 모습을 그림으로, 이야기로, 행동으로 보여주었고 그것을 인지한 교사에 의해 대본의 대부분이 기록되었기 때문이다. 더욱이 수업을 위해 따로 마련된 교재는 부재하고, 수업의 세부계획이나 방향 역시 이전 시간 혹은 이전 활동에서 나타난 학생의 요구나 상황에 따라 변화하는 모습이 확인되기 때문이다. 그러나 학습자의 생활 속에 만연하는 표상형식과 학습자의 다양성 그리고 연극 수업이 그 과정을 통해 개인의 잠재력을 사회적 차원의 역량으로 이끌 수 있었다는 점을 고려하면 위의 사례는 긍정적인 교육적 대안으로 검토 가능하다고 본다.

교육연극 수업 사례에서 교사는 수업 전 학생 특성에 대한 고려가 미비한 채 수업을 준비하였다. 그러나 학습자의 부정적인 반응에 대한 성찰을 통하여 학습자의 행위에서 드러나는 그들의 관심과 '원적교 체험'이나 '갈등 경험'과 같은 사회문화적 특성을 확인하고 공감하였을 뿐만 아니라 이를 적극적으로 수업에 반영함으로써 교육의 상호성과 유동성 그리고 순환성을 보장하였다.

리터러시의 각 층위에서 나타난 특성을 다중 리터러시와 관련하여 살펴보면 다음과 같다. 1층위에서 나타난 의사소통의 특징은 유동성에 있다. 학생들은 연극으로 만들고 싶은 이야기의 선정과 재구성에서 자신의 주요 경험을 활용하였다. 그들이 겪었던 학교 내에서의 갈등과 학교 밖에서의 이유 없는 배척은 그들의 관심을 '갈등'과 그 해결에 두게 하였다. 또한 자신들의 이야기를 만드는 과정에서 대사, 배경, 그림, 동작, 노래 등은 자신과 인물의 마음 그리고 자신과 인물이 속한 사회를 드러내는 데 기여했다.

연극공연을 통한 학생들과 관객의 소통을 나타내는 2층위에서는 상호성이 의사소통의 핵심으로 작용하였다. 1분기의 경우에는 관객을 계획하지 않았고, 2분기에서는 관객의 부재로 그리고 3분기에서는 해당 학교의 모든 초등학교 구성원과의 소통으로 변화되었다. 1분기와 2분기에서 나타난 모습은 리터러시 수신자와의 상호작용 자체를 고려하지 않거나(1분기), 거부(2분기)를 의미하며 '방과후 수업' 혹은 '다문화 가정 학생들의 활동'에 대한 관심과 지원이 어떠한지를 나타내는 것으로 볼 수 있다.

3층위의 의사소통은 순환성을 특징으로 한다. 1분기와 2분기에서 연극

활동을 녹화한 비디오는 이후 분기인 2분기와 3분기에서 각각 첫 시간에 시청함으로써 수업의 안내 혹은 함께 생각할 자료로서 기능하였다. 즉 학생들은 그들이 수행한 연극활동 비디오를 통하여 이후 활동에서 고려해야 할 점을 말함으로써 새로운 1층위의 의사소통이 가능하게 하였다. 특히 3분기 연극공연은 교사의 비디오 녹화뿐만 아니라 관객으로 참여한 O학교 초등구성원들의 핸드폰과 기억을 통해 기록되고 이야기되는 모습을 통하여 '그들만의' 이야기가 '모두'의 이야기이자 자신만의 경험담이 될 수 있게 하였다.

또한 이들이 만든 연극과 이후 제작된 영화 〈거울나라의 앨리스〉를 비교할 때, 다문화 가정 학생의 개인적인 경험이 보편성을 갖고 있다는 것과 타자에 의해 충분히 공감될 수 있는 모습이라는 것을 알 수 있다.

형식성이 낮았던 1분기 수업의 경우 비자발적 참여자도 분기가 끝날 때까지 함께 참여할 수 있었다. 그러나 형식성이 높았던 3분기 수업의 경우에는 교육연극 수업에 대한 경험이 없는 비자발적 참여자의 경우 상당수가 학습을 중단하였다. 이러한 사실은 정규학교로의 진입을 돕는 다문화 대안학교 혹은 예비학교의 설립과 운영이 타당하다는 것을 나타낸다. 그러나 사례학교에서의 교육적 성취가 이후 그들이 돌아갈 일반 학교의 생활을 보장한다고 말하기는 여전히 어렵다. 사례에서도 드러나듯이 일상에서 그들을 타자화하는 것은 '모르는 다수'로 구성된 비다문화 가정 학생에 의한 경우가 많기 때문이다. 이것이 학령과 출신을 넘어 모든 구성원에게 다문화 리터러시교육이 필요한 이유이다.

자율성을 보장하며 공적 체계에 편입된 대안교육은 특히 학생이 자신의 삶을 통해 맞닥뜨린 문제를 그들이 흥미를 갖는 다양한 방식으로 함께 고민하고 해결을 연습할 수 있는 교육적 체험을 제공하여야 한다. 대안교육은 기존의 교육이 간과하거나 해결하기 어려운 문제를 해결하고자 제시되었지만, 새로운 구성원이 갖는 관심과 요구 그리고 사회문화적 특성과 경험적 특성을 외면하거나 단순화한다면 더 이상 '대안'이 갖는 가치를 보장받을 수 없다고 본다. 더욱이 우리가 살아가는 환경은 오늘이 그랬듯이 내일 또한 빠르게 변화할 것이며, 그 속에서 나타나는 삶의 다양성도 심화될 것이다. 따라서 교육은 과거 어느 때보다 유연함을 발휘하여 학습자의 삶의 모습을 담아내고 상호작용을 통해 변화해야 할 필요가 있다. 변화하는 세계 속에서 변하지 않는 교육은 대안교육이 지양하는 전통적 교육의 모습이자, 미래세대를 과거 속에 살도록 하는 것과 다름없기 때문이다.

5장
스토리텔링교육과 다문화 가정 청소년의 리터러시

 다문화 가정 청소년에게 있어서 다문화 리터러시는 자기 인식의 기본적 사고 기반이며, 소통을 위한 지식과 경험의 토대이며, 공존을 위한 실천적 행동의 본질로 이해할 수 있다.

1. 다문화 가정 청소년 대상 스토리텔링교육의 필요성

본 장에서는 다문화 가정 청소년을 대상으로 하는 리터러시교육의 대안으로서 스토리텔링교육을 다루고자 한다. 앞서 1부의 논의를 통하여 살펴보았듯이 다문화 리터러시는 다문화 사회 구성원들에 대한 새로운 이해와 소통의 도구로 활용 가능하다는 점에서 주목되며, 이를 함양하기 위해서는 교육적 관점에서의 접근이 필요하다. 특히 기존의 청소년들과 비교하였을 때, 이질성이 높은 다문화 가정 청소년들의 증가는 새로운 교육적 대안을 요구하게 되었고 이를 감안하여 본 장에서는 스토리텔링교육의 가능성을 확인해 보았다. 여기에서 필자는 2장에서 제안한 다문화 리터러시의 비판적 접근을 다문화교육의 이론적 배경으로 활용하여 스토리텔링교육의 모델을 제시하고자 한다. 또한 스토리텔링교육을 통해 발현되는 다문화 가정 청소년들의 리터러시를 통해 그들의 다문화 인식에 대한 이해를 확대하고, 다문화 사회의 공존과 통합을 위한 대안을 확인하고자 한다.

한국은 1990년대 중후반 이후 결혼이주여성의 유입이 증가하면서 다문화 사회로의 변화가 시작되었고 이와 함께 다문화 가정 청소년의 수도 매년 증가하고 있다.[33] 한국 사회는 다문화 가정, 그 중에서도 특히 다문화 가정 청소년이 한국 사회에 적응하고 성장하는 문제에 대한 관심이 높다. 다문화 가정 청소년은 이주나 단기체류라는 배경을 가진 이주민 집단과는 달리 한국인으로서의 정체성을 가지고 우리 사회의 구성원으로 성장해야 하기 때문이다. 이러한 점에서 다문화 가정 청소년의 한국 사회 적응은 사회통합에 중요한 영향을 미친다고 볼 수 있다. 이에 따라서 국가 차원의 적극적인 지

---

[33] 교육부는 2012년 조사 시행 이후 매년 교육기본통계를 통해 초중고등학교에 재학 중인 다문화 학생 수를 발표하고 있다. 이에 따르면 다문화 학생 수는 조사 시행 이후 지금까지 지속적으로 증가하여 2018년 기준 122.211명(전체 학생 기준 2.2.%)으로 확인되었다(교육부, 2019).

원이 필요한 현실이다.

그러나 한국 사회는 다문화 가정 청소년에 대한 지원정책에 있어서 그들이 가진 다문화 정체성이 사회·문화적인 결핍이나 차별의 요소로 작용한다는 판단으로 선주민 자녀들과의 격차 해소를 가장 기본적이고도 중요한 목표로 삼았다. 한국 사회에서 다문화 가정 청소년에 대한 기본가정은 '적응해야 하는 존재'이기에 한국인으로서의 정체성을 수용하도록 동화주의에 입각한 다문화교육이나 사회 정책을 실시하는 것이다. 또한 다문화 가정 청소년이 겪는 어려움들에 대한 실태연구를 바탕으로 이들의 문제 해결을 지원하기 위해 실시하는 다양한 제도적 개선을 위한 노력 역시 '동화주의'에 근간을 두고 있다.

이렇듯 다문화 가정 청소년들이 가진 다문화 정체성의 본질에 대해 고려가 없이 진행된 이중문화·이중언어 중심의 다문화교육은 다문화 가정 청소년들을 결핍적 혹은 '다름'의 존재로 인식하는 악순환의 고리를 형성하였다. 다문화 가정 청소년을 대상으로 하는 교육프로그램의 대부분이 언어·지식 격차 해소 중심의 교육으로 진행된다거나, 정체성 형성에 큰 영향을 미치는 문화예술 분야에 대해 제한적으로 이루어지는 교육 실태 등은 이들의 다문화 정체성 확립을 위한 이해와 교육이 매우 미비하다는 것을 나타내고 있다. 따라서 이를 보완하기 위한 새로운 교육프로그램에 대한 요청은 필연적일 수밖에 없다.

문화예술교육은 다문화교육을 위한 새로운 대안으로 그 중요성이 강조되고 있는데, 구체적인 교육 방안으로는 스토리텔링교육이 주목된다. 스토리텔링교육은 문화예술교육의 하나로서 기존의 지식 중심 다문화교육의 대안으로 볼 수 있다. 특히 다문화 가정 청소년들에 대한 교육은 그들이 다문화 인식의 의미를 해석할 수 있는 기회를 제공하고, 다문화 정체성에 대한 해답을 찾아갈 수 있는 자기 인식의 기회를 제공하는 것이 중요하다.

문화예술교육을 기반으로 하는 스토리텔링교육은 다문화 가정 청소년들에게 자신을 표현하는 기회를 제공함으로써 자아정체성을 확인하도록 한다. 또한 다문화 정체성을 재인식하는 과정을 학습이 아닌 창작 활동을 통해 구성하여 스스로 자신의 내면적 리터러시를 표상화하도록 한다. 또한 스토리텔링교육은 자신의 문화적 경험을 표상화하는 과정에서 문화 간 차이와 공통점을 발견하고, 자신의 문화적 정체성의 경계적 위치를 확인하게 하며, 내면적 갈등의 해소를 통해 공존과 통합의 대안을 제공한다는 점에서 의의가 있다. 즉 스토리텔링교육 과정에서의 사고의 확장과 결과적으로 이루어지는 학습을 통해 다문화 리터러시 역량이 강화될 수 있다는 점에서 다문화교육으로서의 대안적 모델이라고 할 수 있다.

다문화 가정 청소년들의 스토리텔링교육에서는 그들이 가진 다문화 리터러시 측면을 고려하는 것이 요구된다. 본 장에서는 다문화 가정 청소년들이 가진 다문화 정체성, 상호문화 감수성, 세계시민성에 대한 개념을 정리하면서 다문화 리터러시에 대한 이론적 토대를 검토하고자 한다. 개인적 경험 차원의 정체성과 자아에 대한 부분은 '다문화 정체성', 사회적 경험 차원의 타자와의 소통과 이해는 '상호문화 감수성', 전 지구적 경험 차원의 성장과 공존은 '세계시민성'을 분석의 이론적 토대로 활용하여 접근하였다. 또한 다문화 가정 청소년 교육프로그램에 대한 연구 결과들을 중심으로 이론 연구를 통하여 다문화 가정 청소년들의 리터러시를 연구하는 이론적 토대를 마련하였다.

다문화교육은 다문화 사회의 변화를 반영한다는 측면에서 새로운 변화를 요구하고 있다. 특히 다문화 청소년들과 다문화 학부모들의 교육적 요구인 정체성 인식과 자존감 향상과 관련된 교육적 대안과 다문화 청소년들을 위한 장기 프로그램 측면의 대안으로 스토리텔링교육의 필요성은 부각되고 있다. 스토리텔링교육은 다문화 청소년들의 다문화 리터러시를 확인할 뿐만 아니라 그들에 대한 이해를 확대하는 계기를 마련한다는 점에서 더욱 주목된다.

본 장에서는 스토리텔링교육의 의미와 가치를 분석하고 이를 활용하여 다문화 가정 청소년들이 스토리텔링교육 과정에서 표현하는 다문화 리터러시를 확인하는 것을 중심으로 한다.

2. 다문화 가정 청소년의 스토리텔링과 리터러시

1) 다문화교육과 다문화 스토리텔링

다문화교육은 문화예술교육을 기반으로 출발한다. 다문화교육은 문화예술교육이 추구하는 '지식중심 교육의 탈피'와 '창조적 인간으로 성장'이라는 가치를 수용하면서 개인적 영역의 창조성을 바탕으로 사회와의 소통을 통해 문화 다양성의 발현을 목표로 한다. 이를 실천하는 교육적 대안으로서 스토리텔링교육은 문화 다양성 함양과 자아정체성 확립을 통해 다문화를 창조적으로 수용하는 도구로서의 역할을 수행한다.

(1) 다문화교육과 문화예술교육

한국문화관광정책연구원은 예술교육과 문화교육을 다음과 같이 정의하고 있다.

> 문화교육은 인간 및 사회에 대한 비판적 성찰을 바탕으로 개인과 사회의 소통을 통해 다양한 문화적 가치에 대한 이해를 향상시키는 것을 목표로 한다면, 예술교육은 예술의 본질인 미에 대한 체험과 표현을 통해 예술적 감성을 향상시키는 것을 목표로 한다.
>
> 한국문화관광정책연구원(2004)

문화교육과 예술교육은 각자 독자적인 영역을 가지고 있으면서 인간의 본질적 가치를 향상시키는 동기를 부여한다는 점에서 서로 유기적인 연관성을 가진다. 문화예술교육은 기존 예술교육이 가진 장르적 한계를 극복하고 문화교육과 예술교육이 가진 개념을 통합하는 것을 전제로 한다(한국문화관광정책연구원, 2004). 문화예술교육은 창의력과 상상력을 가진 인재 양성을 목표로 하며, 기존 학교 교육의 획일화·정형화된 프로그램이 아닌 학습자 스스로 참여해 학습목표를 결정하는 자율적 프로그램이다(정선재, 2011). 문화예술교육은 단순히 예술을 접목한 교육이 아니라 예술을 기반으로 하는 교육을 지향하며, 예술적 완성도가 목적이 아닌 창조적인 창작 활동을 중심으로 사회와 소통하는 것을 핵심으로 한다.

문화예술교육은 예술교육과 문화교육을 병렬적으로 나열하는 교육이 아니라 각 교육이 가지고 있는 교육적 내용과 특징을 통합적으로 활용하여 개인의 문화적 발전과 성숙을 이끌어 내는 역할을 하는 교육이라고 할 수 있다. 문화예술의 단순한 표현기법적 활용을 넘어 이해와 향유를 통해 자신을 이해하고 사회를 표현하는 상호보완적인 교육을 의미한다. 기존 지식교육 중심의 교육시스템의 한계를 극복하고 지식과 인성의 균형적 발전을 추구하며 예술적 감성을 바탕으로 다문화 감수성을 갖춘 문화주체로 성장시키는 것을 목표로 한다. 전영은(2015)은 문화예술을 자신과 다른 문화와의 소통을 통해 다문화적 시각을 갖도록 하는 수단으로 활용해야 한다고 했다. 이는 문화예술이 상호문화 감수성과 다문화 리터러시를 통해 다문화를 인식하는 시각을 향상시킨다는 것을 의미한다.

2000년대부터 문화예술교육은 사회의 위기와 불평등을 심화시킨 기존 교육시스템인 지식중심교육을 탈피하는 새로운 교육 패러다임으로 등장하였다(정선재, 2011). 따라서 새로운 대안 교육으로 등장한 문화예술교육을 '지식교육, 인성교육, 예체능교육의 균형발달에 이바지하는 새로운 교육체계'로 정의할 수 있다(김송아, 2010).

한국문화관광정책연구원(2004)은 문화예술교육이 추구하는 다섯 가지의 지향점을 제시하고 있다. 첫째, 창작과 향유를 통한 표현활동 강화이다. 개인의 창조적 예술활동을 통한 자신의 문화적 감성을 표현하고 향유하는 것을 중요시한다. 둘째, 문화 다양성의 이해이다. 다양한 예술의 이해는 문화 다양성과 연결되어 개인 문화 역량의 확장을 경험하게 된다. 셋째, 의사소통, 상호관계의 확장이다. 문화예술은 개인적 영역이자 사회와의 소통 수단으로서 상호 이해와 수용의 표현 수단으로서 중요한 의미가 있다. 넷째, 성찰적 사고활동의 촉진이다. 예술활동은 내면의 표현을 전제로 하며, 이를 통해 자신의 성장을 위한 사고의 확장을 경험하게 된다. 다섯째, 자기 지향적, 자기 관리적 역량 증대이다. 자신을 표현하는 과정에서 자아실현을 경험하고 자신을 새롭게 인식하는 계기를 제공한다.

한국의 공교육은 사회가 요구하는 규격화된 인재를 키우는 것에 집중되어 있었다. 개인의 자율적 선택을 최대한 제한하며 외부의 기준에 의해 결정된 지식체계를 수용할 것을 강요하고 있다. 하지만 미래사회는 창조적이고 능동적인 인재의 필요성을 인식하게 되면서 기존 교육의 혁신을 요구하고 있다. 개인의 자기주도적인 참여를 통해 창조적 지식의 완성을 중요시하고, 주체적인 문화적 성과의 향유를 통해 자아실현을 완성하는 것을 목표로 한다. 이를 위해서는 개인의 창조적인 경험이 새로운 문화를 완성하기 위한 다양한 표현을 강조한다.

다문화 사회에서는 문화 다양성을 수용하는 사회적 전제를 바탕으로 상호이해와 공존을 추구하며 다문화 사회의 정착을 위해 다양한 교육적 방안들이 실천되고 있다. 다문화 가정 청소년들은 한국의 비다문화 가정 청소년들과 다르게 환경적, 언어적, 학습적 차원에서 문화적 마찰을 경험하게 된다. 특히 성장기에 걸쳐 정체성 형성의 기본이 되는 부모에게서 정체성의 혼란을 마주하게 되는 경우가 많다. 따라서 문화적 차원의 교육을 통해 이를 극복하고 수용할 수 있는 문화적 역량을 갖추는 것을 우선시해야 한다. 다문화 가정 청소년을 대상으로 하는 교육프로그램은 다문화 가치를 수용하고 본인의 정체성을 확립하기 위한 문화예술교육이어야 한다. 일반적인 다문화교육이 아니라 다문화 가정 청소년의 문화적 요구를 반영한 교육프로그램이 필요하기 때문에 기존의 교육과의 차별화된 프로그램의 개발이 필요한 것이다.

다문화 사회에서 이주민들은 사회·경제적으로 취약한 상황에 직면한 경우가 많다. 경제적 빈곤과 문화적인 소외가 지속되면 사회적응에 많은 어려움을 겪게 된다. 특히 문화적 소외는 건전한 자아의 형성을 방해하고 자존감을 낮추는 요인이 될 수 있다. 문화적 권리에 대한 문제는 문화적 소외에 대한 관점이 단순한 생존의 영역을 넘어, 인권적 차원으로 확대될 때 비로소 인식된다. 이주민의 문화가 주류의 문화자본에서 소외되는 것은 자신의 문화적 정체성을 상실할 가능성을 높게 한다. 특히 문화는 한 세대에서 다음 세대로 계승되기 때문에 이주민의 문화적 소외로부터 발생하는 사회적·경제적 불평등은 일종의 문화자본으로서 자녀 세대에게 계승된다는 점에서 개선이 필요하다.

다문화 가정 청소년들이 자신의 문화적 가치를 인정받고 문화자본을 형성할 수 있게 하기 위해서는 문화적 권리를 보장할 수 있는 제도적 지원과 문화예술교육의 확대가 요구된다(설진배 외, 2013). 특히 이주민들이 문화예술교육을 통해 문화적 권리를 표현하는 기회를 가지고, 사회 통합을 위한 문화적 가치를 생성하고 축적하는 과정을 보장하는 것은 매우 중요하다. 청소년의 문화예술교육에 대해 주목한 일련의 학자들은 문화예술교육의 가치와 전제 조건, 문화예술교육 프로그램 기획을 위한 지향점을 다음과 같이 제시하였다.

청소년에 대한 문화예술교육의 가치는 다음의 다섯 가지로 제시할 수 있다(김지연, 2013). 첫째, 문화예술교육은 청소년들에게 효과적인 복지수단으로 작용하고, 학문 영역의 역량 제고에 도움이 된다. 둘째, 청소년의 자아존중감 형성, 정서적 건강, 리더십, 긍정적 가치 변화를 지원한다. 셋째, 청소년을 위한 공동체를 제공하고, 직업 능력 개발에도 도움이 된다. 넷째, 삶의 질을 향상시키는 복지의 역할을 통해 삶의 만족도를 향상시킨다. 다섯째, 개인의 이해와 성장, 공동체적 공감대를 형성하게 한다.

이러한 문화예술교육의 가치는 문화예술교육이 다문화 가정 청소년들이 다문화 사회의 주체적 존재로 성장하기 위한 바람직한 대안이 될 수 있는 중요한 이유이다. 다문화 가정 청소년에게 적용되어야 할 문화예술교육을 구체화하기 위한 전제 조건은 다음의 세 가지로 제시할 수 있다(김은영, 2006). 첫째, 다문화 가정 청소년을 대상으로 하는 문화예술교육의 목표와 방향은 학습적 차원이 아닌 문화 다양성을 경험하는 과정 속에서 정체성 확립에 기여할 수 있도록 구성되어야 한다. 둘째, 다문화 가정 청소년을 위한 차별화된 교육프로그램의 연구와 개발이 필요하다. 셋째, 다문화 가족과 다문화 가정 청소년의 교육적 요구와 수요가 반영된 교육이 기획되어야 한다.

따라서 이러한 전제 조건을 바탕으로 다문화 가정 청소년들에 대한 문화예술 프로그램이 구성되어야 한다. 다문화 가정 청소년을 위한 문화예술 교육프로그램 기획의 다섯 가지 지향점은 다음과 같다(정선재, 2011). 첫째, 문화적 요소로서 창의성을 강조했다. 창의성은 다양한 사고의 기반이며, 개방적 태도의 기본 요소이기 때문이다. 둘째, 사회적 요소로서 문화적 민감성을 강조했다. 다양한 문화에 대한 접근과 수용을 위한 기본적인 요소로서 반드시 요구된다. 셋째, 언어적 요소로서 의사소통을 강조했다. 다양한 문화와의 소통을 위해서는 기본적 언어적 능력을 기반으로 한 의사소통이 중요시된다. 넷째, 환경적 요소로 상호관계를 강조한다. 주변과의 소통을 위한 다양한 관계 확장의 경험이 중요시된다. 다섯째, 자아적 요소로서 자아 존중감을 강조한다. 자아정체성을 확립하기 위한 자기 이해와 자존감의 향상이 중요하기 때문이다.

다문화 가정 청소년들을 대상으로 하는 교육은 언어적, 학습적 격차를 해소하는 것에 집중되다보니 성장 단계에서 요구되는 문화예술교육이 부족하거나 배제되고 있는 것이 현실이다. 이러한 문제점을 극복하기 위해서 다문화 가정 청소년에 대한 문화예술교육의 확대를 위한 노력이 선행되어야 한다. 따라서 향후 이들을 대상으로 하는 문화예술교육은 상기 지향점들을 고려하여 학습적 측면을 강조한 기존 교육의 한계를 벗어나 새로운 문화와 예술을 경험하는 과정을 통해 전인적 발달, 잠재능력 개발, 자기 정체성 확립에 기여하도록 구성되어야 한다.

(2) 문화 다양성과 다문화 스토리텔링

문화예술교육이 다문화 사회를 위한 교육적 대안으로 제시되고 있는 것은 문화 다양성을 인정하고 수용할 수 있도록 하는 교육적 내용 측면과 다문화 구성원들의 문화적 권리를 향상시킨다는 측면에서 필요성과 의미가 강조되고 있기 때문이다. 문화예술교육은 문화 다양성을 근간으로 하고 있다. 유네스코의 '문화적 표현의 다양성 보호와 증진협약(Universal Declaration on Cultural Diversity)'은 문화 다양성(cultural diversity)을 집단과 사회의 문화가 집단 및 사회의 내부 또는 집단 및 사회 상호간에 다양한 방식으로 표현되고 전달되는 것으로 본다. 인류의 문화유산이 다양한 문화적 표현 방식을 통해 표현·증대·전승되고, 다양한 형태의 예술적 창조, 생산, 보급, 배포 및 향유를 통해 받아들여지는 것을 의미한다. 문화적 표현의 다양성이 보장되고 활성화되기 위해서는 사회 구성 개인과 집단, 그들의 문화에 대해 동등한 인정과 존중이 전제되어야 한다.

다문화교육과 문화예술교육은 개방적 태도로 문화 다양성을 인정하는 문화 다원주의를 기반으로 하여 근대적 문화우월주의를 극복한다는 철학적 배경을 가졌다는 점에서 공통적 지향점을 가진다(최성환, 이진아, 2012). 문화 다양성 속에서 공존과 통합을 바탕으로 개성과 발전을 추구하는 철학적 동질성을 가진다. 따라서 문화 다양성을 경험하기 위해 다양한 문화예술을 통합교육으로 지향하게 된다(차윤경 외, 2011). 다문화 사회의 통합을 위해서는 문화의 공유가 전제되어야 한다는 점에서 다양한 문화예술에 대한 학습과 경험은 가장 효과적인 수단이다. 다문화 사회를 위한 문화예술교육은 다문화 표현의 확장과 학습뿐만 아니라 다양한 문화 수용을 통해 통합을 위한 핵심적인 역할을 수행하게 된다. 이를 통해 다문화 가정 청소년들을 한국 사회의 문화주체로 성장하게 하는 역할을 한다.

'스토리텔링(storytelling)'은 1882년 흐윈스(C. Hewins)에 의해 처음 소개된 용어로 사전적 해석은 '이야기를 들려주는 활동'으로 정의된다. 스토리텔링은 이야기를 더하고, 만들고, 들려주고, 표현하고, 전달하는 모든 행위이며, 서사적 구조를 갖춘 이야기로 구성되어 있고 그 내용을 전달하는 것 그 자체를 의미한다. 자기 자신이 직접 경험하거나 본 이야기 또는 타인에게 전해들은 이야기, 지어낸 이야기를 다른 사람들과 공유하면서 생각과 느낌을 서로 주고받는 소통의 방식이 바로 스토리텔링인 것이다. 스토리텔링은 인문 콘텐츠의 가치를 실현하는 가장 강력한 도구이며, 말 그대로 '이야기를 말하는 것'이 아니라 '이야기를 이야기하는 행위'로 정의하고 있다(김영순 외, 2018).

찬가르와 래리스(Changar & Harrison, 1992)는 스토리텔링을 네 가지로 정리하였다(강혜순, 2006에서 재인용). 첫째, 스토리텔링은 화자 혼자만의 이야기가 아니라 청자와의 긴밀한 관계 속에서 나타나는 하나의 상호작용이다. 둘째, 스토리텔링은 수동적인 전달이 아니라 청자와 화자 상호 간의 창조적 소통 과정에서 완성된다. 셋째, 스토리텔링은 인간의 본질적 의사소통의 형태로서 일상에서부터 인간의 본질까지 평가하고 해석하도록 하는 개인적이고 해설적인 수단으로서 인간에게 유익하다. 넷째, 스토리텔링은 일련의 과정을 통해 내용의 공유 · 해석 · 제안을 거쳐 청자에게 전달하는 매개체로서의 역할을 한다.

스토리텔링의 교육적 가치에 대해서 엘리스와 브류스터(Ellis & Brewster, 1991)는 다음과 같이 세 가지로 정리하였다. 첫째, 스토리텔링은 아이들의 상상력을 자극하여 비판적 능력과 감성적 성장을 향상시키는 교육적 기능을 한다. 둘째, 스토리텔링은 다른 문화에 대한 정보를 제공하여 시공간을 초월한 세상을 접하고 지식을 습득하고 이해의 폭을 넓히는 기회를 제공하여 새로운 생각과 경험에 접근하는 사회 · 문화적 기능을 한다. 셋째, 스토리텔링은 언어를 습득하는 데 언어 기술을 발달시키는 도구로써 학습 의욕을 고취하는 재미와 학습 보조로서의 의미가 있다. 어휘와 문장의 확장은 좋은 대화 모델이 되며 의사소통을 위한 언어사용능력을 확장시키는 가치를 가진다(이유미, 2014). 즉 이야기는 흥미를 통해 학습에 대한 동기를 유발하고 긍정적인 자세와 학습에 대한 열망을 만든다. 또한 이야기는 상상력 훈련과 창조력의 발달에 목적을 두며, 환상과 상상을 실제 생활과 연결시키는 도구로써의 역할도 한다. 일상을 이해하고 가정과 학교 간의 유대를 설정하는 방법을 제공함으로써 자신감을 부여해 사회적 · 감성적 발달을 유도하고, 이야기의 다음을 예상하는 법을 스스로 익히게 한다(이정미, 박수홍, 강문숙, 2011: 3-4).

메리필드(Merryfield, 2005)는 문화 다양성 확보를 위한 간문화적 체험에 효과적인 방법으로 자신이 가진 문화적 가치와 신념, 문화적 배경과 경험을 타인의 삶과 연계하여 확장하고 이해하도록 체험적이고 반성적인 글쓰기를 강조한다. 스토리의 형태로 구성된 개인의 문화적 정체성은 자신을 표현하는 수단이자 세상을 이해하는 도구로써의 역할을 하며 세상과 소통하는 상호작용성을 가진다(Brunner, 2005; Clandinin & Connelly, 2000). 스토리를 통해 과거 · 현재 · 미래가 공유되고 외부세계의 정보를 얻는다(Brunner, 2005)는 점에서 스토리텔링을 활용한 교육프로그램은 사람들의 관심과 흥미를 유발하는 긍정적 효과가 있다고 볼 수 있다. 또한 스토리텔링은 사건과 행동을 중심으로 스토리의 전개와 결말을 구성하면서 문화 다양성 측면에서 자신과 타자의 간문화적 경험이 유의미하게 정리되도록 돕는 교육기법으로 적합하다. 이를 통해 교육에 대한 동기유발이 용이하고 '실제 참여 시 교육적 참여성과가 높아지며, 자신들의 삶을 보다 구체적으로 표현하고 포괄적이고 효과적으로 의미를 반영한다'는 점에서 스토리텔링교육의 유용성을 확인할 수 있다(이희경, 2010).

학령기 아동 · 청소년들에게는 또래 집단의 영향력이 가장 크게 나타나는 시기이며, 사랑과 소속의 욕구가 가장 강력하게 나타나는 시기로 볼 수 있다(김은선, 2010). 또래와의 소속감이나 우정이 개인적인 정체성 형성이나 욕구 충족에 의한 삶의 만족도라는 측면에서 가장 중요하다. 따라서 이 시기에는 자신을 표현하고자 하는 욕구가 강하며 이를 통해 또래 관계에서 존재감을 확보하고 소속감을 통한 만족을 추구한다.

기본적으로 다문화 가정 청소년은 자신을 둘러싼 다문화 가정이라는 독특한 개인적 환경에서 벗어나 또래와의 관계를 형성하는 과정에서 자아표현의 과정을 거치게 된다. 물리적 공간으로서 학교라는 사회적 공간으로 확장되는 것뿐만 아니라 자신의 정체성에 대한 충분한 인지를 못하는 상황 속에서 새로운 또래 관계를 형성하는 과정은 다문화 가정 청소년들에게 상당한 어려움을 줄 수 있다(김희덕, 2013). 다문화 가정이라는 특수성으로 기안한 의사소통능력의 문제는 자기표현에서 어려움을 야기할 수 있고 이는 또래와의 소통 문제로 나타나 조롱이나 놀림 등의 부정적 반응을 받게 되어 정서적 혼란을 겪게 될 수 있다. 다문화 가정 부모의 서툰 한국어나 다른 문화적 배경에서 오는 차이에서 나타나는 교육적 한계는 아동의 발달 단계에서 언어적 표현 능력의 발달을 저해할 수 있고, 이는 의사소통의 어려움으로 나타나게 된다.

다문화 가정 청소년들이 자기표현의 한계로 인해 느끼는 자신감 부족은 또래 관계 형성의 어려움으로 이어져 불안감이나 소극적인 모습을 나타나게 한다(김은선, 2010). 자기표현이 부족한 다문화 가정 청소년들의 경우 공격적 자기표현이나 소극적 자기표현으로 인해 또래 관계에서 소외될 확률이 높고, 개인적인 자존감 형성에도 부정적 영향을 주게 되어 발달적 측면에서 심각한 영향을 줄 수 있다. 따라서 다문화 가정 청소년에게 자기표현 능력을 향상시킬 수 있는 교육적 기회를 제공해야 한다는 당위성을 가지게 된다. 이는 단순히 언어적 측면에서의 교육만이 아니라 내면의 성찰을 통해 자신만의 정체성을 확립하고 스스로 자신의 자존감을 향상시켜 또래 관계에 참여하게 만드는 것을 실질적인 목표로 해야 한다. 스토리텔링 교육프로그램은 다문화 가정 청소년의 자기표현 능력을 강화할 수 있는 기회를 제공한다는 점에서 다문화교육으로서의 역할뿐만 아니라 다문화 가정 청소년의 자아존중감을 향상시키는 기회를 제공하는 효율적인 교육방법이라는 점에서 중요하다.

스토리텔링을 활용한 글쓰기는 고정관념과 편견 등의 부정적 요소를 극복하고 타인과 다른 문화에 대한 존중과 배려를 얻을 수 있게 해준다는 점에서 중요하다. 반 매넌(van Manen, 1990)은 글쓰기 경험이 인간의 반성적 사고와 실천 행위를 매개하는 데 효과적인 도구로 보고 있다. 글쓰기는 내재된 것을 표출하고 이끌어내어 삶의 주변 경험을 객관적으로 보는 인지적 태도를 형성시키고, 궁극적으로 자신을 완성해나가는 작업으로 볼 수 있다. 진정한 글쓰기를 통해 삶의 실천적 행위를 이해하고 세계에 대한 경험과 인식을 구체화할 수 있다. 특히 다문화교육을 진행시 간문화적 체험(cross-cultural experience)을 경험하도록 하는 데 효과적이다. 글쓰기를 통해 다양한 관점의 간문화적 경험을 제공하고 소통을 통해 이를 공유함으로써 문화적 정체성의 계발을 달성할 수 있다. 스토리텔링에 기반을 둔 글쓰기가 다문화 감수성을 향상시키는 데 기여한다는 점에서 교육적 의의가 있다고 볼 수 있다.

다문화교육으로서 스토리텔링은 스토리텔링이 가진 교육적 역할을 다문화에 대한 이해의 도구로 활용하는 것에 중점을 두고 있다. 하지만 단순히 다문화를 이해하는 수준으로서 교육적 역할을 다 했다고 할 수 없다. 스토리텔링을 통해 다문화를 표현한다는 것은 내면적 다문화성을 발현하는 기회를 통해 자신의 다문화 정체성을 재인식하는 과정이다. 이러한 글쓰기의 과정 속에 자신의 정체성 속에 존재하는 다문화 속 다름을 이해하고 타자와의 소통을 준비하게 된다. 자신에게 존재하는 다문화에 대한 재인식뿐만 아니라 이를 타인과의 소통 속에서 어떻게 표현해야 하는지에 대한 고민을 하게 된다. 그 과정 속에서 자아의 다름에 대해 타자와의 소통을 통해 자신이 완성한 스토리텔링에 다문화에 대한 수용의 모습을 담아내는 것이다.

스토리텔링을 통해 창조한 이야기 속에는 자신의 다문화 정체성과 문화간 인식이 담기게 되면서 스스로를 재인식하게 되지만 이를 자신이 속한 공동체 속에서 다문화의 통합과 공존의 도구로 활용하기 위해서는 다문화 리터러시 역량이 요구된다. 다문화 스토리텔링은 문화예술교육으로서의 문화 다양성 함양과 자아정체성 확립에 기여한다는 점을 넘어서 다문화라는 자신의 정체성을 표현의 소재로 활용하여 이를 다문화 사회의 통합과 공존에 기여하는 역할을 수행하는 것을 목표로 한다. 스토리텔링의 창조성이 개인과 사회의 다문화를 창조적으로 수용하는 도구로서의 역할을 수행하도록 하는 것이다.

자신의 내면적 정체성으로서의 다문화를 공동체 속의 다문화로 수용하기 위해서는 다문화를 읽고 이해하며 수용하는 역량으로서 다문화 리터러시를 갖추어야 하며, 이를 통해서 결과물로서의 스토리텔링을 완성해내는 통합과 공존의 창조자로서 성장하게 된다는 점에서 다문화 스토리텔링의 의의가 있다. 다문화 스토리텔링교육의 방향은 스토리를 읽고 듣는 과정에서 차이의 발견과 다름의 이해를 거쳐 자신의 스토리를 말하는 과정에서의 소통과 공감으로 확장된다. 또한 다문화를 수용하는 실천적 역량인 다문화 리터러시를 통해 새로운 스토리를 창조해 나가는 통합과 공존을 추구하는 것이다.

2) 다문화 가정 청소년과 다문화 리터러시

한국 사회에서 다문화 가정 청소년들은 청소년기의 신체적 · 인지적 · 심리사회적 발달 과정에서 비다문화 가정 청소년들이 경험하는 일반적인 변화와 더불어 다문화라는 문화 정체성의 혼란을 경험하게 된다. 다문화 청소년들의 다문화 정체성, 상호문화 감수성, 세계시민성의 관점에서 그들의 리터러시를 이해하는 것을 통해 한국 사회 적응과 글로벌 사회 구성원으로 성장을 돕는 것이 요구된다.

(1) 다문화 가정 청소년

한국 사회는 다문화를 수용하고 이주민을 받아들이게 되면서 다양한 유형의 청소년들이 등장하고 있다. 청소년복지지원법 제18조에는 다문화 가족의 청소년과 그 밖에 국내로 이주한 청소년을 이주배경청소년으로 정의하였다. 이주배경청소년의 유형을 다문화 가정의 청소년, 외국인근로자가정 자녀, 중도입국청소년, 탈북청소년, 제3국 출생 북한이탈주민 자녀 등으로 분류하고 있다. 일반적으로 다문화 가정은 다문화 가족지원법에 제2조제1호에 의하면 결혼이민자 및 관련법과 규정에 따라 대한민국 국적을 취득하거나 귀화 허가를 받은 사람으로 이루어진 가족을 의미한다. 따라서 다문화 가정 청소년은 청소년기본법 제2조에 의해 9세 이상 24세 이하의 다문화 가정에서 출생하여 한국 국적을 가진 자로 정의한다.

다문화 가정 청소년들은 청소년기에 접어들면서 기본적으로 신체적·인지적·심리사회적 발달과정에 따른 특성을 나타내게 된다. 첫째, 신체적인 측면에서는 급격한 신체 변화를 경험하게 된다. 신장과 체중이 급격히 성장하고, 호르몬 변화에 인해서 성적 성숙이 빠르게 이루어진다. 자신의 급격한 신체적 변화에 민감하게 반응하며 관심을 가지게 되고, 신체 성숙 속도가 정서와 행동에 중요한 영향을 미치면서 자아를 형성하는 중요한 요소로 작용한다. 특히 다문화 가정 청소년들의 경우 피부색이나 외모와 같은 차이가 자신의 정체성을 형성하는 데 중요한 환경 요인이 된다(김청송, 2009).

둘째, 인지적 측면에서 논리적 사고를 바탕으로 추상적인 사고와 형식적 조작 능력이 출현한다고 보았다. 반면 인지 발달에 따라 자의식이 나타나 세상과 갈등하거나 주변으로부터의 관심과 사랑을 요구하는 경향이 나타나게 된다(김청송, 2009). 다문화 가정 청소년들의 경우 자신이 처한 다문화적 상황에 대한 이해와 공감과는 별도로 사회의 불합리한 인식이나 모순들을 이해하는 모습을 보이게 된다. 또한 자아를 발견하는 과정에서 서로 상반된 다양한 자신의 모습을 통해 자아정체감의 위기를 경험하기도 한다. 자아와 세계 간의 새로운 재정립을 위한 시기라고도 할 수 있다(김애순, 2005). 이 과정에서 다문화 가정 청소년들은 이중문화를 경험하게 되면서 혼란과 갈등을 겪기도 하고, 다양한 문화적응의 모습들을 보이기도 한다.

셋째, 심리사회적 측면에서 사춘기적 특성이 나타난다. 자신의 사회적 지지의 일차집단인 부모와의 관계와 자아의 성장이 대치되면서 갈등이 시작된다. 이러한 과정에서 부모의 역할이 올바르게 이루어지지 않는다면 가족문제로 이어지게 되고 자녀의 정체성 형성에 결정적 영향을 미칠 수 있다. 이러한 부모와 자녀 간의 갈등을 긍정적으로 해결하는 과정에서 자녀는 독립된 성인으로서 자아정체성을 형성하며 성장하게 된다(조성연, 2009). 또한 이 시기는 가족보다 또래와의 관계가 증가하게 되면서 또래집단과의 연대를 통해 자아를 재평가하고 새롭게 형성하게 된다. 또래집단에서 연대감, 유능감, 인기 등을 얻을 수도 있으나 부정적 관계의 영향으로 인해 갈등과 혼란을 경험하게 된다(한국청소년상담원, 2004). 다문화 가정 청소년들이 외국인 부모라는 다름의 요소가 자신의 다문화 정체성으로 이어지게 된 것에 대해 차별적 갈등을 경험하게 된다면 부모와의 갈등이 발생하게 되고, 또래관계에도 악영향을 미칠 수 있다는 점을 인식하고 있다. 이를 긍정적인 사회적 관계를 통해 충족시켜 나가는 것이 사춘기를 맞이한 다문화 가정 청소년들의 성장에 가장 중요한 요소이다.

다문화 가정 청소년은 신체적 · 인지적 · 심리사회적 발달과정에서 비다문화 가정 청소년들과는 달리 다문화라는 정체성을 가지고 있다는 점에서 사회적응 과정의 차이를 보이기도 한다. 외모, 언어능력, 외국인 부모의 존재 등 차별적 요소로 인해 사회적 편견의 대상이 된다는 점에서 이들의 발달과 사회 적응에 대한 이론적 논의가 필요하다.

다문화 가정 청소년의 발달과 사회적응에 영향을 미치는 요인은 개인요인과 가족요인, 환경요인으로 구분할 수 있다(전경숙 외, 2010). 개인요인은 언어구사 능력, 자아정체성, 문화감수성으로 구분된다. 첫째, 언어구사 능력은 다문화 가정 청소년의 한국 사회 적응에 있어 가장 중요한 요인으로 작용할 수 있다. 다문화 가정 자녀의 언어구사 능력의 부족은 정체성과 대인관계에 부정적인 영향을 미친다(오성배, 2007). 외국인 부모의 상이한 가치관과 다문화가 혼재된 상태에서 자녀교육이 이루어지면서 언어구사에 문제가 발생할 수 있다. 이처럼 다문화 가정 자녀의 언어구사 능력과 의사소통의 불안은 자아정체성, 학업성취, 교우관계, 대인관계 등 청소년기 성장에 중요한 영향을 미치고 있다고 볼 수 있다.

둘째, 자아정체성은 자기 존재의 동일성과 독특성을 지속하면서 고양시키는 기질로 청소년기의 가장 중요한 발달과업이다. 특히 다문화 가정 자녀들은 자신이 속한 다문화 가정의 특수성을 인지하면서 자신의 정체성에 혼란을 경험하게 된다. 외국인 부모로 인한 언어, 문화, 외모 등의 차이를 발견하고 동시에 이중적 문화를 경험하면서 정체성 측면에서 내적 갈등과 외부로부터의 '다름에서 오는 구별짓기'를 통해 부정적 영향을 받게 된다(전경숙 외, 2010).

셋째, 문화감수성 측면에서 이중문화를 동시에 경험하고 습득하는 것은 문화적으로 성장할 수 있는 긍정적 요인으로 작용할 수도 있지만 문화적 차이로 인해 부정적인 어려움을 겪을 수도 있다(정하성 외, 2007). 다문화를 이해하고 수용하는 개인의 역량이 청소년기의 성장과 자아 발달에 큰 영향을 미칠 수 있다는 점을 확인할 수 있다.

가족요인은 부모의 지지와 상호작용, 외국인 부모의 사회성, 출신국과 경제력으로 구분된다. 첫째, 부모의 지지와 상호작용은 다문화 가정 청소년의 사회적응 과정에서 중요한 역할을 한다. 청소년에게 가족 간 대화와 가족활동 참여는 위험환경의 충격 완화 및 성장을 지속하게 만드는 보호적인 힘으로 본다(이해리, 2007). 다문화 가정 청소년의 경우 부모의 지지기반이 약하고 상호작용에 어려움이 겪는 경우가 많다. 부모와 자녀 간의 상호 문화 갈등과 충돌로 마찰이 발생하고, 부부간 갈등이 자녀에게 전이되어 가족의 지지를 받지 못해 발달과 사회적응에 어려움을 겪게 된다. 특히 언어소통 측면에서 상호작용이 이루어지지 않아 부정적 영향이 확대되는 경우가 많다.

둘째, 외국인 부모의 사회성 측면에서 국제결혼가정의 외국인 어머니의 사회 활동과 학교 활동 참여가 자녀에게 긍정적 영향을 준다(이재분 외, 2008). 특히 저학력, 저소득 계층의 다문화 가족의 경우 본인의 사회화에 어려움을 겪는 것이 자녀의 학업과 사회적응에도 부정적 영향을 미친다고 보았다.

셋째, 부모의 출신국과 경제력 측면에서 부모의 출신국적과 이주유형에 따른 사회경제적 지위가 다문화 가정 청소년의 발달과 사회 적응에 중요한 영향을 미친다. 또한 외국인 어머니의 출신국적에 따라 아동의 부적응 수준이 차이가 난다는 점을 확인할 수 있다(이영주, 2007).

환경요인은 또래집단, 학교환경, 사회적 지지로 구분된다. 첫째, 청소년기는 또래집단과의 관계가 가장 중요한 발달 요소로 등장하며, 부모와의 애착보다 또래관계를 더 중요시하는 경향이 나타난다. 또래와의 동일시를 통해 정서적 안정과 소속감을 얻고 자아정체감과 자존감을 향상시킨다는 측면에서 다문화 정체성을 가진 다문화 가정 청소년들에게 또래와의 관계 형성은 매우 중요한 의미를 가지게 된다(한국청소년상담원, 2004).

둘째, 학교환경 측면에서 청소년기의 성장 과정에서 가장 많은 시간과 경험을 제공하는 학교의 사회화 과정 속에서 학교와 교사의 지지는 무엇보다 중요하다. 특히 학교와 교사가 문화 다양성에 대한 긍정적 인식과 수용적 태도를 바탕으로 관계 형성과 지원을 제공하는 것이 반드시 필요하다(박윤경 외, 2009).

셋째, 가정이나 학교 이외에도 다문화 가정 청소년들을 지지하는 사회적 역할이 중요하다. 다문화 가정 청소년들에 대한 지역사회의 지지는 문제행동과 부적응 해소에 큰 역할을 한다(노충래 외, 2006). 각종 지원단체 등의 물리적 환경 제공 및 지원뿐만 아니라 인적 자원을 통한 정서적 지지가 중요하다는 점을 강조하고 있다. 따라서 다문화 가정 청소년들의 발달 및 사회적응과 관련하여 상기 제시된 요인들에 대한 적절한 지원과 실행 방안에 대한 논의가 필요하다고 본다.

(2) 다문화 리터러시[34]

다문화 리터러시에 대한 접근은 우선 다문화 인식에 대한 이해가 전제되어야 한다. 다문화 인식은 현대 사회에서 우리가 속한 사회 속에 존재하는 다양한 인종, 민족, 언어, 문화, 행동을 인지하고 이해하는 능력을 배양하고 자문화에 대한 개방성과 타 문화에 대한 수용성이 공존하도록 하는 태도와 가치의 중요성을 인식하는 것(박순희·김선애, 2012)이며, 다문화에 대한 신념이나 태도에서 다양성의 가치를 인정하고, 열린 마음으로 인종과 문화적 편견 타파, 민족집단 간의 다양성을 인정하는 것(장인실, 2008)이다. 뱅크스(Banks, 2008)는 개인이 사회에서 접하는 집단 내부 및 집단 간의 인종, 민족, 문화, 언어, 종교 등 광범위한 편차를 수용하는 수준을 의미한다고 보았다. 따라서 다문화 인식이 높다는 것은 다양한 문화에 개방적인 태도를 가지며, 이를 존중하고 수용할 수 있는 능력이 있다고 볼 수 있다. 이러한 다문화 인식은 문화적 차이의 인정과 편견 없는 태도를 견지하는 인지적 요인, 익숙하지 않은 상황에도 긍정적 정서를 바탕으로 타 문화의 입장에 공감하는 정서적 요인, 문화적 차이가 존재하는 상황에서도 적절한 상호작용을 하는 행동적 요인이 모두 포함되는 것(정석원, 정진철, 2012)이다. 따라서 다문화 인식을 가능하게 하는 문화적 역량으로서 다문화 리터러시의 중요성을 인식하고 이를 다문화적 지식구성의 단계에서 소수 집단의 시각으로 세계를 바라봐야 한다.

---

[34] 본 장에서 사용된 다문화 리터러시는 본문에 나온 학문적 정의를 기본으로 하되 다문화 가정 청소년들의 다문화 리터러시에 대한 분석에 활용될 때는 그들이 가진 자아정체성, 상호문화 감수성, 세계시민성을 통합적으로 설명하는 용어로 활용된다.

여기서는 다문화 리터러시를 다양성의 가치를 발견하고 인정할 수 있는 다름의 인지적 차원, 다문화적 태도형성의 단계에서 문화 개방성을 바탕으로 다양성을 수용하고 다문화적 관계 형성을 가능하게 하는 소통의 정의적 차원, 다문화적 행동실천의 단계에서 열린 태도와 문화 간 소통을 통해 공존과 통합을 위해 비판적 사고를 바탕으로 자신과 사회의 인식 개선을 추구하는 공존의 실천적 차원으로 세분화하여 포괄적으로 정의하고자 한다.

리터러시는 사전적 의미로 '문자를 읽고 쓰는 개인적인 능력'을 의미한다. 하지만 최근 리터러시는 '변화하는 사회의 구성원으로서 지식과 정보를 이해하고 의사소통할 수 있는 개인의 기본 능력에서 사회·문화적 맥락에서 요구하는 역할을 수행하고 적응하고 대처하면서 자신의 지식과 잠재력을 개발하기 위해 활용하는 능력'으로 의미가 확대되어 받아들여지고 있다(박인기 2002). 다문화 가정 청소년의 리터러시에 접근하기 위해서는 문화를 인식하는 역량에 대한 이해에서부터 시작되어야 한다. 즉 문화를 읽는 능력, 즉 문화 리터러시를 통해 다문화 가정 청소년에게 접근할 수 있다.

문화 리터러시(Cultural literacy)는 허쉬(E. D. Hirsch)가 만든 용어로, 주어진 문화를 이해하고 참여하는 능력을 말한다. 문화를 이해하고 참여한다는 것은 단순히 문화적 내용을 이해하는 수준이 아니라 이를 매개로 사회적 맥락에서 어떻게 소통되고 받아들여지는지 이해하는 것을 의미한다. 최근에는 문화 리터러시의 개념이 한 사회의 구성원으로 생활하기 위해 이해하고 의사소통할 수 있는 기본 능력이라는 개념으로 보며, 그 사회가 요구하는 역할을 수행하고 그 속에서 자신의 지식과 잠재력을 개발하기 위해 활용하는 능력으로 확장하게 되었다(박인기, 2002).

다문화 사회는 다양성의 인정을 통해 편견과 차별을 배제하는 성숙한 사회를 지향한다. 인간의 존엄성을 바탕으로 한 다문화 통합사회를 만들어 나가기 위해서는 이주민 적응에 집중한 소수자 대상의 다문화교육이 아니라 공존을 지향해야 할 다수자의 인식 개선을 중심으로 하는 다문화교육으로의 전환이 요구된다. 다문화 사회를 살아가는 데 필요로 하는 다문화 역량을 강화할 수 있는 실천적 교육이 필요하다는 측면에서 다문화 사회의 사회·문화적 맥락을 읽을 수 있는 문화 리터러시의 중요성이 대두된다.

다문화 리터러시는 '다문화 사회에 대한 의미의 발견, 해석, 생산 등에 요구되는 문화적 소통능력'을 의미한다(박천웅, 2013). 다문화 리터러시 능력을 갖추었다는 것은 다문화 사회에 필요한 기본적 소양을 갖추고 다문화 구성원으로서 문화 다양성을 이해하고 수용한다는 것을 의미한다. 다문화 리터러시를 다문화 사회에 내포된 다문화 텍스트의 사회·문화적 맥락을 비판적으로 인식하고 사회 변화를 위해 실천할 수 있는 능력으로 보았다(정지현, 2015).

허쉬(Hirsh, 1987)는 다문화 구성원의 증가와 다문화의 통합적 확장을 경험하고 있는 각 개인들이 다문화 사회가 내포하고 있는 인지적·교육적·경제적·사회적·문화적 함의를 읽어낼 수 있는 리터러시를 함양해야 한다는 점을 강조하고 있다. 따라서 다문화 리터러시를 이해하고 수용할 수 있는 사회적 교육의 필요성을 제기하고 있다. 다문화 리터러시교육을 통해 학습자들은 다문화적 지식구성의 단계, 다문화적 태도형성의 단계, 다문화적 행동실천의 단계를 거치면서 다문화 현장에서의 새로운 경험을 통해 자신의 지식을 재구성하여 사회적인 의미를 생성해 나가게 되고, 내면의 변화된 인식은 공감과 성찰의 과정을 거치면서 다시 현장으로의 실천 행동으로 환원될 수 있을 것으로 본다(정지현 외, 2014).

뱅크스(Banks, 2003)는 민주적인 가치와 다문화 리터러시(multicultural literacy)를 사회를 읽는 힘과 사회를 개선시키는 능력과의 관계 속에서 설명하였다. 즉 사회를 읽는다는 것은 교육을 통해 지식을 획득하는 것이고, 사회를 개선시킨다는 것은 획득한 지식을 사회 정의를 위한 실천적 행위의 바탕이자 도구로 활용해야 한다는 것이다. 특히 다문화 구성원들은 새로운 사회 구성원으로서 자신이 속하게 되는 사회를 이해하고 수용하기 위해 자신의 다문화 리터러시를 확장하는 과정이 요구된다.

다문화 사회에서는 다양한 집단에 대한 이해, 포용 및 공존의 방식에 대한 합의를 도출할 능력과 소통 기술이 필요하고, 사회가 요구하는 역할을 수행하고 그 속에서 자신의 지식과 잠재력을 개발하기 위해 다문화 리터러시가 필요하기 때문에 상호작용을 통한 소통의 매개체로서 스토리텔링의 역할이 강조되는 것이다. 다문화 가정 청소년들이 경험하는 다문화 사회 속 자신의 정체성과 다문화 수용성을 받아들이고 자기 본연의 존재적 가치를 인정하는 삶을 살아가기 위해서는 다문화 사회를 읽고, 판단하고, 수용하고, 변화시키기 위한 다문화 리터러시가 반드시 요구된다. 결론적으로 다문화 리터러시는 자기 인식의 기본적 사고 기반이며, 소통을 위한 지식과 경험의 토대이며, 공존을 위한 실천적 행동의 본질로 이해할 수 있다.

다문화 리터러시를 연구하기 위해서는 보다 세분화된 접근을 필요로 한다. 기본적으로 다문화 리터러시는 개인적 경험에서 사회적 경험을 거쳐 공동체적 경험을 통해 형성되고 확장되어 나간다.

다음 [그림 5-1]은 다문화 리터러시를 바탕으로 개인이 사회로 확대되어 가는 과정을 보여준다. 여기에서 자신의 다문화 정체성 차원의 다름을 인지하는 다문화적 지식구성 단계를 거쳐 상호문화 감수성을 바탕으로 한 소통을 기반으로 한 다문화적 태도를 형성하게 된다고 본다. 사회적 차원에서 전 지구적 차원으로의 확대 과정에서는 세계시민성을 바탕으로 다문화적 공존의 실천을 추구한다고 보았다. 이러한 단계를 통해 다문화 사회의 적응을 위한 다문화 인식의 확대가 완성된다는 측면에서 중요한 의미가 있다.

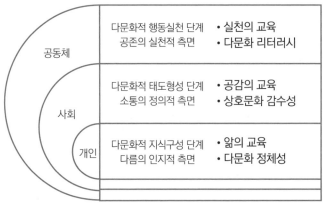

[그림 5-1] 다문화 리터러시의 확장

　개인적 경험 차원의 정체성과 자아에 대한 부분은 '다문화 정체성', 사회적 경험 차원의 타자와의 소통과 이해는 '상호문화 감수성', 전 지구적 경험 차원의 성장과 공존은 '세계시민성'으로 세분화하여 다문화 리터러시에 대해 접근할 수 있다.

가) 개인적 차원의 리터러시: 다문화 정체성

　자아정체성(ego-identity)은 에릭슨(E. Erikson)이 정신분석학적 심리학의 기본 개념으로 사용하기 시작하면서 인간을 연구하는 모든 과학적 연구의 필수용어로 사용되었다. 자아정체성(ego-identity)은 '개인이 자기 자신에 대해서 가지는 연속성과 단일성을 지닌 주관적인 느낌'으로 정의되며, 개인적인 정체성의 의식적 감각, 개인적인 성격의 연속성을 추구하는 무의식적 지향성, 자아통합 활동의 규준, 특정한 집단의 이상과 정체성에 대한 내적 일치 등으로 표현될 수 있다. 에릭슨은 전 생애에 걸친 인간의 심리적 발달을 8단계로 구분하고, 5단계인 청소년기를 자아정체감이 형성되는 결정적인 시기로 보았다. 청소년기에 긍정적인 자아정체성을 형성하면 안정된 발달을 달성하고 성인사회로 진입할 수 있지만, 이 시기의 정체성의 혼란은 성장 과정에서 역할 혼란을 겪게 된다고 했다. 청소년기의 긍정적 자아정체성의 형성은 자존감 향상과 정신 건강에도 긍정적 기여를 하게 된다고 보았다.

다문화 가정 청소년으로서의 다문화 경험은 개인의 정체성 형성에 중요한 변인으로 알려져 있다(Clark & Clark, 1947; Rice, 2003; Sue & Sue, 2011). 다문화 가정 청소년은 비다문화 가정 청소년과 달리 자아정체성을 형성하는 과정에서 자신들의 이중문화정체성 문제, 다문화 가정에 대한 부정적 인식에 대한 불안감, 외국인 부모가 있다는 이유로 유발된 문화 적응의 위기, 경제적인 빈곤으로 인한 어려움, 외모 차이와 사회적 편견으로 인해 자신의 실체적 정체성과 자신을 둘러싼 외부와의 상호작용에서 비롯된 많은 차별과 배제를 경험하게 되며, 문화변용으로 인한 어려움을 경험하고 있다(Na, 2008; Romero et al., 2007: 전병주, 2014에서 재인용).

다문화 가정 청소년에 대한 다문화 정체성은 크게 다섯 가지 영역으로 구분하여 분석할 수 있다(김현철, 모상현, 2016). 첫째, 국적에 대한 인식 측면은 자신을 어느 나라 사람이라고 생각하는지를 통해 다문화 정체성을 확인하는 것을 의미한다. 둘째, 한국인 정체성 측면은 한국인으로서 자신의 감정 개입 유무, 즉 한국과 자신을 얼마나 동일시하고 있는지의 정도로 판단하는 것을 말한다. 셋째, 다문화 수용성 측면에서 자신과 다른 구성원이나 문화에 대해 집단 간의 편견을 배제하고 자신의 문화와 동등하게 인식하여 조화로운 관계 설정을 하기 위해 노력하고 협력하는 태도를 의미한다. 넷째, 이중문화 수용태도 측면에서 타 문화권 구성원들과 원만하게 상호작용하고 타 문화를 받아들이고 이해하는 태도를 의미하며, 외국출신 부모 나라의 문화와 한국의 문화를 둘 다 수용하는 정도를 통해 다문화 정체성을 확인하는 것이다. 다섯째, 문화적응 스트레스 측면에서 다문화 구성원이라는 정체성으로 인해 지각되는 차별감, 향수병 및 위축감 등 한국 사회에서 경험한 문화적 스트레스를 통해 다문화 정체성을 확인하는 것을 의미한다. 따라서 다문화 정체성은 개인이 가진 다문화 자아정체성이 사회와의 상호작용 속에서 문화적 변용을 경험하면서 형성된다고 볼 수 있다.

다문화 가정 청소년의 자아정체성에 영향을 미치는 요인들을 정리하면 다음과 같다(박진우, 2015). 첫째, 환경적 요인으로서 인간관계를 중심으로 자아정체성이 형성된다. 둘째, 비다문화 가정 청소년과 다른 다문화 배경이 중요한 변수로 작용한다. 셋째, 개인이 속한 환경적 요인이 자아정체성에 영향을 미친다. 이 세 가지 요인들은 상호작용적 영향을 주고받으며 다문화 가정 청소년들의 자아정체성을 형성하는 주요 요인이 된다.

비다문화 가정 청소년의 자아정체성에 영향을 미치는 환경적 요인들인 부모, 교사 및 친구와의 인간관계가 다문화 가정 청소년의 자아정체성에도 영향을 미친다. 다문화 가정 부모의 교육 가치관에 따라 자녀의 정체성에 많은 영향을 미친다. 하지만 다문화 가정 부모들도 문화적 차이로 인한 혼란을 경험하고 있는 경우가 많아 자녀의 정체성 형성에 부정적인 영향을 주는 경우가 많다. 친구나 교사의 경우에서도 그들의 다문화 인식의 수준 차이에 따라 다문화 가정 청소년을 대하는 태도의 차이가 발생한다. 친구나 교사의 사회적 지지가 다문화 가정 청소년들의 긍정적 자아정체성 형성에 중요한 영향을 미친다.

비다문화 가정 청소년의 자아정체성 형성에 영향을 미치는 요인과는 다르게 경제 수준, 외국인 부모의 역할, 한국어 실력, 다문화에 대한 사회적인 인식, 학업동기, 외모 만족도 등이 다문화 가정 청소년의 자아정체성 형성에 영향을 미친다. 다문화 가정 부모의 영향으로 인한 한국어 능력의 부족이나 학업 부진, 학업동기 결여, 낮은 경제 수준 등은 자아정체감에 부정적 영향을 주며, 특히 주변인들의 다문화에 대한 인식의 차이가 자아정체성에 큰 영향을 미친다고 보았다. 외모 만족도의 경우 청소년기의 외모에 대한 관심이 자아정체성에 큰 영향을 미친다고 볼 때 다문화 가정 청소년들의 외모적 콤플렉스는 부정적 영향을 미칠 수 있다.

다문화 가정 청소년은 주류문화인 한국문화와 모국의 문화를 동시에 경험하면서 긍정적 수용과 발전적 통합을 통해 자아정체성의 균형과 조화를 발견하고, 생물학적·심리적·사회적 문제를 해결해 나가는 이중문화 적응 과정을 통해 다문화 정체성을 확립할 수 있다.

다문화 정체성의 형성은 모국의 문화 차이 인정, 한국과 모국 사이의 이질적 문화 차이 인식, 두 문화를 통합의 세 단계의 발달 단계로 정리할 수 있다(최슬기, 2012). 첫 번째 단계는 모국의 문화를 인정하는 것을 목표로 한다. 문화 인정은 민족적 가치관이나 신념과 같은 정신문화와 의식주, 지역적 특성과 같은 생활 문화를 수용하는 과정을 말한다. 이를 통해 언어적 장벽이나 문화적 차이에서 오는 갈등을 완화하고 애착을 형성하는 과정이다.

두 번째 단계는 문화 간 이질적 차이를 인식하는 것에서 출발한다. 학습 혹은 경험을 바탕으로 차이의 근본적 실체를 확인하고 이를 통해 부정적 감정이나 배타적 태도를 해소할 수 있다. 이를 통해 자신이 가진 다문화의 실체에 접근하는 것이 가능해진다.

세 번째 단계는 상호 간의 다문화를 포용하여 자신의 인식을 확대하는 것이 핵심이 된다. 다양한 문화의 수용을 통해 문화 다양성을 갖추어서 사회적인 문화 통합을 수행하는 역할을 하게 되는 과정에서 자신의 부정적 정체성 인식을 극복하고 다문화 정체성의 원형을 확립하게 된다.

다문화 정체성을 확립하기 위해서는 타 문화에 대한 부정적 인식을 극복하고 차이를 인정하며 문화의 통합을 추구하고자 하는 다문화 가정 청소년들의 문화 수용 의지가 중요하다. 자기정체성의 혼란으로 인한 갈등과 좌절, 자기 존재에 대한 부정적 인식을 극복하고 다문화 통합의 주체로서 문화 역량을 갖추는 것을 통해 다문화 정체성을 확립할 수 있다.

나) 사회적 차원의 리터러시: 상호문화 감수성[35]

다문화 사회에서 문화 간 의사소통능력은 '상호문화 인지능력', '상호문화 감수성', '상호문화 기민성'의 세 가지 요소로 구성된다(김영순 외, 2013). 바욱, 브리슬린(Bhawuk & Brislin, 1992)은 개인이 타 문화와의 차이를 인식하는 것을 상호문화 감수성으로 정의하며 문화적 맥락의 차이 속에서 자신의 행동을 변화시키는 능력인 문화 간 역량의 강화를 강조했다. 베넷(Bennett, 2009)은 문화 간 역량 개발이 다문화교육의 중요한 목표 중 하나임을 강조했다. 다문화교육을 통해 자신의 문화에 대한 성찰을 바탕으로 다양한 문화와의 공존을 추구하기 위한 문화 간 역량의 개발을 중요시했다.

슈피츠버그, 브루너(Spitzberg & Brunne(1991)는 문화 간 역량을 향상시키기 위해 상호문화 감수성을 갖추어야 한다고 했다. Chen(1994)은 다양한 문화적 환경 속에서 개인의 행동을 결정하기 위해 문화적 차이를 인식하는 민감성을 상호문화 감수성으로 보았다. 이를 통해 자신과 타집단을 구별하고 문화 간 의사소통이 가능하다고 했다.

베넷(Bennett, 1993)은 상호문화 감수성 발달 모형(Developmental Model of Intercultural Sensitivity: DMIS)에서 자민족중심주의에서 민족상대주의로의 이행 단계를 여섯 단계로 세분화하여 정리하면서 문화의 차이에 대한 부정-방어-최소화-수용-적응-통합으로 볼 수 있다고 했다.

개인의 상호문화 감수성은 여섯 단계에 걸쳐 발달된다는 상호문화 감수성 발달 이론에서는 문화 간 차이의 존재를 인지하는 것으로부터 시작해 문화 차이가 자신의 정체성에 위협적인 존재가 아니라 오히려 자신의 정체성을 풍부하게 만든다고 보고 이를 통해 다문화 사회에서 요구되는 다문화적

---

[35] 상호문화 감수성은 초기 번역에는 문화 간 감수성으로 사용되었다. 본 장에서는 기존에 사용되던 문화 간 감수성이란 용어를 대신하여 상호문화 감수성으로 대체하여 사용하고자 한다.

정체성을 확립하게 된다고 본다. 이 과정에서 자신의 상호문화 감수성 발달 단계를 인지하고 그에 해당하는 적절한 훈련을 통해 다음 단계로의 성장이 가능하다고 보았다.

자민족중심주의는 자신의 문화가 현실인식에서 가장 중심적인 것으로 생각하고 문화 차이를 회피하는 것을 말한다. 부정 단계에서는 문화의 차이를 인정하지 않고 자신의 문화만을 진정한 문화로 인식하고 타 문화에 회피하려고 한다. 방어 단계에서는 다른 문화들 간의 구분은 가능하나 자신의 문화를 우월하게 인식하며 타 문화를 부정적으로 평가한다. 경시 단계에서는 드러나는 문화적 차이를 인정하면서 근본적으로 자신의 문화와 유사하다고 받아들인다. 자신의 문화와 세계관을 보편적인 것으로 생각한다.

민족상대주의는 문화 차이를 인정하고 타 문화의 관점에서 자신의 문화를 경험하고 해석한다. 수용 단계에서는 문화적 차이를 인식하고 인정하며 문화상대주의적 관점에서 타 문화를 해석한다. 타 문화가 자문화와 다르지만 동등하게 현실 속에 존재하는 것을 인정한다. 적용 단계에서는 타 문화의 관점에서 세상을 바라보며 문화 간 교류를 위한 소통을 통해 공감하고 자신의 사고와 행동 코드를 전환할 수 있다. 통합 단계에서는 자신의 문화적 정체성을 특정한 한 문화에 고정하지 않고 자아의 개념과 경험을 다른 문화적 세계관으로 이동하여 확장하려고 한다. 이 때 문화적 혼동을 경험하기도 하고 주변적 존재가 되기도 한다.

다문화 가정 청소년은 다문화적 경험을 통해 타자와 구별되는 개인적 정체성을 형성하게 된다. 다문화 가정 청소년들은 단일 문화를 경험한 비다문화 가정 청소년들과 달리 상호문화 감수성 발달 모델에서 나타난 여섯 가지 단계에서 차이를 나타내며, 더 다양한 경험을 통해 단계별 감수성 인식의 변화가 나타난다. 다문화 가정 청소년들의 리터러시를 이해하기 위해서는 개별 다문화 가정 청소년들이 가진 상호문화 감수성의 단계를 확인하는 과정을 통해 보다 명확하게 확인할 수 있다.

다) 전 지구적 차원의 리터러시: 세계시민성

세계화는 국제 사회에서 국가 간의 상호작용이 증가하면서 상호 의존성이 증가되어 세계가 단일 체제로 전환되는 것을 의미한다(김영순, 2017: 293). 세계화가 가속화되면서 민족국가의 경계가 약화되고 다문화의 공존과 전 지구적 사회 통합이 진행되고 있다. 따라서 세계화는 '국경 없는 세계'를 기반으로 사회 구성원들이 변화하는 세계의 다양한 현상과 문제에 대해 상호작용하며 이루어지게 된다. 이러한 세계화의 추세로 인해 세계 속의 개인들은 세계시민으로서의 역량, 즉 세계시민성의 함양을 요구받고 있다.

세계화 시대 속 세계시민이라는 용어를 이해하는 것에서부터 세계시민성을 정의하는 것이 필요하다. 시민(citizen)은 지역과 국가를 초월해 긴 인류역사를 통해 부단히 발전한 보편적인 개념이라고 할 수 있다. 시민 이전에는 '신민' 또는 '국민'이라는 용어가 우선시 되었다. 신민(subject)은 절대군주 체제하에서 지배를 받아 온 신하라는 의미였고, 국민(nation)은 근대 국가를 전제로 한 구성원을 의미한다.

반면에 시민은 사회의 주체인 동시에 가치 있는 삶을 추구하기 위해 공동체 구성을 위해 노력하며 자신의 결정에 책임지는 존재를 의미한다. 또한 개개인이 가져야 하는 행동 성향을 의미한다(한경구, 김종훈, 이규영, 조대훈, 2015). 시민은 고대 그리스에서는 공동체가 보장하는 모든 권리를 누리는 구성원을 의미했으며, 역사적으로 오랜 기간 동안 성별, 계층, 신분 등의 제약을 바탕으로 일부 특권계급만의 자격으로 제한되었다. 근대 국가 이후 국가에 대한 시민의 저항과 참여로 획득된 정치 · 경제 · 사회적 권리를 제도화해 특정 국가 소속 모든 구성원에 부여된 기본권으로 개념이 확대되었다. 근대 사회의 시민권이 국가와 국민 간의 긴장관계 속에 규정된 권리라면 현대 사회에서는 민주주의 사회의 구성원으로서 소양과 자질을 갖추고, 역할과 책무를 실천하며, 공동체의 문제 해결에 적극적으로 참여하는 주체로서의 시민의 개념이 정의되고 있다(유네스코 아시아태평양 국제이해교육원, 2015: 14).

따라서 시민성(citizenship)은 사회와 개인의 상호작용을 통해 형성되며 민주주의 사회의 구성원으로서 시민 소양을 갖추고, 민주정치 과정에 참여할 수 있는 지식과 기능의 총체로 보았다(한경구 외, 2015). 개별 국가의 집합체로 보았던 과거의 세계관에서 통합된 하나의 세계로 상호 연계되며 시민성은 국가 차원을 넘어 세계적 차원으로 진화되고 있다. 이전의 시민성이 '국민'에서 시작된 '국가 시민성'으로 제한되었다면 현재는 하나의 국가를 위한 시민의식이 아닌, '세계'라는 사회의 주체이며 세계 공동체를 위해 노력하는 세계시민의 의미를 강조하고 있다(강문지, 2018).

다문화, 세계화 시대에는 세계시민으로서의 역할 수행을 위해 간문화적 능력을 강조하면서 이를 함양하고 신장시키기 위한 교육의 역할을 중요시하였다(허영식, 2012). 차이와 다름을 인정하고 더불어 살아가는 삶을 강조하는 간문화 능력을 향상시키는 것을 통해 상호 공존과 상호 협력의 세계를 만들 수 있다고 보았다. 따라서 세계시민성은 다문화의 관점에서 문화 다양성을 존중하고 문화 간 소통을 강조하며, 문화의 상호작용을 통해 문화의 다양성과 전통문화 존중과 같은 문화 간 이해를 강조하며 시민으로서의 참여와 노력에 관심을 보였다(양성실, 2013).

세계시민성을 갖추기 위한 교육은 다문화교육과 근접한 개념이면서도 차이점도 존재한다. 다문화교육은 인종, 민족, 언어, 종교, 성별, 계층, 장애 등 다양한 차이로 인해 개인과 집단이 차별받지 않도록 하며, 단순히 문화 간 이해 증진 교육을 넘어 평등, 다양성, 정의 등을 핵심 가치로 수용하며 '사회변화'를 촉구하는 교육이다. 반면 세계시민교육은 국가 차원을 넘어 전 지구적 문제 해결을 위해 세계 전체의 연대와 협력을 강조하며, 세계인이 지구 차원의 이슈를 이해하고 참여하는 역량을 키워 비판적 사고력과 참여 능력을 함양시키는 교육이다(김진희, 허영식, 2013). 따라서 다문화교육은 소수 집단이나 개인이 주류사회 속에서 차별과 소외를 받지 않도록 하는 지식과 내용 중심의 '사회변혁적' 교육을 통해 변화를 유도한다.

반면 세계시민교육은 세계를 하나의 단위로 인식하고 세계 전체가 다양한 문화 및 사람들의 상호의존성을 수용하여 '보편적 인류 공영'을 목표로 하는 가치 지향적 교육이자 그 실천적 역량을 키우는 것을 중요시한다는 점에서 차이점을 가진다. 하지만 다문화교육의 핵심적 가치가 문화 다양성의 인정과 인간 존엄성, 보편적 인권에 대한 존중이라는 점을 고려하면 한 국가 차원에서 다양한 문화의 공존을 이해하고 인정하는 것을 국가 단위를 초월하여 세계 수준으로 확장시키는 것이 세계시민교육이 지향하는 바와 같은 의미로 해석될 수 있다. 그러므로 다문화교육과 세계시민교육은 글로벌 시대에 살아가는 세계시민이 주체적으로 사고하고 참여하여 사회 전체의 공존과 번영을 추구한다는 공통점을 발견할 수 있다(김진희, 2012).

다문화 가정 청소년은 자신의 다문화 정체성을 차이로 인식하지만 차별의 의미로 해석되지 않도록 하는 간문화적인 역량을 확보하는 것이 중요하다. 자신의 내면적 상호문화 감수성을 발달시키는 과정에서 문화 차이를 인정하고 보편적 문화를 수용하고 통합하는 문화적 주체로 성장하게 된다. 이 과정을 통해 자신이 세계시민의 일원이라는 것을 발견하고 자신과 세계와의 상호 연관성을 이해하고 열린 사고와 관점으로 세상을 바라보는 능력을 갖추게 되는 것이다.

3. 스토리텔링교육과 다문화 리터러시[36]

　문화예술 창작 활동에 기반을 둔 스토리텔링 프로그램으로 기획된 다문화 가정 청소년 대상 그림동화책 창작 프로그램이 지식 전달 차원의 학습 중심 다문화교육에서 벗어나 다문화 인식 개선과 다문화 정체성 확립을 지원함으로써 다문화 가정 청소년의 자존감 향상에 도움이 되었다는 점에서 의의가 있다. 또한 스토리텔링 프로그램을 통해 완성한 그림동화책을 스토리텔링 분석요소에 적용하여 리터러시를 해석하는 연구 결과와 연구참여자의 심층면담 내용을 바탕으로 분석된 다문화 리터러시 연구 결과를 반영하였다.

1) 스토리텔링교육 방안

　스토리텔링교육은 학습자들에게 흥미를 유발하는 스토리를 학습의 기저로 활용하기 때문에 집중도와 참여도 측면에서 적합하며, 다양한 관련 지식과 경험들을 기저에 두고 이야기의 생성과 공유를 촉진시킨다는 장점을 가지고 있다. 이야기로 소통하는 과정에서 문화적 차이를 발견하고 이를 활용하여 학습자의 문화 다양성과 창의성 향상으로 연결시킬 수 있다는 연구가 많다(권혁일, 2008; 김재춘, 배지현, 2009). 특히 다문화 가정 청소년을 대상으로 하는 교육프로그램의 경우 다문화교육 요소가 반영되어야 한다는 점에서 스토리텔링을 활용한 문화교육은 다른 문화 체계 속에 살던 스토리텔러가 다양한 문화를 이해하고 수용하는 것에 보다 효과적이라는 연구(김영순, 윤희진, 2010)를 반영할 수 있다.

---

36 본 장에서 다루는 다문화 가정 청소년들을 대상으로 한 스토리텔링교육과 다문화 리터러시 분석은 안진숙(2019)이 5년간 G시 다문화 가족지원센터에서 진행한 그림동화책 창작 프로그램에 대한 질적 사례연구를 중심으로 구성한 것이다.

스토리텔링을 활용한 교육프로그램은 의사소통의 수단이자 교육 도구로 책을 활용하고 있다. 독서를 기반으로 하여 사고의 확장과 내면의 탐색 과정을 거치면서 자신만의 스토리를 완성하는 교육적 목표를 지향한다. 구체적인 글과 그림으로 결과물을 완성하는 성취를 달성하게 하는 과정에서 교육적 성과를 검증하게 된다.

스토리텔링교육의 장점을 여섯 가지로 정리하면 다음과 같다(이영식, 2006). 첫째, 하나의 스토리를 수업하는 데 짧은 시간이 들어 시간적 부담이 적다는 장점이 있다. 둘째, 텍스트와 그림이 함께 포함되어 수업에 대한 집중도가 높다. 셋째, 단순하고 적은 문장, 보조 도구로서의 그림이 있어 접근과 이해에 용이하다. 넷째, 가독성 측면에서 뛰어나고 누구나 접근하기 용이한 주제를 다루고 있어 교육에 적합하다. 다섯째, 읽기 · 쓰기 · 듣기 · 말하기의 통합적 학습 요소를 포함하여 학습 구성 측면에서 적합하다. 여섯째, 그림동화책은 단순한 문학으로서의 가치뿐만 아니라 인간과 사회의 문화 전반을 포함하는 내용을 갖추고 있어 내면적 치유와 정보 제공이라는 긍정적 역할을 수행한다.

다문화 스토리텔링교육은 모국의 문화와 한국문화 사이에 존재하는 간극을 극복하고 통합적인 문화적 정체성을 확립할 수 있도록 하는 교육적 목표를 가지고 있다. 이를 위해 다문화 스토리텔링 교육프로그램은 다음과 같은 전제 요건을 포함해야 한다.

첫째, 스토리텔링에 기반을 둔 교육프로그램은 문화 보편성과 다양성을 인식하는 과정에서 자신만의 문화적 스토리를 구체화하는 경험을 할 수 있도록 해야 한다. 다문화 가정 청소년들이 개인의 다문화 경험을 스토리로 발현하는 과정을 통해 문화적 보편성을 확장하는 과정을 거치게 한다.

둘째, 에릭슨(Erikson, 1982)은 인간발달단계에서 학령기 아동 · 청소년이 객관적 자아의 형성 과정을 거친다고 보았다. 다문화 가정 청소년들은 사춘기라는 자아 정체감의 혼란을 겪는 시기에 자신이 경험하고 있는 다문화 정체성의 혼란을 함께 경험하게 되기 때문에 긍정적인 자아 형성이라는 측면에서 정서적 지원이 필요하다. 스토리텔링교육은 다양한 문화적 스토리를 경험하는 과정에서 자아를 재정립할 수 있는 문화적 역량을 제공한다는 점에서 큰 의미가 있으며, 이를 통해 자아를 재정립할 수 있는 긍정적 경험을 하게 된다.

셋째, 다문화교육의 특성상 참여자들의 자발적이고 적극적인 참여가 필수적이다. 이중문화적 배경을 가진 다문화 가정 청소년들의 다양한 다문화 정체성을 수용하고 발현할 수 있는 프로그램을 구성하고 실행하기 위해서는 그들의 다문화 경험을 구체화하고 문화 보편성을 수용할 수 있도록 해야 한다. 따라서 구조화된 학습이 아닌 자발적 참여를 통한 교육 몰입을 유도해야 하며, 스토리를 감상하고 완성하는 즐거움을 제공하는 과정에서 높은 교육적 성취를 달성할 수 있다.

스토리텔링은 화자와 청자의 상호작용을 전제하기 때문에 이를 교육프로그램에 적용 시 문화 다양성에 대한 즉각적인 상호작용을 통해 변화와 수용을 경험할 수 있다. 이를 바탕으로 다문화 가정 청소년을 대상으로 하는 효과적인 스토리텔링교육을 위한 수업설계의 원리를 탐색하였다(정민수, 장성민, 2014).

제1단계에서는 문화 다양성의 핵심개념 및 가치를 인식하는 것이다. 다문화 가정 청소년을 대상으로 하는 수업 구성 단계에서는 문화 다양성에 대한 이해를 전제로 한다. 자신이 직면한 이중문화적 상황을 인지하는 과정을 경험하면서 개인적 차원의 다문화 정체성이 사회적 차원에서 어떻게 수용되고 있는지에 대한 성찰 과정을 경험하는 수업이 필요하다. 문화적 차이에 대한 인식을 하기 위해 지식 차원의 교육을 통해 문화적 민감성을 갖추는 것을 목표로 한다. 제1단계에서는 다문화에 대한 인지 차원의 수업을 위해 스토리텔링과 배경지식을 활용한 커리큘럼으로 구성한다. 개인이 경험한 다문화성을 내면적 차원이 아닌 스토리의 구성 요소로 활용하기 위한 외부적 발현으로 연결시키는 교육을 구성한다.

제2단계에서는 다문화의 주체적 수용자로서 요구되는 사고 확장을 하는 것이다. 제2단계에서는 자신이 경험하고 있는 다문화 인식과 1단계에서 배운 다문화 지식을 결합하여 다문화의 주체적 수용자로서 글로벌한 문화 수용성을 갖출 수 있도록 사고를 확장하는 교육을 구성한다.

제3단계에서는 스토리텔링을 기반으로 한 문화 다양성을 표현하는 것이다. 제3단계는 1·2단계를 통해 확장된 다문화 인식을 바탕으로 자신의 다문화 정체성에 기반을 둔 스토리텔링을 구상한다. 예술적 표현 기법을 포함한 표현 방법에 대한 고려가 선행되어야 하며, 다문화성을 표현할 수 있는 스토리를 완성하는 교육을 구성한다.

2013년 시작된 다문화 가정 청소년 교육지원 사업은 다문화 가정 청소년의 독서와 논술 지도를 통한 어휘력 향상으로 학습 이해력 증가와 학교 적응력을 높이고자 하는 취지로 기획되었다. 교육프로그램이 진행되는 과정에서 다문화 가정 부모와 청소년들의 만족도가 높아지면서 다문화 가정 청소년들의 정체성 확립과 다문화 이해도를 향상시킬 수 있는 교육프로그램으로 변화를 요구하였다. 특히 모국 문화에 대한 이해를 확대하는 교육을 통해 이중문화 수용을 바탕으로 한 다문화 인재로 성장할 수 있도록 지원해 줄 수 있는 교육프로그램에 대한 요구가 높았다. 이러한 요구를 반영하여 추진된 다문화 스토리텔링교육을 통해 다문화 그림동화책을 창작하는 교육프로그램에 대한 요구를 반영하여 새로운 프로그램으로 변화를 진행하였다.

다문화 스토리텔링 교육프로그램에 참여한 다문화 가정 청소년들은 개인적 정체성 차원에서 존재하던 청소년기의 내면적 자아와 다문화 정체성을 그림동화책이라는 창조적 문화예술활동에 접목하는 경험을 하였다. 글쓰기라는 자기표현의 과정을 통해 내면에 존재하는 자아와 다문화에 대한 인식을 글과 그림이라는 객관화된 실체의 스토리로 변화시키는 경험을 통해 자신을 재인식하는 기회를 가지게 되었다.

자신만의 리터러시를 그림동화책으로 표현하는 과정에서 자신의 다문화 인식이나 경험의 부족으로 문화 다양성을 표현하는 부분에 어려움을 겪는 모습을 보면서 우리 사회가 다문화 가정 청소년에 대해 가진 편견의 모습, 즉 그들이 가진 다문화성으로 인해 오히려 적응이 힘들 것이라는 판단은 잘못된 것임을 확인할 수 있었다. 다문화 가정 청소년들도 비다문화 가정 청소년들처럼 청소년기의 일반적인 자아정체감의 혼란이나 사춘기적 갈등을 겪는 보편적인 모습을 작품 속에서 보여주고 있었고, 다문화에 대한 접근도 타자의 눈으로 보는 관찰자의 입장에 근접해 있다는 것을 발견할 수 있었다. 다문화 정체성을 인지하고 있지만 다시 한 번 자신의 다문화 정체성을 발견하고 학습하는 과정으로서 스토리텔링 프로그램을 이해하는 모습을 보였고, 작품 속에서도 상호문화 감수성의 다양성을 보여주면서 새로운 단계로의 성장을 할 수 있는 계기가 되었다는 점을 알 수 있었다.

그림동화책 창작 과정은 자신이 가진 내면적 자아와 다문화에 대한 인식과 경험을 담아야 하는 과정이고, 이를 통해 자신과 세계를 바라보고 있는 그들의 리터러시를 확인하는 과정을 겪게 된다. 스토리에 담긴 자신과 다문화에 대한 이해의 모습이 그들의 리터러시를 대변하는 것이라는 점에서 스토리텔링의 확장을 통해서 리터러시 역량도 확대될 수 있다는 것을 의미한다. 리터러시 역량은 자신에 대한 이해와 다문화에 대한 인식에 기반하는 것이기 때문에 다문화 정체성, 상호문화 감수성, 세계시민성의 확장을 통해 리터러시 역량을 갖추는 것이 곧 자신의 본질적인 정체성을 확인하고 재정립하는 방법인 것이다.

2) 다문화 가정 청소년의 다문화 리터러시 분석

다문화 리터러시 분석은 G시 다문화 가족지원센터에서 진행된 다문화 가정 청소년 스토리텔링 교육프로그램을 통해 창작되고 수집한 자료에 대해 질적 사례연구의 방법으로 하였다. 수집한 자료에는 프로그램을 통해 창작된 그림동화 11편과 이 과정에 참여한 다문화 가정 청소년 5명을 대상으로 한 프로그램 진행 관련 자료와 최종 완성된 그림동화책, 심층면담 자료가 있다.

여기에서는 다문화 가정 청소년들의 다문화 인식을 확인하기 위해 다문화 리터러시를 인식 접근의 도구로 활용하고자 이를 세 개의 세부 항목인 다문화 정체성, 상호문화 감수성, 세계시민성으로 세분화하여 이에 대한 이론적 접근을 시도하였다. 우선 다문화 가정 청소년은 그들이 대면한 다문화 정체성이라는 다름의 인지를 통해 자신의 자아정체성을 어떻게 이해하고 있는지를 확인하는 과정을 거치게 된다. 이를 바탕으로 다문화 세계와 소통하기 위한 상호문화 감수성의 발달을 경험하게 된다. 이를 통해 다문화를 이해하는 공존의 도구로서 세계시민성이라는 실천적 인식을 갖추게 된다.

다문화 가정 청소년의 다문화 리터러시를 다문화 정체성, 상호문화 감수성, 세계시민성으로 세분화하여 정리하면 다음과 같다. 첫째, '개인적 리터러시 차원의 다문화 정체성'이다. 다문화 정체성은 자아에 대한 발견과 이해를 바탕으로 형성되며, 특히 이중문화에 속한 자신의 실체성과 외부와의 상호작용 속에서 형성된다고 볼 수 있다. 이는 개인적 경험 차원의 문화 간 충돌 경험 속에서 다름을 발견하고, 타자와의 다름에서 자아정체성의 경계적 모습을 발견하면서 다문화 정체성을 이해하는 것이다.

그냥 언제부턴가 엄마가 중국 사람이니까 나도 그런 가정이구나. 그냥 그렇게 알았어요. (중략) (연구참여자4)

(차별이나 편견의 경험에 대해) 그런 경험이 많이 없어요. 친구들이 제가 다문화 가정인 거 다 알고 있으니까 그런데 그걸 밝히는 친구가 있으면 기분이 안 좋아요. 다 알고 있는 줄 알고 다 말해버리니까. (연구참여자3)

저는 제가 다문화 가정이라는 게 자랑스럽고 좋아요. 관심이 관심 받는 걸 좋아하는 나이였기 때문에 그래서 저는 좋았어요. 다른 친구들은 또 다를 것 같지만 제가 다문화 가정이라는 게 자랑스럽고 좋아요. (연구참여자5)

한국 문화에 속해 있는 거 같아요. 왜냐면은 중국문화의 그런 점에서 안 맞는다기보다는 경험이 부족해 가지고 그런 점에서는 약간 떨어져 가지고 한국문화는 워낙 잘 알다 보니까 그런 점에서는 제가 한국문화에 속해 있다고 생각해요. (연구참여자3)

일단 두 개 문화를 한꺼번에 접하니까 그런 점에서 나중에 언어적인 가장 큰 차이가 있는데 두 개의 언어를 하다 보니까 남들보다 한 개의 언어를 더 잘 하는 거잖아요. 그런 면에서는 더 좋은 것 같아요. (연구참여자3)

다문화 가정 청소년들은 자신의 개인적 경험 속 관계에서 다름의 정체성을 발견하게 된다. 타자와 다른 자신의 존재에 낯설어하기도 하고, 차별의 원인으로 인식하며 갈등을 경험하기도 하지만 다름 속에서 자신의 다문화 정체성을 이해하게 된다. 다문화 가정 청소년들은 자신의 다문화 정체성 발견하는 것은 타자와의 다름을 인식하는 것으로부터 시작된다. 다문화 가정 청소년들은 다름이 차별의 대상으로 이해될 수 있다는 것을 알고 있지만 자신의 다문화성을 부정하지는 않았다. 또한 다문화 청소년들이 부정적 경험은 없었다고 하지만 스스로 다문화성을 드러내고 싶지도 않은 이중적 태도를 보이기도 했다. 자신이 가진 다문화성이 비다문화 청소년들과 비교해도 별다른 차이가 없고, 다문화 경험이나 인식 측면에서 다문화 정체성을 인정할 수준에 도달하지 않았음을 보여주고 있다. 부모의 다문화 정체성을 부정하지 않고, 이중문화의 특정한 측면, 예를 들어 이중언어의 경우에서는 오히려 장점으로 인식하는 모습도 보이고 있다. 다문화 정체성에 대해서는 자신보다 사회의 인식이 더 중요한 영향을 미친다고 보고 있다.

둘째, '사회적 리터러시 차원의 상호문화 감수성'이다. 상호문화 감수성은 개인과 타 문화 간의 차이를 인식하는 것에서 시작되며, 문화 간 차이에 대한 인식을 긍정적으로 변화시키는 과정을 거쳐 다양한 문화의 소통을 통해 통합을 실천하는 것을 의미한다. 이는 사회적 경험 차원의 타자와의 소통에서 시작되어 다름을 인정하며 다르지 않음을 이해하는 과정을 통해 문화 간 차이를 극복하는 과정으로 볼 수 있다.

> (다문화 학생인 사실을 알게 된 친구들의 반응은) 약간 신기해요. 부러워하는 그런 마음 있는 거 같아요. (연구참여자2)

> (자신이 다문화 가정인 것에 대해) 저는 그렇게 밝히는 않아요. (혹시 알게 되는 경우에는) 그렇다고 말해야죠. 그렇다고 그냥 진실되게 말해야 되니까. (연구참여자3)

> (베트남과 한국의 문화 차이에 대해) 한국이랑 비슷하던데요. 그냥 밥 먹을 때도 젓가락이랑 숟가락 그걸로 먹고 (중략) 허리 숙여서 인사하는 것도 마찬가지고 다른 건 없어요. 없는 거 같아요. (연구참여자1)

그 얼굴 색이 다른 그런 아이들은 자기랑 다르게 생겼으니까 그러니깐 차별하는 거 같은데 중국이나 일본 같은 경우는 별로 다르지 않잖아요. 그래서 저는 별로 안 그런 거 같아요.   (연구참여자4)

어, 일단 다문화가 증가하고 있는 걸 다 알고 사실이어 가지고 주변사람들이 그런 걸 다 이해하고 있고 이제 우리가 다문화가 이상하게 봐야 할 게 아니라 더 당연하게 봐야 한다고 그런 시선을 많이 가지고 있는 것 같아요.   (연구참여자3)

다문화 가정 청소년들은 자신이 발견한 다문화 정체성이 사회 속에서 어떻게 수용되고 있는지에 대한 소통을 시작하면서 사회 구성원들이 가진 상호문화 감수성의 차이가 존재한다는 것을 알게 된다. 다름을 인정하는 것은 차이나 차별을 의미한다는 것이 아님을 알게 되고, 다르지 않음을 발견함으로써 상호문화 감수성의 단계를 향상시키는 노력을 자신과 사회에 요구하게 된다.

다문화 가정 청소년들은 자신의 다문화 정체성을 인정하며 자신이 속한 사회 속에서 인정받기 위한 소통을 강조했다. 타자와의 소통에서 자신의 다름을 인정하고 수용하지만 사회의 부정적 인식에 갈등을 경험하기도 한다. 자신의 다문화 정체성을 이해해주기를 바라지만 사회 전체가 문화 차이에 대한 '부정'과 '방어'라는 상호문화 감수성을 개선하는 것이 우선되어야 한다는 점을 지적한다. 이중문화의 경험 속에서 긍정적 경험을 토대로 자신의 문화적 정체성을 선택적으로 받아들이기도 하고, 다양한 문화적 갈등 상황 속에서 문화 차이의 극복을 통한 수용과 통합을 지향하는 성숙한 상호문화 감수성을 보여주기도 했다.

셋째, '전 지구적 리터러시 차원의 세계시민성'이다. 다문화 리터러시는 다양한 문화를 읽을 수 있는 의미를 넘어 다양한 문화를 수용하고 개선할 수 있는 능력을 포함한다고 본다.

> (베트남어를 배울 수 있는 교육 기회에 대해) 그런 게 있으면 좋을 것 같아요. 처음에는 말부터 터득해야 될 거 같고 그 다음에는 이제 주변에 탐색해서 주변이나 법 같은 것도 다 알아서 해야겠죠. 거기 가서 살려면.   (연구참여자1)

> 좀 생긴 게 최근에 생긴 건데 한국과 일본을 연결하는 그런 뭔가 그런 직업이 있을까?   (연구참여자5)

> 저는 선생님 같은 그런 게 그런 게 좋은 거 같아요. 약간 멘토 언니들이나 그런 식으로 다문화 가정을 도와주고 한국어를 배우게 해 주고 약간 이렇게 '그 나라에서 태어났구나.' 그런 사람들하고 도와주고 싶은 마음이 있어요.   (연구참여자2)

> 사람들 너무 자신에게 맞추지 말고 좀 관대하게 넓게 생각하면서 해 줬으면 좋겠어요. (중략) '외국인은 자신과 다른 사람이다.' 이렇게 인식하는 거 같아요.
> (연구참여자1)

> 이제 많은 사람들이 알고 있겠지만 다문화가 많이 증가하고 있으니까 이제는 미국처럼 많은 문화가 하나에 공존하는 그런 한국이 되니까 이제 우리는 다문화에 대해 많은 편견을 가지지 말아야 된다.   (연구참여자3)

다문화 가정 청소년들은 개인이 가진 다문화 정체성의 발견을 바탕으로 사회적 차원의 소통을 위해 상호문화 감수성을 키워왔다. 하지만 전 지구적 경험을 통해 세계시민으로서 공존을 실천하기 위해서는 세계를 읽고 이해하는 세계시민성을 바탕으로 해야 한다. 세계시민성을 통해서 다양성을 존중하며 함께 살아가는 공존의 세계를 완성할 수 있다는 점을 강조하고 있다. 다문화 환경 속에서 타자의 시각으로 상호문화 이해를 확대되고, 다문화 지식의 재구성을 통해 내재화된 공감과 실천을 바탕으로 세계시민성을 확대하는 과정 속에서 다문화 리터러시 역량이 강화된다. 이는 결국 전 지구적 구성원에서 세계시민으로서의 역할을 수행하기 위해서는 문화 다양성을 이해하고 수용할 수 있는 능력, 즉 다문화 리터러시의 필요성을 인식하게 된다. 다음 [그림 5-2]는 다문화 가정 청소년의 다문화 리터러시의 확장 과정을 도식화한 것이다.

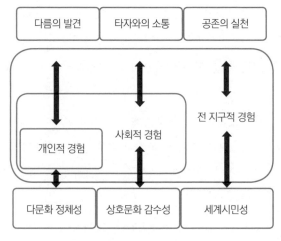

[그림 5-2] 다문화 가정 청소년의 다문화 리터러시 확장 과정

다문화 리터러시를 분석하는 과정에서 우선 다문화 가정 청소년을 다문화라는 관념적 틀에서 벗어나 사춘기 청소년들의 관점에서 새롭게 인식해 보는 것이 중요하다. 다문화 가정 청소년을 다문화 갈등의 존재로 보고 결핍과 차별적 관점에서 접근하면 그들이 가진 다문화 인식의 실체에 접근할 수 없다. 다문화 가정 청소년은 공통적으로 다문화 정체성으로 인한 갈등의

경험이 크지 않았음을 강조했다. 다문화를 인지하고 부정하지 않으나 외부적 표현에 대해서는 선택적인 모습을 보였다. 이는 사춘기라는 다문화 가정 청소년의 시기적 특성상 다문화 정체성보다는 자아 정체성을 바탕으로 자신의 개인적 역량이 그들이 속한 사회 속에서 어떻게 수용되는 지에 더 관심이 많았다는 것을 시사한다. 사랑과 소속의 욕구를 충족하기 위해서 다문화 정체성의 존재 가치를 평가하고 선택적으로 활용하는 모습도 보였다. 한국인으로서의 정체성을 강조하면서도 자신의 인식과 경험의 부족으로 인해 이중문화를 수용하지 못하고 있다는 점을 강조하기도 했다. 다문화 가정 청소년도 다문화라는 인식의 틀을 벗어나서 바라보면 청소년일 뿐이고, 그들 스스로도 내면적 차원에서 다문화 정체성을 인식하지 못하는 상황에서 사회가 그들에게 다문화라는 틀을 강요하는 편협한 시각으로 접근했다는 점을 반성할 필요가 있다. 다문화 가정 청소년들에게 다문화는 다름으로 인한 차별의 원인으로 작용할 것이라는 부정적 인식에서 벗어나 새로운 자기 발견과 성장을 위한 긍정적인 동력으로 활용될 것이라는 관점에서 새롭게 해석되어야 한다. 따라서 이중문화에 대한 긍정적 수용은 자아정체성의 확장과 자기 계발을 실천할 수 있는 계기를 마련해 준다는 점에서 반드시 필요하다.

다문화 가정 청소년에게 이중문화를 수용하게 하고, 그들만의 다문화 정체성을 통한 공존과 통합의 역할을 수행하게 하려면 다문화 감수성 차원에서 사회 전체의 변화가 선행되어야 한다는 점을 강조할 수 있다. 다문화 가정 청소년들은 자신의 다문화 경험을 사회적 역할로 확대하고자 하는 의지를 가지고 있다. 다문화 경험과 지식이 다문화 사회의 역량으로 인정받을 수 있다고 보고 자신이 다문화 사회의 역할모델로 성장하기를 희망하고 있다. 또한 다문화에 대한 편견의 극복을 주장하고 차별을 배제해 줄 것을 요구하는 다문화 리터러시의 확장을 보여주면서 사회 전체가 다문화 리터러시 역량을 강화할 것을 요구하고 있다.

다문화 가정 청소년들은 자신이 속한 세계 속에서 다양한 다문화 경험을 바탕으로 자신의 정체성에 대한 인식을 하고 있었다. 자신의 다문화 정체성을 인정하면서도 이를 차이나 차별로 인식하지 않았고, 다름이 가진 다양한 의미를 이해하기 위한 긍정적인 노력을 하는 모습을 보였다. 상호문화 감수성의 단계에 따라 다문화 인식에 큰 차이를 나타내고 있으며, 다문화 가정 청소년 개인과 사회 간의 상호문화 감수성 간극이 커질수록 소통에 문제가 발생한다는 점을 지적하고 있다. 다양한 다문화 경험과 교육이 사회 구성원 전체에게 함께 진행되어야 소통을 위한 기본적 전제가 완성된다고 보는 것이다. 결국 전 지구적 공존을 위해서는 세계시민성을 통해 다문화 인식을 세계로 확장해 나가는 것이 중요하다는 점을 인식하게 된다. 사회 통합과 세계 확장을 위한 기본적인 능력은 다문화 리터러시에 있다고 보고 있고, 다문화 가정 청소년들의 다문화 리터러시가 확장되고 있는 모습을 보여 준 것처럼 사회 전체가 다문화 리터러시를 갖출 수 있기를 희망하고 있다. 따라서 다문화 가정 청소년에게 있어서 다문화 리터러시는 자기 인식의 기본적 사고 기반이며, 소통을 위한 지식과 경험의 토대이며, 공존을 위한 실천적 행동의 본질로 이해할 수 있다.

4. 마무리

다문화 가정 청소년은 다문화 정체성의 혼란으로 인한 어려움을 겪고 있다는 점에 주목하여 새로운 정책적 대안을 제시하는 것이 요구되었다. 그 대안으로 제시된 스토리텔링을 활용한 교육이 문화 다양성을 수용하는 데 긍정적 효과가 있다는 점을 확인하였다. 다문화 가정 청소년을 대상으로 하는 문화예술교육, 특히 스토리텔링교육은 기존에 진행되었던 학습 중심의 다문화교육의 대안으로 제시되었다. 문화예술 기반 스토리텔링교육은 다문화 가정 청소년들에게 자신을 표현하고 자아정체성을 확인하는 계기를 제공하였다. 특히 다문화 정체성을 재인식하는 과정을 학습이 아닌 창작 활동을 통해 구성하여 스스로 자신의 내면적 리터러시를 표상화하도록 했다. 스토리텔링교육은 자신의 문화적 경험을 표상화하는 과정에서 문화 간 차이점과 공통점을 발견하고, 자신의 문화적 정체성의 경계적 위치를 확인하게 하며, 글쓰기 활동이 주는 내면적 갈등의 해소를 통해 공존과 통합의 대안을 제공했다. 또한 학습과 사고의 확장을 통해 다문화 리터러시 역량이 강화되었다는 점에서 다문화교육으로서의 대안적 모델을 제시했다는 점에서 의의가 있다.

다문화 가정 청소년들은 다문화 가정 자녀라는 사회적 약자의 관점에서 차별과 결핍을 해소해야 하는 지원의 대상으로 바라보는 시각이 존재한다는 점을 인식하고 있다. 하지만 다문화 가정 청소년은 사춘기라는 시기적 특성상 다문화 정체성보다는 자아 정체성을 바탕으로 자신의 개인적 역량이 그들이 속한 사회 속에서 어떻게 수용되는지에 더 관심이 많았다는 것에 주목해야 한다. 다문화가 아닌 청소년의 관점에서 자신들을 인식하기를 원하며, 다문화 리터러시와 관련하여 다문화 가정 청소년은 자신들의 다문화 정체성에 대한 이해 수준과 사회적 인식의 격차를 지적하고 있다. 다문화 가정 청소년의 다문화 정체성은 사회적인 상호문화 감수성의 수준에 따라 결정된다고 보았고, 이를 해결하기 위해서는 다문화 리터러시 역량의 강화를 요구했다. 다문화 가정 청소년들은 자신의 다문화 정체성을 인정하면서도 이를 차이나 차별로 인식하지 않았고, 다름이 가진 다양한 의미를 이해하기 위한 긍정적인 노력을 하는 모습을 보였다. 또한 그들은 상호문화 감수성의 단계에 따라 다문화 인식에 큰 차이를 나타내고 있으며, 다문화 가정 청소년 개인과 사회 간의 상호문화 감수성 간극이 커질수록 소통에 문제가 발생한다는 점을 지적하였다. 다양한 다문화 경험과 교육이 사회 구성원 전체에게 함께 진행되어야 소통을 위한 기본적 전제가 완성된다고 보는 것이다. 결국 전 지구적 공존을 위해서는 세계시민성을 통해 다문화 인식을 세계로 확장해 나가는 것이 중요하다. 다문화 가정 청소년에게 이중문화를 수용하게 하고, 그들만의 다문화 정체성을 통한 공존과 통합의 역할을 수행하게 하려면 상호문화 감수성 차원에서 사회 전체의 변화가 선행되어야 할 것이다.

6장
고등학생의 다문화 리터러시 경험과 의미[*]

자세히 보아야
예쁘다
오래 보아야
사랑스럽다
너도 그렇다

(나태주, 「풀꽃」)

* 이 장은 정지현(2015)의 박사학위논문을 바탕으로 재구성하였음.

1. 고등학생과 다문화 리터러시

우리 사회에서 다문화는 '다문화'라는 용어로 명명되기 전부터 존재하였지만, 국제 이주 배경을 지닌 이주민을 우리 사회의 구성원으로 인식하게 된 것은 불과 얼마 지나지 않았다. 하지만 '우리'로 인정하고 수용할 준비가 되지 않은 현실에서 인종, 민족, 문화 다양성을 지닌 초국적 이주민들의 급격한 증가는 다문화 사회 현상을 가속화시켰다.

학교 현장에서는 다문화 학생 수가 가시적으로 증가하면서 다문화교육이 본격적으로 요구되었다. 2019년 12월 현재, 초 · 중등학교(각종 학교 포함) 다문화 학생 수는 137,225명으로 전체 학생의 2.5%를 차지하는 것으로 나타났으며, 전년(122,212명) 대비 15,013명(12.3%)이 증가한 수치이다. 이 중에서 초등학교의 다문화 학생 수는 103,881명으로 전년(93,027명) 대비 10,854명(11.7%)이 증가하였고, 중학교의 다문화 학생 수는 21,693명으로 전년(18,068명) 대비 3,625명(20.1%)이 증가하였으며, 고등학교의 다문화 학생 수는 11,234명으로 전년(10,688명) 대비 546명(5.1%)이 증가하였다(교육과학기술부, 2019).

한국 사회 내 출산율은 매년 감소하여 한 해에 20만 명 이상의 학생을 감소시키고 있는 것에 비해 다문화 학생 수가 해마다 꾸준히 증가하고 있다. 그럼에도 실제 학교 현장에서의 다문화교육은 초등교육에만 비교적 집중적으로 이루어지고 있으며, 입시를 앞두고 있는 중등교육과정에서는 다문화교육의 지속성의 한계점이 드러나고 있다. 다문화 학생들이 성장함에 따라 다문화교육의 수혜 대상도 초등학교를 넘어 중학교의 청소년으로 실시 범위가 확대되어야 한다. 이제 보다 폭넓은 시야를 가지고 새로운 교육을 준비해야 한다.

청소년 시기는 사회 현상에 대해 구체적이고 실재론적인 사고에서 벗어나 형식적 조작 사고를 시작하게 되면서 논리적 추론을 통한 명제적 사고(propositional thinking)가 가능하다. 그리고 이 시기는 추상적이고 융통성 있는 사고를 통해 자신의 내면적 가치와 외부 세계에 대한 관점을 형성할 수 있으며, 한 국가의 국민으로서, 사회 구성원으로서 지녀야 할 태도와 의식 등을 형성해 나갈 수 있다. 이 시기에 형성된 정체성은 자기 인생의 가치관으로, 미래 성인기의 국가관으로 자리 잡게 하는 결정적인 역할을 할 수 있다.

또한 청소년 시기는 다문화에 대한 인식이 발달하고 개념이 형성되는 때이다. 청소년의 다양한 경험은 삶의 방향을 가늠하는 중요한 요소가 될 수 있으며 이 시기에 형성된 가치관은 사회생활 전반에 대한 태도의 변화를 예견할 수 있다(Keating, 1980). 따라서 다문화에 대한 바람직한 인식과 올바른 태도를 형성할 수 있도록 해야 하며, 다문화교육을 통해 청소년들은 사회의 흐름과 변화를 파악하고 지식의 근원과 자신을 둘러싼 사회 현상을 비판적으로 읽어낼 수 있는 바람직한 사회 구성원으로 자리매김할 수 있어야 한다.

특히 고등학생 시기는 대학에서 경험하게 될 여러 국가 출신 유학생들과의 다양한 문화적 접촉, 군(軍) 내 다문화 환경에서의 인간관계, 나아가 다문화 사회 현장 및 직장 내 구성원과의 관계 등, 이른바 성인 사회로 나아가기 직전의 시기이다. 즉 다문화와 관련하여 내재되어 있는 편견과 이데올로기에 대한 경계 허물기를 체득해야 하는 마지막 시기로서, 이들에게 다문화교육에 대한 학습 경험이 필수적으로 선결되어야 함을 의미한다.

이를 해결하기 위하여 고등학생들에게 다문화 사회에 대한 시대적 맥락과 문화 간 차이에 대한 인식 교육뿐만 아니라 문화 간 불평등에 대하여 비판적으로 읽어 낼 수 있는 다문화 리터러시교육이 제공되어야 한다. 비판적 페다고지를 기반으로 하는 다문화 리터러시는 자신과 자신을 둘러싼 세계를 비판적으로 읽고 해석하는 능력으로, 이를 통해 주어진 텍스트 이면에 주어진 권력을 분별하면서 고등학생들의 정체성을 구체화할 수 있다.

다문화 리터러시는 다문화적 경험을 지향하고 평등과 사회 정의, 그리고 민주주의에 대한 내용에 대하여 비판적으로 사고하는 것을 포함하는 개념으로(최숙기, 2007: 295), 다문화 시대에 필요한 기본 능력이다(서혁, 2011: 12). 또한 다양한 민족 및 문화적 시각에서 지식을 검토하고 인간적이고 정의로운 세계를 만들기 위해 지식을 활용하는 기능과 능력으로 구성된다(박윤경, 2007: 105).

뱅크스(Banks, 2003)는 사회를 읽는 힘과 사회를 개선시키는 능력과의 관계를 다문화 리터러시로 설명하였다. 여기에서 사회를 읽는다는 것은 교육을 통해 자신을 둘러싸고 있는 지식의 근원을 이해하고 그 지식을 획득하는 것이며, 사회를 개선시킨다는 것은 자신이 이해하고 획득한 지식을 가지고 바람직한 사회를 위해 실천하는 것을 의미한다.

다문화 리터러시교육의 목표가 제대로 달성되기 위해서는 새로운 교육방식과 환경이 필요하다. 뱅크스(Banks, 2007)는 다문화 리터러시교육의 '새로운 교육환경'으로 전통적인 강의 중심적, 교사 중심적, 교과서 내용 중심적 교육과 다른 교육, 즉 실질적으로 다문화에 대한 인식 변화로부터 시작하여 행동 변화까지 이루어질 수 있게 하는 대안적 교육이 요구된다고 하였다.

이러한 대안적 교육으로 문화적 배경이 다른 사람들과의 상호작용을 통해 타 문화를 접촉하는 경험의 기회를 제공하는 것도 하나의 방안이 될 수 있다. 타 문화와의 접촉을 통해 다양한 환경에 노출된 학습자는 타자의 시각에서 서로의 문화를 이해할 수 있는 계기가 되며, 이 과정에서 지식을 구성하고 공감하여 실천하고자 하는 다문화 리터러시교육의 실현이 가능해질 수 있다(정지현, 김영순, 홍정훈, 2014b: 167).

다문화 리터러시교육은 학습자들에게 서로 타자의 시각에서 문화를 바라보고 이해할 수 있도록 하며 변화하는 사회와 문화적 맥락을 읽어낼 수 있게 하는 다문화 역량을 기르도록 한다. 다문화역량을 기르는 데 있어서 직접적으로 영향을 미치는 요소는 다문화인식(Holcomb-McCoy & Myers, 1999)이다. 다문화인식은 다문화 리터러시교육을 통해서 실현 가능할 수 있다. 다문화인식은 타 문화에 노출되어 다양한 문화와 접촉하고 경험하는 과정에 타자의 시각으로 서로의 문화를 이해하면서 공존의 문제를 해결하는 데 기여한다.

최근 한국 사회에서는 다문화이해강사와 이중언어강사 제도를 통해 다수자를 위해서 다문화 현장의 요소를 부각시킨 다문화교육의 모형이 도입되고 있다. 다문화교육은 학교교육을 포함하여 사회교육 영역에 이르기까지 전 교육적 차원으로 확대되어야(김영순, 2010: 35)하고, 언어나 문화 정도의 이해교육을 넘어 지역사회가 연계된 체계적인 교육이 이루어져야 한다.

이 글의 목적은 실제적인 다문화 현장에서 수행된 다문화 리터러시교육 A 프로그램 사례를 분석하고, 다문화 리터러시교육에 참여한 한국 내 다수 고등학생들의 학습 경험에 대한 의미를 탐색하여 청소년의 다문화인식 개선을 위한 방향성을 모색하는 것이다.

2. 비판적 다문화교육과 다문화 리터러시

이 장에서는 다문화 리터러시교육 A 프로그램 사례를 탐색하기 위한 이론적 렌즈를 마련하고, 이 프로그램에 참여한 고등학생들의 학습 경험에 접근하기 위한 이론적 도구를 모색하고자 한다. 1절에서 논의할 내용은 다문화교육과 비판적 다문화교육, 그리고 2절에서 논의할 내용은 다문화 리터러시와 다문화 리터러시교육이다.

1) 다문화교육과 비판적 다문화교육

다문화 사회는 모든 사회 구성원들이 각자의 사회적·문화적·경제적 배경에 의해 차별받지 않고 자신의 존재감을 지닐 수 있어야 한다(Ouellet, 2002; Banks, 2008). 다문화 사회는 개인들이 각각의 권리를 취득하고 향유함에 있어서 불평등과 차별의 근거가 되지 않고 동등하고 조화롭게 서로 공존하며 살아가는 열린사회를 추구한다(Banks, 1994). 또한 서로 다른 사회적 범주들 간의 문화적 다양성과 차이를 존중하고, 나아가 개인의 가치 실현을 비롯하여 국가와 사회의 풍요 그리고 결속을 기대한다.

다문화 사회에서 실현되어야 할 다문화교육은 주류집단이 소수집단에게 한정해온 인식과 일방적으로 강제해왔던 동화주의를 비판하고, 다양한 인종, 민족, 성, 사회적 계층 등 모두를 아우르는 교육이 되어야 한다. 그리고 다문화교육은 주류집단에 의한 소수집단의 타자화 방식, 소수집단의 사회범주가 주류집단에 의미화되는 방식 등을 비판적으로 성찰할 수 있는 교육이 되어야 한다(Banks, 2008: 27). 이는 이질적인 문화 간의 차이를 이해하는 문화 상대주의적 관점을 넘어서 문화 간에 존재하는 불평등에 대하여서도 비판하고 나아가 사회 참여를 통해 변화를 이끌어내도록 하는 비판적 다문화교육이 되어야 한다.

비판적 다문화교육은 차별적이고 불평등한 관계를 조장하는 주류집단에 대한 비판적인 인식이 선행되어야 함을 강조한다. 이러한 인식이 선행될 때만이 다문화 사회를 구성하는 다양한 인종, 민족, 성, 사회적 계층 등 전체 구성원의 문화가 공평하게 반영될 수 있다. 모든 구성원의 문화가 정당하게 반영됨으로 인해 우리 모두가 동등한 사회 구성원으로서 존재를 인정받을 수 있으며 미래 사회의 변화도 바람직하게 진전될 수 있기 때문이다.

비판적 다문화교육을 제시한 학자들의 주장을 살펴보면, 맥라렌(Mc-Laren, 1995)은 다문화 사회에서 구성원의 다양성을 인정하고 더불어 사는 것만으로는 평등과 정의가 이루어질 수 없다고 하였다. 그는 사회 현상 속에 내재되어 있는 차별과 불평등, 그리고 이를 합법화하고 있는 권력의 역학 구조에 관심을 가지고, 문화의 정치성과 기호의 관계성을 비판적으로 성찰할 수 있도록 비판적 다문화교육의 핵심 과제로 다룰 것을 강조하였다.

스와츠(Schwartz, 1995)는 주류 다문화교육은 타자를 주류문화 혹은 지배적 문화에 포섭하려고 노력할 뿐, 지배적 문화 그 자체의 이데올로기적 헤게모니에 대해서는 의문을 제기하지 않는다고 하였다. 그러나 비판적 다문화교육은 사회의 구조와 변화를 비판적으로 인식할 수 있도록 하고, 다양성의 차이와 그 원칙을 통해 주류문화 또는 지배 문화 중심의 포섭적 다문화주의를 배격할 수 있다고 하였다.

파인버그(Feinberg, 1995)는 개인의 선택에 이미 문화적인 함의가 있다고 보고 각 개인이 자신의 행동과 규범이 문화적으로 구성되었다는 것을 인식할 때 자기이해가 가능하다고 하였다. 그는 비판적 다문화교육을 통해 청소년들에게 우선 자신의 정체성을 문화적인 산물로 여길 수 있을 만큼 소중히 다루고, 그것을 자신과 다른 정체성을 지닌 사람들에게 적용하여 자신의 정체성 이상으로 존중하도록 가르쳐야 한다고 하였다.

킨셀로와 스타인버그(Kincheloe & Steinberg, 1997)는 주류집단에 의해 규정된 권력의 역동성이 소수집단에 대한 차별로 재현되어 나타나는 것에 주목하였다. 이들은 비판적 다문화교육을 통해 다수자들이 소수집단의 문화적 다양성과 차이를 존중하도록 하고 계층 간의 불평등에 대한 비판도 함께 이루어지도록 강조하였다.

슬리터와 그랜트(Sleeter & Grant, 2003)는 문화적 소수자들에 대한 차별과 억압의 원인에 대해 관심을 가졌다. 비판적 다문화교육은 주류집단의 차별과 억압을 개선하기 위하여 다양한 지식을 구성하고 비판적인 전략을 제공함으로써 주류집단에 속한 문화적 다수자들이 소수자들의 문화적인 소외 경험이나 그들의 가치관을 이해할 수 있도록 하였다.

뱅크스(Banks, 2008)는 문화적 차별이 정치 · 경제 · 사회 불평등 구조와 연관되어 있음에 주목하였다. 비판적 다문화교육은 다수 학습자들로 하여금 소수자들이 경험하는 사회적 차별과 불평등에 대해 비판적으로 분석하고 더 나아가 궁극적으로는 이러한 차별과 불평등의 문제를 해결하기 위한 실천적 행동에도 참여할 수 있도록 해야 한다고 주장하였다.

2007년 한국교육과정평가원에서는 다문화 가정 학생의 적응을 돕기 위한 동화주의와 문화적 배경의 차이와 상관없이 모든 학생들의 공존을 강조하는 다원주의를 강조한 바 있었다. 그러나 2008년(KICE 연구보고서)에는 다양한 문화적 정체성을 형성하고 문화 다양성에 대하여 이해하고 존중하는 태도를 길러주는 것만으로는 부족하다고 밝히면서 이 점을 보완하기 위한 새로운 시도로서 비판적 다문화주의 관점을 제시하였다.

비판적 다문화교육을 통해 학습자들이 다문화 현상을 비판적으로 탐구 · 성찰하도록 함으로써 능동적으로 참여하여 사회를 발전시킬 수 있는 능력을 길러주는 교육 내용을 제시하였다. 또한 이질적인 문화에 대한 이해와 함께 주류사회에 내재되어 있는 신념도 비판적으로 성찰할 수 있도록 기회를 제공함으로써 다문화 사회의 요구에 부합하고자 하였다.

비판적 다문화교육은 다양한 문화적 상황에 올바르게 대응하기 위하여 보다 길고 넓은 안목에서 주류집단에 속하는 다수자의 인식을 전환시키고 억압의 관계를 조장하는 사회구조의 변화와 발전을 도모함으로써, 개인의 안정적인 삶을 추구하고 사회의 변화와 국가의 성장을 이끌어 줄 수 있는 교육 패러다임으로, 이는 다음의 네 가지로 요약할 수 있다.

첫째, 비판적 다문화교육은 기호학적 문화개념을 제시한다(박선웅, 이민경 외, 2010: 37). 기존의 인류학적 문화개념은 문화를 이해하고 인정 · 존중해야 하는 대상에 관심을 갖는 반면, 기호학적 문화개념은 문화를 의미들로 가득 찬 삶의 형식으로 보고(장원순, 2006: 81), 사회 구성원들에게 다른 의미체계를 부여할 수 있는 다양한 삶의 형식들이 공존하고 있으며 이는 기호학적 접근을 통해 비판적으로 성찰하는 데 의의가 있다.

둘째, 비판적 다문화교육은 문화적 차이는 정치·경제·사회적 관계 속에서 유동적으로 구성되는 것으로 본다. 주류집단의 질서 혹은 그 사회의 권력관계에 의해 만들어지는 문화적 차이를 비판적으로 분석하고, 또한 문화적 차이가 나아가 차별과 배제를 조장시키는 차별의 메커니즘에 대하여 비판적으로 인식하도록 하였다.

셋째, 비판적 다문화교육은 문화와 지식, 의미와 실천이 중립적이지 않음(박민정, 2012: 124)에 주목한다. 문화와 지식, 그리고 의미와 실천은 인종적·문화적 차별 또는 불평등한 관계 속에서 조장되고 있음을 강조하고, 주류집단의 문화가 하나의 사회적 기준으로 설정되는 것을 밝히는 것이다. 이는 당연하게 여겨온 기존 지식에 대한 비판에서 출발하는 것으로, 소수자들의 삶에 대하여 사실과 다르게 재현되는 것을 비판하는 것이다.

넷째, 비판적 다문화교육은 사회적 행동·실천·개혁을 강조한다(KICE 연구보고서, 2008). 다문화 사회에서 문화적 차이와 다양성을 이해하고 인정하는 것만으로는 정당하고 정의로운 사회가 구현될 수 없기 때문이다. 즉 사회의 구조를 변화시키기 위하여 사회·문화·경제적인 불평등을 제거하려는 노력이 동시에 실천되어야 한다는 주장이다.

비판적 다문화교육은 차이에 의해 차별되지 않고 차이로서 서로 소통하기 위해 사회 구성원들에게 기존의 관점과 지식에 대해 질문하고 재해석할 수 있는 능력을 지니도록 하는 것이며(김서현, 2012: 3), 문화의 정치학을 실천하는 것을 목표로 하고 있다(이경호, 1997: 297). 다양성은 단일한 기준이 아니며, 다양성 그 자체에 내포되어 있는 차이를 이해하고 인정하는 포스트모던적 사고가 작동되는 관점이 비판적 다문화교육이다.

지금까지 주를 이루어온 다문화교육은 문화 다양성과 차이에 대한 인식을 위해 다문화 감수성의 함양에 중점을 두고 있었다. 또한 문화를 생활양식의 총체라는 인류학적 개념에 기초하여 기존의 틀을 전제로 유지한 상태에서 교육과정을 구성하는 기여적 접근(contribution approach) 및 부가적 접근(additive approach)의 수준에 머물러 있었다(최충옥 외 공저, 2010: 108-109). 다문화교육과정 개혁을 위해 뱅크스(Banks, 2008)가 제안한 기여적 접근은 학교에서 주류 교육과정에 인종적이고 다문화적인 내용을 통합시키고자 할 때 다양한 인종·문화적 집단의 영웅이나 기념일, 혹은 구체적인 문화적 공예품들을 교육과정에 삽입시키는 것이다. 그리고 부가적 접근은 교육과정의 기본적인 목표, 특성, 구조 등은 변화시키지 않으면서 소수 집단과 관련된 관점, 주제, 개념, 내용 등을 기존의 교육과정에 첨가하는 것이다(한국다문화교육연구학회, 2014).

향후 우리의 다문화교육 목표는 다양한 문화 간의 권력관계에 대하여 비판적 이해를 추구하는 변혁적 접근(transformation approach) 및 사회적 행동 접근(social action approach)으로 발전시켜야 한다. 여기에서 변혁적 접근은 학생들이 다양한 민족 및 문화 집단의 관점에서 개념, 이슈, 사건, 주제를 바라볼 수 있도록 교육과정의 구조를 변화시키는 것이다(Banks, 2008). 그리고 사회적 행동 접근은 문화내용을 교육과정에 통합시킬 때 학생들의 관점과 사회문제를 관련시켜 그들이 학습한 개념 등을 통해 스스로 의사결정을 내리고 문제를 해결하도록 함으로써, 이들이 개인적, 사회적, 시민적 행동을 능동적으로 할 수 있도록 하는 데 초점을 맞추는 것이다.

이 글은 고등학생의 다문화 리터러시교육의 목표를 변혁적 접근 및 사회적 행동 접근, 그리고 문화 간 차이에 대한 이해에서 문화 간 불평등에 대해 비판적 인식으로 나아가는(Banks, 2008) 비판적 다문화교육의 관점에서 찾고자 하였다. 비판적 다문화교육은 다양한 문화 집단의 삶의 현장에 스며 있는 다문화 텍스트에 대하여 공정하게 리터러시 하도록 함으로써 비판적 다문화주의 관점의 지식, 태도·가치, 기술을 함양할 수 있는 다문화 리터러시교육으로 재조직화하여야 한다. 다문화 리터러시교육을 통해 다양한 이주 배경을 지닌 집단에 대해 편견과 고정관념을 재생산하는 경직된 인식 구조를 바꿀 수 있는 인지 능력, 비판적 성찰 능력, 그리고 사회를 변화시킬 수 있는 실천적 능력을 함양할 수 있다.

2) 다문화 리터러시와 다문화 리터러시교육

(1) 다문화 리터러시

리터러시(文識性, literacy)는 원래 문자를 읽고 쓰는 개인적인 능력으로 간주되어 왔다. 그러나 근래에는 단순히 문자를 읽고 쓰는 능력에 그치지 않고, 사회·문화적 맥락 속에서 상호작용하면서(최인자, 2001: 198-199) 끊임없이 다양한 분야에서 변화되고 확장되어 사용되고 있다. 이러한 리터러시는 한 사회의 구성원으로 생활하기 위해 이해하고 의사소통할 수 있는 개인의 기본 능력에서 사회·문화적 맥락에서 요구하는 역할을 수행하고 자신의 지식과 잠재력을 개발하기 위해 활용하는 능력(박인기 2002: 25)으로 받아들여지고 있다. 리터러시 개념의 확장은 리터러시 신장 또한 사회·문화적 맥락 안에서 이루어져야 한다는 것에 설득력을 얻게 되었다(정지현, 2015).

다문화교육에서 리터러시는 다문화 사회에 대한 의미의 발견, 해석, 생산 등에서 요구되는 문화적 소통능력을 의미한다(박천웅, 2013: 22). 뱅크스(Banks, 2003)는 민주적인 가치와 다문화 리터러시(multicultural literacy)를 사회를 읽는 힘과 사회를 개선시키는 능력과의 관계 속에서 설명하였다. 즉 사회를 읽는다는 것은 지식을 획득하는 것이고, 사회를 개선시킨다는 것은 획득한 지식을 사회 정의를 위한 도구로 활용해야 한다는 것이다.

다문화 리터러시는 다문화 시대에 필요한 기본 능력(서혁, 2011: 12)으로 다양한 민족 및 문화적 시각에서 지식을 검토하고 인간적이고 정의로운 세계를 만들기 위해 지식을 활용하는 기능과 능력으로 구성된다(박윤경, 2007: 108). 또한 다문화적 경험을 지향하고 평등과 사회 정의, 그리고 민주주의에 대하여 비판적으로 사고하는 것을 포함하고 있다(최숙기, 2007: 295). 따라서 다문화 인구가 증가하고 다양한 문화 속에 살아가고 있는 현대 사회의 개인은 인지적, 교육적, 경제적, 사회적, 문화적 함의를 읽어낼 수 있는 리터러시를 함양해야 할 뿐만 아니라(Hirsh, 1987), 리터러시와 교육이 만나게 되는 현실적인 도전을 피할 수 없게 되었다.

사회 · 문화적 맥락에서 이해되는 다문화 리터러시는 주체의 태도에 따라 기능적 리터러시(functional literacy)와 비판적 리터러시(critical literacy)로 구분할 수 있다(최인자, 2001: 201). 기능적 리터러시는 사회의 목적과 의도에 따른 언어 구사 능력을 바탕으로 원활한 의사소통을 할 수 있는 것이며, 반면 비판적 리터러시는 주체에 의해 구성되는 텍스트의 사회적 맥락을 성찰하고 의문을 제기하는 등 주체에 영향을 미치는 사회 · 경제 · 문화 · 정치 등 다양한 변인들을 비판적으로 바라볼 수 있는 능력을 함양하는 것이다.

다문화 사회에 살고 있는 개인은 현실을 둘러싼 세계의 진정한 의미와 가치를 비판적으로 읽어 낼 수 있어야 한다(이병민, 2005: 140). 그리고 인식 주체에 영향을 미치는 사회 · 경제 · 문화 · 정치 등 다양한 맥락들에 대한 불합리한 변인을 성찰하고, 분석할 수 있는 비판적이며 종합적인 평가 능력을 갖추도록 하는 비판적 리터러시에 주목할 필요가 있다.

비판적 페다고지에 근거한 다문화 리터러시는 다문화 텍스트에 나타난 사회 · 문화적 맥락을 비판적으로 인식할 수 있는 능력을 기를 수 있다. 즉 다문화 리터러시는 주류집단이 조장하여 사실적으로 묘사한 이데올로기를 바탕으로 구성되어진 다문화 텍스트에 대한 진정한 지식구성의 의미를 비판적으로 성찰할 수 있는 능력을 함양시킬 수 있다.

이 글은 다문화 리터러시를 다문화 사회 현상을 담고 있는 다문화 텍스트에 대하여 사회적, 문화적인 맥락을 비판적으로 인식하고 사회 변화를 위해 실천할 수 있는 능력으로 간주하였다. 즉 다문화 리터러시교육은 다문화 사회 구성원들로 하여금 사회·문화적 맥락을 포함하고 있는 지식구성의 속성에 대해 비판적으로 인식하는 성찰적인 주체가 되게 함으로써 사회 개선을 위해 행동할 수 있도록 돕는 것으로 정의하였다(정지현, 2015).

(2) 다문화 리터러시교육

다문화 리터러시교육은 학습자들이 실제 세계 속에서 다문화적 지식을 구성하고 다문화적 태도를 형성하여 다문화적 행동을 실천할 수 있게 한다(정지현·김영순·홍정훈, 2014b: 172). 따라서 다문화 리터러시교육은 다문화적 지식구성의 측면에서 지식에 대한 인식관심을 기반으로 하는 앎의 교육, 다문화적 태도형성의 측면에서 비판적 성찰을 기반으로 하는 성찰의 교육, 다문화적 행동실천의 측면에서 이론적 실천을 기반으로 하는 행함의 교육을 포괄할 수 있어야 한다(정지현, 2015).

① 앎의 교육: 인식관심 기반

듀이는 앎이란 행함의 과정에서 일어난 문제를 해결하려는 사고작용으로, 앎은 곧 행함이라 하였다. 앎은 실제적인 경험 속에서 탐구하고 구성되는 생동적인 지식이며, 행함은 지식을 바탕으로 생활에서 일어나는 후천적인 경험이다(Dewey, 1990: 89). 두피(Duffy, 1996)는 지식은 완료된 형태가 아니라 지속적으로 진행해 나간다 하여 '앎의 이론'이라 했고, 포스넛(Fosnot, 1996)은 지식은 완결된 형태가 아니라 하여 '의미 만들기 이론' 혹은 '알아가기 이론'이라고 불렀다.

듀이에 따르면 앎의 과정, 즉 경험의 과정에는 인간 내부의 의식에서 질적인 변화가 필수적으로 수반되어야 한다. 그 변화에서 나타나는 결과가 행위자의 의식으로 연결되면서 또 하나의 의미를 동반한 변화가 생겨난다. 인간은 경험을 통하여 환경과 상호작용하고 이 과정에 드러나는 문제들은 사고작용을 통해 해결하며 이때 지식이 구성된다는 것이다. 즉 인간의 경험이 질적으로 변화되는 과정에 지식이 구성되는 것이며, 이러한 변화가 경험의 재구성이다(Dewey, 2008; 김재건, 2002: 83).

이처럼 지식은 개인의 사회적 경험을 바탕으로 하여 개인의 인지적 작용과 사회·문화적 작용으로 인해 지속적으로 구성되어 가는 것(이미정, 2008: 17)이다. 인간의 과거 경험은 계속성을 가지고 현재와 미래로 연결된다. 인간의 모든 경험은 서로 유기적으로 관련성을 가지고 작용하고 있기 때문에 이러한 모든 경험들은 시간이 흐름에 따라 누적되고 성장하고 발전할 수 있다. 이를 듀이는 경험의 계속성이라 하였다.

구성적 관점에서 가르치는 지식은 그 지식이 지닌 특성과 사회에 정착된 배경 등의 복합성에 대한 숙고가 우선되어야 한다. 즉 다문화 사회에서의 지식은 문화적 다양성을 이해한다는 것이며, 이는 다문화교육의 관점 속에 내재되어 있는 지식의 특성과 다양한 사회 맥락에 대한 새로운 패러다임을 이해하는 것이다. 이를 위해 교사는 지식에 대한 사회적 구성의 의미를 인식해야 하고, 학습자는 지식을 탐구함에 있어서 능동적 수요자이며, 또한 지식을 활용하는 실천 활동의 주체자가 되어야 한다.

다문화 리터러시교육에서 앎의 교육은 지식을 기술적, 실천적, 해방적 인식관심에 따라 구성할 수 있다. 하버마스는 지식을 구성하는 인식관심은 고유한 영역으로 구분되어 있지만, 지식은 근본적으로 서로 관련이 되어 있다. 그래서 기술적 인식관심과 실천적 인식관심은 인식주체의 자기성찰을

통해서 해방적 인식관심으로 통합되어 지식과 관심이 통일성을 이루게 된
다(Habermas, 1971: 314). 즉 기술적 인식관심과 실천적 인식관심은 결국
해방적 인식관심을 지향하고 있다고 볼 수 있다(정지현, 2015).

② 성찰의 교육: 비판적 성찰 기반

성찰(reflection)은 'to bend back'이라는 뜻의 라틴어 'reflectere'에서 발생
한 개념으로(엄미리, 2010: 19), 학습자가 새로운 지식을 습득하여 적용함에
있어서 학습자 스스로가 사고하는 지적·감성적 활동이다(Kemmis, 1986).
성찰은 경험을 통하여 발견하는 것이고 경험을 통하여 완성의 과정으로, 학
습자들은 이러한 성찰 과정을 통해 새로운 지식을 해석하고 이해하면서 자
신의 사고를 구체화할 수 있다. 성찰은 자기의 존재에 대한 질문이자 자기
형성의 근원이 되는 사회인식을 위한 토대(오정훈, 2011: 29)가 된다.

듀이는 교육을 '지속적인 경험의 재구성(Dewey, 1944: 80)'이라고 정의
하고, 반성적 성찰을 경험의 의미를 더한 경험의 재조직의 과정으로 정의하
였다(Rodgers, 2002: 848). 듀이는 경험 속에 개입되는 사고의 질의 차이에
따라 일차적 경험과 이차적 경험 혹은 반성적 경험으로 구별될 수 있다고
보았다. 사고의 질적 차이는 경험과 반성적 탐구가 얼마나 지속적이고 생
산적이냐는 것이다(Dewey, 1958: 4). 반성적 성찰은 사고의 연속성뿐만 아
니라, 각 사고의 결정들이 순차적으로 결과에 영향을 미친다(Dewey, 1910:
2-3). 결국 교육은 이전 경험이 반성적 성찰에 의해서 다음 경험의 지적 성
장을 도모하는 것이다.

듀이는 성찰은 의사결정을 하는 데 도움이 되는 믿음이나 지식에 대한
고차적 사고로 인간의 사고를 해방시키고 새로운 지식을 획득하도록 돕는
활동으로 보았다. 메지로(Mezirow, 1990)는 성찰은 자신의 지식이나 믿음
을 정당화하고 점검해 나가는 고도의 정신 과정이나 활동으로 정의하였다.

루카스(Lucas, 1991a)는 성찰은 실천을 보다 심도 있게 이해하고 개선하려는 체계적 · 적극적 탐구활동으로 보았다. 쇼엔(Schön, 1983, 1987)은 성찰은 불확실하면서도 갈등이 내재되어 있는 실천 상황을 신선한 시각으로 바라보는 사고활동으로 규정하였다(이승희 · 김동식, 2003: 135).

듀이(Dewey, 1933)는 성찰을 과정으로서의 성찰, 결과로서의 성찰로 구분하고, 과정으로서의 성찰은 인간의 내적 사고와 행동이 상호작용하여 문제해결 과정에 순환적으로 작용하며, 결과로서의 성찰은 경험을 재구성하는 과정에 기여한다. 반 매넌(van Manen, 1977)은 하버마스(Habermas, 1970)의 입장에서 학습과 성찰의 의미를 3가지 수준으로 재정립하고, 기술적 성찰은 목표 성취를 위한 효율성에 대한 성찰, 실용적 성찰은 목적의 가정과 결과에 대한 성찰, 비판적 성찰은 앞의 성찰을 포함하여 문화적인 맥락에 대한 행위를 분석하는 등 개인의 경험의 재구성을 강조한다.

쇼엔(Schön, 1983, 1987)은 성찰적 실천을 강조하기 위해 실천과정에서의 성찰, 실천결과에 대한 성찰이라는 개념을 제시하고, 문제 해결을 위해 실천 이전과 이후의 논리를 적용한다. 케미스(Kemmis, 1986)는 학습활동을 반추하는 주체가 누구냐에 따라 개인적 성찰, 협력적 성찰로 규정하고, 개인적 성찰은 학습활동 과정의 경험을 통해 자기 자신을 재구성하는 것이고, 협력적 성찰은 학습활동 과정에서의 동료와의 의사소통에 대한 성찰이다.

③ 행함의 교육: 이론적 실천 기반

주희(朱熹)는 『논어혹문(論語或問)』에서 배움과 익힘의 과정에 대하여, 사람은 배우지 않으면 당연히 알아야 할 이치를 알 수 없고, 배웠는데 익히지 않으면 맡은 일에 능숙할 수 없다고 하였다(신창호, 2007: 151). 배움은 인간이 살아가는 과정에서의 삶에 대한 앎이고, 익히는 것은 앎에 대한 활동으로서의 행함이다. 행함은 인간 삶의 방향, 목표와 의미를 제공해 준다. 행함의 주체는 자기활동을 계획하고 판단하며 목적을 향해 나아가게 한다. 아리스토텔레스는 '지행일치(知行一致)'를 강조하고 진정한 앎은 행함과 일치한다고 주장하였다(박성호, 1990: 141).

앎은 행함으로 전이될 때 학습자들은 일관된 행동의 실천을 보일 수 있는 가치관을 지니게 된다(정세구, 2005: 359). 인간 개인의 행함은 사회적인 행동으로서 그 행동의 실천 근거가 될 때 가치관으로 내면화될 수 있으며, 이것이 가치화의 마지막 단계이다. 즉 사회적인 행동실천의 근거가 되는 인간 개인의 행함이 반복적으로 실천될 때 개인의 습관화된 행동이 표출되며 의식화로 귀결된다. 이 글에서 주장하는 의식화는 이론적 실천과 성찰적 실천의 가치관을 내면화하는 지행일치를 지향하는 과정이며, 이러한 의식화의 과정은 가치명료화의 맥락이라 할 수 있다.

래스(Raths, 1994: 28) 등이 제시한 가치명료화 과정은 선택, 존중, 행동의 세 단계로 이루어진다. 정호범(2014: 117)은 행동의 단계에서 자신의 선택을 실제적으로 실행하고, 이를 반복하여 실천함으로써 가치를 내면화할 때 의식화가 일어난다고 보았다. 커셴바움(Kirschenbaum, 1973: 102-106)이 제시한 가치명료화 과정은 인지적·정의적·행동적 측면을 포함시키고 가치화의 마지막 단계인 행동 단계는 반복적으로 행동하기, 일관성 있게 행동하기, 능숙하게 행동하기 등 행동의 반복 실천을 요구한다.

하우 & 하우(Howe & Howe, 1975) 등이 제시한 가치명료화 과정은 집단 분위기 형성, 자아개념 형성, 가치인식, 가치선택, 행동화의 다섯 단계를 제시하였다. 마지막에 제시한 행동화의 단계는 개인이 목표를 행동으로 실천하는 가치화 과정의 최종 단계이다. 이 단계에서 개인은 자신이 선택하고 의도한 것을 반복하여 행동하고 내면화하고 의식화시킨다.

다문화 리터러시교육은 이론과 실천이 강조된 개념이며 앎과 성찰과 행함의 구성체로 간주할 수 있다. 이는 주체가 스스로 참여하여 사회를 이해하고 변혁시키는 주체적인 활동 교육이다. 이러한 인간의 주체적인 활동이 실행되기 위해서 학습자는 자신의 실천 과정을 지속적으로 성찰하여야 한다. 성찰은 사회적인 의미를 생성하고 사회적 의미 구성은 지식구성의 요소가 되며 이는 다시 실천에 반영되게 한다.

의식화는 앎과 성찰의 과정이 함께 이루어질 때 일관성 있는 행동으로 강화되고 내면화될 때 일어나며, 앎과 성찰과 행함의 연속체이며 변증법적인 순환과정을 전제로 한다(Freire, 1995: 106). 즉 앎의 활동은 변증법적인 운동으로 행동으로부터 성찰을, 그리고 행동에 대한 성찰을, 성찰로부터 새로운 행동으로 이끌 수 있다. 즉 행동은 앎과 성찰로부터 새로운 방향과 비전을 제시 받는 것으로, 결국 의식화는 현실에서 문제를 인식하고 성찰하고 행동하는 동안 심화되어 세계를 변혁하는 역사의 주체로 살 수 있게 한다.

이 글은 가치명료화의 과정, 앎과 성찰과 행함의 반복적인 상호작용 과정, 그리고 의식화의 과정을 통해 실천적 행동으로 나아가는 것을 논의하였다. 따라서 비판적 페다고지의 관점을 반영하는 다문화 리터러시교육을 다문화적 지식구성의 측면, 다문화적 태도형성의 측면, 다문화적 행동실천의 측면을 이론적 · 성찰적 · 행동적 실천적 영역으로 범주화하여 이를 앎의 교육, 성찰의 교육, 행함의 교육으로 제시하였다(정지현, 2015).

3. 다문화 리터러시교육 참여 고등학생의 경험

1) 다문화 리터러시교육 방안

이 글은 다문화 리터러시교육에 참여한 고등학생의 학습 경험의 의미를 분석하기 위해, 학습 경험의 차원을 다문화적 지식구성 경험 차원에서 다문화 감수성을, 다문화적 태도형성 경험 차원에서 사회적 상호의존성을, 다문화적 행동실천 경험 차원에서 전 지구적 공동체의식을 논의하였다.

① 지식구성 경험 차원의 상호문화 감수성

감수성은 외부의 자극을 인식하고 느끼는 성질이다. 상호문화 감수성(intercultural sensitivity)은 다양한 문화적 환경 속에서 개인이 적절하게 행동하기 위해 문화적 차이를 인식하는 민감성이다(Chen & Starosta, 1997; Bhawuk & Brislin, 1992). 또한 상호문화 감수성은 다른 문화를 직접 경험하면서 편견을 인식하고 고정관념에 도전하는 과정에서 생기는 깨달음과 성찰을 통해서, 자신이 가지고 있는 세계관의 의미 구조를 지속적으로 전환시키게 됨으로써 발달될 수 있다(김영순, 김금희, 전예은, 2013b: 466).

상호문화 감수성을 함양한 개인은 높은 자아 존중감, 개방성, 뛰어난 공감 능력을 지니고 타인과의 의사소통에서 참여적 주체로 상호작용을 하게 된다. 그리고 자신의 사회적 행위와 상황에 대하여 적절하게 반성할 수 있고 문화적 차이에 존재하는 다양한 문제들을 극복할 수 있으며 궁극적으로 다문화 사회에서 요구하는 유능한 인간으로 성장할 수 있다.

상호문화 감수성은 다문화적 의사소통 역량의 하위개념으로 정의적 특성으로 국한시킨 연구들이 있다(Chen & Starosta, 1996; Fritz, Mollenberg & Chen, 2002; Spinthourakis & Karatzia-Stavlioti, 2006). 최근에는 인지적·정의적·행동적 특성들이 통합되어진 다문화 역량과 유사한 포괄적인 개념으로 다루고 있다(Brach & Fraser, 2000; Hammer, Bennett & Wiseman, 2003; Hammer, 2008).

첸과 스타로스타(Chen & Starosta, 1996)의 연구에서는 상호문화 역량의 구성요소를 인지적 측면의 상호문화적 지각, 행동적 측면의 상호문화적 기민성, 그리고 정의적 측면의 상호문화적 감수성으로 다루고, 상호문화 감수성을 문화 간 역량을 구성하는 하위개념의 하나인 정의적 측면으로 보았다. 이 중에서도 문화 간 역량을 향상시키는 가장 효율적인 방법은 상호문화 감수성을 증진시키는 것이다(Spitzberg, 1991; Bhawuk & Brislin, 1992).

하머(Hammer)와 그의 동료들(2003)은 상호문화 감수성을 문화적 차이를 적절하게 구별하고 경험할 수 있는 능력으로 정의하였고, 다문화 역량은 문화적 차이를 적절한 방법으로 생각하고 행동할 수 있는 능력으로 정의하였다(Hammer, Bennett & Wiseman, 2003). 문화적 차이에 대해 경험할 수 있는 감수성이 정교하고 복잡해질수록 문화적 차이에 대해 적절하게 행동할 수 있는 잠재적인 상호문화 역량이 증진된다고 주장하였다.

반면 브래치와 프레이저(Brach & Fraser, 2000)의 연구에서는 상호문화 감수성을 인지적·정의적·행동적 특성들이 통합된 포괄적인 개념으로 다루고 있다(Bhawuk & Brislim, 1992: 416). 다문화 감수성은 자신을 둘러싼 다양한 문화에 대해 관심을 가져야 하고 특히 주류사회에 속한 소수 문화 사람들을 존중하기 위하여 자신의 행동을 적절하게 수정하는 과정에 인지적·정의적·행동적 특성들이 유기적으로 통합된다고 보았다.

베넷(Bennett, 1993)은 상호문화 감수성을 인지적·정의적·행동적 특성의 통합체로 보고, 세 가지 특성을 포함하는 상호문화 감수성 발달 모형(DMIS: Developmental Model of Intercultural Sensitivity)에 근거하여, 자민족중심주의에서 민족상대주의로 발달해 가는 과정을 부정, 방어, 최소화, 수용, 적응, 통합의 6단계로 제시하고, 이들 단계는 상호문화적 경험과 교육에 의해 일생동안 변화하는 유동적인 능력으로 보았다(Bennett, 2004).

가몬(Garmon, 2004)은 상호문화 감수성 발달의 요인에는 개방성, 자기인식, 사회정의와 같은 기질적인 것과 문화 간 경험, 교육적 경험, 집단 간 경험과 같은 경험적인 것으로 설명하고 있다. 상호문화 감수성을 지닌 개인은 자신과 다른 사람의 서로 다른 정체성을 이해하고 원활하게 의사소통할 수 있는 문화적 유능함을 갖게 된다. 그리고 개방적인 태도를 가지고 다름에 대한 배려와 존중, 차이를 인정하며 더불어 살아갈 수 있다.

이 글은 다문화 리터러시교육의 개인의 지식구성 경험 차원에 대한 인식 변화의 틀로 상호문화 감수성의 개념을 사용하였다. 상호문화 감수성은 지식구성 경험의 주체자인 개인의 다문화 수용능력을 의미하는 것과 관련성이 높다. 지식구성 경험의 주체자인 개인은 다양한 문화와 그 문화를 가진 사람들과의 접촉을 통해 새로운 지식을 구성하는 과정에 차이를 이해하고 불평등을 인식하며 더불어 살아갈 수 있는 상호문화 감수성을 발달시킬 수 있을 것으로 본다(정지현, 2015).

즉 상호문화 감수성은 다른 문화와 효율적으로 교류하기 위하여 다른 문화에 관심을 가지고 새로운 문화를 알아가려는 일련의 지식구성 경험을 통해 획득될 것이다. 즉 지식구성의 경험을 바탕으로 문화적 차이를 민감하게 지각하고 이해할 수 있게 되며, 다른 문화에 속한 사람들을 존중하기 위해 자신의 행동을 수정하고자(Bhawuk & Brislim, 1992: 416) 노력할 것이며, 이러한 과정에 인식의 틀로 작용하는 상호문화 감수성은 개개인의 의식 변화로 나타나게 될 것이다.

② 태도형성 경험 차원의 상호의존성

국가의 경제 발전과 정보화 사회를 기반으로 하는 세계화의 흐름은 서로 다른 문화적 배경을 지닌 사람들에게 서로 다른 문화권 사람들과의 상호작용을 통해서 보다 밀접한 관계 맺기를 요구한다. 다문화 사회를 살아가게 되는 개인들은 자신과 다른 문화를 지닌 사람들과의 소통을 피할 수 없게 되었다. 이러한 사회에서 개인들에게는 요구되는 것은 바로 자신들의 생각과 행동이 다른 문화권 사람들과의 효율적인 문화 간 소통능력일 것이다.

인간의 삶은 근본적으로 다른 사람과의 관계에 있다. 관계는 사회적 상호의존을 바탕으로 하여 이루어진다(Johnson & Johnson, 2000). 사람들과의 사회적 관계 속에서 긍정적인 관계를 형성하기 위해서는 문화적 배경이 상이한 개인들과 효과적으로 상호관계를 맺을 수 있어야 한다. 정문성(2000: 38)은 사회적 관계 속에서 개인이 갖게 되는 긍정적인 상호작용의 경험은 인지적, 정의적으로 바람직한 믿음에 기초하고 있음을 강조하였다.

사회적 상호작용은 다문화 사회에 살고 있는 구성원들이 상호 간에 긍정적으로 교류하면서 그 과정에 타자를 인식하고 반응하며 행동하는 인지적·정의적·행동적 측면의 다문화 감수성을 통해 효과적으로 나타날 수 있다. 사회적 상호작용의 순환 과정은 긍정적인 인간관계를 발전시킬 수 있고 나아가 타자와의 공존을 지향하는 인간으로 성장하게 한다.

다문화 사회에서 개인들 간의 유연한 상호작용은 스테레오타입(고정관념)과 편견(선입관)을 줄일 수 있고 긍정적인 인간관계를 증진시킨다. 스테레오타입이 줄어드는 것은 다양한 구성원들과의 직접적인 접촉과 상호작용할 때 더욱 효과적이다. 개인들이 함께 행한다는 것은 반드시 긍정적인 성과만을 기대할 수 없다(Johnson & Johnson, 1989).

다양성은 늘 새롭고 풍부함을 지닌 것으로 다양성을 지닌 개인들로 구성되어 있는 다문화 사회는 구성원들 간의 경험을 풍부하게 해 주기도 하지만 또한 다양한 갈등도 함께 존재할 수 있다. 이때 직접적인 접촉은 소통의 긴장을 가져올 수 있고 이를 통해 스테레오타입이 확정되면서 편견이 확대될 수도 있다. 다양성이 증대되는 미래 사회를 생각하면 개인들 간의 긍정적인 관계 형성을 위한 사회적 상호작용을 효율적으로, 효과적으로 발전시키는 일이 무엇보다 중요하다.

인간은 보편적인 것들을 공유하지만 개개인은 자신들만의 독특성과 다양성을 지니고 있다. 개개인의 다양성은 우리 사회를 풍요롭게 하는 원동력이 될 수 있다. 개인들 간의 다양성을 존중하고 그 가치를 지속적으로 생산

하기 위해서는 교육적 실천이 필요하며 이러한 교육을 통해 사회적 상호의
존성을 발전시킬 수 있다. 즉 교육은 차별과 편견을 제거함으로써 다수자와
소수계층의 관계를 증진시킬 수 있기 때문이다.

사회적 상호의존성은 타인을 존중하고 수용할 때, 그리고 다른 사람에
게 열린 마음을 가질 때(Johnson & Johnson, 2000) 형성될 수 있다. 타인을
수용하기 위해 우선 자기 자신에 대한 이해가 선행되어야 하며, 자신을 긍
정적으로 생각하는 사람은 다른 사람들도 긍정적인 시각으로 볼 수 있으며
쉽게 받아들일 수 있다. 그리고 먼저 열린 마음을 가지고 자신을 드러내는
것은 자신의 생각과 발상을 다른 사람에게 알림으로써 소통할 수 있는 지름
길이 되고 관계도 커질 수 있다.

다양한 개인들과의 긍정적인 관계 형성과 사회적 상호의존성의 발달
과정에는 스테레오타입, 편견, 차별, 귀인이론 등과 같은 방해요소가 작용
할 수 있다(김영순 공역, 2010: 87-98). 스테레오타입은 어떤 집단들을 비교
할 수 있게 하는 것으로, 개인과 집단에게 함께 나타난다(Nieto, 2010: 49;
Ashmore & Del Boca, 1979). 고정관념은 내가 속한 집단과 다른 집단을 구
분하는 것으로, 한 구성원의 행동을 한 집단 전체의 것으로 확대하고 희생
양을 필요로 한다(Fiske, 1993; Fiske & Morling, 1996).

편견은 무엇인가를 속단하는 의미로 '종족 중심주의'에서 비롯된다
(Campbell, 2010: 111; Johnson & Johnson, 2010: 93). 자신의 집단이 다
른 집단에 비해 더 우월하다고 생각하는 것이다. 고정관념은 편견을 불러
일으키고 지속시킨다. 차별은 편견을 가지고 행동하는 것이다(Campbell,
2010: 111). 귀인이론은 어떤 행동의 원인을 연결시키는 것으로 특히 소수
집단의 불행에 대하여 그 원인을 그들 행동의 탓으로 연결시킨다.

인간은 자신의 집단과 타집단을 사회적 분류에 의해 형성한다(Turner
& Oakes, 1989; Miller, Brewer & Edwards, 1985). 사회적 분류는 자신의

노력이 아닌 다른 사람이 만들어놓은 분류에 끼워 넣는 것으로 타집단의 사람들을 하나의 개인으로 보지 않는 비인간화를 초래한다. 타집단 구성원과의 관계 형성은 집단 구성원을 개인으로 인식하고, 두 집단의 동일한 사회적 정체성을 만들어야 하다.

사회적 상호의존성이론은 집단에서 공유한 목표를 개인이 성취하고 성취 결과가 다른 사람의 행동에 영향이 미칠 때 사회적 상호의존성이 형성된다고 본다(Deutsh, 1949; Johnson & Johnson, 1989). 사회적 상호의존성이론을 기반으로 하는 협동학습은 학습과정을 통해 개인에게 긍정적인 상호의존성을 경험하게 하여 학습자의 행동을 변화시킬 수 있다. 즉 사회적 상호의존성을 경험하는 개인들은 공통된 학습 목표를 달성하는 과정에 정체성을 공유하게 되고 타인과 서로 교류함으로써 분류되었던 경계도 사라지게 된다.

개인들은 협동학습 과정에서 타인이 성공해야 자신도 성공할 수 있음을 인식하게 되고 모두에게 이익이 되는 결과를 얻으려고 노력한다(정문성, 2000: 38). 협동학습은 경쟁적이거나 개인주의적인 노력보다 더 높은 개인 간의 끌어당김을 촉진시킨다(김영순 공역, 2010: 183). 협동학습에서 획득한 개인적 경험은 사회적 경험으로 나아가는 과정에 자신의 정체성 발달을 유도하여 개인의 삶을 긍정적인 방향으로 이끌 수 있게 한다.

인간은 관계를 통한 사회적 상호작용에 의해서 성장하고 변화할 수 있게 된다(Johnson & Johnson, 1975). 학습과정에서의 상호작용 활동은 학습자들과의 공동 목표 해결을 위한 과정으로 학습자의 인지적, 정의적 영역에서 긍정적인 영향을 미칠 수 있다. 쿠퍼(Cooper 외, 1980)는 협동학습을 통한 사회적 경험은 긍정적인 대인관계를 증진시켰다는 결과를 보여주었다(Johnson & Johnson, 1989).

이 글은 다문화 리터러시교육의 태도형성 경험 차원에 대한 인식 변화의 틀로 상호의존성의 개념을 사용하였다. 상호의존성은 태도형성 경험의 주체자인 개인과 개인의 관계성을 의미하는 사회적 상호의존성과 관련성이 높으며, 협동학습 과정은 학습자 간의 상호의존성, 학습자와 교사 간 상호의존성, 이주민과의 상호의존성으로 발전하여 개인과 타자와의 공존을 지향하는 사회적 태도형성에 관한 의식의 변화를 경험할 수 있게 할 것이다(정지현, 2015).

③ 행동실천 경험 차원의 전 지구적 공동체의식

과거 우리 사회는 전통적 국가공동체의 이념 아래 단일한 민족성을 추구하면서 개인의 삶이나 개인의 이익을 국가공동체를 위해 양보하고 희생하기를 강요하였다. 다문화 사회로 진입하고 있는 최근까지도 우리는 전통적 국가공동체의 이데올로기에서 벗어나지 못하고 있다. 이제 주류문화 및 다수자의 헤게모니에 의해 소수자의 가치가 희생이 되고 있는 현실에 주목하고, 미래를 향해 전통적 공동체의식으로부터 한걸음 나아가야 한다.

우리 사회의 구성원들 간의 대인관계를 증진시키는 것이 사회적 상호의존성이라면 국경을 넘는 초국적 상황에서의 상호의존성은 공동체의식으로부터 시작된다(김경준, 1998: 12). 공동체의식은 사회 구성원들이 공유하는 신념과 가치, 그리고 연대감과 문화적 일체감 등 범사회적인 규범이자 정신적 기초로서 사회적 상호의존성을 바탕으로 형성되었다. 이는 사회 구성원들의 소속감이나 상호관계에서 충족될 것이라는 공유된 신념 혹은 공유된 믿음(McMillan & Chavis, 1986)으로 공동체가 유지되고 발전하는 데 근간이 된다.

공동체의식은 공동체를 유지 발전시키고자 하는 집단 구성원들 간의 공통된 의식이다(유병열, 1997: 45). 즉 개개인이 속한 집단에서 형성된 자기인식과 구성원들과의 연대에 기반하여 지니게 되는 공유된 의식으로 나를 인정하고 더불어 남도 동등하게 인정함으로써 서로 존중하고 배려하며 살아가고자 하는 것이다. 공동체 속에서 존재 의미를 깨닫고 자신과 공동체가 서로 통합되고 융합되어 있다는 것을 인식하는 것이다.

샌델(Sandel, 1982)은 구성적 공동체(constructive community)를 주장하면서 구성원들 간에 공동의 실천과 목적, 공동의 정체성을 공유하며 도덕적으로 결속되어 있는 것을 공동체의식으로 규정하였다. 공동의 실천은 자신과 다른 사람들에 대해 윤리적 가치를 기반으로 서로 이해하고 배려하고 행동하는 것이고, 공동의 목표는 공동체 전체의 이익을 위하여 서로 다른 문화를 지닌 사람들과 공유하는 것이며, 공동체의 정체성은 한 사회의 일원으로서 자신의 공동체가 가지고 있는 도덕적 · 문화적 코드를 향유하는 것이다.

현대 사회는 다양한 유형의 국제이주가 폭발적으로 증가하고 있는 이주의 시대에 살고 있다(Castle & Miller, 2013). 국가 간 경계를 넘는 국제이주의 전 지구화는 이주자들의 사회적 관계망을 일차원적 관계를 넘어선 다차원적 관계로 확장시켰고(Keohane & Nye Jr., 2000), 이들이 정착하는 정주국에는 이주자들의 모국과 정주국을 연결하는 초국적인 사회적 공간을 형성시킴으로써 정주국의 공동체 구성원들의 다양성은 더욱 증대되었다.

세계는 이제 거대한 하나의 공동체가 되어 기술 · 경제 · 정치 · 생태들 간에 상호의존이 요구되고 있다. 즉 국가 간의 상호의존성이 증가함에 따라 한 사회 속에 살고 있는 개개인들은 특정한 개인의 문제가 집단의 문제로, 집단의 문제가 국가의 문제로, 국가의 문제가 지구적 문제로 서로 밀접한 관계를 맺고 있음을 알게 되었다. 미래 사회에는 사회 구성원들이 소속감 및 사회적 연대 의식을 넘어서서 지구와 인류 전체에 대한 책임과 의무를 가져야 하는 실천적 의식으로서의 전 지구적 공동체의식으로 발전시켜야 한다.

국제이주로 인한 전 지구적 시대의 공동체 구성원들은 상이한 문화를 가진 사람들과의 초국적 경험을 발전시켜 다양한 문제들을 해결하면서 다 함께 공존하는 삶을 살아가야 한다(김영순, 2015: 13). 전 지구적 시대의 공동체의 구성원들은 어느 누구나 평등하고 동등한 권리를 누려야 한다. 공동체 구성원들의 평등한 권리는 해당 공동체의 존속과 발전에 기여할 수 있는 전 지구적 공동체의식으로 발현되어 사회적 통합의 근원이 될 수 있다.

세계화의 흐름에 따른 전 지구적 공동체의 구성원들은 세계시민으로서 다양한 정체성과 공존할 수 있는 다원적 시민성을 부여받게 되었다. 세계시민교육은 평등과 인권과 참여를 보장하며 자신의 정주국가와 세계적 맥락과의 관계를 이해하고 세계시민공동체 안에서 통일된 하나로서 기능할 수 있는 지식, 태도·가치, 행동을 포괄하는 총체적인 접근을 필요로 한다(Oslo & Starkey, 2005: 88). 이러한 접근은 오늘날 세계화가 낳은 국가 간의 불평등과 사회적 배제를 수반하는 부정적인 시각에서 벗어나 보편적 세계시민교육을 위한 교육지침이 되고 있다(UNESCO, 2009). 특히 행동실천적 요소는 전 지구적 공동체에 대한 참여적 주체로서 모든 구성원들에게 강조되어야 할 의식이라 할 수 있다.

전 지구적 공동체의식은 행동실천 경험의 주체자인 개인이 세계시민으로서 초국적 이주민들과의 공생적 삶을 지향하는 참여적 세계시민성을 의미한다. 세계시민성은 다문화 리터러시교육을 통해 초국적 이주민들과 공동체 간의 공존을 지향하는 전 지구적 공동체의식을 발달시킬 수 있다.

다문화 리터러시교육을 통해 학습자들은 자신의 경험을 확장시키는 과정에 다문화적 지식구성 경험 차원, 다문화적 태도형성 경험 차원, 다문화적 행동실천 경험 차원으로 나아가면서 개인의 의식화를 통한 인식의 변화를 경험하게 될 것이다. 이 글은 비판적 페다고지에 근거한 다문화 리터러시교육을 학습자의 학습 경험의 차원에서 논의하였다.

2) 고등학생의 다문화 리터러시 분석

　이 글은 비판적 페다고지를 기반으로 하는 다문화 리터러시교육의 사례로서 A 프로그램[37]에 참여한 고등학생의 학습 경험의 의미를 탐색하는 것이다. 고등학생들의 학습 경험에 관한 기술 단계는 과학적 분석이나 설명이 아니라, 그들이 직접 경험한 세계에 대한 이야기를 해석함으로써 생생한 인간 체험 그 자체의 이해에 도달할 수 있다고 보는 해석적 현상학에 토대를 두고 진행되었다.

　우선 다문화 사회 현장에서 드러난 삶의 현실에 주의를 기울임으로써 다문화 리터러시교육 프로그램에 참여한 고등학생들의 살아있는 경험과 조우하여 구체성을 획득하였다. 그리고 이들의 경험에 대한 고유성을 이해하고자 성찰을 매개로 하는 행위성에 집중하여 탐구하였다. 또한 반 매년의 해석적 현상학을 사용하여, 본질에 집중하는 단계, 실존적 탐구의 단계, 해석적 현상학적 반성의 단계, 해석적 현상학적 글쓰기 단계로 진행하였다(홍성하, 2002: 25). 다음 [그림 6-1]은 해석적 현상학의 연구 진행 단계이다.

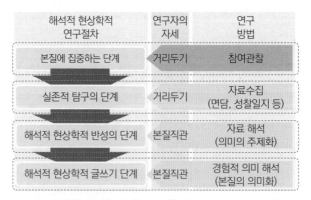

[그림 6-1] 해석적 현상학의 연구 진행 단계

---

37 A 프로그램은 A시 이주민센터에서 진행되었으며, 프로그램의 내용은 다문화 비평 교육 기초, 다문화 스토리텔링, 다문화 사회 정주와 배제 이해, 뉴스 비평 및 실습, 이미지 비평 및 실습, 영상 비평 및 실습, 문화 체험 및 소통, 그리고 이론적 실천으로 신문 만들기와 다문화 한마당 등으로 구성하여 진행하였다.

[그림 6-1]과 같이 본질에 집중하는 단계에서는 연구참여자의 학습과정에 대한 참여관찰이 이루어졌고, 실존적 탐구의 단계에서는 연구참여자와의 형식적·비형식적 면담과 성찰일지 등으로부터 자료를 수집하였다. 그리고 해석적 현상학적 반성의 단계에서는 자료 해석을 통해 연구참여자의 경험세계의 의미에 대한 주제를 파악하였고, 해석적 현상학적 글쓰기 단계에서는 본질적 직관에 의해 연구참여자의 경험에 대한 의미를 해석하면서 학습 경험의 본질적인 의미 구조를 발견하였다.

연구참여자의 학습 경험에 대한 자료 수집은 참여관찰, 면담, 성찰일지를 통해 이루어졌다. 이 글의 연구자는 교사회의, 수업진행, 발표, 평가, 성찰일지 확인 등 모든 수업과정에 참여하여 연구참여자의 학습활동에 대한 전반적인 과정을 관찰하는 '참여자로서의 관찰자', 그리고 보조교사로 참여하여 학습활동을 참관은 하지만 수업에 직접 참여하지 않는 '관찰자로서의 참여자'로서의 역할을 수행하면서 참여관찰일지를 기록하였다.

면담은 참여관찰 중에 연구참여자와의 대화에 의한 것으로, 모둠활동 중에, 학습활동을 정리하는 과정 중에, 각 차시의 수업과정에 자연스럽게 이루어졌고, 형식적 면담은 모든 수업과정이 종료된 이후에 연구참여자와 명확한 시간과 장소를 정하여 개별 혹은 집단 면담으로 이루어졌다. 성찰일지는 학습내용과 학습방법, 그리고 학습경험과 수업평가에 관한 성찰로 이루어졌다. 연구참여자들은 학습활동의 시작 단계에서부터 완료 단계까지의 전 과정에 대해 자유롭게 사고하고 성찰할 수 있는 기회를 가졌다.

연구참여자의 일반 사항은 다음 〈표 6-1〉과 같다.

<표 6-1> 연구참여자의 일반 사항

구분	성별/학년	학교	개인적 특성 및 참여 동기
1	여/2학년	W	• 물리 교사가 되고 싶은 학생이며, 대학교에 진학할 때 도움이 될 것 같다는 생각에 처음으로 다문화교육 프로그램을 신청하게 됨.
2	남/2학년	W	• 학교 성적이 매우 우수한 학생으로, 이전에 이주민센터에서 개최한 체육대회 행사에 참석하여 봉사활동한 적이 있으며, 담임 선생님의 추천으로 신청하게 됨.
3	여/2학년	W	• 사진 찍는 것이 취미인 학생으로, 다문화교육 프로그램에 사진 활동이 있다고 해서 관심을 갖게 되었고, 특히 봉사활동 점수를 채우고 싶어서 신청하게 됨.
4	여/2학년	W	• 평소 다문화에 대해 관심이 있었으나 직접 참여한 경험은 없는 학생으로, 이 교육이 끝난 후 외국인을 대상으로 한글교육 봉사활동을 하고 싶어 함.
5	여/2학년	W	• 다문화교육 프로그램에 참여하고자 하는 특별한 동기가 없었으나, 담임선생님의 추천을 받고, 주말 시간을 재미있게 보낼 것 같다는 생각으로 신청하게 됨.
6	여/2학년	W	• 다문화 담당 선생님의 추천을 받고, 다문화 현장에 나가서 자유로운 다양한 활동을 한다는 정보를 듣고, 그것이 봉사활동에 도움이 될 것 같아 신청하게 됨.
7	남/2학년	W	• 봉사활동을 찾고 있던 중에 친구로부터 정보를 들었으며, 평소 다문화에 대해 관심은 없었으나 대학교 진학 시에 도움이 될 것 같다는 생각으로 신청하게 됨.
8	남/1학년	W	• 다문화에 대한 부정적인 소식을 접한 경험 때문에 이 거리를 지나갈 때 무섭다는 생각을 자주 하였고, 큰 기대를 하지 않고 친구와 함께 신청하였음.
9	남/2학년	C	• 기자가 되고 싶은 꿈을 가진 학생으로, 대학교에 진학할 때 다문화와 관련하여 자신이 쓴 기사와 학습활동 기록 등을 제출하고 싶어서 신청함.

연구참여자들의 학습 경험을 분석한 결과, '세상을 바라보는 인식의 창 재구성'이라는 핵심적인 개념을 도출하였다. 연구참여자들은 실제적인 다문화 현장 텍스트를 통해 이주민들의 삶의 생생한 목소리를 경험하였고, 이러한 경험은 세상을 바라보는 인식의 창문과 같은 틀로 작용하였다. 즉 연

구참여자들의 학습 경험은 그동안 아무런 의문을 갖지 않고 살아왔던 세계에 대하여 자신의 인식의 창을 변형시키고 확장시켜 나가는 계기가 되었다.

연구참여자들의 학습 경험의 본질과 이를 형성하고 있는 본질적인 주제를 추출하는 과정에는 총 1,188개의 의미단위가 도출되었고, 도출된 의미단위는 학문적인 관점으로 전환하여 핵심적인 개념에 대한 3개의 본질적인 주제와 9개의 하위 주제가 추출되었다. 다음 〈표 6-2〉는 연구참여자의 학습 경험의 분석 결과이다.

〈표 6-2〉 연구참여자의 학습 경험 분석 결과

본질적 주제	하위 주제
지식구성 경험 차원의 상호문화 감수성 영역: 내가 바로 잠자고 있는 다문화 문맹자	내 안에 자리하고 있는 암묵적인 편견 발견
	이데올로기의 본질에 대한 비판적 탐색
	스테레오타입에서 열린 마음으로
태도형성 경험 차원의 상호의존성 영역: 나와 다름에 대한 타자의 가치 인식	역지사지의 감정이입과 공감
	무의식적인 일상에서 발견한 타자의 목소리
	결과물을 빛나게 만든 타자와의 시너지
행동실천 경험 차원의 전 지구적 공동체의식 영역: 다함께 공존하는 다문화 공동체 실현	한국 속에서 세계인의 삶을 보았다
	나도 세계 속의 이주민, 지구 공동체의 소수자
	앎의 씨앗, 성찰의 거름, 행함의 열매

위의 〈표 6-2〉와 같이 연구참여자들의 학습 경험에서 도출한 '세상을 바라보는 인식의 창 재구성'이라는 핵심적인 개념을 형성하고 있는 본질적인 주제는 지식구성 경험 차원의 상호문화 감수성 영역에서 '내가 바로 잠자고 있는 다문화 문맹자', 태도형성 경험 차원의 상호의존성 영역에서 '나와 다름에 대한 타자의 가치 인식', 행동실천 경험 차원의 전 지구적 공동체의식 영역에서 '다함께 공존하는 다문화 공동체 실현' 3개로 나타났다. 그리고 3개의 본질적인 주제를 형성하고 있는 하위 주제는 9개로 추출되었다.

연구참여자의 학습 경험에 대한 의미 주제와 해석은 반 매넌(1944)이 제시한 현상학적 글쓰기 방법 중에서 주제별로(thematically) 쓰는 방법과 사례를 제시하면서(exemplificatively) 쓰는 방법을 혼합하여 사용하였다.

가) 상호문화 감수성에 관한 학습 경험

(가) 내 안에 자리하고 있는 암묵적인 편견 발견

상호문화 감수성은 자신의 문화와 타 문화에 대해 관심을 가지고 문화의 차이를 인식하여 자신의 행동을 타 문화에 맞게 적절하게 수정할 수 있으며, 타 문화를 수용하고 존중하는 능력까지도 포괄한다. 또한 정의적 · 인지적 · 행동적 특성을 모두 지닌 통합적이고 발달적인 개념이다(Bhawuk & Brislim, 1992). 그러므로 학습자들은 다문화적 경험과 교육을 통해 상호문화 감수성을 향상시킬 수 있고 타 문화와의 지속적인 상호작용을 통해 자신의 사고와 행동을 역동적으로 바꾸어나갈 수 있다(Thomas & Inkson, 2004).

> "반에서 공부 좀 한다하는 학생들 중에서 선생님께서 추천해 주셨어요. 저도 음… 그렇게 오게 되었어요. (중략) 이주민들에 대해서는 방송으로 많이 들었는데… 실제로는 처음 보긴 처음 봤지만, 좀 무섭고… 역시 제가 생각한 대로, 동네도 좀 어수선하고 지저분하고… (후략)"
>
> (연구참여자 2. 면담)

연구참여자들은 자신들이 스스로 지원해서 A 프로그램에 참여한 경우도 있었지만 학교의 다문화교육 담당선생님이나 담임선생님의 추천을 받아 참석한 경우도 있었다. 연구참여자 2는 담임선생님의 추천으로 참여하게 되었고, 자발적인 참여가 아니어서 그런지 개인적으로 참여 동기가 부족해서 그런지 시종 흥미 없는 무관심한 태도를 보였다.

연구 참여자의 이러한 태도는 새로운 앎에 대한 동기를 저하시키고 있었다. 참여 동기의 부족은 경험을 표현하는 과정에서도 '좀 무섭고', '제가 생각한 대로'라고 하며 연구참여자 자신의 부정적이고 차별적인 관점을 그대로 드러내었다. 연구참여자의 이러한 표현으로 미루어 볼 때, 이주민에 대해 편견을 가지고 있다는 것과 이주민의 문화를 한국의 문화에 비해 열등하다는 고정관념을 가지고 있다는 것을 알 수 있었다.

> 이주민의 증가는 내국인의 삶을 조금씩 어렵게 만드는 것 같다. 이주민들의 삶의 질을 높이기 위해서 많은 정책과 복지를 우리가 책임져야 하기 때문이다. 한국의 똑똑한 유전자가 이런 사람들하고 섞여서 점점… (중략) 그러니까 앞으로는 해외로 나간 우수한 우리나라의 인재들을 다시 돌아오도록 하거나… (후략)
>
> (연구참여자 3. 성찰일지)

연구참여자 3은 한국 정부의 이주민 유입정책에 대해 반대 의견을 보이고 있었다. 정부가 개방적으로 이주민 유입정책을 지속할 경우 미래 우리 사회가, 또는 우리가 책임져야 할 부분이 많다고 생각하고 있었다. 그리고 이주민의 수가 증가하는 것은 다수자의 삶에 책임을 증가시키는 것과 같다는 생각을 하고 있었으며, '이주민들의 삶의 질'에 대한 우려의 이면에는 결국 이주민들의 유입이 다수자의 삶에 부정적이며 위협적인 요소가 될 수 있다고 생각하는 다소 방어적인 태도가 내포된 자신의 의견임을 알 수 있었다.

연구참여자는 이주민 유입정책에 대한 대안으로 한국의 우수한 문화적 유전자를 가진 사람들을 더 많이 교육시켜서 이들을 중심으로 국가를 발전시키는 데 힘써야 하고, 나아가 해외에 나가 있는 한국의 우수한 인재를 다시 불러오는 디아스포라의 회귀를 유도함으로써 가능하면 이주민의 유입을 제한해 줄 것을 요구하였다. 연구참여자의 이러한 성찰일지를 통해 볼 때, 부정적인 고정관념이 내면에서 고착화되고 성장하여 자신도 모르는 사이에 무의식적으로 표현되고 있음을 느낄 수 있었다.

(나) 이데올로기의 본질에 대한 비판적 탐색

연구참여자들은 다문화 리터러시교육의 학습 경험을 통해 자신들이 그동안 알고 있는 지식 속에 잠재되어 있는 이데올로기를 발견하기도 했다. 단일민족 정체성이나 자민족중심주의 이데올로기는 과거 한국 사회가 체제유지를 위해 사용해 온 교육정책에서 비롯되어 다수자의 의식 속에 내면화되어온 것이었다.

> 지금까지 나는 우리 민족은 오천 년의 역사를 가지고 있다, 우리 민족은 단일민족이다 … 그런데 요즘 한국의 모습은 조금 열등한 민족과 열등한 문화가 들어와서… (중략) 그런데 여기 와서 이주민들을 만나니 많은 혼돈이 느껴진다.
>
> (연구참여자 3. 성찰일지)

연구참여자 3은 자신이 한국 국민이라는 우월감과 순혈주의 혈통을 지켜온 단일민족이라는 강한 자존감을 가지고 있었다. 연구참여자가 지닌 이러한 자민족중심주의는 자신의 국가와 민족과 문화를 지나치게 긍정하고 우월하게 여기는 반면, 나와 다른 배경을 지닌 사람들이나 문화를 극단적으로 부정하고 열등하게 평가하도록 한다. 연구참여자는 한국 사회에 유입되는 이주민들의 수가 증가함으로 말미암아 한국 민족이 점점 단일민족으로서 우수성을 잃어가고 있다는 것에 대해 두려움을 나타내고 있었다.

이러한 연구참여자의 인식은 다문화 사회 현상에 대한 부정적인 선입견과 막연한 고정관념이 자리하고 있다는 결과를 나타내는 것이다. 실제 연구참여자는 A 프로그램에 참여하는 과정 동안 자신의 내면에 잠재되어 있던 인식과 실제 현실 사이에서 차이를 발견하고 '많은 혼돈'을 경험하면서 갈등하는 모습을 나타내기도 하였다. 그럼에도 불구하고 연구참여자는 학습 활동이 점차 지속되어감에 따라 자신의 개인적 경험에 대하여 끊임없이 성찰하면서 이러한 내적 갈등을 보다 발전적인 방향으로 이끌어가려고 노력하였다.

> 어느 A 프로그램에서 @@ 사람을 보이스피싱 사기꾼으로 묘사하였고, ## 종교를 폭력 집단으로 낙인을 찍었다. 나는 현실을 리얼하게 정말 잘 표현한다고 생각하고, 재미있게 보았다. (중략) 근데 여기에 와 보니까, 매체에서 그런 걸 내 보내는 건 좀 지나침이 있다고 생각했다.　　　　　　　　　　　　　　　　　(연구참여자 4. 성찰일지)

연구참여자 4는 그동안 한국의 주류 미디어 매체들이 전달하는 주제나 소재에 대하여 비판적으로 바라보려는 의식을 가진 적이 없었고 그저 흥미롭게만 받아들여 왔다. 그러나 다문화 현장에서의 매주 학습활동에 참여하면서 다수 내용들이 사회의 불평등을 조장하고 소수자에 대한 차별을 강화시킨다는 것을 발견하게 되었다. 연구참여자는 주류 미디어가 생산하는 소수자 미디어에 대한 우리의 무비판적인 태도가 고정관념을 형성하게 하여 이주민들을 우리 사회에 해를 끼치는 사람으로 인식하게 만들 수 있으며 이는 결국 제노포비아를 부추길 수 있는 사회적 문제의 근거가 될 수 있음에 대해서도 성찰하였다.

연구참여자는 A 프로그램에 참여하기 전까지는 소수자를 '낙인' 찍는 주류 미디어의 주제나 소재에 대해 무비판적인 태도를 가지고 있었다. 그러나 이주민의 삶이 숨 쉬고 있는 다문화 현장에서 이들의 실제적인 생활세계를 경험하면서 주류 미디어 매체들이 생산하는 이데올로기가 어떠한 것이며 어떠한 영향력을 가지게 될 것인지에 대해 인지하게 되었다. 또한 일부의 사례를 통해 전체를 인식하게 만드는 주류 미디어 매체들의 역할이 지양되어야 함을 비판하게 되었다. 나아가 미디어가 특정 국가 출신의 이주배경을 지닌 이주민들에게 꼬리표를 달고 낙인을 찍는 태도는 반드시 자제되어야 하며, 주류사회의 다수자의 관점으로 고착화된 편견과 시선을 바로잡는 공정한 미디어의 역할을 강조하였다.

(다) 스테레오타입에서 열린 마음으로

연구참여자들은 A 프로그램에 참여하는 동안 학습 경험의 주체자로서 갖게 된 개인적 경험을 통해 기존의 지식과 새로운 지식을 융합하여 재구성할 수 있게 되었다. 그리고 비판적 성찰을 통해 새로운 앎으로 의미화 하는 과정에 자신의 내면에 깊숙이 잠재되어 있던 스테레오타입을 발견하기도 하였다. 또한 수면 아래에 있던 스테레오타입은 끌어올려 실천을 통해 침묵의 마음을 열린 마음으로 수정하기도 하였다. 내면에 잠재되어 있던 스테레오타입을 열린 마음으로 바꿀 수 있는 행동은 이전까지 잠들어 있었던 문맹의 다문화에서 눈을 뜨고 깨어나 세상 밖으로 나오려는 실천적인 움직임과 같은 것이었다.

> 저는 그냥 단일민족이 우수한 거 같고 좋았어요. 근데 여기에서 공부해 보니까, 이미 오래 전부터 우리나라에도 이민이나 문화 교류가 있었더라고요. 뭐예요? 우리가 지금까지 배우고 알고 있었던 그 우리 민족은 단일민족이다! 그런 거가 바보 같은 이야기였잖아요.
> (연구참여자 3. 면담)

연구참여자 3은 학습활동 전반에 자신의 내면에 자리하고 있는 자민족중심주의에 대한 우월감을 표현하였다. 그러나 학습활동이 지속되면서 그동안 자신이 학교 교육을 통해 배워왔고 또한 한 번도 의심해 본 적이 없었던 단일민족이라는 믿음에 대한 오류를 발견하고 놀라움을 크게 드러내었다. 연구참여자는 다문화 현장에 참여하여 학습활동을 경험하는 과정에 한국 민족의 이주 역사를 생생하게 체험할 수 있는 기회를 가졌으며, 다양한 자료 탐색을 통해 인류의 문화 교류에 대한 역사적 의미도 이해하게 되었다.

연구참여자는 앞으로 우리 사회가 진입하게 될 다문화 사회에서 더 이상 단일민족이라는 우월성을 내세운다는 것은 변화하고 있는 현실을 직시하지 못하는 '바보 같은' 이야기이며 개인이나 국가의 발전에 도움이 되지 않는 가치 없는 생각임을 알게 되었다. 연구참여자의 생각의 변화는 그동안 주류사회가 만든 가치에 대하여 무비판적으로 수용해온 자신에 대한 반성에서 진보하여 자신의 내면에 잠재되어 있는 고정관념을 내려놓아야 한다는 인식으로 나아가게 하였다. 연구참여자의 인식의 변화는 미래 행동의 변화를 이끌어 줄 수 있는 자양분의 역할을 하게 될 것이다.

> 우리 반에서 다문화 거리가 위험하다는 이야기가 나왔어요. 제가 다문화 현장에서 학습활동을 안 했거나 센터에서 한글교육 봉사활동을 안 했으면 아마 동의했을 거예요. (중략) 우리 인식은 우리도 모르는 사이에 기존의 우리끼리만 살 때 그 사회가 만든 안경을 끼게 되었고, 그래서 우리는 그 안경 너머로 세상을 보고 있다, 이렇게 말했어요. (연구참여자 6. 면담)

연구참여자 6은 A 프로그램에 참여하여 학습활동 전 과정을 수료하였고, 이후에는 이주민센터에서 다문화 가정 자녀를 대상으로 한글교육 봉사활동을 실천하였다. 학교 토론 시간에는 A 프로그램의 학습활동 과정에 다문화 현장에 대한 생생한 경험을 가지고 있었기 때문에 자신의 경험을 진솔하게 이야기할 수 있었다. 특히 다문화 거리가 위험하다고 말하는 학교 친구들의 이야기를 듣고 자신의 경험에 근거하여 반박하기도 하였다.

연구참여자는 학교의 많은 친구들이 자신들도 인지하지 못하는 사이에 주류사회의 헤게모니와 신화를 따르고 있으며 무의식적으로 주류사회가 만든 안경을 끼게 되었음에 대해 비판하였다. 연구참여자는 학교 친구들에게 주류사회가 만든 안경이 사람들의 인식의 틀이 되었으며, 누구도 의식하지 못하는 상태에서 "그 안경 너머로" 보이는, 즉 안경에 의한 세상만을 보고 있음을 인식해야 한다고 주장하였다.

연구참여자들은 학습활동에 참여하여 다문화 현장을 경험하는 과정에서 그동안 자신들의 내면에서 잠자고 있는 다문화 문맹자가 바로 자신들이 었음을 깨닫게 되었고, 이러한 지식구성 경험의 차원은 태도형성 경험의 차원으로 확장을 시도하는 토대가 될 수 있게 하였다. 연구참여자들의 앎이 앎에 대한 행동적 실천과 동일시될 때(전일균, 2009: 221), 진정한 다문화 리터러시교육의 목표에 도달할 수 있을 것이다.

나) 상호의존성에 관한 학습 경험

(가) 역지사지의 감정이입과 공감

우리는 휴대폰을 살 때 지금까지 자신이 가지고 있던 모델과는 차별화된 보다 독특하고 다양하며 더 새로운 기능이 탑재된 상품을 사고 싶어 한다. 매체들이 다루고 있는 다양한 유형의 광고를 보더라도 기존에 이미 등장한 광고와는 확연히 다른 창의성을 보여주지 않는다면 대중들의 호기심과 흥미를 집중시키기 어렵다. 인간은 늘 기존의 것과 다름에 대하여 환호하고 지금보다 더 새로움에 이끌려 왔으며 인류문명 발전의 모태가 되어왔다. 반면 인간관계에서는 나와 속성이 다른 새로운 사람에게 호감을 갖고 다가가기란 쉬운 일이 아니다. 인간관계는 새로운 기능을 탑재한 상품이나 창의성이 뛰어난 광고와의 만남과는 당연히 다르다. 그럼에도 미래에 우리가 살아가게 될 다문화 사회에서는 나와 다른 문화, 나와 다른 사람들과 마주할 수밖에 없다. 이제 우리는 자신의 마음을 열고 다름을 받아들이기 위해 잠시 상대방의 입장이 되어 생각해보는 그런 연습이 필요한 때이다.

> 필리핀에서 온 영어 강사의 아들이 학교에 가면 차별이나 따돌림 때문에 매일 울면서 집에 온다고 했다. 나는 이 이야기를 듣고 마음이 아팠다. 꿈을 가지고 열심히 살고 있지만, 한국에 살고 있는 이주민들의 삶이 너무 힘들다는 것을 실제로 강하게 느낄 수 있었다.
> (연구참여자 1. 성찰일지)

연구참여자 1은 다문화 현장에서 영어 강사로 활동하고 있는 필리핀 출신의 결혼이주여성과 인터뷰를 수행하였다. 연구참여자는 결혼이주여성이 필리핀에서 대학을 졸업한 고학력의 인재로서 큰 기대를 품고 한국 사회로 왔으며 자신과 자녀들의 꿈을 더 성장시키기 위해 열심히 살고 있는 모습을 인터뷰를 통해 알게 되었다. 하지만 이주민이라는 이유로 자신의 자녀들이 학교생활 적응에 많은 어려움을 겪고 있다는 것을 듣게 되었다.

연구참여자는 결혼이주여성이 한국 국적을 취득하여 한국 사람으로서의 삶을 살고 있음에도 불구하고, 이들의 이주 배경이 이주민들의 삶에 "희망을 방해"하는 원인으로 작용하고 있는 현실을 보고 놀라움을 나타냈다. 이처럼 연구참여자는 다문화 현장에 다가가 이주민들의 생생한 이야기를 직접 들으면서 이주민들의 현실적인 어려움을 보다 더 자세하게 알게 되었다. 이주민들의 삶의 이야기는 마치 자신의 이야기처럼 마음에 와 닿았으며 이를 성찰일지에 그대로 표현하였다. 연구참여자들은 다문화 현장으로부터 듣게 된 실제적인 앎을 통해 이주민들에 대한 감정이입과 공감 능력을 확보하게 되었다.

> 현재 한국에 살고 있는 이주민들이 시간이 흐른 뒤에 오늘을 이야기한다면 어떤 생각을 할까? 모국을 그리워하면서 힘들었던 삶을 기억할 수도 있겠지만 그래도 한국 사

회가 인간적으로 따뜻한 사회였다는 것을 기억하면 좋겠다. 이주민들에게 따뜻한 과거를 만들어 주고 싶다.   (연구참여자 8. 성찰일지)

연구참여자 8은 한국의 이민 역사가 보존되어 있는 이민사 박물관을 직접 탐방하는 학습활동을 수행하면서 우리에게 가난과 아픔의 역사적 배경을 지닌 이민 유출국으로서 역사가 존재했음을 상기하고 현재 한국 사회에 유입된 이주민들의 삶을 직시해 보는 계기가 되었다. 과거 우리가 낯선 나라에서 이주민으로서의 삶을 살면서 이민국의 문화와 어려운 노동 환경을 극복하고 현재 한국 발전의 근간이 되었다는 역사적 사실을 통해, 지금 한국 사회에 살고 있는 이주민들의 삶 또한 우리의 조상들이 그러했듯 이들도 자신과 고국 발전에 힘을 보태고 있을 거라는 생각에 이들에 대한 삶의 의미를 새롭게 하게 되었다.

타자에 대한 공감과 열린 마음은 내가 다른 사람에게 영향을 끼치거나 또는 내가 다른 사람에게서 영향을 받는 것을 인정할 수 있는 준비가 되어 있는 수용의 상태를 말한다(Johnson & Johnson, 2008; 2009). 즉 타자에 대해 공감하고 열린 마음을 갖는 것은 타자가 가진 문화적 다양성에 대해서도 서로 알아가는 과정으로 서로의 가치를 공유할 수 있는 계기가 되며 사회적 상호의존성이 획득되는 과정으로 볼 수 있다. 연구참여자들의 사회적 경험 차원에서 획득한 상호의존성은 이론과 성찰과 실천으로 나아가는 프락시스의 출발점이 될 수 있다.

(나) 무의식적인 일상에서 발견한 타자의 목소리

연구참여자들은 다문화 현장에서 인터뷰를 하고 뉴스와 사진과 영상을 제작하는 과제를 수행하였다. 이 과정에는 자신의 인식관심에 따라 역할을 맡아 임무를 수행하도록 하였다. 임무 수행에 앞서 연구참여자들은 우선적으로 열린 마음을 가지고 이주민들의 삶에 관심을 가졌다. 그리고 사회적 경험을 통해 자신들이 바라본 이주민들의 삶 속에 다양한 목소리가 담겨져 있다는 것을 비판적으로 성찰하면서 재인식하게 되었다.

> ○사장님은 국적도 한국으로 바꿔서, 완전한 한국 사람이라고 자랑하셨다. 하지만 한국 사람들은 아무도 자신을 이웃으로도 한국 사람으로도 취급하지 않는다고 했다. 피부색 때문이었다. (중략) 우리의 태도가 이분들의 마음을 아프게 한다는 것을 알게 되었다. (연구참여자 9. 성찰일지)

연구참여자 9는 한국에 이주하여 국적을 획득한 이주민 사업가를 만나서 한국에서 사업하면서 경험한 어려움과 좋았던 일에 대하여 인터뷰하는 미션을 수행하였다. 연구참여자는 이주민 사업가가 한국말을 유창하게 구사하면서 자신이 한국 사람이라고 자랑스럽게 소개하고 따뜻하게 음식을 대접하는 모습을 보고 놀라워했다. 연구참여자는 이주민 사업가와 보다 깊이 있는 이야기를 나누면서 이주민들이 우리 사회에서 아무리 노력해도 한국 사람들로부터 우리의 진정한 이웃으로, 또는 우리와 정말 같은 한국 사람으로, 그렇게 인정을 받지 못하고 있음을 알게 되었다.

연구참여자는 이주민 사업가의 삶이 힘들었던 이유를 한 마디로 표현해서, 이들이 우선 눈으로 드러나는 '피부색'이 한국 사람과 다르다는 이유 때문이라는 것을 알게 되었다. 다문화 현장에 참여하지 않았다면, 또 학습활동 수행 중에 이주민 사업가를 만나 인터뷰하지 않았다면, 자신도 이들에 대해 관심이 없었고 어려움을 알 기회조차 없었음을 이야기하였다. 하지만 미션을 수행하는 과정에 이주민들의 한국 생활 이야기를 보다 진솔하게 들으면서 이들의 삶을 알게 되었고, 특히 국적을 취득하여 온전히 한국 사람으로 살고 있는 이주민들에게 우리 사회가 여전히 아픔을 제공한다는 것에 대해서 반성하게 되었다. 연구참여자는 이주민의 삶을 외국에 살고 있는 자신의 모습에 투영시켜 상상하며, 한국 사회의 다수자의 역할에 대한 성찰의 글을 쓰기도 하였다.

> 봉사활동 시간들을 성찰하게 되었고… (중략) 어린이들에게 관심과 적극성을 더 가지게 되었어요. 저의 관심과 적극성이 어린이들의 존재감? 가치? 그런 거를 높여주는 느낌, 당연히 제 기쁨도 배가 되는 거를 느꼈어요.　　　　　　(연구참여자 6. 면담)

연구참여자 6은 고등학교 1학년 때부터 대학교 수시입학을 계획하며 수많은 봉사활동을 수행해왔으며 특히 다문화 가정 어린이들과 함께 한 한글교육 봉사활동에는 보다 특별한 의미를 두고 있었다. 하지만 최근에는 이러한 봉사활동에 대해 식상함을 느끼게 되었고, 그러던 차에 A 프로그램에 참여하여 자신이 수행해온 봉사활동 시간에 대해 '성찰하게' 되었다. 그동안 연구참여자는 자신이 봉사활동을 했다는 점에 대해 결과적인 의미에만 집중해온 것을 반성하고, 매 차시 활동이 끝날 때마다 성찰일지를 쓰면서 봉사활동에 대한 과정적인 의미도 새롭게 부여하는 계기가 되었다.

연구참여자는 A 프로그램을 통해 자신의 봉사활동 행위가 다문화 가정 어린이들의 정체성이나 자존감을 높여줄 수 있다는 것을 깨닫게 되었으며, 봉사활동 과정 자체가 연구참여자 자신에게도 기쁨이 되고 있음을 느끼게 되었다. 다문화 현장에 대한 학습활동은 경험의 주체가 자신과 타자와의 관계 속에 있을 때 자기지향적인 개별성에 비해 타인지향적인 관계성에 초점을 두는(조윤경, 2003: 94) 사회적 상호의존성의 증진으로 볼 수 있었다.

(다) 결과물을 빛나게 만든 타자와의 시너지
연구참여자들은 학교 밖 다문화 현장에서 진행하는 A 프로그램에 참여하여 다양한 학습활동을 경험하였다. A 프로그램의 모든 학습활동은 교실 수업과 달리 교사의 권위가 학습자에게 위임된 학습자 중심의 협동적인 모둠활동으로 진행되었다. 학습활동 후의 모든 결과물은 학습자와 학습자 간, 학습자와 교사 간, 그리고 학습자와 이주민 간의 대화와 토론의 과정을 거쳐 시너지를 만들어내었다.

연구참여자들은 새로운 학습활동의 구성과 실행 방법에 대하여 일부 소극적인 성향을 드러내기도 하였다. 하지만 다수의 연구참여자들은 이주민들과 함께 학습활동을 하면서 다양한 구성원들이 함께 있을 때 더 좋은 사회를 만들 수 있을 것이라는 보다 긍정적인 생각으로 발전시켜 나가고 있었다. 이것은 사회적 경험 차원에서 경험의 주체가 개인과 타자와의 관계 속에 있을 때 나타나는 상호의존성의 실천으로 볼 수 있었다.

> 나는 아직 다문화가 좀 멀게 생각되었고… (중략) 안 좋은 이야기가 몇 개 떠올랐지만, 친구들이 뭐라고 할까 봐 그냥 듣고만 있었다. (중략) 차라리 혼자 뭐라도 써내라고 하면 할 수 있었는데… 여기 오지 말고 학교에서 자습이나 할 걸 그랬다.
>
> (연구참여자 2. 성찰일지)

연구참여자 2는 체계적으로 이루어지는 교실 수업과 달리 다문화 현장에서 자유롭게 자신의 경험을 발표하고 토론하는 열린 수업에 대해 거부감을 나타내었다. 연구참여자는 평소 사회적 문제에 관심이 없었으며, 미래 한국이 다문화 사회로 진입하게 될 거라는 배경지식도 가지지 못했다. 그러나 미디어를 통해 알게 된 일부 부정적인 지식을 가지고 있었으나 그나마 현장 수업에서 자신의 의견으로 표현하지 못하였다. 연구참여자는 여전히 다문화에 대해서는 자신과 '좀 멀게' 인식하고 있었기 때문에 자신이 다문화 현장 수업에 참여한 것 자체를 두고 후회하기도 했다. 교사가 중심이 되어 모범 답을 요구하고 가르치는 전통적인 교실 수업에 익숙해 있는 연구 참여자가 다문화 현장에서 진행된 자유롭고 창의적인 학습활동에 적응하지 못함으로써 표현하는 소극적인 태도로 볼 수 있었다.

> 사장님은 장소 협조뿐만 아니라, 베트남의 분위기를 느낄 수 있게 전통 이동 수단(인력거같이 생긴 것)까지 빌려 주셨다. 그리고 사장님이 직접 땀을 흘리면서… (중략) 우리는 베트남 사람이라는 것을 잊어버리고, 그냥 우리 동네 아저씨로 착각하고 있었다.
>
> (연구참여자 3. 성찰일지)

연구참여자 3은 영상 제작을 위해 베트남 쌀국수 집의 주인 사장님께 장소 협조를 부탁하였다. 촬영하는 동안 주인 사장님이 많은 도움을 주어서 마음에서 우러나오는 깊은 정을 느낄 수 있었다. 영상을 제작하는 과정에서 계획에는 들어있지 않았으나 다문화 현장에서 만난 베트남 '사장님이 직접' 참여해 준 덕분에 베트남 사장님과도 예기치 않게 협업을 수행하면서 더 리얼한 내용으로 영상을 완성할 수 있게 되었다. 학습자들이 주도하는 현장 중심 교육의 특성이 드러나는 부분이었다.

다) 전 지구적 공동체의식에 관한 학습 경험

이 절에서는 연구참여자들의 행동실천 경험 차원에서 전 지구적 공동체의식을 살펴보았다. 행동실천 경험은 경험의 주체자에 대한 관심을 개인과 초국적 이주민에게 두고 이들 간의 전 지구적 공동체의식과 관련한 행동실천을 살피는 것이었다. 연구참여자들은 A 프로그램에 참여하여 다양한 학습활동을 경험하는 과정에 전 지구적 공동체의식의 발달 양상을 보여주었다.

행동실천 경험 차원의 전 지구적 공동체의식 영역에서 나타난 본질적 주제는 '다함께 공존하는 다문화 공동체 실현'으로 도출되었다. 전 지구적 공동체의식 영역에서 나타난 하위주제로는 앎의 교육에서 '한국 속에서 세계인의 삶을 보았다', 성찰의 교육에서 '나도 세계 속의 이주민, 지구 공동체의 소수자', 실천의 교육에서 '앎의 씨앗, 성찰의 거름, 행함의 열매'로 도출되었다. 다음은 하위주제를 중심으로 살펴보았다.

(가) 한국에서 바라본 세계인의 삶

A 프로그램에 참여한 연구참여자들은 상당수 외국인 밀집지역에 위치한 고등학교에 다니는 경우가 많음에도 불구하고, 자신들에게 암묵적으로 각인된 선입관으로 인해 그동안 이 장소를 기피하고 있었으며 이로 인해 한번도 경험하는 기회를 갖지 못하였다. 다문화와 관련하여 연구참여자들이 기존에 알고 있던 부정적인 지식은 그들의 마음을 다문화 현장 속으로 걸어서 들어오는 것에 대해 오랫동안 방해 요인으로 작용해 왔다.

연구참여자들은 다문화 현장 텍스트에 대해 미션을 수행하는 과정에 이지역을 다니면서 골목과 골목을 직접 관찰함으로써 생소하고 이질적으로만 느끼고 있었던 다문화 현장을 바라보는 관점이 조금씩 달라지는 것을 경험하게 되었다. 또한 A 프로그램이 진행되는 동안 이 지역에 대한 관심뿐만 아니라 이주민들의 삶에 대한 관심도 증가한 것으로 나타났다.

> 여기에 와 보니까, (중략) 사람들을 보니까 인상이 무서웠어요. 일단은 길거리의 간판이나 광고 자체가 좀 낯선 글자가 많으니까, 내용을 알 수 없어서 그런지 왠지 대체적으로 어수선한 것 같고 산만했어요. 앞으로 적응이 되면 어떨지 모르지만, 암튼 오늘은 낯설기만 했어요. (연구참여자 5. 면담)

연구참여자 5는 다문화 현장에 들어오면서 마치 동남아시아 지역을 여행하고 있는 것 같은 느낌을 받게 되었다. A 프로그램의 학습활동이 이루어지고 있는 다문화 현장에는 중국 동포를 비롯하여 고려인, 그리고 동남 아시아 지역의 여러 나라에서 온 이주민들이 많이 체류하고 있는 곳이기 때문이다. 연구참여자는 한국 사회가 다문화 사회로 진입되고 있다는 것을 학교 수업에서 배워서 조금은 알고 있었지만 자신이 몸소 다문화 현장에 들어온 것은 처음이었다. 그래서 다문화 현장을 바라보는 시선이 다소 '산만한' 느낌이었으며 게다가 부정적이기도 하여 더욱 낯설게 느끼고 있었다. 아는 만큼 보인다는 말처럼 다문화 현장에 있는 이질적인 기호들을 보며 연구참여자는 기호들의 의미를 이해하지 못한 채 그저 낯선 환경으로만 느끼고 있었다.

> 여기에 세계가 들어와 있다는 거를… (중략) 음, 저하고 다르지만, 일단은 이해하고 존중하는 마음, 차별하지 않는 마음, 그런 마음을 길러야 그래야 다르지만 함께 살 수 있을 거 같다는, 그런 생각을 하게 되었어요.　　　　　　　　　(연구참여자 8. 면담)

연구참여자 8은 한국 사회에 체류외국인 수가 증가하고 있다는 것을 보도를 통해 접하기는 했으나 실질적으로는 느끼지 못하고 있었다. 하지만 A 프로그램에 참여하게 되면서 눈앞에 펼쳐진 현실적인 변화를 체험하게 되었다. 연구참여자는 낯설지만 신기하고, 어수선하지만 다양하고, 복잡하지만 더 넓어진 지구촌을 느끼며, 그 속에서 세계인들이 살아가고 있는 지구마을을 발견하게 되었다. 그리고 지구마을 안에 살아 숨 쉬고 있는 다양한 문화와 다양한 인종들의 삶의 현장을 경험하면서 우리나라 안에 "세계가 들어와 있다"는 사실을 실감하게 되었다.

연구참여자들은 다문화 현장 텍스트를 통해 한국 사회 안에 초국적 이주공동체가 자신들이 인지하지 못하는 사이에 이미 출현해 있으며, 그들이 이미 우리와 함께 공존하고 있는 현실을 직면하게 된 것이다. 연구참여자들이 다문화 현장에서 만난 초국적 이주민들의 정체성과 귀속성은 단 하나의 사회의 경계 내에서 규정되지 않았다. 이주민들은 초국적인 사회의 장이라는 복잡한 그물망에서 이중적 혹은 다중적 '디아스포라 의식'을 지니고 있다(김정선, 2007: 86). 연구참여자들은 다문화 현장에서 세계인들의 문화적 다양성이 숨 쉬고 있는 초국적 사회의 장을 직시하게 되었다.

(나) 나도 세계 속의 이주민, 지구 공동체의 소수자

A 프로그램에 참여한 학습자들은 우리가 살게 될 미래의 다문화 사회에서는 자신들이 영원히 다수자의 입장만을 지속할 수 없다는 것을 알고 있었다. 과거 우리의 이민 역사나 현재 한국에 와 있는 이주민의 경우에는 경제적인 어려움이라는 공통분모로 이민을 선택했었다. 하지만 미래의 자신들은 자유의 의지로 유학이나 취업이나 이민을 통해 초국적 디아스포라를 경험할 수 있다는 것이었다.

연구참여자들은 미래의 자신들이 한국이 아닌 다른 나라에 가서 살 수 있기 때문에 다른 공간에서는 이방인이 될 수 있으며 이주민 또는 소수자의 삶을 살 수 있다는 것을 이야기하였다. 이들은 다문화 현장 경험을 통해 미래 자신들의 초국적 디아스포라를 미리 성찰해 보고 있는 것으로 나타났다.

> 이 마을의 정체성은 뭐지? 여기는 한국… (중략) 나 혼자만 이 세계에 발을 붙이지 못하고, 둥둥 떠 있는 느낌. 앞으로 한국에 이런 공간이 늘어난다면… (중략) 나는 진짜 이방인? 내가 뭘 해야 할지 불안감이 생겼다.   (연구참여자 2. 성찰일지)

연구참여자 2는 다문화 현장에 참여하는 순간 이 지역이 분명 한국의 영토임에도 어느 곳에서도 한국인의 문화적 정체성을 찾아볼 수 없다는 것에 대해 놀라움을 표현하였다. 한편 연구참여자는 한국 사회가 다문화 사회로 변모해

가는 과정에 이 지역과 같은 이주민들로 구성된 다문화 공동체가 만들어지고 있다는 것에 대해, 마치 주인이 바뀌어 자신이 이방인으로 배제되고 있는 듯한 느낌에 대한 불안감을 드러내었다.

한국의 역사에는 과거 우리도 초국적 디아스포라를 경험한 적이 있었으며, 또다시 우리가 어느 나라에서 이주민 소수자로 살아가게 된다고 할지라도 이주민 소수자도 소수자로서의 문화적 권리를 향유할 수 있는 집단이다. 그럼에도 불구하고 연구참여자는 자신이 이방인이 되어버렸다는 느낌을 통해 현실적으로 소수자가 되는 것에 대하여 상당한 두려움을 나타내고 있었다. 또한 연구참여자는 자신이 다문화 사회에 "발을 붙이지 못하고" 미래에 대한 방향성을 갖지 못한 채 정체해 있는 자신의 모습을 성찰일지를 통해 표현하고 있었다. 연구참여자는 성찰일지를 통해, 세계화와 함께 변모되고 있는 한국 사회의 변화를 자신의 의식이 이를 따르지 못하고 있음에 대해 숙고하고 있었다.

> 이주민과 인터뷰했을 때, 우리가 소수자라는 이유로 다른 사람들에게서 차별을 받게 되면 자신의 존재를 알리면서 불평등에 굽힘없이 대항하라고 하셨어요. (중략) 이주민의 경험이 제 경험이 될 수 있겠구나… (후략) (연구참여자 7. 면담)

연구참여자 7이 만난 이주민 사업가는 미래에 유학을 목적으로 다른 나라에 가거나 취업을 위해 타국으로 가게 되었을 때 다양한 이유로 차별을 받을 수도 있겠으나, 만약 그 나라에서 소수자의 입장이 되어 사회적 불평등을 경험하거나 차별의 대상이 되더라도 주저하지 말고 주류사회에 대항하라는 이야기를 들었다. 연구참여자는 이주민 사업가가 들려준 이야기가 마치 한국 생활 적응 과정에 경험한 자신의 이야기일 수도 있겠다는 생각을 하게 되었다. 이주민과의 인터뷰를 통해 연구참여자는 이주민 소수자의 삶을 자신의 삶처럼 바라보는 성찰적 관점의 변화를 경험하게 되었다.

사회적으로 구성한 앎에 대한 비판적 성찰은 행동실천을 지향하는 경험 차원이며 이는 미래 사회를 변화시키기 위한 행동의 출발점이 되는 것이다. 비판적 성찰이 없는 사람은 실천적 의지도 없는 사람이다(Siegel, 1988: 30). 연구참여자들은 자신의 학습활동 경험을 통해 주류사회의 불평등을 인식하고 이러한 불평등에 대항하여 끊임없이 비판적으로 성찰함으로써 행동의 실천으로 나아가기 위한 의식화의 과정을 경험하는 것으로 나타났다.

(다) 앎의 씨앗, 성찰의 거름, 행함의 열매

A 프로그램을 통해 연구참여자들은 다문화 현장에 직접 참여하여 다양한 학습활동을 경험하였다. 이들의 자발적인 참여와 적극적인 학습활동의 경험 자체만으로도 우리 사회의 침묵의 다문화를 흔들어 깨우는 역할을 하고 있다고 볼 수 있다. 이들의 참여 경험은 다문화에 대한 다가섬을 넘어 사회의 변화를 향해 작은 발걸음을 내밀고 있는 것이기 때문이다.

연구자는 학습 경험을 통해 재구성한 연구참여자들의 앎이 어떻게 이들의 인식을 변화시킬 수 있을지에 관심을 가졌다. 다문화 현장에 대한 연구참여자들의 인식관심이 자신들에게 새로운 앎으로 재구성되어 비판적 성찰을 통해 행동으로 실천되어가는 과정을 살펴본 것이다.

> 주말 아침이라… (중략) 저는 우리와 함께 하지 못한 학교에 있는 많은 친구들에게 우리의 생각을 전달해야 한다는 사명감도 가지고 있어요. 우리의 작은 노력이 당장은 아니겠지만, 조금씩 세상을 바꿀 수 있을 거 같고, 그 일을 생각하면 기뻐요.
>
> (연구참여자 9. 면담)

연구참여자 9는 A 프로그램에 대학 진학에 필요한 봉사활동 점수를 채

우기 위해 자발적으로 참여하였으나 학교 수업에서 배우는 내용에 비해 중요하게 인식하거나 큰 의미로 여기지도 않았다. 그래서 가끔 주말 아침에 일어나서 참여하는 것이 힘들어서 쉬고 싶다고 생각하는 날도 많았다. 무엇보다도 연구참여자는 앞으로 자신이 살아갈 한국 사회가 증가하는 이주민들로 인해 갈등이 전제된 사회가 될 것 같아 막연한 불안감이 컸다. 그래서 다문화 사회로 빠르게 진행되고 있는 현실을 생각하면 두려움이 앞서는 것이 사실이었다. 하지만 A 프로그램에 참여하면서 생각의 변화를 조금씩 경험하게 되었다.

연구참여자는 A 프로그램에서의 학습활동 경험이 누적됨에 따라 단순히 어떤 지식을 배우는 것을 넘어 자기주도적으로 학습활동에 참여하는 태도와 봉사정신의 의미도 배울 수 있었다. 그리고 경계가 없고 장벽이 없는 작은 세계인의 마을에서 문화적 다양성의 가치를 배우게 됨으로써 자신도 세계시민의 한 사람이 되기 위해 의식의 전환을 지향하게 되었다. 연구참여자는 학습활동의 누적되어가면서 동시에 변화되는 자신의 의식을 바탕으로 학교 수업에 참석하여 주변의 많은 친구들에게 전하고자 하였으며, 더 나아가 세상을 향한 작은 실천으로 이어지기를 기대하고 있었다. 세계화의 물결은 우리의 이웃 마을을 세계인들의 문화적 다양성이 공존하는 새로운 지구마을 공동체로 만들고 있었으며, 연구참여자에게 다문화 사회 구성원을 넘어 세계시민으로 살아가기를 요청하고 있었다.

> 이제 우리는 생각의 씨앗을 하나씩 품고 학교로 돌아가요. 그 씨앗에다 성찰의 거름을 주고 실천의 결실을 맺게 하기 위해 저는 다시 출발점에 서 있어요. 씨앗이 성장해서 세계인들과 함께 사는 데 필요한 공동체의식이라는 열매를 맺게 하는 일은 우리들의 몫이라고 생각해요.
>
> (연구참여자 1. 면담)

A 프로그램에 참여하면서 어떤 연구참여자들은 자신의 내면에 있는 부정적인 인식을 발견하기도 했지만, 연구참여자 1은 자신의 내면으로부터 생각의 씨앗을 발견하게 되었다. 그것은 연구참여자의 인식을 변화시킬 수 있는 씨앗이었고, 오랜 시간 동안 잠자고 있는 다문화 문맹에서 깨어나게 하는 씨앗이었다. 생각의 씨앗은 성찰의 씨앗이 되었고, 이것은 새로운 앎이 되어 너무도 당연하고 익숙하게 무비판적으로 받아들여 왔던 세상에 대해 깊이 있게 탐구할 수 있는 능력을 갖게 해주었다.

세상에 대해 탐구하는 능력은 비판적 성찰로 발전시켜 연구참여자의 지식을 의미화하는 데 밑거름이 되었다. 다문화 현장에서 수행한 학습활동은 연구참여자들에게 협력을 통한 행동의 실천을 제공하였고 그 실천은 지식의 열매로 성장하게 하는 동력이 되었다. 연구참여자는 자신의 학습활동 경험을 통한 실천이 세계인들과 함께 공존하는 작은 지구마을을 발전시킬 수 있는 전 지구적 공동체의식이라는 꽃을 피울 수 있게 하는 토대가 되기를 기대하였다.

연구참여자들은 다문화 현장에서 진행된 다문화교육 프로그램에 참여하여 학습활동을 지속한 결과, 자신들의 학습 경험이 누적되고 확장되는 과정을 경험하였다. 연구참여자들의 학습활동 경험은 지식구성 경험 차원, 태도형성 경험 차원, 행동실천 경험 차원으로 유형화할 수 있었다. 다음 [그림 6-2]는 연구참여자들의 학습활동 경험의 누적을 통한 의식화의 과정이다.

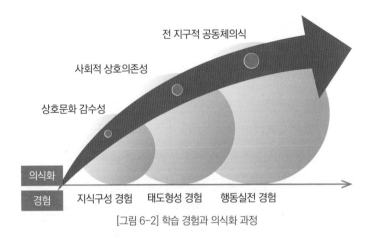

전 지구적 공동체의식

사회적 상호의존성

상호문화 감수성

의식화

경험   지식구성 경험   태도형성 경험   행동실전 경험

[그림 6-2] 학습 경험과 의식화 과정

4. 마무리

이 글은 한국의 다수 고등학생들의 다문화 인식 개선을 위해 구안된 다문화 리터러시교육을 분석하고, 이 프로그램에 참여한 학습자들의 학습활동 경험을 수집, 해석하여 연구참여자들의 의식의 변화 양상을 고찰하였다.

다문화 리터러시교육 프로그램은 연구참여자들에게 잠자는 다문화, 침묵의 다문화에서 소통을 이끌어내고, 문맹의 다문화에서 리터러시를 함양시키는 학습활동 과정을 담고 있었다. 연구참여자들은 매주 제공되는 앎의 교육, 성찰의 교육, 행함의 교육을 통해 인식의 변화를 이끌어내는 의식화가 실현되는 등 성장, 발전하는 과정을 경험할 수 있었다.

또한 연구참여자들의 학습 경험의 의미는 '세상을 바라보는 인식의 창 재구성'이라는 핵심적인 개념을 형성하였다. 연구참여자들의 학습 경험의 특징에 따라 본질적인 주제를 도출하여 이를 하위 주제로 유형화하였다. 각 유형에서 나타나는 특징은 지식구성 경험 차원의 상호문화 감수성, 태도형성 경험 차원의 상호의존성, 행동실천 경험 차원의 전 지구적 공동체의식으로 나타났다. 각 유형별 학습 경험의 특징은 다음과 같았다.

첫째, 지식구성 경험 차원의 상호문화 감수성 영역에서 연구참여자들은 다양한 문화와 그 문화를 가진 사람들과의 접촉을 통해 새로운 지식을 구성하면서 차이를 이해하고 불평등을 인식하며 더불어 살아갈 수 있는 능력을 기를 수 있었다. 둘째, 태도형성 경험 차원의 상호의존성 영역에서 연구참여자들은 학습자와 학습자 간, 학습자와 교사 간, 학습자와 이주민 간의 다양한 타자들과의 관계 맺기를 통해 자신의 태도를 형성하는 과정에 상호의존성을 획득할 수 있었다. 셋째, 행동실천 경험 차원의 전 지구적 공동체의식 영역에서 연구참여자들은 다문화 현장에서 작은 공동체를 형성하며 살고 있는 세계인들의 초국적 디아스포라의 경험을 통해 참여와 실천을 지향하는 전 지구적 공동체의식을 함양할 수 있었다.

비판적 페다고지를 기반으로 하는 다문화 리터러시교육은 불평등한 사회구조와 지배적인 이데올로기적 요소들을 변화시키고자 하는 사회적 요구와 다문화적 민주주의 공동체를 구성하고 유지하고자 하는 실천적 요구의 상호작용 속에서 이루어졌다. 그러나 연구참여자들의 학습활동 경험은 지속적인 학습활동 과정 중에 누적되고 확장되었지만 학습활동이 종료된 후에는 일부 연구참여자들에게서만 학습의 전이가 이루어지고 있었다. 또한 연구참여자들은 입시경쟁 중심의 학교 교육으로 환원되는 과정에 다문화 리터러시교육을 통한 의식의 변화가 일보 후퇴하는 모습을 나타냄으로써, 이론적 · 성찰적 · 행동적 실천의 지속적인 프락시스로 나아가는데 한계를 갖는 것으로 해석되었다. 이를 위해 학교와 지역사회와 연계되어 보다 지속적으로 실현될 수 있는 다문화 리터러시교육 프로그램이 마련되어야 할 것이다.

3부

미디어 리터러시 사례

7장 다문화 사회와 외국인 유학생의 미디어 리터러시
8장 한국어교육에서의 영화 리터러시교육 방법
9장 상호문화 감수성과 애니메이션 리터러시

7장
다문화 사회와 외국인 유학생의 미디어 리터러시*

사람이 온다는 건
실은 어마어마한 일이다.
한 사람의 일생이 오기 때문이다.

(정현종, 「방문객」 중에서)

* 이 장은 정지현(2019)의 논문을 바탕으로 재구성하였다.

1. 외국인 유학생과 미디어

1) 다문화 사회와 외국인 유학생

오늘날 세계화, 정보화의 가속화와 함께 사람들의 이동의 범위도 초국적 이동으로 확대되고 있다. 이러한 현상에 힘입어 최근 한국 사회에는 체류외국인의 수가 빠르게 증가하며 다문화 사회 진입을 앞당기고 있다. 외국인의 유입이 지속적으로 증가한다면 향후 10년 이내에는 한국 전체 인구의 10%를 차지하는 체류외국인 수 500만 명 시대가 될 것이며, 이들은 한국 사회의 중요한 구성원으로 자리하게 될 것이다.

한국 사회 내 체류외국인 중에서 외국인 유학생의 비율도 매년 지속적으로 증가하고 있다. 외국인 유학생의 이동은 글로벌 경쟁구도에 따라 각국에서 추진하고 있는 고등교육의 개방화 정책에서 기인된 국제적 이동의 산물이라 할 수 있다. 각국에서는 국제사회에서 인적, 물적 다양한 층위의 교류와 협력을 위해 외국인 유학생을 유치하여 선진교육을 통해 글로벌 인재를 육성함과 동시에 외국과 자국 간의 문물과 문화를 세계에 전파하고자 한다.

유학생의 유치는 국가적 차원에서 중요성을 갖는다. 오늘날 한국 내 대학들은 저출산 고령화로 인한 학령인구 감소가 가시화되면서 교육 수요자가 감소되고 등록금 동결로 인해 재정이 축소되어 대학 운영에 어려움을 겪고 있다. 이러한 국내 상황의 위기를 극복하고자 정부와 국내 대학을 비롯한 고등 교육기관에서는 글로벌화의 흐름에 편승하여 외국인 유학생의 유치와 지속적인 확대를 위하여 다각적인 전략을 모색하고 있다.

1996년부터 한국 정부는 국제화의 차원으로 외국인 유학생을 유치하기 위한 교육정책들을 발표하였다. 2001년에 국내 외국인 유학생 유치 및 확대 방안을 비롯하여, 2004년에는 한국 내 대학의 국제 경쟁력을 강화하고 글로벌 인재를 육성하기 위한 취지로 「Study Korea Project」를 추진하였다. 이를 통해 2010년까지 외국인 유학생 5만 명을 국내 대학에 유치할 것을 목표로 설정하였으며, 이렇게 목표한 계획은 2007년에 앞당겨서 외국인 유학생 5만 명을 초과하여 유치하게 되었다. 또한 2008년에는 「Study Korea Project 발전방안」을 발표하였고, 2009년에는 국내외 대학생 교류를 활성화하기 위하여 캠퍼스 아시아(CAMPUS Asia: Collective Action for Mobility of University Students in Asia) 정책을 발표하면서 대학생 교환 프로그램을 추진하였다.

이러한 정책에 힘입어 2019년 11월 현재 국내에 체류하고 있는 전체 유학생 수는 학위 과정·비학위 과정을 포함하여 총 185,250명으로 2018년(163,041명)에 비하여 13.6% 증가하였다. 이는 5년 전인 2014년(86,410명)보다 약 두 배 가까이 증가한 수치이다. 국적별로 보면 중국(71,067명, 44.4%), 베트남(37,426명, 23.4%), 몽골(7,381명, 4.6%), 우즈베키스탄(5,496명, 3.8%), 일본(4,392명, 2.7%), 미국(2,915명, 1.8%), 대만(2,182명, 1.5%) 순으로 주로 아시아 국가로부터 유입된 유학생의 비율이 높다(출입국·외국인정책 통계월보, 2019).

한국 내 체류 유학생의 양적인 유치 정책에 대한 결과는 해당 전공에서의 학업능력 저하, 대학생활에서의 부적응 등의 문제들을 동반하게 되었다. 이에 교육과학기술부는 유학생의 양적 유치 정책에서 질적인 우수성을 담보하는 유학생 관리 정책으로 전환하고자, 2011년에는 「우수 외국인 유학생 유치·관리 선진화 방안」을 수립하고 동시에 「외국인 유학생 유치·관리 역량 인증제」를 도입하였다. 또한 2012년에는 「외국인 유학생 유치 확대(Study Korean) 추진계획」에 따라 2023년까지 우수 유학생 20만 명 유치 계획을 밝혔다(교육과학기술부, 2009).

교육과학기술부는 외국인 유학생의 질적·양적 확대, 출신국의 다변화, 한국 유학에 대한 매력도 제고 등을 기반으로, 각 대학의 유학생 유치와 확대 및 관리역량을 강화하고, 우수 지방 대학교의 유학생 유치를 활성화하며, 각 대학 내 유학생 유치를 위한 지원과 유치 기반 구축을 도모하기 위하여 3대 정책과제를 중심으로 하는 "유학생 유치 확대방안"을 계획, 수립, 발표하였다. 그리고 외국인 유학생의 질적·양적 확대와 더불어 다양한 출신 배경의 우수한 역량을 보유한 유학생들을 양성하고 그들을 적극적으로 활용하여 고등교육의 국제화 및 국가 브랜드 가치 제고에 기여할 것으로 예상하였다(교육부 보도자료, 2015).

국내 대학에서도 세계 각 나라의 현지 유학 관련 업체를 대상으로 유학 박람회를 개최하거나 대학별 해외 인적 네트워크를 활용하여 해외 유학생을 유치하기 위해 다각도로 홍보 전략을 펼치고 있다. 또한 국내 대학들은 해외 대학들과 교류 협력을 통하여 교환학생 파견을 비롯하여 교과과정을 공동 개설하고 운영하는 등 학생 교류를 위해 노력하고 있다.

이처럼 국내 대학들과 한국 정부의 노력이 지속되는 한 향후 국내로 유입되는 외국인 유학생의 수는 앞으로도 꾸준히 증가할 것으로 전망된다. 유학은 국내 정착을 목적으로 이주하는 결혼이주와는 다른 특성을 지닌다. 즉 유학은 현지 국가에 학비를 내고 일정 기간 공부한 후 다시 본국으로 돌아가는 '보이지 않는 이주(invisible migration)'로 볼 수 있다(안영진, 최병두, 2008: 477). 그럼에도 보이지 않는 이주, 즉 유학은 영구 정착 목적의 이주 이상으로 중요성을 지니게 된다.

유학생들은 한국 사회의 귀화자 혹은 영주자로서 살아가는 것은 아니지만 정주민 이상으로 우리 사회의 중요한 구성원들이다. 이들은 일정 기간 동안 국내에 체류하면서 생활 현장에서 생생하게 경험한 한국 사회의 이미지들을 유학 후 자국으로 귀환하면서 그대로 가져가서 전달하는 초국적 매개자로서의 역할을 하기 때문이다. 필자가 외국인 유학생들의 경험에 관심을 가지는 것은 유학생들은 일정 기간 이후에 반드시 귀환하는 사람들이라는 점이며, 유학생들이 한국에 체류하는 동안 경험하면서 각인된 한국의 이미지가 어떠하냐에 따라 친한 혹은 혐한의 이미지로 전파할 수 있는 당사자들이기 때문이다. 유학생들은 한국인 남성 혹은 여성과 결혼하여 한국 사회의 정주민이 되고자 하는 결혼 이민자들의 목적과는 다른 특성을 지니고 있다. 그럼에도 불구하고 한국 정부와 국내 대학, 그리고 우리 사회가 세계 다양한 국가들로부터 유학생들을 유치하기 위해 기울인 노력이나 전략 이상으로 이들 유학생들의 국내 체류 기간 동안 관리를 소홀히 해서는 안 된다. 유학생들이 한국 사회에서 적응하고 공부하고 생활하는 과정에서의 긍정적인 경험은 자신들의 학업 및 목표 성취에 도움이 될 뿐만 아니라, 유학 시간 동안 경험한 한국의 긍정적인 이미지는 학업 이후 자국으로 귀환하게 되었을 때 친한 혹은 지한의 토대를 제공하게 될 것이기 때문이다.

2) 다문화 사회와 미디어 리터러시

다문화 사회로의 진입을 앞두고 있는 한국은 사회 내 인적 기반이 되고 있는 인구 구성 성분의 변화뿐만 아니라, 교육, 문화, 사회, 정치, 경제 등 전반적인 영역에서 다양한 변화를 수반하게 된다. 지금까지 정부의 대응은 이주민들을 짧은 시간 내에 정주국으로 편입시켜 주류사회로의 편입을 공고히 하고자 이들의 사회적응 교육에 초점을 맞추어 왔다. 이에 주류사회 선주민들은 이주민들의 삶이나 문화에 대한 감수성이 부재한 상태에서 국가와 언론의 탑다운(Top-down) 방식의 계몽(정의철, 2011)에 의하여 다문화에 대한 인식을 형성하고 있다. 여기에는 미디어의 역할이 크게 작용하였으며, 특히 주류 미디어가 사회 내 다수 구성원들의 태도와 가치관을 형성하는 데 지대한 역할을 담당하게 되었다.

오랜 세월 동안 동질 사회를 강조해 온 한국 사회의 다문화는 모든 면에서 엄청난 이슈이며, 이에 따라 최근 여러 대중매체에서는 다문화와 관련된 이슈들을 앞세우고 다문화 관련 프로그램들을 경쟁적으로 편성하면서 선주민들은 미디어 경험을 통해 이주민들의 이미지를 형성하는 경우가 많아지게 되었다. 즉 대중매체에서 다루고 있는 사건들을 통해 이주민들의 이미지가 과도하게 부각되는 것은 물론, 이주민에 대한 과도한 이미지로 인해 선주민들의 고정관념이나 편견을 강화시키게 되거나 한국 사회 내 이주민을 점점 더 부정적인 집단으로 고착화시키고 주변화하는 경향이 바로 그런 예가 될 수 있다.

한국 사회의 주류 미디어는 다양한 매체를 통해 이주민들을 타자화하고 있다. 또한 이주민들에 대한 이미지는 결혼이민자들, 특히 동남아시아계 국가 출신 결혼이주여성이나 이주근로자들을 통해 주류사회에서 배제 당한 사회적 약자 또는 사회적 부적응자 등과 같은 부정적인 이미지로 재현하고 있다. 주류 미디어가 생산하는 이미지로 인해 이주민들은 정주국에서 소수자로서 마땅히 받아야 할 문화적 정체성과 권리를 보장받지 못하며 차별적인 삶을 살아가고 있다.

주류 미디어가 재현하는 결혼이주여성에 관한 부정적인 예는 우리 사회 구성원이라면 누구나 여러 매체를 통해 자주 접할 수 있다. 즉 주류 미디어는 결혼이주여성의 서툰 한국어가 그 자녀들의 언어발달 및 학습능력에 부정적인 영향을 미친다는 분위기를 강조하기도 한다. 특히 동남아시아 국가 출신 결혼이주여성들과 그 자녀들에 대하여 '다문화'라는 호칭을 사용함으로써 한국인과의 다름을 범주화하고 있을 뿐만 아니라, 서구 유럽 출신의 백인 이주자들과도 구분하는 등 출신국별, 인종별로 위계화하고 서열화하는 역할을 보여주기도 한다.

이처럼 한국 사회의 주류 미디어는 동남아시아계 국가 출신의 결혼이주여성들을 '다문화 가정'으로 명사화하여 그리고 있으며 '글로벌 패밀리'와 구분 짓는 콘텐츠를 생산해 왔다. 〈러브 인 아시아〉나 〈다문화 고부열전〉은 동남아시아 출신 결혼이주여성을 동정이나 시혜의 대상이자 갈등의 원인으로 나타내는 반면, 〈사랑은 아무나 하나〉는 한국 여성이 해외에 거주하며 외국인 남성과 함께 평등한 부부관계 속에서 행복하고 부유하게 사는 모습으로 그렸다(오마이뉴스, 2020).

또한 동남아시아계 국가 출신 이주근로자가 출연하는 〈글로벌 아빠 찾아 삼만리〉는 주류 미디어가 이주근로자의 가족에 대한 결합을 허용하지 않는 이주근로자 체류자격에 대한 한국의 차별배제정책은 문제 삼지 않으면서, 다만 성실근로자에게 부여하는 보상의 기회만을 강조하는 이미지를 보여줌으로써 '글로벌'이라는 용어를 무색하게 만들고 있다. 반면 〈어서 와 한국은 처음이지〉는 서구 유럽인들을 중심으로 출연진을 배정하여 한국문화를 그들을 통해서 인정받고자 하는 욕망을 드러낸다.

주류 미디어에 의한 타자의 재현방식은 주류사회가 가지고 있는 기존의 지식체계에 대한 차별 배제적인 선입견이나 인식 등에 의해서 재생산된다. 주류 미디어의 재현방식은 이주민의 시각과는 별개이며 다수자의 관념에 의해 정형화된 시선을 그대로 드러내는 것으로 주류사회의 지배적 담론이 반영된 결과라 할 수 있다(정의철, 정용복, 2016).

이주민들에 대한 이러한 미디어 재현 방식은 미디어가 다수자-소수자 간의 사회적 관계를 중점으로 접근하기보다는 이주민들의 삶 자체에 대한 묘사에 중점을 둠으로써 이들을 시혜적·동정적 시각으로 왜곡하는 결과로 나타난다(엄한진, 2011). 특히 저출산으로 인한 인구 감소 대책 및 고용정책의 일환으로서 정책적으로 유입된 결혼이주여성이나 이주근로자가 한국 사회의 소수자로 차별 배제의 대상으로 낙인되어 부정적인 이미지 재현의 대상으로 다루어지고 있는 현상도 유사한 맥락으로 볼 수 있다.

소수자(minority)는 다수자(majority)의 개념에 대비되는 수의 작음을 의미하는 것이 아니라, 사회적 권력 또는 사회적 영향력의 크기나 집합적 정체성의 유무로 규정한다(설동훈, 2009). 그러한 관점에서 소수자는 사회적 불평등 상황에 놓여있지만, 주류집단의 권력에 예속되거나 동일화되지 않는 차이의 힘과 잠재성을 내재하고 있는 주체들(강진숙 공저, 2018)을 의미한다.

소수자가 주체가 되는 미디어는 주변화된 그룹의 대변자로 다양성을 촉진하고 소수자의 시각으로 이슈를 묘사할 수 있다(Georgiou, 2005). 소수자에 대한 미디어는 미디어의 배치를 소수자의 코드로 재배치하는 과정으로 미디어의 공간에 소수자의 이미지, 소수자의 언어, 소수자의 문화 등을 적극적으로 표현함으로써 소수자의 세계를 실현하고자 하는 보다 진화된 사회를 구성하는 방식(한국언론정보학회, 2006)이다.

소수자 미디어(minority media)는 이주민들의 생활세계를 드러내고 이주민 간 혹은 다수자와 소수자 간의 소통을 통하여 지식과 정보를 교류할 수 있게 할 뿐만 아니라(Sreberny, 2005) 이들이 주류사회에 적응하는 과정에 참여를 이끌어내는 가교 역할을 할 수 있다. 즉 소수자 미디어는 이주민들의 적응, 소통, 통합과 연대의 기제가 되며 이를 통해 소수자의 권리도 획득할 수 있게 한다.

따라서 이주민 소수자 미디어는 이주민이 미디어의 주체가 되어 자신들의 관점이나 시선과 목소리를 통해 다수자-소수자 간의 갈등 및 이슈, 그리고 생활세계의 다양성을 전파함으로써 지속가능한 사회통합을 리더하는 실천적 역할을 수행하는 것이다. 이러한 방향성을 가지고 있음에도 불구하고 한국 사회의 이주민 소수자 미디어는 전술한 바와 같이 이러한 역할을 수행하는 것에 대한 한계가 지적되고 있다.

이주민 소수자 미디어가 다문화 사회에서 실천적 역할을 다하기 위해 방점을 두어야 하는 부분은 다수자 중심의 주류 미디어가 다문화 사회의 소수자를 대상화하거나 타자화하지 않아야 한다는 점이다. 즉 주류 미디어는 다수자와 소수자가 서로 달라지기를 배우고 함께 변해가고 다 같이 어울려 가는 과정에 '소수자 되기(Deleuze & Guattari, 2001b)'를 지원하는 사회적 실천을 아끼지 않아야 한다는 것이다.

소수자 되기를 지원하는 일이란 이주민 소수자 미디어가 다문화 사회 구성원인 소수자들에게 주류사회 속에서 능동적이고 주체적인 참여자가 되어 그들 자신의 인식과 정체성을 보다 새롭게 형성하도록 하는 것이다. 한편 더 나아가 이주민 소수자 미디어가 다수자의 관점과 시선을 교정함으로써 소수자들이 다수자들과 함께 소통하고 공감하는 가운데 협력적 상호작용을 통해 공존의 가치에 기반을 둔 새로운 관계 속에서 사회적 역할을 수행할 수 있도록 하는 것이다.

필자는 전술한 바와 같이 이주민 소수자의 미디어 재현과 차별문제에 관심을 두고 있으며, 특히 한국 사회에 유입한 서구나 유럽 출신의 이주민들에 대한 관심보다 동남아시아계 국가 출신 이주민들에 대하여 주목하고 있다. 그 이유는 한국 사회 속의 이주민 소수자 미디어가 서구나 유럽 출신의 이주민들에 비해 특히 동남아시아계 국가 출신 이주민들의 정체성과 소수자 되기를 저해할 뿐만 아니라, 주류사회의 선주민과 이주민 간의 소통과 공감, 긍정적인 사회적 관계, 이와 더불어 이주민들의 문화적 다양성을 전파해야 하는 미디어 본래의 기능과 역할을 충실히 수행하지 못하고 있기 때문이다.

다문화 사회에서의 이주민 소수자들은 다수자의 관점을 지닌 주류 미디어가 차별적 시선으로 생산되는 소수자의 미디어 재현으로 인하여 이주민의 소수자 되기를 이끌어 주기보다는 저해할 수 있는 요인이 한층 더 존재할 수 있다는 것을 인식해야 한다. 따라서 이주민 소수자들은 소수자 미디어의 능동적이며 주체적인 참여자가 되어야 하며, 여기에는 미디어 리터러시가 기반이 되어야 한다.

이를 위해 우리는 한국 사회가 이주민 소수자들의 미디어 리터러시 함양을 위해 어떠한 노력을 얼마나 기울이고 있는지, 그리고 소수자의 미디어 재현에 대해 이주민 당사자들의 미디어 리터러시는 어떠한지에 대해 관심을 기울일 필요가 있다. 이에 필자는 소수자 미디어 재현의 주요 소재로 다루어지고 있는 동남아시아계 이주민들과 같은 배경을 지닌 동남아시아계 국가 출신의 유학생들과 함께 소수자의 미디어 재현에 대한 구체적인 문제 파악과 대안 방안에 대해 접근을 시도하였다.

다시 구체적으로 언급하자면, 먼저 동남아시아계 국가 출신의 유학생들은 주류 미디어가 생산하고 있는 소수자의 미디어 재현에 대해 어떠한 태도로 리터러시 하고 있는지, 그리고 동남아시아계 국가 출신의 유학생들이 소수자 되기를 위하여 자신들의 인식을 어떠한 방식으로 새롭게 형성하고 있는지, 또한 다른 관점에서 주류사회는 이들의 소수자 되기를 위한 참여적 역할에 대하여 어떠한 지원을 하고 있는지를 살펴볼 필요가 있다.

지금까지 다문화 사회로 진입하고 있는 한국 사회의 변화와 국내 체류 외국인 중에 유학생을 중심으로 외국인 유학생 현황 및 정책의 흐름을 살펴보았다. 그리고 한국 사회 주류 미디어가 생산하는 동남아시아계 국가 출신 이주민에 대한 소수자 재현의 문제점을 살피고, 소수자 미디어의 역할에 대해 고찰하였다. 또한 주류사회가 생산하는 동남아시아계 이주민의 소수자 재현에 관한 미디어가 미디어 수용자인 동남아시아계 국가 출신의 유학생들에게 어떻게 리터러시 되고 있는지를 살피기 위한 필요성을 탐색하였다.

2. 소수자 미디어와 비판적 미디어 리터러시

다문화 사회가 내포하는 권력구조에 대하여 인식하고 해체하고 재디자인 하는 다문화 리터러시는 지식, 인식, 실천의 복합적 역량으로 사회정의 실현을 통한 공존의 모색을 목표로 하며, 이러한 다문화 리터러시의 도구는 다양성을 권력구조의 관점에서 통합적으로 분석할 수 있는 비판적 리터러시가 기반이 되어야 한다고 2장에서 기술하고 있다.

이주민은 다문화 사회에서의 주변화된 그룹의 대변자로서 소수자의 권한을 강화하고 정체성을 확고히 하는 사회활동의 장을 만드는 주체가 되어야 하며, 이를 위해 소수자 미디어를 통한 실천적 차원에서 비판적 미디어 리터러시를 확보하여 소수자 되기를 실현하는 계기가 마련되어야 한다. 이 절에서는 소수자 미디어 재현에 관한 선행연구를 탐색하고 다문화 사회에서 이주민의 비판적 리터러시를 통해 소수자 되기를 위한 방안을 구상할 것이다.

1) 소수자 미디어 재현에 관한 선행연구

미디어는 인종, 민족, 국가, 집단 등과 같은 공동체의 정체성과 역동성에 영향을 주기도 하지만 다양성을 내포하고 있는 다문화 사회에서 차별과 불평등 및 배제와 주변화를 규정하는 인식의 틀을 제공할 수도 있다(Silverstone & Georgiou, 2005). 이에 주류 미디어는 소수자가 지닌 다양성이나 관점을 배제하고 주류사회의 지배적인 구조 안에서 획일적인 담론을 생산하는 집단 인식과 해석의 틀(collective frame of interpretation)로 작용될 수 있다(Bourdieu, 1998; Williams, 1982).

실제 한국의 주류 미디어에 대한 선행연구에서는 이주근로자를 범죄를 양산하는 집단 혹은 불법이라는 이미지로 재현하고 있고, 결혼이주여성은 저출산 대책 및 남성중심의 가부장적 관점으로 재현하고 있는 것으로 나타나고 있다(엄한진, 2011). 또한 다문화 가정의 자녀를 지원 대상자로 재현하고 있다. 재현(reproduction)은 대상이 가진 의미를 있는 그대로 전달하는 것이 아니라 선택과 배제, 조합과 구성 등의 작업을 통해 적극적으로 의미를 생산한다(양정혜, 2007).

다문화 사회의 주류 미디어는 재현이라는 의미 생성 과정을 통해 이주민 소수자의 특정한 속성을 의도적으로 부여하면서 이들에 대한 고정된 이미지를 부각시킨다. 이와 같이 주류 미디어가 만들어내고 있는 이주민 소수자에 대한 의미화 과정을 통한 미디어 재현은 이주민을 주변화하거나 때로는 타자화(othering)하기도 하며, 나아가 외국인혐오주의, 인종차별주의 등의 내용을 재생산하여 반이민 정서를 확산시킴으로써 사회 전반의 인식을 주도하게 된다.

한국 사회 내 주류 미디어가 생산하고 다양한 매체를 통해 전달되고 있는 이주민 소수자 미디어 재현에 관하여 보다 면밀히 고찰하기 위하여 선행연구를 살펴보면 크게 세 가지 범주로 나누어진다.

우선 주류 미디어에 이주민 소수자가 어떻게 재현되고 있는지 미디어를 분석하여 이주민 소수자 재현방식을 진단한 연구(김경희, 2009; 원숙경, 2014; 박미경, 이현율, 2017; 김초희, 김도연, 2018), 그리고 주류 미디어에 이주민 소수자가 어떻게 재현되어야 하는지에 대한 새로운 이미지 재현방식을 제시한 연구(김경희, 2011; 정의철, 2011; 허찬행, 심영섭, 2015; 김정선, 2016; 주재원, 2016), 마지막으로 이주민 소수자를 대상별로 나누어 재현되는 이미지를 분석한 연구(류찬열, 2010; 박명진, 2011; 이명현, 2010; 김초희, 김도연, 2019; 신예원, 마동훈, 2019) 등으로 정리해 볼 수 있다(정지현, 김영순, 2020).

첫째, 영화, TV, 드라마, 다큐, 뉴스 등 다양한 미디어에서 다루어지는 이주민 소수자 재현방식을 진단한 연구를 살펴보면, 2000~2008년까지 KBS, MBC, SBS, YTN 등 텔레비전에서 소수자를 중심으로 다루고 있는 뉴스 내러티브를 분석하여 소수자에 대한 재현방식이 이분법적 인식과 온정주의적 시선, 정형화되어 나타나고 있음을 확인한 연구(김경희, 2009), 우리사회에 편입되는 새로운 사회적 현상을 관찰한 영화 〈방가?방가!〉와 〈완득이〉를 중심으로 미디어에 의한 소수자 재현 사례를 분석하여 미디어가 다문화 사회를 어떻게 이데올로기화 하는지를 조명한 연구(원숙경, 2014), 이주민과 관련한 사회적 변화를 조명하기 위하여 KBS 〈이웃집 찰스〉를 통하여 새로운 이주민의 미디어 재현 방식의 변화를 분석한 연구(박미경, 이헌율, 2017), 2003년부터 2016년까지 국내 텔레비전의 다문화 프로그램의 내용을 종합적으로 분석하여 이주민 및 외국인의 인종과 이주 유형별 재현율, 장르에 따른 집단별 재현 정도의 차이, 그리고 시기별 변화를 분석함으로써 다문화 프로그램 연구의 범위를 확장하고자 한 연구(김초희, 김도연, 2018) 등이 진행되었다(정지현, 김영순, 2020).

둘째, 주류 미디어에서 이주민 소수자가 어떠한 방식으로 재현되어야 하는지에 대하여 새로운 이미지 재현방식을 제시한 연구를 살펴보면, 휴먼 다큐멘터리를 통해 방영된 이주민 소수자 재현 프로그램에 대하여 시청자 게시글의 텍스트를 분석한 후에 다문화 사회와 배치되는 수용자의 인식을 발견하고 시사점을 통하여 한국인과 다른 이방인으로 분리되어 재현되고 있는 혈통주의 및 동화주의 인식을 지적하고 시사점을 제시한 연구(김경희, 2011), 다문화 사회와 다문화주의에 대한 비판적 관점을 바탕으로 〈이주민 방송: MWTV〉의 등장 배경과 제작과정에서의 상호작용 및 문제점을 파악한 후, 이주민방송에 대한 참여적 대안미디어로서의 시각을 진단하고 이주민 소수자 미디어의 역할을 통해 주체적인 소수자 재현의 가능성을 제시한 연구(정의철, 2011), 다문화 사회와 다문화 정책에 대한 텔레비전의 재현방식이 동화주의적이며 다름을 문화적 열등감으로 표현하거나 편견을 양산한다는 FGI 분석을 통해 다문화 사회에서 방송의 사회통합적 기능에 대한 시사점을 제시한 연구(허찬행, 심영섭, 2015), 지상파 방송사들의 뉴스 콘텐츠에 나타난 영상담론을 분석하여 담론화하고 이들의 이주민재현 양식이 한국인들과의 이항대립을 이루어 스테레오타입을 확대 재생산하는 메커니즘으로 작용한다는 것을 밝힘으로써 이주민 소수자 미디어 재현 양식에 대한 시사점을 제안한 연구(주재원, 2016) 등이 이루어졌다(정지현, 김영순, 2020).

셋째, 이주민 소수자를 대상별로 나누어 재현되는 이미지를 분석한 연구에는 이주근로자의 재현 연구(류찬열, 2010; 박명진, 2011)와 결혼이주여성의 재현 연구(이명현, 2010; 권금상, 2013) 등이 있었다. 류찬열(2010)과 박명진(2011)은 영화를 분석하여 한국 사회가 주로 저임금 노동이 이루어지고 있는 공장이나 소외된 장소에 소속되어 있는 이주근로자들을 사회적 약자의 시선에서 이미지를 재현하고 있다는 점을 지적하며 타자성의 존중에 대한 논의와 함께 실천적 문제를 제기하였다. 그리고 이명현(2010)은 농촌 생활을 주제로 다룬 드라마를 분석하여 결혼이주여성이 한국 사회에서 타자성을 획득할 수 있는 기회보다는 오히려 남성 중심의 가부장적 이데올로기와 주류사회 권력에 의해 정의되는 수동적인 여성상으로서 이미지화되고 있음을 지적하였다. 권금상(2013)은 소수자 미디어가 결혼이주여성을 시혜의 대상이자 타자화된 집단으로 낙인찍는 차별적 제작기법과 감동을 이끌어내기 위한 수단으로 사용하기 위하여, 이들에게 위계적이고 불리한 위치를 공고히 하여 주변인물로 고정화시키고 사회적 거리를 부각시킴으로써 다수자와 소수자 간의 이항대립적인 관계를 강조하여 사회적 의미를 생성하고 있음을 지적하였다(정지현, 김영순, 2020).

한국 사회에는 주류 미디어가 생산하고 매체를 통해 전달되고 있는 이주민 소수자의 미디어 재현 방식에 대한 연구 및 시사점을 밝히기 위하여 다양한 미디어 사례를 분석하는 연구가 진행되고 있다. 그럼에도 이주민 당사자들의 시선을 통해 소수자 재현에 대한 경험이나 이들의 미디어 리터러시를 살펴본 연구는 미흡한 것으로 나타났다. 이 글은 주류 미디어가 생산하는 이주민의 소수자 재현에 관하여 미디어 수용자인 유학생들의 리터러시를 살피는 것이다. 특히 동남아시아계 국가 출신의 유학생들을 선정하여 이들의 경험에 집중하여 그 의미를 분석하는 것은 소수자 재현의 주요 소재로 다루어지고 있는 동남아시아계 이주민들과 출신 지역에 대한 공통점을 지니고 있다는 점이며, 이를 통해 아래로부터 목소리를 내는 실질적인 이주민들의 장을 제공할 수 있을 것으로 보기 때문이다.

2) 소수자 되기와 비판적 미디어 리터러시

프랑스의 후기구조주의 철학자 들뢰즈와 가타리는 다수성과 소수성은 양적 차이가 아니라 상태나 표준의 규정과 같은 질적 차이를 지닌 존재의 개념으로 설명하였다(Deleuze & Guattari, 2001). 즉 다수성은 지배 권력의 상태나 사회적 통념의 표준으로 작동하는 '-이다'라는 권력이 이미 주어진 '고정된/자명한 존재'이다(강진숙, 배민영, 2010). 반면 소수성은 주류사회로부터 지배적인 권력의 상태나 이데올로기적 사회 통념의 표준에서 배제되어 있으며, 다양한 '-되기'의 절차를 통해 차이를 만들어내는 '과정 위의 존재'이다. 이러한 소수성은 기존의 고정관념과 관습, 그리고 다수성의 동일성에서 벗어나 지속적으로 '되기'의 과정을 행하는 주체가 될 때 형성되며(강진숙, 2012), 이러한 과정이 '소수자 되기'이다(Deleuze & Guattari, 2001).

이 글이 이주민의 '소수자 되기'에 주목하는 것은 이주민이 참여하는 소수자 미디어는 자신들이 주변화된 그룹의 대변자로써 다양성과 다문화주의, 인권 및 커뮤니케이션의 자유를 지지하고(Georgiou, 2005), 시혜의 대상에서 연대에 참여하는 주체가 되어 자기표현(speaking in one's own voice)과 담론 형성 및 자기강화(self-empowerment)의 장을 제공할 수 있기 때문이다(Silva, 2009).

이주민이 참여하는 소수자 미디어는 소수자의 권한을 강화하고(Sreberny, 2005), 인정 투쟁하고 정체성을 형성하는 사회활동의 장이 될 수 있다 (장미경, 2005). 이들은 주류사회의 헤게모니에 도전하여 세상을 바라보는 대항적 방법(counter hegemonic ways of seeing)을 통해 주류사회가 재현하는 고정관념에 도전할 수 있기 때문이다(Sreberny, 2005). 이처럼 사회 활동의 장에 참여 기회를 제공받은 이주민 소수자들은 소수자 미디어에 대한 생산을 통하여 주체적이며 실천적 차원에서 '소수자 되기'의 과정을 실현하는 계기를 마련할 수 있다.

소수자 되기의 과정은 이주민들이 자신들을 긍정적으로 인식하여야 하고 더불어 자신들을 능동적으로 변화시키는 가운데 스스로 소수자가 되어가는 일련의 과정적인 의미를 지닌다. 이주민들의 '소수자 되기'는 주류사회가 소수자를 배제하고 차별적 존재로 특수하게 규정하고 있는 주류 미디어에 대한 소수자 재현방식의 문제를 비판하고 이러한 불합리성을 개선하는 것이다. 즉 '소수자 되기'는 이주민 소수자 미디어의 재현방식을 변화시키기 위하여 소수자들에게 자신들의 생활세계의 목소리를 진정성 있게 드러낼 수 있는 미디어 생산 기회 등의 실천적 방안을 제공할 수 있다(정지현, 김영순, 2020).

이주민의 '소수자 되기'의 과정은 주류사회의 권위적인 교육 체제 속에서 이루어지는 일방적이고 획일적인 방식의 지식 주입 교육으로는 불가능하다. 소수자 개개인이 지닌 특성과 정체성을 상호 인정하고 이들이 지닌 잠재적인 역량을 능동적이고 주체적으로 발산할 수 있도록 기회를 제공할 때 가능해진다. 이는 이주민 소수자가 주류 미디어에 대한 비판적 미디어 리터러시를 통해 다수자가 만든 자신들에 대한 통념과 상식, 그리고 다수자의 권력이 만든 부정적인 담론으로부터 벗어날 수 있는 과정을 실천할 때 (정지현, 김영순, 2020) 이주민의 '소수자 되기'는 비로소 가능해질 수 있다.

리터러시는 언어체계를 기반으로 읽고 쓸 수 있는 전통적인 의미에서 이제는 전 지구를 하나의 세상으로 연결시키고 있는 이미지와 영상 등과 같은 다양한 소통 도구에 대한 의미로 확장되고 있다(Broderick, 2014). 이는 21세기의 소통의 도구가 더 이상 언어만이 유일한 수단이 아님을 의미하는 것이다(Kern, 2006; Kress, 2000).

미디어 리터러시(Media Literacy)는 미디어 지식과 비평, 그리고 해독하는 능력을 의미하며 미디어의 본질과 특성에 대한 이해 능력, 미디어의 주체적 이용 능력, 미디어 내용에 대한 비판적 해독과 분석 능력, 미디어의 창조적 활용과 표현 능력, 미디어를 통한 소통 능력을 포함한다(전경란, 2009). 즉 미디어 리터러시는 미디어 콘텐츠를 비판적으로 해독하고 평가하고 제작하며 이를 통해 설득적 커뮤니케이션을 수행할 수 있는 능력이다(Hobbs & Moore, 2013).

오늘날 디지털 미디어 시대에 새로운 소통의 도구로 대두하고 있는 다양한 형태의 미디어를 비판적으로 해독하고 창조할 수 있는 미디어 리터러시 능력은 어느 때보다 중요하게 되었다(장은영, 2017). 이제 다문화 사회의 이주민 소수자들은 단순한 미디어 수용자의 역할을 넘어 소수자 미디어의 생산과 변혁의 주체로 변모되어야 한다. 이를 위해 이주민 소수자들은 주류 사회의 이데올로기로 인하여 차별적 기제로 작동되고 있는 주류 미디어의 기능과 역할에 대하여 비판적 사고를 동원하여 의미를 재구성할 수 있는 능동적이고 주체적이며 창조적인 역량인 비판적 미디어 리터러시를 함양하고 강화해야 한다.

비판적 미디어 리터러시(Critical Media Literacy)는 미디어 텍스트를 사회적 산물로 인식하고 이를 비판적으로 읽고 쓸 수 있는 능력이다(Kellner & Share, 2007). 그리고 비판적 미디어 리터러시는 소수자 미디어에 대한 비판적 차원에서 미디어 텍스트에 재현되거나 담론 뒤에 숨겨진 이데올로기와 역학관계를 비판적으로 분석하여 읽어낼 수 있는 능력을 의미한다

(정지현, 김영순, 2020).

또한 비판적 미디어 리터러시는 이주민 소수자들에게 주류사회에 혼재하고 있는 다양한 갈등을 비롯하여 차별, 편견, 고정관념의 근원을 이해할 수 있게 한다. 그리고 주류사회의 자문화우월주의에 대한 문제를 비판적으로 성찰하고 문제 해결을 위해 능동적으로 참여하여 해결방안을 모색하도록 지지한다. 이러한 과정을 통해 이주민 소수자들은 미디어 약자에서 벗어나 다문화적 지식, 태도, 기능, 가치를 획득한 다문화 사회의 능동적이고 주체적인 구성원으로 성장할 수 있다.

이 글은 동남아시아계 국가 출신의 유학생들의 미디어 경험을 두 가지 차원에서 살펴보았다. 하나는 비판적 차원에서 주류 미디어가 생산하고 있는 이주민 소수자 미디어에 대하여 재현방식 및 차별문제를 파악하는 것이고, 다른 하나는 실천적 차원에서 소수자 미디어에 나타나고 있는 소수자의 전형적인 이미지 재생산 방식의 문제점에 대한 개선 방안을 모색하는 것이다.

3. 외국인 유학생의 미디어 경험

이 절은 동남아시아계 국가 출신의 유학생들로부터 미디어 경험을 수집하는 단계를 기술하고, 그들의 경험에서 드러나는 의미를 해석하는 과정을 기술하였다. 한국의 대중매체가 다문화 열풍에 편승하여 예능이나 다큐멘터리 등에서 결혼이주여성, 이주근로자, 유학생, 다문화 가정 자녀 등을 가시화하고 있는 미디어 상황에 대하여 유학생들은 어떠한 경험을 하고 있는지 살펴보았다.

1) 외국인 유학생과 미디어 자료

이 글은 동남아시아계 국가 출신의 유학생을 통해 이주민 소수자의 미디어 재현 방식을 알아보고, 이주민 소수자의 미디어 재현과 차별 문제를 해결하기 위한 대안적 방향을 모색하고자 두 가지 문제를 설정하였다. 첫 번째 문제는 동남아시아계 국가 출신의 유학생들이 주류사회가 생산하고 있는 다양한 미디어(TV, 영화, 인터넷 등)를 경험하는 과정에 이주민 소수자에 대한 미디어 재현 방식을 어떻게 인식하고 있는가에 관한 것이고, 두 번째 문제는 동남아시아계 국가 출신의 유학생들이 이주민 소수자의 미디어 재현 방식에 대하여 개선되어야 할 점이 있다면 그 개선 방안이 어떠한가에 대한 것이다.

이러한 문제에 기초하여 필자는 크게 두 개의 범주로 나누어서 하나는 이주민 소수자에 대한 미디어 재현 방식과 차별문제, 다른 하나는 이주민 소수자 미디어를 통해 나타난 재현방식의 문제점과 개선 방안에 대하여 반 구조화 방법으로 심층인터뷰를 실시하여 자료를 수집하였다.

이 글은 동남아시아계 국가 출신 유학생 총 6명을 선정하여 2018년 8월부터 10월까지 심층인터뷰를 수행하였다. 유학생 선정 기준은 평소 생활 중에 미디어에 대해 관심이 높은 학생으로, 토픽 3급 이상을 소지하고 한국어로 의사소통이 능숙한 학생들에 근거하였다. 이러한 조건에 합당한 대학교 학부과정생 3명, 대학원 석박사과정생 3명을 선정하였으며, 이들의 출신 국가 구성은 베트남 출신 유학생 3명, 캄보디아 출신 유학생 2명, 그리고 필리핀 출신 유학생 1명이다. 다음 〈표 7-1〉은 유학생들의 일반적 특성이다.

〈표 7-1〉 동남아시아계 국가 출신 유학생의 일반사항

사례	출신국	연령	성별	소속	전공	토픽	이용하는 미디어/관심 영역
1	베트남	31	여	박사과정	다문화교육	6급	인터넷/ 뉴스
2	베트남	31	여	박사과정	한국어교육	6급	인터넷/ 유튜브
3	베트남	26	여	석사과정	한국어교육	4급	인터넷/ 영화
4	캄보디아	23	여	학부과정	건축공학	4급	인터넷/ 다큐
5	캄보디아	22	남	학부과정	정보통신	3급	인터넷/ 드라마
6	필리핀	24	남	학부과정	언론정보	3급	인터넷/ 뉴스

자료 수집을 위하여 우선 동남아시아계 국가 출신 유학생들은 〈표 7-2〉
와 같이 평소 자신들이 자주 이용하는 매체에서 관심 영역을 선택한 후에
자신들이 선정한 구체적인 프로그램을 시청하였다. 그리고 필자가 파악하
고자 하는 문제에 기초하여 크게 두 범주, 즉 이주민 소수자의 미디어 재현
방식에 대한 견해, 이어서 이주민 소수자의 미디어 재현에 나타난 문제점이
있는지 문제점이 있다면 그 개선점에 대하여 반구조화 방식으로 인터뷰를
실시하여 자료를 수집하였다.

〈표 7-2〉 국가별 미디어 자료

국가	미디어 자료
베트남	이주민가족 고국 방문, 다문화 고부열전, 다문화 휴먼다큐 가족, 글로벌 아빠 찾아 삼만리, 한국에서 살고 있는 베트남 이주여성 이야기, 영화 '안녕 투이' 등
캄보디아	캄보디아 근로자가족 재회, 다문화 고부열전, 다문화 휴먼다큐 가족, 의료봉사단 출정, 다큐 오늘, 글로벌 아빠 찾아 삼만리, 다문화 가족지원포털다누리 등
필리핀	5년째 재능 나눠요, 다문화 고부열전, 상생과 평화 코리안 메시지, 필리핀 톤도 쓰레기마을에서 전해지는 감동 이야기, 다문화 가족지원포털다누리 등

필자는 동남아시아계 국가 출신 유학생들의 인터뷰를 분석하였으며, 이들
이 시청한 개별 미디어에 대한 경험의 의미를 분석하는 과정에 전사한 인터뷰

자료를 반복하여 읽으면서 의미 단위를 분류하였다. 최초 추출된 의미 단위는 개별 유학생의 경험과 관련하여 공통적으로 드러나는 진술들을 상호 맥락적으로 연결해 가면서 깊이 있는 해석을 시도하였으며, 맥락을 연결하고 해석을 시도하는 과정에 필자 본인을 향해 끊임없이 성찰하면서 적절한 분석과 해석의 중립성을 유지하고자 노력하였다. 또한 분석과정에 대한 신뢰성을 재고하기 위하여 분석된 텍스트는 다문화교육 전공 교수 1인, 다문화교육 전공 박사 2인과 함께 동료검증을 실시하였으며, 이 과정에 동료들의 의견 수렴 및 검토와 확인 절차를 거치면서 질적 연구 과정에 대한 신빙성을 확보하였다.

이 글을 탈고하기 전인 2019년 5월 넷째 주에는 전사자료와 그 자료로부터 추출한 질적 분석 내용을 참여 유학생들에게 이메일을 발송하여, 자료의 범주화, 맥락에 대한 연결, 해석에 대한 내용 검토를 요청하였다. 그 결과 참여 유학생들로부터 정확하고 의미 있는 해석이라는 답장을 받게 되었다. 참여 유학생들의 미디어 경험에 대한 분석 결과는 다음 〈표 7-3〉과 같다.

〈표 7-3〉 동남아시아계 국가 출신 유학생의 미디어 경험 분석 결과

관점 분류	본질적 주제	하위 주제
소수자 미디어 재현에 대한 비판적 차원	제노포비아 조장	• 미디어가 편견과 갈등을 만들고 있어요. • 특정 국가의 국민을 범죄인으로 취급하잖아요.
	수혜자의 삶 클로즈업	• 남의 나라 가난을 소재로 한국의 우월성을 강조해요. • 외국인을 기피하도록 한국인들의 인식을 만들어요.
	지배적 담론의 순응 강요	• 배려는 감사하지만 주체적인 삶도 인정해 줘야 해요. • 한국인처럼 사는 사람만 인정을 받을 수 있어요.
소수자 되기를 위한 실천적 차원	저항적 주체	• 검증되지 않은 자료를 찾아내서 반박하고 싶어요. • 매일 팩트가 아닌 글을 찾아서 댓글을 달고 있어요.
	정체성의 정치	• 한국인처럼 행동했지만 이제는 저를 드러내고 있어요. • 당당하게 살고 있는 외국인 롤 모델이 될 거예요.
	능동적 구성원	• 우리의 목소리를 담은 콘텐츠를 제작하고 싶어요. • 외국인을 대표해서 긍정적인 이미지를 보여줄 거예요.

2) 외국인 유학생의 미디어 경험의 의미

(1) 소수자 미디어 재현에 대한 비판적 차원

① 제노포비아 조장
　가) 미디어가 편견과 갈등을 만들고 있어요

　　공식적인 매체를 통해서 이렇게 보도해 버리면 우리나라 사정에 대해서 잘 모르는 사람들이 접하게 되면 그걸 그대로 믿게 되고 결국은 우리나라 사람에 대한 시선이 편견으로 자리하게 되잖아요. 저는 우리나라에서 살 때, 한국에 대한 보도에서 특히 한국 여성에 대해서 이렇다 저렇다 하는 그런 영상은 본 적이 없는데, 제가 한국에 와서 한국 미디어가 우리나라에 대해서 이렇게 보도하는구나 하는 것을 보고 깜짝 놀랐어요.　　　　　　　　　　　　　　　　　　　　　　　　　　　　　(유학생 1)

　　근데 딱 보면 동영상 보면 고부갈등 상황을 띄워주려고 일부러 편집을 너무 많이 했다는 걸 알 수 있어요. (중략) 정말 한국에 와서 시부모님 잘 모시고 열심히 사는 분들도 많이 있는데. 우리나라 여자들은 돈, 돈, 돈 하면서 남편이나 시부모님 간에 갈등만 만드는 것 같잖아요. 저는 진짜 이 부분을 비판적으로 보고 있는데, 사실 미디어에서 그런 거를 시청률만 생각해서 만들면 그게 한국 사람들한테 그런 인식이 일반화가 되잖아요.　　　　　　　　　　　　　　　　　　　　　　　　　　　(유학생 2)

　유학생 1과 유학생 2는 한국의 공영방송들이 이주민 소수자를 재현하는 다큐 프로그램을 생산하여 보급하는 과정에 다큐 프로그램이 추구하는 본래의 목적과 달리, 방송 제작자가 미리 의도하는 상황을 계획하고 이러한 상황이 잘 드러나도록 하기 위하여 실제 다문화 현장에서 펼쳐지고 있는 삶의 이야기를 왜곡하여 무리하게 편집하고 있으며, 이로 인하여 사실과 다른 매우 편협된 내용을 보도하고 있다는 것을 비판하였다.

미디어가 한국 사회에서 생활하고 있는 이주민들의 진정성 있는 모습을 담아내지 못하고, 실제 최선을 다하며 살아가고 있는 이주민들의 다양한 삶의 모습들을 간과한 채 제작자가 보여주고자 하는 부분만을 의도적으로 조직한다는 것은 사회적으로 미칠 영향력을 망각한 것이라 할 수 있다. 유학생들은 미디어가 이주민 소수자의 극히 단편적인 삶의 모습만을 강조하는 것은 이를 시청하는 다수 시청자들에게 편견 의식을 고착화시킬 뿐만 아니라 인식의 일반화를 조장할 수 있다는 것에 대하여 우려를 나타내었다.

나) 특정 국가의 국민을 범죄인으로 취급하잖아요

어느 술집에서 우리나라 사람들끼리 서로 싸웠네요. 그러면 싸움에 대해서 아니면 그런 범죄에 대해서만 보도해야지, 그런 뉴스 첫 장면에 우리나라 국기를 크게 보여주면서 우리 국가가 문제가 많고 근로자는 더 문제가 많다는 생각을 들게 만들면 안 되지 않아요? 싸우는 거는 진짜 안 좋아요. 하지만 그것은 개인적인 것이지, 우리 국가가 한 일은 아니잖아요. 그런데 아… 뉴스 앞에 나라 국기를 떡하니 보여주는거 … 정말 자존심이 상했어요.   (유학생 4)

뉴스를 보도할 때는 그 사건의 정황을 공정하게 보도해야 한다고 배웠어요. 그런데 사건의 본질보다는 국가를 차별하는 쪽에 열을 내는 것 같아서 속상했어요. 세상의 모든 범죄를 다 우리나라 사람들이 주도하는 것처럼 보도하고 있잖아요. (중략) 저는 팀플할 때 한국 학생들이 같이 안 하고 싶어 하고 피하는 것도 여러 번 느꼈어요. (중략) 한국에 살면서 우리나라에 대한 뉴스가 나오면 모두 범죄 뉴스여서 진짜 안 보고 싶어요.   (유학생 6)

유학생 4와 6은 한국의 대중매체들이 다루고 있는 뉴스가 이주민 소수자를 재현하는 과정에 사건이나 내용 그 자체를 사실적이고 공정하게 전달하는 것에 주목하기보다는 이주민의 출신국가에 대한 부정적인 면을 강조하여 보도하고 있으며, 이러한 미디어로 인하여 자신들의 국가 이미지가 훼손되고 있음을 비판하였다. 사실성과 공정성을 벗어난 보도는 뉴스로서의 가치를 스스로 상실하는 것이며, 한국 사회에서 적응하고 있는 결혼이민자, 이주근로자, 외국인 유학생들과 같은 다양한 유형의 이주민 소수자들의 자존감을 떨어뜨릴 뿐만 아니라 선주민 다수자들과 이주민 소수자들 간의 소통과 공존을 저해할 수 있다.

한국의 주류 미디어가 차별적인 보도와 부정적인 소수자 재현을 지속한다는 것은 선주민과 이주민의 공존과 사회통합을 목표로 하는 바람직한 다문화 사회로의 지향과 책무성을 상실하는 것이다. 한국의 주류 미디어는 이주민 소수자에 대한 왜곡된 재현이 선주민 다수자들에게 부정적인 고정관념을 형성하게 하여 제노포비아를 조장하고 그것의 확산에 기여할 수 있다는 점을 성찰할 필요가 있다. 즉 미디어가 외국인을 혐오하는 인식의 근간이 될 수 있는 제노포비아에 기반한 차별 의식과 고정관념 등을 형성하지 않도록 다각도로 검토하는 쉼 없는 노력을 기울여야 할 것이다.

② 수혜자의 삶 클로즈업
가) 남의 나라 가난을 소재로 한국의 우월성을 강조해요

우리나라에는 아직 의료기술이 한국만큼 좋지 않아요. 우리가 본 다큐가 사실상 다 맞아요. 하지만 우리나라도 우리보다 더 소외된 지역으로 해외봉사활동을 많이 나가요. 한국처럼 의료 봉사는 아니지만 다른 방법으로 그 나라 사람들을 도와주고 있어요. 예를 들면 집을 지어주기도 하고 아이들도 가르치고 농민들에게 농사짓는 방법도

가르쳐 주기도 해요. (중략) 한국에서는 우리에게 감사함을 못 느낀다고 할 수 있겠지만 …

(유학생 3)

우리나라에도 화장실에 손 말리는 기계가 있고, 백화점 같은 곳에 에스컬레이터도 있어요. 그런데 우리나라 교육생이 한국에 배우러 왔을 때, 교육생들이 좋아하고 신기해한다고 그런 장면만 막 보여주잖아요. 물론 한국이 우리나라보다 더 선진국이라서 당연히 신기하고 좋은 것이 더 많다는 거 알아요. (중략) 한국이 우리나라 사람들 교육시켜 주고 마을도 지원하고 있는 거 감사하죠. 하지만 우리가 계속 받기만 하는 그런 나라는 아니에요.

(유학생 5)

유학생 3과 5는 한국의 주류 미디어가 자신들의 국가에 대하여 경제적으로, 문화적으로 약소국가임을 지나치게 강조하는 듯한 보도 내용에 대하여 비판하였다. 유학생들은 미디어의 내용이 비록 팩트일지라도 사실적인 보도와 사실 속에 내포된 단점만을 지적하여 강조하는 보도는 상당한 차이가 있다는 견해를 가지고 있으며, 이러한 보도를 접하는 이주민들은 사실성에 기반한 자발적인 감정보다는 역감정을 가질 수도 있음을 우려하였다.

즉 한국으로부터 수혜를 받고 있는 국가의 국민 입장에 놓여 있는 유학생들은 한국의 주류 미디어를 통해 자신들의 모국에 대한 감추고 싶은 사실과 마주했을 때, 수혜에 대한 본질적인 감정보다는 자신들의 모국이 한국에 비해 지나치게 단점을 가진 열등한 국가로 강조되는 것을 편히 받아들이기가 쉽지 않다는 것이다. 이것은 한국 전쟁 이후 경제적 수혜국이었던 시절에 한국 국민 대다수가 느꼈을 감정과 동일할 것이다. 그것도 국내가 아니라 유학을 위해 체류하고 있는 국가에서 이러한 보도를 접했다면 더욱 그러할 것이다.

나) 외국인을 기피하도록 한국인들의 인식을 만들어요

동남아시아 00에는 쓰레기가 마을 전체에 가득하잖아요. 그 나라 사람들은 그 쓰레기 더미 속에서 다시 사용할 수 있는 물건이 있는지 매일 찾고 있어요. 뉴스는 원래 환경에 관한 보도인데 제가 볼 때는 그 나라의 가난에 대해 보도하는 것 같아요. (중략) 뉴스가 한국의 좋은 점을 강조하려고 다른 나라의 작은 한 부분을 가지고 전체가 다 그런 것처럼 이야기하는 게 너무 많아요. 사실은 쓰레기 문제도 한국이 돈 조금 주고 거기에 버린 일이었는데요.   (유학생 1)

2017년에 방송된 〈미우나 고우나〉 드라마에 동남아시아 사람은 남의 집에 세 들어 살면서 한 푼 두 푼 잔돈까지 모으고, 부잣집에 가정부로 들어가서 일하면서 혼자 딸을 키우고, 또 너무 가난해서 돈을 벌기 위해서 공장에서 일하고… 또 〈여우각시별〉 드라마에서 외국인 배우는 어떤 역할이냐면 불법체류자예요. 그런 식으로 동남아시아 사람들 사는 모습 보여줬어요. 요즘 한국 미디어를 세계 사람들이 실시간으로 보고 있는데, 왜 이렇게 어려운 층에만 외국인을 두는지 이해할 수 없어요.   (유학생 6)

유학생 1과 6은 한국의 주류 미디어에 동남아시아계 사람들에 대한 차별적 요소가 상당히 많이 내재되어 있음을 지적하였다. 최근 한국 사회가 경제 성장과 한류 문화 수출에 힘입어 세계 속에서 위상을 얻고 있으며 세계인들의 관심을 받고 있음은 분명한 사실이다. 이처럼 국가 간의 경계가 사라지고 초연결사회가 되면서 지식, 경제, 문화, 환경 등 다양한 면에서 인적, 물적 교류가 활발해지고 있는 상황을 고려해보면 미디어의 세계화에 대한 인식 전환도 앞당겨야 할 필요가 있다.

또한 한국 사회가 외면하지 말아야 할 역사적 사실도 상기할 필요가 있다. 즉 현재 한국은 이민 유입국으로 변모하였으나 불과 몇 년 전까지만 해도 가난을 벗어나기 위해 이민을 떠나야 했던 이민 송출국이었으며, 경제적 수혜국의 입장에도 놓여 있었음을 외면하지 말아야 한다. 한국 경제의 고도 성장과 그 위상에 따른 자부심에 근거하여 자문화중심주의에 매몰되어서는 안 될 것이다. 그리고 우리의 지난 시간을 망각한 채 이주민 소수자의 다양 성을 수혜자로서의 삶으로만 클로즈업 시키는 일은 더욱이 자제되어야 한 다. 즉 한국의 주류 미디어는 뉴스, 다큐, 드라마 등의 소재가 될 수 있는 이 주민의 출신 국가나 이주민 소수자에 대하여 당사자들의 입장에서 재현의 문제가 반드시 고려되어야 한다.

③ 지배적 담론의 순응 강요

가) 배려는 감사하지만 주체적인 삶도 인정해 줘야 해요

사실 이 다큐에서는 시어머니가 너무 천사같이 착하시고 우아하시고 돈도 책임져 주시고 항상 며느리를 배려하시는 모습을 보여주고 있어요. 또 며느리한테 비싼 소파 도 사주시고 옷도 사주시고 필요한 물건 말만 하면 다 사주시는 그런 사람으로 보여주 고 있잖아요. 그런데 외국인 며느리는 어때요? (중략) 며느리는 남편에게 잘하고 아이 잘 키우고 집안일만 잘하면 되는데, 매일 취직하려고 한다고, 이렇게 몰아가고 있어요.

(유학생 3)

일만 잘하라고 하잖아요. 이주근로자가 여자니까 사장님이 남자들보다 더 특별한 숙소도 주시고 특별히 배려해주시는 거, 네, 배려해주시는 거는 분명 맞아요. 진짜 고마 워요. (중략) 저는 죄송하지만 그 사장님께, 사장님이 창고를 주면서 많이 배려하는 것 처럼 하신다는 생각이 들었어요. 만약에 한국인 근로자라면 배려한다고 말하면서 그런 숙소를 줬을까요? 한국인 근로자한테도 거기에서 자면서 일만 잘하라고 했을까요?

(유학생 5)

유학생 3과 5는 한국의 주류 미디어에 동남아시아계 사람들에 대한 고정관념의 요소가 내재되어 있음을 비판하였다. 특히 동남아시아 국가들의 문화에 나타나는 여성들의 경제적인 욕구 혹은 여성들의 강한 생활력에 대한 문제는 간과된 채, 한국의 시가족이나 시어머니의 입장만을 대변하고, 외국인 며느리들은 이들에게 무조건 감사하고 순응해야 한다는 관점을 부각시키고 있는 것에 대하여, 유학생들은 주류사회의 권력이 작용하고 있는 한국 가정의 일면에 대하여 강하게 비판하였다.

또한 한국의 회사 내에서도 이주근로자에 대하여 한국인과 차별적인 처우를 하면서도 일만 잘하라는 식으로 이주민 소수자에게 수동적인 행동을 강요하는 주류사회의 권위적인 태도를 지적하였다. 이처럼 유학생들은 한국의 주류 미디어가 이주민에 대하여 가정에서도 회사에서도 주류사회에 편입된 순종적인 사람으로 살아가기를 바라며 이주민 소수자의 삶까지도 정형화시키고 있음을 지적하였다.

나) 한국인처럼 사는 사람만 인정을 받을 수 있어요

오늘 본 것도 그렇지만, 제가 가끔 드라마나 영화 같은 거 보면 한국말 잘하고 한국문화 거부 안 하고… 서구쪽에서 온 그 사람들은 좋은 배역을 맡게 해서 착하고 좋은 역할만 시키고, 동남아시아에서 온 사람은 어때요? 아시잖아요. (중략) 요즘 방송에서 인기 있는 외국인을 보면 다 어때요? 피부 색깔이 밝고 행동도 거의 한국 사람하고 똑같이 행동하고, 그런 사람이 좋은 역할을 맡아서 하니까 당연히 한국 사람들도 그런 사람을 좋아하는 거지요.   (유학생 2)

한국 사람한테 호감 주는 행동이 따로 있어요. 예능이나 드라마 같은 거를 보면서도 항상 느끼고 있어요. 예를 들면, 김치를 잘 먹고, 막걸리를 잘 마시고, 거의 한국 사람처

럼 먹고, 놀 줄 아는 사람⋯ 제작진들도 그런 사람만 출연을 시키잖아요. 물론 약간은 어

눌하기는 하지만 그래도 한국 사람처럼 사는 모습을 좋아하는 것 같아요. 사실 우리한

테도 우리들 문화가 있는데, 우리 문화를 굳이 버리고 그대로 따라해야 하나요?

(유학생 4)

유학생 2와 4는 주류 미디어가 이주민 소수자들에게 수동적인 이미지를 고착화 시키고 있으며, 이를 통해 미디어가 이주민들을 한국 문화에 동화시키려는 사회적 압력이나 암시를 보여주는 것 같아 불편함을 느끼고 있었다. 이주민 소수자들을 등장시키는 다수 한국의 다큐 프로그램들은 이주민 소수자들의 정체성을 보여주면서 다수 선주민들과 함께 이주민 소수자들의 문화 다양성을 인정하고 공유한다는 본래의 제작 의도를 가지고 있다. 그럼에도 불구하고 주류 미디어가 이주민 소수자들의 문화나 정체성보다는 처음부터 한국적인 이주민의 등장을 기획하는 것에 대하여, 유학생들은 한국 사회가 이주민 소수자들을 온전히 인정하지 않고 한국 사회의 주체로도 인정하지 않는다는 점을 비판하였다.

한국의 주류 미디어가 동남아시아에 위치한 국가에 대해 저개발국이라는 이미지를 미리 전제하고 있으며, 효부가정, 모범 가정, 성실한 가정 등과 같이 서구쪽 출연자에게 기대할 수 없는 역할을 동남아시아계 국가 출신의 사람들을 통해 묘사하고 있다. 이는 동남아시아계 국가 출신의 이주민 소수자들을 통해 한국의 가치와 동일한 가치를 구현하려는 것으로 볼 수 있다. 즉 한국의 주류 미디어가 문화적 다양성에 대한 수용성을 배제한 채, 주류사회 다수자의 암묵적이고 권위적인 논리를 통해 한국의 우월적이고 지배적 가치를 반영하고자 이주민 소수자들에게 주류사회의 지배 담론에 순응하고 동화되도록 사회화하는 역할을 강조하는 것으로 볼 수 있다.

(2) 소수자 되기를 위한 실천적 차원

① 저항적 주체

가) 검증되지 않은 자료를 찾아내서 반박하고 싶어요

> 우리나라 여자는 돈을 좋아해서 결혼해서 한국에 살면서 친정집에 돈만 보내려고 한다? 잘 사는 한국이나 한국 남자들에 대해 동경심이 강해서 한국으로 결혼하려고 애쓰고 한국 남자를 만나려고 애쓴다? 절대 그렇지 않아요. (중략) 어느 나라에도 외국인 좋아하거나 외국 생활을 좋아하는 사람이 있고, 그렇지 않은 사람도 있어요. 어디에도 검증된 적이 없는데도 미디어가 이런 자료를 사용하면 정말 안 돼요. 진짜 답답해요.
>
> (유학생 3)

> 우리나라 가정생활 문화, 그거 일부 지역에서 과거에 있었던 이야기예요. 그리고 교사 자격이 없는 사람이 학교에서 가르친다는 말, 그것도 다 과거 이야기예요. (중략) 요즘은 여자들도 많이 교육 받고 직업도 얻어서 집도 가지고 있고 그래요. 이거 한국 정부에서 만든 자료지만 말도 안 되는 자료예요. (중략) 제가 한국에 있는 동안 정말 하고 싶은 일은 한국에 떠돌아다니는 이런 잘못된 자료를 다 찾아내서 뭐가 잘못이다 밝혀내고 싶어요.
>
> (유학생 4)

유학생 3과 4는 한국 내 공공기관에서 제작한 소수자 미디어에서 특정 국가의 이주민에 대한 정보가 지나치게 오래 되었거나 검증 받지 않은 자료를 사용하고 있음을 비판하였다. 이러한 미디어는 소비자들에게 올바른 정보를 제공할 수 없으며 오히려 특정 국가에 대한 편견을 조장할 수 있음을 지적하였다. 그리고 유학생들은 자신들이 직접 나서서 한국 내 공공기관에서 제시하고 있는 자료들을 추적하여 지나치게 오래 되었거나 사실을 왜곡하고 있는 자료들에 대한 오류를 밝혀내는 등 주체적인 목소리를 내고자 하였다.

한국의 주류 미디어가 동남아시아의 문화에 대해 부정적인 면만을 부각시키거나 과거 또는 일부 지역의 일을 일반화시켜 이주민 소수자들을 다수자와 다른 사람으로 차별하고 편견을 조장하여 이질적인 대상으로 꼬리표 붙이는 근거를 제공한다면, 한국에 살고 있는 결혼이주민, 이주근로자, 외국인 유학생 등 이주민 당사자들은 이 땅에서 살아가는 내내 엄청난 스트레스를 겪게 될 것이다.

나) 매일 팩트가 아닌 글을 찾아서 댓글을 달고 있어요

영상을 만들기 전에 아니면 방송하기 전에 그 나라 사람에게 내용을 모니터링 하게 해서 사실인지 아닌지 확인하는 게 좋겠어요. 지금 한국에는 예전과 달리 결혼하신 분들도 많이 살고 있고, 일하는 사람, 우리처럼 유학생들도 많은데, 우리에게 정기적으로 모니터링을 하도록 하는 방법 좋고, 미리 내용 확인이 필요해요. (중략) 자기 경험만 가지고 영상 만드는 거 안 돼요. 모르면 우리가 쓴 댓글 같은 거라도 읽어보면 도움 받을 수 있는데 …

(유학생 1)

나쁜 일을 드러내면 좋은 일도 찾아서 같이 보여주면 좋은데 그렇게 하지 않아요. 이주민들에 대해서, 정확하게 동남아시아 사람들에 대해서 나쁜 일을 크게 만든다고 한국 사회가 이익이 생겨요? 없잖아요. 자극적인 내용을 만들어서 우선 관심을 받을지는 몰라도 결국은 그거 외국인과 한국인들 사이에 갈등만 더 커지게 만드는 거예요. (중략) 저는 사실이 아닌 글을 보면 참지 못하고 매일 내용을 정정하는 댓글을 달아요.

(유학생 5)

유학생 1과 5는 이주민 소수자를 재현하는 주류 미디어가 시청자들의 관심이나 흥미를 유발하기 위하여 이주민들의 삶에 대한 본질을 왜곡하거나 부정적인 면만을 강조하는 것을 비판하였다. 유학생들은 잘못된 정보를 수정하기 위해 주체적으로 댓글을 작성하는 등 주류 미디어가 일방적으로 생산하고 있는 정보에 대하여 행동적으로 실천하는 저항적인 모습을 보여주었다. 즉 유학생들은 비판적 리터러시를 통해 미디어 텍스트를 비판적으로 읽어내는 능력을 넘어 능동적이고 주체적인 사회 참여를 통하여 그 해결방안을 모색함으로써 미디어 약자 혹은 수용자의 위치에서 나아가 능동적인 사회 구성원의 역할을 수행하고 있었다.

소수자는 자신의 정체성의 가치를 구현하기 위하여 다수자의 낙인과 불평등에 대하여 대항주체로서 다수자와 소수자 간의 관계를 변화시킬 수 있는 잠재력을 지니고 있다(박경환, 2008). 한국 사회는 이주민 소수자들이 미디어를 통해서 자신들의 정체성을 발현할 수 있고 주체적인 자기표현의 장을 마련할 수 있도록 지원해야 한다. 이를 위해 교육제도를 비롯한 다층적인 지원을 통해 이주민 소수자들이 주류사회의 저항적 소수자로서 주체적 정치를 구현할 수 있도록 참여의 장을 열어주어야 할 것이다.

② 정체성의 정치

가) 한국인처럼 행동했지만 이제는 저를 드러내고 있어요

너희 나라에 이런 거 있냐? 너 이런 거 먹어 봤냐? 처음에는 무슨 의미인지 잘 몰랐어요. 그런데 오래 지내다 보니까 이제 조금 느껴져요. 뭔가 하면요, 그 말 속에는 너희가 한국과 같은 부자 나라에 왔으니까 행복하지? 그런 의미 같아요. 여기에 차별 의미 있어요. 문제는 한국 사람들 생각이 이런 다큐하고 비슷해요. 한국 학생들도 그런 생각하고 있어요. 이런 거 보면 저는 제 얼굴이 아주 외국인처럼 아니니까 그냥 한국인

처럼 그렇게 하고 있어요.   (유학생 2)

미디어가 외국인들을 세 유형으로 묘사하고 있어요. 비정상회담에 나오는 서구인들은 대부분 긍정적인 이미지로, 그리고 중국, 일본 이런 국가 사람들은 친숙한 근접집단의 이미지로, 하지만 저 같은 동남아시아 사람들은 한국인들이 항상 도와줘야 되는 동정집단의 이미지로 묘사하고 있어요. 저는 이렇게 인식되는 게 싫어서 외국인이 아닌 척했어요. (중략) 하지만 한국 사람들도 내가 잘하면 언젠가는 달라질 거라 믿고 당당하게 제 나라를 말해요.   (유학생 6)

유학생 2와 6은 한국 사회의 이주민 소수자에 대한 미디어가 차별적 관점을 내포하고 있는 다큐를 생산하여 전달하고 있는 점과 국가 혹은 인종에 대하여 우열의 기준을 정해두고 외국인들을 유형화하여 묘사하는 점을 비판하였다. 사회적 권력으로부터 소수자인 유학생들은 주류 미디어가 제시하는 관점으로 인하여 자신들이 의식하지 못하는 사이에 유형화되고 있음을 인식하고 있었으며, 이로 인하여 유학생들은 무의식적으로 혹은 의식적으로 자신의 출신 국가를 드러내지 않으려 애쓰고 있었다.

유학생들은 시간이 흐름에 따라 한국 사회로의 적응과 통합의 과정을 경험하면서 자신들의 출신 국가에 대해 보다 깊이 인식하고 스스로 올바른 삶의 모습을 보여주고자 노력하고 있었다. 이러한 노력 가운데 주류사회 구성원들의 인식이 변화되기를 바라는 의미를 잠재적으로 요구하면서 동시에 주류사회에 맞서 자신들의 정체성에 대하여 당당한 목소리를 드러내기도 하였다.

나) 당당하게 살고 있는 외국인 롤 모델이 될 거예요

우리는 몇 년간 공부하러 온 유학생들이지만 어쩌면 우리나라를 대표하는 사람이라고도 할 수 있잖아요. 그래서 저는 이런 생각 항상 하고 있어요. 혹시 제가 부족하면 저 나라 사람들은 왜 저래? 그럴까 봐 더 열심히 하려고 해요. 그러면 한국 사람들 생각 속에 나쁜 인식도 조금씩 바뀔 것 같아요. (중략) 우리나라에서 온 유학생들도 저를 보고 나도 저 사람처럼 해야겠다, 그런 생각 많이 하도록 모범이 되려고 해요.

(유학생 4)

저는 한국에서 방송인이 되고 싶어요. 한국 사회가 금방 개선될 수는 없겠지만 외국 사람들의 입장을 대변해서 진짜 팩트를 담은 단 한 명의 목소리라도 내야 해서요. 제가 외국인이지만 한국 사회에 좋은 영향력을 미치면서 살고 싶고, 동남아시아 사람들에게 자부심도 심어주고 싶고, 또 우리나라에서 온 사람들에게도 같은 나라 사람으로 성공적으로 사는 모습도 보여주고 싶어서, 그래서 더 당당하게 살 거예요.   (유학생 6)

유학생 4와 6은 주류 미디어가 한국 사회의 다수자들의 인식에 직접적인 영향력을 행사할 수 있는 도구가 될 수 있음에도 불구하고, 특정한 인종이나 국가에 꼬리표를 붙여 고정된 이미지와 담론을 확산시키는 등 이주민 소수자에게 부각시키는 부정적인 이미지에 대하여 우려를 표현하였다. 이들은 주류 미디어가 생산하는 텍스트가 사실적이며 공정한 실천이 되어야 함을 요구하는 동시에 자신들도 능동적으로 학교생활이나 일상생활 속에서 미디어를 통한 왜곡된 인식을 바로 잡는 일에 기여하고자 하였다.

유학생들은 바람직한 행동과 적극적이고 주체적인 실천 활동을 통하여 이주민 소수자들의 롤모델이 되고자 하였으며, 이주민 소수자들이 자신들의 행동과 실천적인 모습을 보면서 능동적으로 정체성을 드러내며 살아갈 수 있도록 기회의 장을 만들어 주고자 하였다. 나아가서는 유학생들은 자신들의 적극적인 참여 활동을 통하여 한국 사회의 다수자들에게 이주민 소수자에 대한 인식의 전환을 가져올 수 있는 계기가 될 것으로 여기고 있었다.

이주민 소수자의 정체성의 정치는 자신이 체류하고 있는 사회에서 권리와 정체성을 인정받고자 노력하는 것이다. 나아가 정주국에서의 삶에 대한 권리와 정체성이 회복될 때 자율성이 확보될 수 있으며, 이를 통해 주류사회 구성원들과 상호관계를 유지하면서 보다 나은 새로운 문화와 가치를 창조해 낼 수 있다. 이 과정에 이주민 소수자들은 주류사회의 구성원들과 상호 인정하고 주체적인 관계를 형성하면서 소속감을 가지고 자부심과 결속력을 발전시킬 수 있다. 따라서 한국 사회는 이주민 소수자가 지닌 정체성에 가치를 부여해야 하며, 이들이 소수자 미디어를 통해 자신의 정체성을 표현하고자 하는 실천적 활동을 지향할 수 있는 믿음을 지지해 주어야 할 것이다.

③ 능동적 구성원
가) 우리의 목소리를 담은 콘텐츠를 제작하고 싶어요

미디어가 세상을 보는 창인데… 사실 미디어를 제작하는 사람들의 시각에 편견이 숨어 있어서 그러니까 그런 콘텐츠를 제작했을지도 몰라요. 그 말은 미디어를 제작하는 사람들의 인식이 정말 중요하다는 거죠. (중략) 우리 외국인들도 이제는 보고만 있지 말고 직접 영상을 제작해서 우리의 이야기를 사실적으로 전달해야 돼요. 이주민들이 살아가는 이야기, 유학생들이 공부하고 생활하면서 경험하는 이야기… 저도 다큐로 제작해 보려고 해요.   (유학생 2)

한국 사람들은 자신이 생각하고 판단한 내용을 사실 확인도 없이 그대로 전달하면 안 돼요. 그런 내용 때문에 상처 받는 사람이 없을까 그런 생각도 해야 돼요. (중략) 시청하는 사람 입장에서도 왜 그런 이야기를 만들었나 알아보려고 생각해야 할 것 같아요. 또 실제 그 나라 사람들 이야기도 들어보고 좀 더 비판적으로 받아들였으면 좋겠어요. 저는 기회가 되면 우리의 목소리를 담은 콘텐츠를 제작할 생각 갖고 있어요.

(유학생 5)

유학생 2와 5는 주류 미디어가 이주민 소수자를 부정적인 관점을 가지고 비호의적인 대상으로 재현하는 방식을 비판하였다. 그리고 이러한 미디어를 지속적으로 생산하는 주류사회와 이를 시청하는 다수자의 비판적이지 못한 태도를 우려하고 있었다. 즉 유학생들은 주류 미디어가 세상을 보는 창의 구실을 제대로 하지 못함을 지적하면서 이를 생산하는 제작자와 무의식적으로 수용하는 시청자의 비판적 의식을 요구하였으며, 이들 스스로가 이주민 소수자의 미디어를 생산하는 주제자로서 소수자 되기를 실천하고자 하였다.

유학생들은 한국 사회의 다수자가 생산하는 주류 미디어의 지배적이거나 고정된 관념에서 벗어나고자 하였으며, 이들은 이주민 소수자의 입장에서 자신들의 정체성과 문화와 삶의 사실성을 드러내고 대변할 수 있는 능동적 구성원이 되기를 주장하였다. 이들은 한국 사회에서 일정 기간 동안 체류하는 유학생의 신분이지만 소수자 되기를 통해 다수자의 인식을 긍정적으로 변화시키기 위한 실천 의지를 드러내고 있으며, 이러한 의지를 기반으로 소수자의 차이 그 자체를 인정받고 다수자와 공존하기 위해 힘을 생성하고자 하는 일련의 노력의 과정으로 볼 수 있다.

나) 외국인을 대표해서 긍정적인 이미지를 보여줄 거예요

요즘은 어느 나라에 가도 K-POP을 모르는 사람이 없을 정도로 유명해졌잖아요.

그것만 보더라도 한국 미디어의 시청 범위가 이제는 전 세계이고, 영향력도 커지고, 정말 중요해졌다는 말이잖아요. 그래서 프로그램에 외국인도 예전보다는 더 많이 출연하고 있어요. 하지만 양념처럼 게스트로만 출연시킬 게 아니라 전문 방송인으로도 편견 없이 채용해서 긍정적인 소수자의 이미지를 재현해야 하다고 생각해요. 저는 그런 역할에 힘을 더하고 싶어요.   (유학생 3)

저는 한국 사회에서 아무리 외국인의 수가 적고 힘이 약하다고 하지만, 아무튼 제 미디어 전공을 마치고 제 꿈을 이루어서 미디어가 미래 한국 사회 전체에 긍정적인 영향을 미칠 수 있도록 힘을 주는 그런 역할을 할 거예요. (중략) 그 꿈을 이루면 저는 외국인을 대표해서 여러 가지 미디어를 제작하는 일을 하고 싶고, 뉴스도 진행하고 싶어요. 진짜 한국에 살고 있는 외국인들의 좋은 이야기를 많이 발굴해서 보여주고 싶어요.   (유학생 6)

유학생 3과 6은 한국의 주류 미디어가 한국 사회를 넘어 세계인의 인식에도 영향을 줄 수 있는 위치에 놓여 있음을 강조하였다. 이들은 한국의 주류 미디어가 지금까지 다수자의 입장에서 그려내고 있었던 이주민 소수자에 대한 전형적인 이미지 재생산 방식을 반드시 극복해야 함을 주장하며 이를 해결하기 위한 다양한 방식을 설명하였다. 예를 들면 외국인의 출연 방식을 시청률을 높이는 데 도움을 주는 양념 같은 카메오의 존재에서 벗어나 사회적 역할을 리드하는 중심적이고 주체적인 역할을 부여해야 하며, 주제 선정이나 소재 발굴에 있어서도 세계인의 인식을 고려하여 다각적으로 검토할 것을 주장하였다.

주류 미디어는 이주민 소수자를 다수자와의 동일성에서 벗어나게 해서는 안 되며, 주류사회에서 이주민 소수자를 전형적인 주변인의 자리에 위치하도록 놓아두어서는 더욱 안 된다. 주류 미디어는 선주민 다수자와 이주민 소수자의 삶의 비중과 의미가 공정하고 균형 있게 묘사되도록 해야 한다. 즉 주류 미디어는 이주민 소수자의 삶을 다양한 각도에서 재조명하여 하며, 이를 통해 이주민 소수자의 삶의 모습을 긍정적이며 주체적인 이미지로 재현하도록 해야 한다. 한국 사회 내 이주민 소수자들의 주체적인 삶은 정주국에서의 새로운 삶의 터전을 위한 기회가 되어야 하고, 나아가 미래 삶을 위해 비전을 제시하는 계기가 되어야 한다.

이를 위해 한국 사회는 이주민 소수자 미디어에 대한 다양한 콘텐츠를 개발하고 주제와 캐릭터를 발굴해야 하며 이들의 정체성을 긍정적으로 드러낼 수 있는 표현법들도 개선해야 한다. 그뿐만 아니라 과거 이주민 소수자가 미디어 약자로서 혹은 미디어 수용자로서의 역할에 머물러 있었다면 앞으로는 이들에게 한국 사회에서 진정한 소수자 되기를 실천할 수 있도록 지원하는 체계적인 방안이 마련되어야 한다. 즉 이주민 소수자들이 미디어 제작 활동에 주체적으로 참여하여 자신들의 의사를 능동적으로 표현할 수 있도록 소수자 미디어교육 프로그램을 개발할 수 있는 방안을 적극적으로 검토해야 할 것이다.

4. 마무리

이 글은 동남아시아계 국가 출신 유학생의 미디어 경험을 통하여 이주민 소수자 미디어에 나타난 재현방식과 차별문제를 파악하고 소수자의 전형적인 이미지 재생산 방식에 대한 문제점을 해결하기 위한 대안적 방향을 모색하고자 하였다. 동남아시아계 국가 출신 유학생의 미디어 경험은 두 가지 차원, 즉 소수자 미디어 재현에 대한 비판적 차원과 소수자 되기를 위한 실천적 차원에 방점을 두고 분석하였다.

이들의 미디어 경험을 분석한 결과, 소수자 미디어 재현에 대한 비판적 차원에서는 '제노포비아 조장', '수혜자의 삶 클로즈업', '지배적 담론의 순응 강요'라는 주제가 도출되었다. 그리고 소수자 되기를 위한 실천적 차원에서는 '저항적 주체', '정체성의 정치', '능동적 구성원'이라는 주제가 도출되었다.

동남아시아계 국가 출신의 유학생들은 주류 미디어가 생산하는 이주민 소수자 미디어의 재현방식의 문제점을 지적하고 차별 및 편견의 문제를 비판하였으며, 이 과정에 자신들의 생활세계의 목소리를 진정성 있게 드러내고자 하였다. 또한 유학생들은 이주민 소수자의에 대한 전형적인 이미지 재생산 방식의 문제점을 해결하기 위하여 이주민 소수자로서, 저항적 주체로서, 능동적인 구성원으로서, 정체성의 정치를 실천하고자 하는 소수자 되기의 과정을 경험하고 있는 것으로 나타났다.

유학생들의 경험을 비추어 볼 때, 한국 사회의 주류 미디어가 선주민 다수자와 이주민 소수자 간의 권력관계를 드러내는 부정적인 도구로서의 역할을 하고 있다는 것을 알 수 있었다. 이러한 한국 사회의 주류 미디어가 생산하는 이주민 소수자에 대한 부정적인 미디어 재현과 차별의 문제를 통해, 유학생들은 이주민 소수자를 한국 사회의 주체로 인정하지 않고 다수자의 지배적 논리에 순응을 요구하는 수동적인 이미지로 재생산하여 고정관념화하는 것을 지적하였으며, 교육 기회를 통해 이주민 소수자 미디어 생산에 직접 참여하고자 하는 실천의지도 나타냈다.

한국 사회에 체류하면서 주류 미디어를 경험하고 있는 동남아시아계 국가 출신 유학생들은 한국의 주류 미디어가 자문화중심주의의 우월적이고 획일화된 관점을 수용하여 소수자를 부정적으로 낙인찍는 담론을 형성함으로써 선주민 다수자들과 이주민 소수자들을 우리와 타자라는 개념으로 이분화하여 경계를 나누고 있는 것으로 인식하고 있었다.

이주민 소수자의 미디어 재현에 드러난 차별적인 문제와 부정적인 묘사들을 해결하기 위하여, 동남아시아계 국가 출신 유학생들은 이주민 소수자들이 주류 미디어의 접근에서 배제되지 않아야 하며 이주민 소수자 집단의 일상 생활세계의 생생한 목소리가 미디어 참여를 통하여 사실적이며 진정성 있게 드러나도록 해야 함을 주장하였다.

이주민 소수자들의 생활세계가 사실적으로 드러나도록 하기 위해서는 이들의 삶의 모습이 아래로부터(bottom-up) 표현될 수 있도록 하는 방안이 모색되어야 하며, 그 실천적 방안의 하나로 다수자와 소통하는 이주민 소수자 미디어에 대한 참여의 장을 마련하고 지원하는 것이다.

이주민 소수자 미디어에 대한 참여의 장에서 이주민 소수자들은 선주민 다수자들과 함께 어울리고 공존하면서 사회적 관계망을 형성하고 확대해 나갈 수 있다. 이 과정에 서로에게 배우기도 하고 스스로의 힘으로 고정관념에 맞서기도 하면서 상호 변화되고 상호 인정할 수 있는 기회를 갖게 되며 궁극적으로는 한국 사회의 통합을 위한 기반이 마련될 수 있을 것이다.

미래 한국 사회가 바람직한 다문화 사회로의 진입을 통해 선주민 다수자와 이주민 소수자와의 공존의 길을 모색하기 위해서는 이주민 소수자의 참여, 즉 이주민 소수자를 위한 체계적인 미디어교육이 전제되어야 한다. 이주민 소수자를 위한 미디어교육은 소수자 되기를 지원하는 교육이며, 이주민 소수자가 스스로의 힘으로 주류사회에서 타자화되고 차별화되며 주변화되어 있는 관점에서 벗어나 문화적 정체성을 지닌 능동적이며 주체자로서의 삶을 살아가는 과정을 지원하는 것이다.

소수자 되기는 이주민들이 수혜자나 수동적인 존재로서 고정관념화되어 있는 이미지에서 스스로 탈피하는 것이며, 사회통합의 담론에 능동적으로 관여하여 이주민 소수자로서 자신들의 목소리를 당당하게 냄으로써 다수자와 공존할 수 있는 긍정적인 주체로서의 삶의 실천을 강조하는 것이다. 다문화 사회 진입을 앞두고 있는 한국 사회는 이들의 문화적 다양성을 인정하고 능동적이며 주체적인 삶을 지원해야 할 때이다.

8장
한국어교육에서의 영화 리터러시교육 방법[*]

 분석이 영화에 대한 우리의 사랑을 파괴하지 않는다. 이해에 대한
새로운 시각이나 깊이를 창조함으로써 영화에 대한 우리의 사랑
은 더욱 강하고 사실적이며 지속적이게 될 것이기 때문이다.

(Joseph M.Boggs)

* 이 장은 필자의 논문(윤영, 2020)을 바탕으로 재구성하였다.

1. 영화 리터러시교육의 필요성

초연결과 융합 등을 기반으로 하는 4차 산업혁명시대에는 영화를 비롯하여 다양한 미디어 매체에 접근해 정보를 비판적으로 분석, 평가하고 창의적으로 생산해내는 능력 등이 필수적으로 요구된다. 소위 미디어 리터러시라 일컬어지는 역량이 현대의 지식정보화 시대에 필수 역량으로 자리를 잡게 되면서 이를 교육하는 방법 또한 강조되고 있으나 한국어교육에서는 관련 연구를 찾아보기가 쉽지 않다.

물론 한국어교육에서도 영화나 드라마, 뉴스, 광고 등의 미디어를 수업에 활용하는 연구들은 꾸준히 모색되어 왔다. 그러나 이러한 연구들 대부분은 미디어를 한국어, 혹은 한국문화를 학습하는 보조 수단으로 활용하는 데 머물러 있다. 즉 다양한 미디어에 접근하여 소통하는 방법, 또한 미디어를 비판적으로 이해하고 창의적으로 생산하는 방법 등에 대한 논의는 부족했다는 것이다.[38] 그러나 이제는 한국어교육에서도 시대적 상황에 맞게 변화를 모색해야 한다. 특히 우리가 대학에서 만나는 학습자들은 Z세대들로 스마트폰, 영상을 익숙하게 사용하며 문자 언어보다 영상 언어로 소통하는 것을 더 편하게 느낀다는 특징을 가지고 있다. 따라서 한국어교육 현장에서도 다양한 미디어에 접근해 한국어로 된 정보를 비판적으로 읽어내고 서로 간의 생각을 한국어로 나눌 수 있도록 수업을 구성해야 할 필요가 있다.

이에 본 글에서는 여러 미디어 매체 중 영화에 초점을 두고, 영화의 언어를 비판적으로 읽고 분석함으로써 영화언어 문법을 이해하도록 함과 동시에 영화 속에 담겨 있는 상징과 문화적 요소, 그리고 그것의 의미 등을 확인함으

---

[38] 한국어교육에서는 최근 들어서야 미디어 리터러시의 개념을 교육에 적용하는 연구들(이윤자, 2018;, 김재희·이은희, 2019)이 등장했다. 그러나 영화, 광고, 뉴스 등의 리터러시를 다룬 연구는 아직 찾아볼 수 없다.

로써 한국문화를 깊이 있게, 능동적으로 이해할 수 있도록 그 방법을 모색해 보고자 한다. 이를 위해 본 글에서는 먼저 영화 리터러시의 개념을 살펴볼 것 이며, 이후 한국어 학습자 대상의 영화 리터러시 수업 모형을 제안해 볼 것이 다. 그리고 하나의 영화를 선정해 그 영화의 리터러시를 구체적으로 분석한 후, 앞에서 제시한 수업 모형에 따라 수업의 내용 및 절차를 보여줌으로써 한 국어교실 현장에 적용이 가능하도록 할 것이다.

영화를 비판적으로 분석, 이해하도록 하는 영화 리터러시교육은 특히 한국문화교육에 유용하다. 특정 시공간, 여러 인물들, 다양한 사건들이 영 상으로 펼쳐지는 영화에는 필연적으로 그 나라의 사회 문화적인 요소들이 많이 담겨져 있다. 그러나 이를 제대로 읽어내고 해석하는 방법을 알지 못 한다면, 많은 문화적 함의들을 놓칠 수밖에 없으며 심지어는 잘못 이해하여 편견을 가지게 될 수도 있다. 세계적으로 인정받는 감독 및 작품들이 많아 지면서 한국영화의 위상이 날로 높아지고 있는 지금, 외국인 학습자들에게 한국영화를 제대로 해석하고 읽어낼 수 있도록 교육하는 방법, 즉 영화 리 터러시를 교육하는 방법을 미뤄서는 안 되는 시점에 와 있다.

2. 영화 리터러시교육 관련 연구

국내에서 영화 리터러시교육 관련 연구는 2000년대 중반부터 시작되었 다. 영화 리터러시가 교육적 효과를 가지고 있다고 주장한 이아람찬(2005) 의 연구 이후 다양한 학습자 대상의 영화 리터러시교육 연구가 진행되었는 데 대부분의 연구들이 학교 교육(초중고)에서의 영화 리터러시교육을 논하 고 있다. 관련 연구로는 박선희(2012), 박성현(2015), 이용선(2019) 등을 들 수 있으며, 이중 이용선(2019)은 초등학교 고학년의 사회성 및 자아존중감에 영화 리터러시교육이 어떤 영향을 미치는지를, 박선희(2012)는 영화 리터러시교육이 청소년들의 공감능력에 어떠한 영향을 미치는지 각각 수업의 사례를 통해 밝히고 있다. 또한 박성현(2015)은 고등학생을 대상으로 영화에 대한 이해와 흥미진작, 그리고 자아성찰 및 반성의 기회 등을 제공하는 목적으로 영화감상과 토론 수업을 실시하였다. 청소년을 대상으로 한 영화 리터러시교육은 '사회성, 자아존중감, 자아성찰, 공감능력' 등 청소년기에 중요하게 형성되는 내면적, 심리적 요소에 초점을 맞추고 있다는 점에서 특징적이다.

다음으로 대학생 대상의 영화 리터러시교육을 모색한 연구로 강유진(2018)을 들 수 있다. 이 연구는 특히 영상 세대들이 가지고 있는 글에 대한 거부감을 줄이기 위해 문자와 영상의 통합적 읽기 및 쓰기를 수행하는 방안을 제안하였다. 소설이 원작인 영화를 선정해 소설 속 글을 영상으로 전환해 보고, 또 영화 속 영상을 글로 전환해 보는 실습을 통해 학생들이 글(문자 리터러시)과 영상(비주얼 리터러시)의 차이를 자연스럽게 이해하고 생산하게 한다는 점에서 이 연구는 의미가 있다.

한편 김경애(2017)는 기존의 영화 리터러시교육이 청소년이나 대학생만을 대상으로 하고 있다고 비판하며 중년관객들을 위한 영화 리터러시 수업모형을 제안하고 있다. 이 연구에서는 '영상언어에 대한 지식 학습, 작품을 독해하고 분석하는 실습의 과정, 글쓰기 및 조별 토론을 통한 소통과 공감' 등 영화 리터러시교육의 세 가지 필수 요소를 넣어 수업모델을 제시하고 있다. 영화는 남녀노소 누구나 쉽고 친숙하게 접할 수 있는 대중매체 중 하나이므로 영화 리터러시교육도 학교 교육을 넘어 평생교육의 장으로 확대될 필요가 있다. 이 연구는 그러한 가능성을 구체적으로 보여주었다는 점에서 의의가 있다.

앞에서 살펴본 것처럼 최근 몇 년 동안 다양한 학습자 대상의 영화 리터러시교육 연구가 꾸준히 진행되어 왔으나 한국어교육 분야에서는 이와 관련된 연구를 찾아볼 수 없다. 물론 한국어교육에서도 영화를 수업에 활용하는 연구들은 꾸준히 논의되어 왔는데 이러한 연구들은 한국어나 한국문학, 혹은 한국의 사회문화를 이해하기 위해 영화를 활용하는 데 머물러 있다. 이중 한국어 말하기와 듣기, 의사소통 등 한국어 능력을 신장시키기 위해 영화를 활용한 연구로 최지혜(2009), 두도장, 리한교(2010), 김명희, 정윤자(2018) 등을 들 수 있다. 또한 한국문학에 대한 이해를 높이기 위해 소설과 그 소설을 원작으로 한 영화를 함께 살펴본 연구들이 있는데 이러한 연구로는 윤영(2008; 2011), 박기범(2014), 박기범, 송지영(2017) 등을 들 수 있다.

마지막으로 영화를 통해 한국의 역사나 정치, 혹은 가치관과 같은 관념문화를 학습하는 방안을 제안한 연구로 이은숙(2003), 최정순, 송임섭(2012), 박성(2017), 윤영(2019) 등을 들 수 있다. 이은숙(2003)은 영화를 통해 예전과 다른 새로운 남녀관계, 여성의 위상 변화 등 사회문화적인 변화를 확인하고 있고, 박성(2017)은 영화를 통해서 한국의 가부장제, 가족주의 등 가치, 관념문화를 교육하는 방안에 대해 논하고 있다. 영화를 통해 한국의 역사, 정치 등을 다룬 연구도 있는데 관련 연구로는 최정순, 송임섭(2012), 윤영(2019) 등을 들 수 있다. 최정순, 송임섭(2012)은 영화를 통해서 한반도의 분단 문제를 정치, 역사문화적 측면에서 교육하는 방안을 제안하고 있으며 윤영(2019)은 다양한 영화 중 역사영화를 통해 한국의 문화를 가르치는 수업 모형을 제시한 후 실제 수업과 학습자 반응을 통해 연구의 성과 및 한계를 제시하고 있다. 특히 이 연구는 역사영화의 선정기준을 모색하고, 수업 중 현대의 다양한 스마트 테크놀로지를 활용해 학습자의 흥미와 참여를 높이는 방안을 제안하고 있다.

이상의 연구들은 영화를 활용해 한국어와 한국문학, 혹은 한국문화 등을 흥미 있게 학습할 수 있도록 이끌고 있다는 점에서 의의가 있다. 그러나 앞에서도 지적한 바와 같이 영화 자체에 대한 접근은 매우 제한적이며, 특정한 목적을 위해 영화를 보조적으로 활용했다는 점에서 한계가 있다. 영화를 보조적인 수단으로만 사용하고 제대로 읽어내지 못한다면 영화에 담겨져 있는 수많은 상징과 의미, 감독이 의도하는 바 등을 놓칠 수 있다. 영화 속 음악과 배경, 인물들의 대사와 행동, 특정 장면과 편집 등에도 수많은 의미와 문화적 요소들이 담겨져 있으므로 이를 발견, 해석할 수 있도록 한국어교육 분야에서도 영화 리터러시교육 방법을 적극적으로 모색하고 활용해야 한다.

또한 외국인 학습자 대상의 영화 리터러시교육은 한국문화에 대한 이해를 제고할 수 있다는 점에서 더욱 큰 의의가 있다. 국내나 해외 한국어 학습자들이 쉽게 접할 수 있는 매체 중 하나인 한국영화는 외국인 학습자들이 한국문화를 이해하고 한국에 대한 이미지를 의식적으로, 혹은 무의식적으로 형성하는 데 많은 영향을 준다.[39] 따라서 한국영화를 비판적으로 해석, 평가함으로써 영화를 제대로 읽어내고 그 속에 담긴 한국문화를 이해할 수 있도록 영화 리터러시를 교육하는 것이 중요하다. 이러한 교육을 통하여 궁극적으로는 한국어 학습자들이 스스로 한국영화를 비판적으로 읽어내고 해석할 수 있는 능력을 갖출 수 있을 것이며, 영화 속에 숨겨진 의미나 감독의 의도 등을 발견함으로써 한국의 문화를 더욱 구체적으로 파악할 수 있을 것이다.[40]

---

[39] 한국어 교사들도 학습자들의 생각, 인식에 가장 큰 영향을 미치는 미디어 매체 중 하나로 영화를 선택했다. 김재희 · 이은희(2019)가 조사한 바에 따르면 한국어 교사들은 학습자의 생각, 인식에 가장 많은 영향을 미치는 미디어로 유튜브(90%)와 영화/드라마(85%)를 꼽았다.

[40] 영화는 시청각을 비롯한 감각에 호소하는 경향이 크므로 어떤 매체보다 즉각적이고 파급력이 크며 이러한 속성 때문에 문화를 재현하는 데 선두주자로서의 위상을 갖게 되었다(영화진흥위원회 영화교재편찬위원회, 2004: 39).

3. 영화 리터러시의 개념 및 영화 리터러시교육을 위한 수업 모형

1) 영화 리터러시의 개념

본래 리터러시(literacy)는 인쇄 매체를 매개로 한 자료를 '읽고 쓸 줄 아는 능력'을 가리키는 것으로 의사소통을 전제로 한 개념이다. 인쇄매체가 지배적인 의사소통의 도구였던 시대에는 이러한 의미로 리터러시의 개념이 한정되었으나 콘텐츠를 전달하는 미디어가 변화해 감에 따라 그 의미도 확장되었다(조남민, 2018: 195). 최근과 같이 급속히 변모하는 미디어환경 속에서는 단순히 문자를 읽고 쓸 줄 하는 능력을 넘어 여러 기호와 영상언어 등을 해독해 다양한 매체를 통해 의사소통할 수 있는 능력이 필요하게 된 것이다.

이러한 상황에서 등장한 개념이 미디어 리터러시로 그 개념[41]이 매우 다양하다. NAMLE(National Association for Media Literacy Education)에 따르면 미디어 리터러시는 매체를 기반으로 전달된 상징을 코드화하고 해석해내는 능력, 그리고 '매체를 기반으로 한 메시지를 종합, 분석, 제작할 수 있는 능력'을 의미하며 미디어 리터러시교육은 이와 연관된 능력을 가르치는 교육을 말한다(김아미, 2018: 441-452).

미디어 리터러시교육이 강조되고 영상언어가 주목을 받으면서 영화 리터러시에 대한 논의도 조금씩 모색되기 시작했다. 앞서 살펴본 미디어 리터러시의 정의를 인용해 영화 리터러시를 정의해보자면 영화 리터러시는 '영화 속 메시지를 종합, 분석, 제작할 수 있는 능력'이라고 할 수 있다. 그러나 일반 교육에서 영화를 제작, 창조하는 활동까지 나아가는 것은 학습자들에

---

41 '미디어 리터러시'는 영어권 국가 중에서도 미국이 가장 적극적으로 도입, 사용한 용어로, 영국과 캐나다에서 미디어교육(media education)이라는 용어를 선호했던 것과 차별된다. 미국은 전국 단위 협회인 NAMLE(National Association for Media Literacy Education)을 통해 미디어 리터러시교육의 체계화와 보편화를 위한 규정, 통일 작업 등을 진행했다.

게 부담이 될 수 있다. 영화 제작은 매우 전문적인 영역이므로 영화 전공자나 특정 교육과정 학습자를 대상으로 진행하는 것이 보다 현실적이기 때문이다. 학교 교육의 경우에도, 영화 관련 교육이 도입된 초기에는[42] 영화 리터러시교육이 아닌 영화교육이라는 용어를 사용하였으며 '제작' 부분이 강조되었다. 그러나 영화 제작은 지속가능한 교과가 아닌 일시적인 예술체험 활동에 그쳐(이아람찬, 2018) 결국은 정체되었다. 이렇게 관 주도의 예술교육으로 추진된 영화교육이 한계를 보이자 새로운 영화교육의 방법이 모색되었는데 그것이 바로 영화 리터러시교육이다. 제작을 중심에 둔 영화교육이 아닌 영화 리터러시교육을 통해 타 교과와의 융합교육으로 나아가야 한다는 주장들(민경원, 2011)이 제기되면서 영화 리터러시교육은 영화교육의 새로운 대안이 되었다.

이러한 논의를 통해 영화 리터러시의 정의를 수정해 보면 영화 리터러시는 영화 속에 담긴 메시지를 해석하고 영화를 기반으로 한 메시지들을 종합, 분석하는 작업이라고 할 수 있다. 나아가 영화 리터러시는 '영화에 대한 논의에서 문화적, 의미적, 가치적 담론을 발견하기 위해 영화를 읽어내는 이해력뿐 아니라 영화에 대해서 쓰고 말하는 능력'까지를 포괄한다고 할 수 있다. 영국영화협회가 추진하는 「영화, 21세기의 리터러시: 영화 교육의 재정의」에 따르면 영화 리터러시는 생활 속 예술을 향유하는 과정에서 분석하고 참여하며, 공유할 수 있는 능력을 강조하는 개념이다(박은지, 2019:

---

42 김경애(2017: 58)의 연구에 따르면 2004년 3월부터 영화교육이 공교육의 장에 정식으로 도입되어 초중고에서 선택교과나 재량활동, 특기적성, 특별활동 등으로 진행되었다. 그러나 학교에서 영화교육이 산만하게 이루어지자 한국문화예술교육원은 2014년에 초중고 학생들을 위한 영화교육의 표준 모델을 개발하여 제시하였다. 이 모델은 영화교육을 '이해, 적용, 창작, 사회적 기여' 등으로 분류하여 시너지 효과를 거둘 수 있도록 고안되었다. 여기에서 '이해'는 영화의 역사적, 문화적 콘텍스트에 대한 내용을 다루며, '적용'은 이해 영역을 기초로 영화와 다른 미디어, 혹은 다른 예술과의 관계를 파악하도록 하는 것을 목표로 한다. '창작'은 영화제작을 전반적으로 경험할 수 있도록 구성하였으며 '사회문화적 기여'는 사회적 이슈를 다룬 영화를 통해서 학생들이 민주시민으로서의 자질을 갖추고 사회문화적으로 기여할 수 있는 방안을 모색하는 것을 목표로 삼고 있다.

116).[43] 이를 종합해 보면 영화 리터러시는 영화를 해석, 분석하고 자신이 분석한 것을 쓰기나 말하기로 타인과 공유하는 과정을 통해 문화적, 의미적, 가치적 담론을 발견하는 것이라 할 수 있다.

2) 영화 리터러시교육을 위한 수업 모형

영화 리터러시가 의미하는 바를 교육의 장에서 실천하기 위해서는 관련 내용을 학습할 수 있도록 수업의 모형을 구성해야 한다. 영화 리터러시교육 모형에 관한 기존의 연구들을 종합해 보면 수업은 크게 세 단계로 이루어져 있다. 김경애(2017)는 '샷, 앵글, 씬 등의 영상언어 개념을 익히고 이해하는 단계, 그리고 영상언어에 대한 지식을 바탕으로 작품을 분석하는 단계(주제 의식, 상징, 이미지, 사회정치적, 미학적 요인 파악), 마지막으로 학습자에 맞춘 토론과 글쓰기를 통한 소통, 공감의 장을 제공하는 단계'로 영화 리터러시의 교육 모형을 제시하였다. 그리고 교육부의 '2015 개정 교육과정'에서 추구하는 창의융합형 인재의 핵심역량을 고려하여 영화진흥위원회에서 만든 '영화교육 워크북'(초등학교 5, 6학년 대상)에서는 다양한 영화에 대해 알아보는 단계, 영화를 구성하는 것들을 알아보는 단계(숏, 영화 사운드, 내러티브 구성 등), 제작 및 저작권에 대해서 교육하는 단계(간단한 음악영화 제작과 감상, 저작권/초상권 교육)로 구성하였다.

정리하면 기존 연구에서는 '영상언어 학습과 이해, 영화에 대한 분석, 소통이나 창작' 등의 세 단계로 구성하고 있음을 볼 수 있다. 그러나 기존의 연구 및 모형에서는 영화 리터러시에서 중요한 영상언어 학습과 영화 분석

---

43 영화 리터러시교육은 영화교육과는 다르다. 영화 리터러시교육은 영화 리터러시를 통해 이상적이고 성숙한 인간 등의 특성을 지니도록 육성하는 행위에 한정되어 언급된다. 이는 전문적 교육기관(대학의 영화과 전공, 예술계 고등학교 등)에서 영화인을 양성하기 위해 교육하는 영화교육과는 다르다(이아람찬, 『영화교육론』, 커뮤니케이션북스, 2005: 6/박은지, 2019: 114에서 재인용).

을 어떻게 해야 하며, 어느 정도까지 해야 하는지는 구체적으로 다루고 있지 않아 실제 수업에 적용하는 것이 쉽지 않다. 또한 외국인 학습자를 대상으로 한국영화를 분석, 해석하고자 할 때에는 영화 속 특정 장면의 의미나 문화 요소 등에도 초점을 맞추어야 하는데 위의 구성만으로는 그러한 접근이 어렵다.

이에 본 글에서는 영화의 리터러시를 구체적으로 분석하고 읽어낼 수 있도록 그 대상을 자세히 제시한 류은영(2012)의 연구를 참고로 영화 리터러시에 해당하는 부분을 정리한 후 수업 모형을 제안해 보고자 한다. 류은영(2012)은 영화를 보고 감상을 이야기할 때 무엇을, 그리고 어떻게 말해야 하는지에 대한 대중관객의 일반적 자문에 대한 답으로 영화 리터러시를 10가지로 구성하였으며 본 글에서는 이를 참고로 성격과 내용이 비슷한 것을 묶어 다시 8가지로 재구성하였다. 다음의 표를 참고로 수업의 목표, 혹은 학습자의 수준 및 특성에 따라 영화 리터러시 대상을 선택하여 활용할 수 있을 것이다.

〈표 8-1〉 영화 리터러시의 8가지 대상 및 접근 방법

	대상	세부적 요소	접근
1	필모그래피	영화 기획, 제작년도, 상영, 수상, 에피소드 등 제반 데이터	인터넷
2	장르	멜로, 액션, 판타지, 드라마, 코미디, 스릴러 등	인터넷
3	시놉시스	줄거리, 기획의도 등	인터넷
4	캐릭터	영화 속 인물(캐릭터)	인터넷, 영화텍스트
5	플롯 라인	전체구성, 시퀀스 구성, 클라이맥스 등	인터넷, 영화텍스트 등 다양한 자료 참고
6	기법	연출과 기술 (미장센, 앵글, 촬영, 음향(대사, 음악, 음향 효과), 편집 등)	
7	소재와 주제	소재(모티브: 사랑, 희생, 복수, 범죄 등) 주제(세계관: 메시지, 문화적 메시지 등)	
8	흥행 요소	주요 카타르시스 및 대중적 카타르시스 요소	

영화 리터러시에 해당하는 위의 8가지 대상 중 필모그래피와 장르, 시놉시스, 캐릭터 등은 실제 영화를 감상하고 분석하기 이전에 인터넷이나 영화 소개 자료 등을 통해 기본적인 내용을 파악해 볼 수 있다. 이렇게 대략적인 정보를 파악한 후에는 실제 영화보기를 통해 캐릭터의 의미, 플롯, 기법, 소재와 주제, 흥행 요소 등을 분석해 볼 수 있다. 특정 캐릭터를 통해 감독이 전달하고자 하는 주제, 시대적 상황 등을 파악할 수 있으며 영화의 스토리를 창의적으로 구성한 플롯을 따라가며 그 효과와 의미 등을 파악해 볼 수 있다.

영화 리터러시 대상 중 6번 '기법'은 영화의 미학을 드러낼 수 있는 연출, 기술 등으로 영화만의 특별한 언어에 해당한다. 영화 창작까지 나아가는 것이 아니라 교육의 장에서 영화의 연출과 기법 등을 다룰 것이라면 지나치게 깊이 있게 학습할 필요는 없으나 편집이나 촬영, 음향 과 관련된 기본적인 용어와 중요한 특징 등을 알아둔다면 실제 영화를 볼 때 더 많은 것들을 발견하고 읽어낼 수 있다. 수업에서 영화의 연출, 기술적 요소 등을 다룰 때에는 먼저 교사가 영화의 기법, 연출 등을 간략하게 정리하여 학습자에게 전달하도록 한다. 이때 해당 기법이나 연출이 잘 활용된 장면, 혹은 사진을 함께 제시하면 더 효과적일 것이다. 이후에는 학습자들이 스스로 관련 내용을 적극 찾아보고 의미를 파악할 수 있도록 한다. 이와 같은 준비과정이 모두 끝난 후에는 학습자들이 실제 영화를 보면서 그 영화만의 특징적인 편집과 기술 등을 분석해 파악하도록 한다. 처음에는 이러한 영화언어가 어렵고 낯설게 느껴질 수 있으나 그 경험이 한두 번 쌓인다면 영화언어를 이해하는 데에도 익숙해 질 것이다.

다음으로 '주제'는 영화가 관객에게 전달하고자 하는 메시지이다. '소재'는 영화의 모티브를 말하며 대략 36가지 정도로 한정된다. 예를 들면 복수, 구원, 반란, 도망, 과실, 욕망의 포로, 납치, 증오, 광기, 애정범죄, 친인

척을 위한 자기희생, 이상을 위한 자기희생, 열정을 위한 모든 희생, 강자와의 경쟁, 장애에 부딪힌 사랑, 적에 대한 사랑, 질투, 착오, 재회, 사랑하는 사람의 상실 등이 그것이며(류은영, 2012: 360) 한 편의 영화에는 여러 개의 소재가 활용될 수 있다.

'흥행 요소'는 주요 카타르시스, 그리고 대중적 카타르시스로 나눌 수 있으며 주요 카타르시스는 영화를 통해서 무엇에 카타르시스를 느꼈는지를 확인해 봄으로써 발견할 수 있다. 류은영(2012: 360-361)은 영화의 미학에 해당하는 주요 카타르시스의 경우, 스스로의 향유를 신뢰함으로써, 즉 학제적인 논리에 갇히지 않고 자신의 감성의 목소리와 소통하면 되는 것으로 영화의 모든 층위와 모든 과정에서 구현될 수 있다. 한편 대중적 카타르시스는 대중들이 이 영화의 무엇에 열광하며, 왜 이 영화를 찾는지와 관련되는 것이다. 영화의 대중성은 관객 수(흥행 정도)로 일단 피상적으로 파악할 수 있으며 그렇게 흥행하는 이유에 대한 분석을 통해 대중이나 사회의 욕망, 요구 등을 확인할 수 있다. 그리고 특정 영화의 흥행 정도는 해당 시기의 사회적 상황과 연결되어 있으므로 당시의 뉴스나 비평 등을 참고해 파악해 볼 수 있다.

이상으로 영화 리터러시의 대상 8가지를 살펴보았다. 본 글에서는 기존의 영화 리터러시교육 모형 및 영화 리터러시 대상에 관한 연구들을 전체적으로 검토하여 한국어 학습자를 위한 영화 리터러시 수업 모형을 다음과 같이 구성하였다.

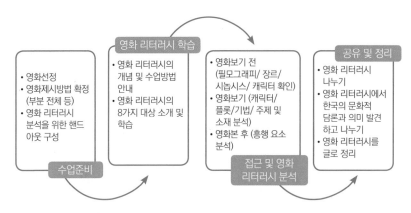

[그림 8-1] 한국어 학습자를 위한 영화 리터러시 수업의 모형

영화 리터러시를 수업에 적용하기 위해서는 교수자의 사전 준비가 필요하다. 우선 한국어 학습자에게 적절한 영화를 선정하고, 이를 제시하는 방법을 고민해야 한다. 특정 목적을 위해 영화를 보조적으로 활용할 경우에는 목적에 맞게 영화의 일부를 편집해 제시할 수 있으나 본 글에서는 영화를 비판적으로 읽어내고 분석하고자 하며 그 과정에서 한국문화를 더 깊이 있게 이해하도록 하는 것이 목적이므로 부분이 아닌 영화 전체를 감상할 것을 제안한다. 교실에서 영화 전체를 감상하는 것이 시간적으로 어렵다면 일부분을 보여주고 나머지는 학습자가 감상해 오도록 수업을 구성해야 할 것이다. 영화 선택과 제시 방법을 정한 후에는 학습자들이 영화 리터러시를 파악할 수 있도록 영화 리터러시의 8가지 대상과 관련된 활동지(질문지)를 미리 구성하도록 한다.

위와 같이 수업 준비가 끝난 후, 실제 수업에서는 영화 리터러시 수업에 대한 안내, 영화 리터러시의 개념, 영화 리터러시의 대상 8가지에 대해서 학습하는 시간을 갖는다. 영화 리터러시 대상 중 영화언어에 해당하는 기법(연출과 기술)을 학습할 때에는 지나치게 어렵고 전문적인 내용까지 다룰 필요는 없으므로 영화의 특징을 전반적으로 읽어낼 수 있을 정도만 알려주도록 한다.

다음으로 접근 및 영화 분석 단계에서는 다음의 세 단계, 즉 영화 보기 전, 영화 보기, 영화 본 후의 단계로 나누어 각 단계에 맞게 영화 리터러시 대상들을 배치한 후 각각을 분석하도록 한다. 이때 수업 준비 단계에서 만든 활동지(질문지)를 학습자들에게 나누어 주어 영화 리터러시 대상을 구체적으로 분석, 파악하도록 한다.

공유 및 정리 단계에서는 학습자 각각이 분석한 영화 리터러시 내용을 서로 나누도록 하며 영화 리터러시를 파악하면서 발견한 한국의 문화와 그 의미를 공유하도록 한다. 영화 리터러시 대상 중에서도 특히 '주제'와 '대중적 카타르시스'를 나누면서 학습자들은 한국문화와 한국인의 가치 등을 더 분명하게 확인할 수 있을 것이다. 주제, 즉 세계관을 통해서는 한국의 문화적 메시지를 찾아볼 수 있으며 대중적 카타르시스, 즉 대중이 공감하고 감동하는 요소가 무엇인지를 찾고 서로 나눔으로써 한국인의 특징이나 성향, 가치관 등을 이해할 수 있을 것이다. 또한 그러한 문화나 가치들이 캐릭터나 플롯, 영화의 여러 기법들을 통해 구체적으로 구현되고 있음을 영화 리터러시를 나눔으로써 알게 될 것이다. 영화를 분석하고 서로 간의 생각을 서로 나눈 후에는 영화에 대한 내용과 생각을 정리하여 글로 표현해 보도록 한다.

영화 수업의 궁극적 목표 중 하나가 참여자 자신의 생각을 자유롭게 표현하고 타인을 배려하며 동시대와 소통하는 능력을 키우는 일(황보 성진, 박지윤, 이은희, 2010: 19)이라고 볼 때, 다양한 문화권의 학습자가 모여 있는 한국어 교실에서의 영화 리터러시 수업은 더욱 의미가 있다.

4. 영화 리터러시 수업의 실제

1) 학습 대상자 및 영화 선정

영화 리터러시를 통해 한국영화를 분석하고 학습자들과 서로 나눌 수 있으려면 중급 이상의 한국어 능력을 갖추는 것이 필요하다. 중급 이상의 학습자를 대상으로 하되 학습목적과 수업 환경에 따라 앞에 제시한 내용을 수정, 축소하여 적용할 수 있을 것이다.

수업의 실제에서 다룰 작품은 윤제균 감독의 2014년 개봉작 〈국제시장〉이다. 이 영화는 한국에서 14,263,940명의 관객을 동원한 작품으로 2020년 현재, 역대 한국영화 관객순위 4위에 해당하며 네이버 관람객 평점 9.16(10점 만점)점을 받은 작품이다. 한국에서 많은 대중의 관심을 끌었으며 흥행에도 성공한 작품이지만 이 영화는 개봉 전부터 정치적, 이념적 논쟁의 대상이 되었고 영화에 대한 평가도 긍정적 평가와 부정적 평가로 갈렸다. 즉 〈국제시장〉은 '한국전쟁 이후 숨 가쁘게 진행되어 온 산업화 과정에 대한 향수와 시대를 초월한 공감이 주는 감동적인 스토리'라는 평가를 받기도 했으나 '박정희 식 산업화 시대의 신파적인 추억만을 추려 엮은 영화'라는 혹평을 받기도 했다(서유석, 2015 참고). 이렇게 대중적으로 인기를 끈 작품이면서 다양한 평가를 받고 있는 작품을 학습자들이 비판적으로 감상하고 나누도록 하는 것도 의미가 있을 것이다.

또한 영화 〈국제시장〉은 1950년대 한국전쟁으로부터 1960년대 외화벌이를 위해 독일로 광부와 간호사를 파견한 역사적 상황, 1970년대 베트남전쟁, 1980년대 이산가족 상봉 등 한국 현대사에서 벌어진 굵직한 사건들을 담고 있어 한국어 학습자들이 한국의 역사와 사회, 정치적인 상황 등을 알아보는 데에도 매우 유용한 작품이다.

2) 영화 〈국제시장〉의 주제 및 영화 해석

이 영화는 길고 힘들었던 한국의 현대사를 관통하며 살아 온 '덕수'라는 인물을 통해 자신의 꿈은 내버려둔 채 오직 가족만을 위해 헌신하고 희생하며 살아온 우리 아버지들의 자화상을 보여준다. 영화는 그런 아버지의 희생을 매우 구체적으로 그려내어 관객들로 하여금 고마움, 미안함, 혹은 안쓰러움 등의 복합적인 감정을 갖게 하며 눈물샘을 자극한다.[44] 윤성은(2015: 177)의 비평과 같이 이 영화는 처음부터 끝까지 최루성 멜로드라마에 집중한 흔적이 역력히 보인다. 이성적으로 생각하면 돌아가고 싶지 않은 과거로 가득 채워져 있으나 이 영화는 보는 내내 주체할 수 없이 눈물을 흘리게 만들면서 일종의 만족감을 남긴다. 이것이 바로 국제시장의 상업적 성공을 불러온 일등공신이며, 여기에서 눈물의 가치판단을 흐리게 하는 것은 '아버지'와 '희생'의 이중주다.

자신을 희생하면서 가족을 보호하고 지켜낸 덕수는 전형적이면서 전통적인 가부장의 모습을 보여준다. 영화는 조선시대 때부터 이어져 내려온 유교적 사상과 효 중심의 가족주의를 잘 보여주며 그것이 가치 있다는 것을 우회적으로 말해준다. 6.25 전쟁 시기, 흥남 부두에서 가족들만 배에 태워 피난을 보내야 했던 덕수의 아버지는 어린 덕수에게 '내가 없으면 네가 장남이라고, 가족들을 잘 챙기는 것이 가장의 일'이라고 강조한다. 그리고 덕수는 아버지의 이러한 당부, 아버지와의 약속을 지키기 위해 평생을 희생하며 살아간다.

---

44 영화 〈국제시장〉의 감동적 요소를 추출하기 위해 질적 연구를 실시한 육정학(2015: 62-67)의 연구에 따르면 이 영화의 감동요소는 첫째, 덕수와 아내 영자가 보여주는 감성적인 인간의 모습이다. 그리고 둘째는 대한민국의 시대적 상황이다. 그리고 셋째는 가난과 성공이다. 즉 가난의 고통을 이기고 성공한다는 내용에 관객이 감동을 받은 것이다. 넷째는 희생 혹은 헌신으로 영화 속 아버지의 희생이 관객들에게 아버지의 참된 의미를 상기시켰으며 감동을 주었다. 다섯째는 향수이다. 흘러간 옛날의 노래, 오래된 아버지의 사진과 국제시장의 과거 풍경 등이 관객들의 향수를 자극한 것이다. 또한 독일에서 일하는 한국 광부와 간호사의 고달픈 일상, 월남 전쟁, 80년대 이산가족 찾기 등이 중장년층의 향수를 이끌어냈음을 볼 수 있다.

전통적 가치인 유교는 효와 충을 바탕으로 하며 부모에 대한 효는 곧 국가에 대한 충으로 확대된다. 덕수는 힘든 격변의 시기를 지나오면서 절대 국가의 잘못을 들추거나 국가를 원망하지 않는다. 오히려 그는 국가에 대한 맹목적인 애국심을 보여주는데 바로 이 지점이 많은 사람들로부터 공격을 받는 부분이다. 윤성은(2015: 179-180)은 이 영화가 덕수의 희생에 집중하면서 역사적 관점을 놓쳐버렸다고 말한다. 즉 한국근현대사와 아버지의 이야기를 묶으면서 희생만 남기고 역사에 대한 평가는 배제하려 했으며 역사에 대한 평가를 유보함으로써 역사와 개인이 교차하고 서로에게 영향을 미치는 방식을 보여주는 데 있어서 날카롭지 못했다고 비판한다. 류재형(2015: 258-259) 또한 이 영화가 기성세대의 의식을 지나치게 대변하고 있으며 영화의 감동이 영화 속 주인공인 덕수의 세대와 그 세대를 강압적으로 통제했던 국가의 정책들을 과도하게 옹호 내지는 미화, 무시했다고 지적한다. 이처럼 역사에 대한 비판의식이 부재하며 짧은 러닝타임 속에 지나치게 크고 많은 역사적 사건들을 한꺼번에 다루었음에도 불구하고 이 영화는 상업적으로 큰 성공을 거두었는데 이는 육정학(2015: 67)의 판단처럼 영화의 스토리가 광범위함에도 불구하고 절제와 집중을 통해 주제를 부각시켰으며 아버지의 의미를 재해석함으로써 관객의 마음을 사로잡았기 때문인 것으로 보인다.

영화 〈국제시장〉을 관통하는 주제는 가족을 위한 가장의 희생이다. 한국은 집단주의 문화권에 속하면서도 특히 가족주의적 집단주의의 모습을 보인다(윤영, 2014). 가족을 이끌어가는 가장은 권위와 책임을 함께 가지고 있으며 가족을 위해서라면 어떠한 어려움, 희생도 마다하지 않는다. 이러한 가부장적 가족주의는 일제 식민지 지배와 6.25 전쟁 등으로 국가가 가족을 보호해 줄 수 없는 상황에서 더욱 굳어져 왔으며 압축적 경제성장을 지나면서 유지될 수 있었다. 특히 한국의 근대화는 가장과 국가를 한데 묶는 가부장적 가족주의가 국내외에서 효과를 발휘한 가부장적 국가주도의 근대화라고 할 수 있는데(류재형, 2015: 267) 영화 〈국제시장〉은 이러한 가부장적 가족주의의 여러 모습들, 그리고 가부장으로서의 국가의 모습이 잘 드러나 있다. 이처럼 영화가 대중적으로 성공할 수 있었던 이유, 그리고 영화가 추구하는 세계관, 즉 주제 등은 영화 리터러시를 읽어내는 데 중요한 요소라고 할 수 있다. 이 두 가지를 비판적으로 분석하고 나눔으로써 학습자들은 한국의 사회와 문화, 한국인의 가치관과 특징 등을 보다 잘 이해할 수 있을 것이다.

3) 〈국제시장〉의 영화 리터러시 분석

(1) 필모그래피(제반 데이터)[45]
① 감독 및 상영 시점

윤제균 감독의 영화 〈국제시장〉은 2014년 12월 17일에 개봉되었으며 관람 등급은 12세 관람가이다. 윤제균 감독은 영화 〈해운대〉로 이미 1000만 관객을 모은 바 있으며 〈국제시장〉은 그가 5년 만에 내놓은 작품이다.

② 제작

영화 〈국제시장〉의 제작진은 현대사에 기록된 굵직한 사건들을 영화로 재현하기 위해 각종 인터뷰 자료, 역사 다큐멘터리 등을 검토하고 연구하여 당시의 상황을 실제에 가깝게 담아내기 위해 많은 노력을 기울였다고 밝혔다. 이를 위해 한국(서울과 부산)뿐 아니라 체코, 태국 등 3개국에서 로케이션 촬영을 하였으며, 스웨덴의 특수분장팀을 비롯하여 한국, 일본팀을 포함

---

45 네이버 영화 검색어: 국제시장 https://movie.naver.com/movie/bi/mi/basic.nhn?code=102875# 참고.

총 네 개의 팀을 투입하는 등 기술적으로도 새로운 시도들을 감행하였다.

③ 수상

영화 〈국제시장〉의 주요 수상 정보를 보면, 제36회 청룡영화상에서 남우조연상, 미술상, 한국영화 최다관객상을 수상, 제52회 대종상 영화제에서 최우수작품상, 감독상, 시나리오상, 남우주연상, 남우조연상, 편집상, 촬영상, 기획상, 녹음상, 첨단기술특별상 등을 수상했다.[46]

(2) 장르

장르는 중층적, 주관적으로 사용되는 개념으로 TV드라마와 구별해 영화를 하나의 장르로 보기도 하고, 영화 내에서 액션과 코미디 등과 같은 유형을 장르로 간주하기도 한다. 본 연구에서 장르의 개념은 후자와 같이 영화 내의 세부 장르를 말하는 개념이다.

동일한 영화를 사람마다 다른 장르로 볼 수도 있는데, 대략적으로 장르는 사람들이 형식, 내용, 표현 등을 고려해 콘텐트를 구분한 뒤 시간이 흐름에 따라 사회적으로 정착된 카테고리라고 정의할 수 있다. 영화의 구체적인 장르를 측정할 때 많은 연구에서 장르를 상호배타적(하나의 장르로 분류되면 다른 장르로 동시에 분류될 수 없음)으로 측정했으나 최근 네이버와 같은 포털에서 제공하는 영화 정보를 보면 동일한 영화에 여러 가지 장르를 동시에 적용하는 경우도 많다(장병희, 2015: 16-17). 관객들은 자신이 선호하는 장르가 있으며, 장르는 흥행에도 영향을 미친다. 영화 〈국제시장〉의 장르는

---

46 이 외에도 영화 〈국제시장〉은 다양한 영화제 및 시상식에서 수상을 하였다(제35회 한국영화평론가협회상, 제24회 부일영화상 특별상-부일독자심사단상, 제35회 황금촬영상 시상식 최우수 작품상, 감독상, 연기대상, 제8회 서울노인영화제 한국 최고의 영화, 영화 속 최고의 커플, 영화 속 최고의 커플, 제15회 디렉터스 컷 시상식에서 올해의 남자배우상, 제17회 우디네 극동영화제에서 관객상, 제20회 춘사영화상에서 각본상, 제10회 맥스무비 최고의 영화상, 최고 여자신인 배우상 등).

여러 연령층의 대중들이 무난하게 감상할 수 있는 장르 중 하나라고 할 수 있는 '드라마'이다.

(3) 시놉시스[47]

① 기획 의도

윤제균 감독은 자신이 영화를 시작하면서부터 언젠가는 꼭 해야겠다고 다짐한 이야기가 이 영화라고 하였다. 가난하고 힘들었던 과거 그 시절, 당신이 아니라 가족들을 위해 평생을 살아 온 아버지를 바라보며 늘 죄송한 마음이었으며 우리의 할아버지, 할머니 그리고 아버지, 어머니 세대에 고마운 마음을 전하고자 만든 영화가 이 영화, 〈국제시장〉이라고 기획 의도를 밝힌 바 있다.

② 줄거리

1950년대 한국전쟁에서부터 현재에 이르기까지 격변의 시대를 관통하며 살아온 우리 시대의 아버지 '덕수'가 평생 단 한 번도 자기 자신을 위해 살아보지 못하고 오직 가족만을 위해 살아온 이야기를 그리고 있다.

(4) 주요 캐릭터

영화 속 주요 인물들과 각각의 특징을 살펴보면 다음과 같다.

① 덕수(주인공)

한국에서 아버지라는 이름으로 살아가는 모든 사람들을 대변하는 인물이다. 1950년대부터 현재까지 시대를 관통하며 살아온 이 시대 우리들의

---

47 https://movie.naver.com/movie/bi/mi/basic.nhn?code=102875# 참고.

아버지, 혹은 할아버지의 삶을 보여주고 있다.

② 영자

누군가의 딸이자 아내, 며느리, 그리고 어머니라는 자리를 평생 지켜온 인물로 덕수의 아내이다.

③ 달구

주인공 '덕수'의 둘도 없는 친구로 영화 〈국제시장〉에서 유쾌한 웃음을 책임지는 인물이다.

④ 덕수의 아버지와 어머니

덕수의 아버지는 전통적인 가장의 모습을 보여주는 인물로 가장의 책임과 희생을 중시한다. 덕수의 어머니는 전쟁에서 남편, 딸을 잃었으나 남은 자식들을 위해 굳세게 살아가는 모습을 보이며, 강인하고 깊은 모성애를 가지고 있다.

(5) 플롯 라인

영화 〈국제시장〉은 과거 격변의 시기를 지나 현재를 살고 있는 노년의 주인공 덕수와 그의 아내인 영자가 어릴 적 꿈에 대해 서로 이야기를 나누는 것으로부터 시작한다. 현재의 시점에서 시작한 영화는 덕수가 과거의 특정 시기를 회상할 때마다 그 시점, 예를 들면 흥남 피난 시기, 파독 광부 시절, 베트남 전쟁, 이산가족 상봉 때로 돌아가 어렵고 힘든 상황에서 자신의 꿈을 포기한 채 오직 가족만을 위해 살아가는 덕수의 삶을 조명한다. 이렇듯 현재와 과거가 자주 교차되는 구조를 보여주는 이 영화는 노년의 덕수와 영자가 서로 이야기하는 첫 장면으로 돌아가 마무리된다. 영화의 전체적인 플롯과 장면,

각각의 시간 및 간단한 내용 등을 정리하면 다음과 같다.

<표 8-2> 영화의 전체적인 플롯 구성

플롯		장면	시간	내용
ACT1[48] (발단)	현재	노년의 덕수와 영자가 대화	0:00 ~4:52	• 노년의 덕수와 영자가 어릴 적 꿈을 이야기함 • 자식들이 손자를 부부에게 맡기고 태국여행을 감
			4:53 ~7:27	• 덕수는 '꽃분이네'를 팔라는 사람들과 다툼 • 손녀와 걷다가 옆 사람이 쳐서 넘어지는 순간, 흥남 피난 때의 장면으로 이동
ACT2 (전개)	서브 플롯1[49] 한국 전쟁 (1950 ~53)	흥남부두에서 의 피난 상황	7:28 ~19:20	• 피난을 떠나는 덕수의 가족, 흥남부두에서 배를 타다가 어린 덕수가 막순이의 손을 놓침 • 아버지는 막순이를 찾기 위해 배에서 내리고 나머지 가족은 배를 타고 흥남을 떠남
		부산에서의 피난 시절	19:21 ~26:43	• 부산의 국제시장, 고모 가게인 '꽃분이네'에 와서 살게 됨 • 임시학교에서 달구를 만남(둘 다 구두닦이) • 미군에게 초콜릿을 받아먹음, 정전이 선포됨
			26:44 ~29:00	• 어머니와 막순이에 대해 이야기를 나누는 덕수 • 자기 때문에 막순이를 잃어버렸다고 자책함 • 덕수를 달래며, 덕수가 가장임을 상기시키는 엄마

---

48 시나리오 연구가 시드 필드(Syd Field)가 모델화한 3ACT패턴(셋업-갈등-해결)에 따라 영화의 플롯을 분석하였다(류은영, 2012: 356-358 참고).

49 서브 플롯1은 '흥남부두 철수'부분과 '부산에서의 피난 시절'로 나눌 수도 있으나 두 가지 모두 크게 보면 한국전쟁이라는 역사적 상황에 해당하므로 본 글에서는 하나로 묶어 살펴보았다.

ACT2 (전개)	현재	고등학생들을 야단치는 덕수	29:15 ~31:01	• 현재로 이동. 달구, 손녀와 이야기하는 덕수 • 이주노동자를 비웃는 고등학생들을 야 단치고 때리는 덕수, 다시 과거로 장면 전환
	서브 플롯2 파독 광부/ 간호사 (1963 ~66)	파독광부로 지 원하게 된 상황	31:02 ~35:51	• 수강료를 안 내서 학원에서 쫓겨나는 덕수 • 일하면서 공부하는 덕수, 남동생이 서울대 합격 • 남동생의 등록금을 벌려고 파독광부 지원을 결정
		파독광부 선발 장면	35:52 ~38:55	• 달구와 함께 파독광부에 지원함 • 심사장에서 애국가를 부르고 애국심으로 합격
		독일에서 광부 로 힘들게 사는 장면	38:57 ~1:06:10	• 독일 광부생활 중 간호사로 온 영자를 만남 • 광산이 폭발해 죽을 뻔한 덕수(독백으로 아버지에게 가족의 안부를 말하며 힘듦 을 토로)가 구조됨 • 영자는 독일에 남고 덕수는 먼저 귀국함
		귀국 후 영자와 재회하는 덕수	1:06:11 ~1:11:07	• 귀국한 덕수(덕수가 보낸 돈으로 새집을 산 가족) • 3개월 만에 귀국하여 덕수를 찾아온 영 자, 덕수에게 임신 사실을 알림
		영자와 결혼하는 덕수	~1:11:07	• 영자와 덕수가 결혼을 함 • 결혼식 후의 뒤풀이를 하는 모습(발바닥 을 맞는 신랑 덕수와 노래를 부르는 신 부 영자)
	현재	어머니의 제사를 준비	1:12:51 ~1:14:35	• 현재로 이동, 어머니의 제사상에 올릴 음 식을 준비하러 시장을 다니는 덕수와 영자
	서브 플롯3 베트남 전쟁 (1974 ~75)	베트남에 근로 자로 가려는 덕수	1:14:36 ~1:21:29	• 다시 과거로 이동, 해양대에 합격한 젊은 덕수 • 그러나 여동생 시집자금을 만들고 '꽃분이 네'를 인수하기 위해 베트남에 돈을 벌러 가려고 함

ACT2 (전개)	서브 플롯3 베트남 전쟁 (1974 ~75)	베트남에서 죽음의 고비를 넘기는 덕수	1:21:30 ~1:35:48	• 베트남 전쟁에서 죽음의 고비를 넘기는 덕수 • 해병대들의 도움으로 베트콩을 빠져나오다가 다리에 총을 맞음
		베트남에서 귀국한 덕수	1:35:49 ~1:38:30	• 베트남 전쟁에서 돌아온 덕수 • 열심히 살고 있는 아내 영자, 여동생의 결혼
	현재	덕수의 자녀들이 모임	1:38:31 ~1:40:50	• 가족들이 모여 결혼식 사진을 보고 있음 • 자녀들은 가게를 정리하라고 하고 덕수는 화를 냄, 흥남 피난 때의 아버지를 생각하는 덕수(가게를 팔지 못하는 이유 암시)
ACT2 (절정)	서브 플롯4 이산가족 상봉 (1983)	이산가족 방송에서 막순이와 상봉	1:40:26 ~1:54:10	• 과거로 다시 돌아감, 1983년 이산가족 찾기 방송에 나간 덕수 • 미국에 입양되었던 막순이를 찾음 (*클라이맥스)
		한국에서 막순이와 재회	1:54:11 ~1:55:03	• 막순이가 자신의 아들, 남편과 함께 한국에 와서 어머니에게 인사를 함 • 어머니가 돌아가심
ACT3 (결말)	현재	어머니의 제사, 아버지를 생각하는 덕수	1:54:56 ~1:59:40	• 어머니의 제삿날, 손주의 노래를 듣는 가족 • 혼자 방에 들어가서 흐느껴 우는 덕수 • 아버지가 등장해 위로함 (*모든 갈등 해소)
		노년의 덕수 부부가 대화	1:59:41 ~마지막	• 영화의 첫 장면으로 다시 이동, 덕수와 영자 대화 • 이제는 가게 〈꽃분이네〉를 팔라고 말하는 덕수

(6) 기법 (연출과 기술)

영화 〈국제시장〉의 가장 대표적인 기법은 과거와 현재를 교차시켜 놓은 편집이라 할 수 있다. 특히 이 영화에는 현재에서 과거로, 혹은 과거에서 현재로 돌아가는 장면을 개연성 있고 자연스럽게 만들고자 고심한 흔적들이 보인다. 현재의 시점에서 시작한 이 영화는 인물의 특정 행동, 혹은 추억을 떠올리게 하는 공간, 과거를 연상시키는 물건 등을 계기로 시간 이동을 한다. 예를 들면 손녀와 복잡한 국제시장 안을 걷던 덕수가 지나가는 사람이 쳐서 넘어지는 순간 흥남 피난 때 배를 타려는 사람들에 치여 막순이를 놓치는 장면으로 이동하는 것이나, 국제시장 주변의 영화관 앞에서 커피를 마시는 이주 노동자들에게 시비를 거는 고등학생들을 덕수가 야단치고 때리는 장면에서 1960년대 덕수 본인이 돈이 없어 도강을 하던 고시학원에서 내동댕이쳐지고 결국 돈을 벌기 위해 독일에 이주노동자로 가는 장면이 그것이다. 현재와 과거를 수시로 오가는 이 영화는 같은 공간에 서로 다른 시대의 인물들을 등장시킴으로써 자연스럽게 시간의 이동을 보여주기도 한다. 1960년대의 국제시장 거리에 2010년대를 살아가는 사람들이 갑자기 등장하면서 주변의 건물들이 하나둘 현재의 모습으로 바뀌는 장면이라든가 현재의 나이 든 덕수가 불편한 한쪽 다리를 절며 국제시장을 걸어가는데 맞은편에서 과거 젊은 시절의 덕수가 해양대 합격통지서를 들고 뛰어오는 장면 등이 그 예이다.

[그림 8-2] 과거에서 현재로 자연스럽게 연결되도록 편집된 장면

이와 같이 과거와 현재가 교차되는 부분을 자연스럽고 개연성 있게 촬영하여 편집한 부분은 이 영화만의 특징이라 할 수 있으나 이런 장면이 자주 등장한다는 점에서 참신성은 다소 떨어진다.

두 번째, 감독은 영화의 특정 장면에서 소리를 모두 제거한 채 느린 화면과 슬픈 배경음악으로 인물의 행동이나 사건을 강조하고 있다. 즉 음향의 효과를 극대화하고 편집을 통하여 시간을 조절하고 있는데 이러한 장면은 앞서 살펴 본 4개의 서브플롯 모두에서 찾아볼 수 있으며 이 장면들은 각각의 서브플롯에서 절정에 해당한다. 서브플롯1에서는 흥남 피난 때 아버지와 막순이만을 남겨두고 나머지 가족들이 배를 타고 떠나는 장면, 서브플롯2에서는 덕수가 남동생의 학비를 벌기 위해 독일의 탄광에서 일하다가 죽음의 순간에 극적으로 구조되는 장면, 그리고 서브플롯3에서는 덕수가 여동생 끝순이의 결혼 자금을 벌고 이모의 가게였던 '꽃분이네'를 인수하기 위해 베트남에 갔다가 폭발물이 터져 죽을 뻔한 장면과 베트남 아이를 구하려다가 다리에 총을 맞는 장면, 서브플롯4에서는 전쟁 때 흥남부두에서 잃어버린 막순이를 이산가족찾기 방송에서 찾은 후 울먹이는 장면 등이 이에 해당한다. 영화는 가장 슬프거나 기쁜 상황, 혹은 주인공인 덕수가 가족을 위해 희생하면서 죽음의 고비를 넘기는 상황에서 이러한 기법을 사용하고 있는데 감독은 이러한 기법을 통해 관객들의 눈물샘을 자극하고 카타르시스를 유도하고 있다.

세 번째, 이 영화는 주인공 덕수의 독백을 통해 관객들에게 가장이 느끼는 무게감과 고통, 아픔 등을 효과적으로 전달하고 있다. 괴팍하고 깐깐한 노인으로만 비춰지는 현재의 덕수, 그러나 이웃과 가족들은 그가 어떠한 삶을 살아왔는지, 그가 가족을 보호하고 지키기 위해 어떤 희생을 치러왔는지 잘 알지 못하며, 위로하지도 못 한다. 주변의 누구에게도 자신의 속마음을 말로 표현하지 못 했던 덕수는 힘들고 고통스러울 때마다 흥남 피난 때 북에 두고 온 아버지에게 고백한다. 아버지 대신 가장이 되어 가족을 책임지며 지키는 것이 사실은 많이 힘들다고 말이다. 그렇게 독백을 통하여 아버지에게 자신의 깊은 속마음을 토로했던 덕수는 자신에게 주어진 책임을 모두 완수했다고 느꼈을 때, 홀로 작은 방에 들어가 어릴 적 헤어졌던 아버지를 소환한다. 그리고 어린 시절로 돌아가 아버지에게 기대어 흐느낀다. 강한 모습으로 그동안 가족들을 책임져 왔으나 사실 그도 아버지의 따뜻한 품이 그리웠으며 기대어 울 어깨가 필요했던 것이다. 덕수의 독백들과 아버지가 등장하는 신(scene)은 영화 속 다른 인물들, 즉 가족에게는 전혀 들리지 않으며 보이지도 않는다. 덕수의 희생과 고통, 외로움을 가장 가까운 가족들은 모르게 하고 관객들만 목격하도록 하는 이러한 기법은 관객들의 카타르시스를 효과적으로 이끌어내는 역할을 하고 있다.

마지막으로, 영화 〈국제시장〉은 과거 텔레비전 방송의 한 장면을 삽입하거나 역사적 사건과 그 사건이 일어난 시기를 자막으로 제시함으로써 실제성을 강조하고 있다. 그 예로 1983년 KBS에서 진행한 이산가족찾기 방송의 일부를 영화에 그대로 삽입한 장면을 들 수 있다. 배우들의 연기를 통해서는 당시 이산가족들이 느꼈을 아픔과 상봉의 기쁨 등을 효과적으로 전달하는 데 한계가 있다. 감독은 이 신(scene)에 과거의 실제 방송화면을 편집해 삽입함으로써 당시의 상황을 보다 현실감 있게, 그리고 생생하게 전달

[그림 8-3] 과거의 방송 장면 삽입 및 역사적 사건의 자막처리

하고 있다. 또한 각 서브플롯이 시작되거나 끝나는 지점에 영화가 배경으로 하고 있는 역사적 사건과 시기를 자막을 통해 명시적으로 제시하고 있다. 이러한 편집 및 자막처리는 우리나라가 거쳐 온 굴곡의 역사를 관객들에게 다시 상기시켜 주는 역할을 하며, 그 속에서 자신을 희생하며 힘들고 어렵게 가족을 지켜온 우리들 아버지의 삶이 허구가 아님을 강조하고 있다.

(7) 소재와 주제

영화 〈국제시장〉의 소재, 즉 모티브는 앞에서 살펴본 36가지 모티브 중 '친인척을 위한 자기희생'에 해당하며 이 하나의 모티브를 네 개의 서브플롯에 모두 담아 강조하고 있다. 그리고 영화가 관객에게 전달하고자 하는 메시지(주제)는 '가족을 위한 가장, 즉 우리 아버지들의 희생'이다. 과거 유교적 전통에서 나온 가부장적 가족주의는 굴곡의 근현대사를 지나오면서 더욱 고착되었으나 부부 중심의 핵가족화와 개인주의적 가치관이 확대, 정착된 현재는 많이 약화되었다. 이러한 상황에서 영화 〈국제시장〉은 가부장적 가족주의를 덕수라는 인물을 통해 재조명하고 있으며 이제는 잊힌 이들의 희생을 다시 꺼내어 현대를 살아가는 우리들에게 상기시키고 있다. 영화는 가장의 권위와 책임, 희생, 효 등을 강조하는 가부장적 가족주의와 이것의 확대된 개념인 국가에 대한 애국심과 충성 등의 이데올로기를 관객들에게 보여주고 있다. 물론 이것들에 대한 가치판단은 관객들의 몫이라 할 수 있다. 학습자들은 영화의 모티브와 주제를 찾아 분석하고 이를 서로 나누면서 한국 사회와 문화를 비판적으로 바라볼 수 있을 것이며, 더 나아가 한국 사회와 자신의 나라를 서로 비교해 보면서 생각의 폭을 넓힐 수 있을 것이다.

(8) 흥행 요소

이 영화가 상업적으로 큰 성공을 이룰 수 있었던 이유는 영화의 주제와 그 주제를 극대화시킨 여러 기술적인 요소와 관계가 있다. 영화는 가난과 고통의 역사 속에서 오롯이 가족을 지키기 위해서 혼자 고군분투하며 살아온 덕수의 삶에 초점을 맞추고 있다. 주인공 덕수의 삶이 한국 근현대사의 굵직한 사건들과 모두 연관되어 있는 설정은 다소 억지스러워 보이기도 한다. 그러나 이와 같은 설정이 관객들의 공감을 극대화시키는 데에는 주효했다고 볼 수 있다. 한국인이라면, 특히나 전쟁과 분단, 빈곤, 경제개발과 성장 등의 과정을 경험한 세대들이라면 누구나 이러한 역사적 사건들을 보며 함께 아파하고 기뻐할 것이다. 또한 그 과정에서 가족을 위해 자신을 희생하며 살아 온 가장 덕수에게 깊이 공감할 수밖에 없는데 그 이유는 덕수의 이야기가 낯선 타인의 이야기가 아니라 우리들의 아버지나 할아버지, 혹은 자기 자신의 이야기이기 때문이다.

물론 현재는 아버지들의 희생이 과거와 같이 극단적으로 표출될 일이 별로 많지 않으며 아버지의 권위나 위상도 예전과 비교하면 많이 달라졌다. 감독은 주인공 덕수를 통해 관객들이 잠시 잊고 있었던 우리의 어려웠던 과거사, 그리고 그 속에서 어렵고 힘들게 가족을 지키며 살아온 우리들의 아버지를 소환하여 과거를 회상하도록 하고 공감과 카타르시스를 느끼도록 이끌고 있다. 특히 앞의 '기법'에서 자세히 살펴본 바와 같이 감독은 이러한 카타르시르를 극대화하기 위해 영화의 다양한 기법(느린 화면 편집, 장면에 자막처리, 과거의 방송 삽입, 독백 등)을 활용하고 있다.

외국인 대상의 한국어 수업에서는 한국인들이 느끼는 대중적 카타르시스를 학습자들도 느꼈는지, 그리고 영화에서 자신이 카타르시스를 느낀 부분은 어디인지 등을 나누는 활동을 해 볼 수 있으며 이러한 활동을 통해 한국인을 이해하고 나아가 서로를 이해하는 시간을 가질 수 있을 것이다.

4) 수업의 단계 및 내용

앞에서 제시한 수업 모형에 따라 영화 〈국제시장〉의 수업 단계와 내용을 간략히 정리해 보면 다음과 같다.

(1) 수업 준비 단계

이 단계에서는 영화를 선정한 후 수업 시간에 해당 영화를 어떻게 제시할지를 결정한다. 본 글에서는 영화 내용과 영화언어를 비판적으로 읽어 냄으로써 영화 자체를 이해함과 동시에 한국 문화에 대한 이해를 높이는 데에 목적이 있으므로 가능하면 영화 전체를 감상할 수 있도록 한다. 교실 수업시간에 영화 전체를 감상할지 아니면 부분만 감상하도록 할지는 여러 상황을 고려해 결정할 사항이나 영화 전체를 수업 시간에 모두 보는 것은 시간적으로 부담이 있으므로 본 수업에서는 영화의 앞부분만 교실에서 감상하고 나머지는 집에서 보고 올 수 있도록 구성하였다. 수업 시간은 총 3차시 180분(각 차시 당 60분)으로, 1차시는 영화 리터러시 학습, 2차시는 접근 및 분석, 3차시는 공유 및 정리로 구성하였다. 수업의 전체 시간 역시 교실환경과 학습자 상황에 맞게 탄력적으로 운영할 수 있을 것이다.

다음으로는 수업에 필요한 자료를 구성하도록 한다. 1차시에 해당하는 '영화 리터러시 학습'을 위해서는 영화언어에 대한 기본적인 내용을 정리한 핸드 아웃과 이를 구체적으로 알려주기 위한 동영상 자료 등을 준비하도록 한다. 그리고 2차시 '접근 및 분석'을 위해서는 학습자들이 영화를 보면서 영화 리터러시 대상 8가지를 파악할 수 있도록 각각의 내용을 묻는 활동지를 구성하도록 한다. 마지막 3차시 '공유 및 정리' 단계를 위해서도 간단한 질문을 만들어 제시함으로써 학습자들이 영화 리터러시의 내용 및 한국의 문화적 요소 등을 서로 나눌 수 있게 한다.

(2) 영화 리터러시 학습(1차시)

1차시 수업에서는 먼저 약 10분 동안 영화 리터러시가 무엇인지 소개하고 수업 방법을 안내하도록 한다. 그리고 나머지 50분 동안에는 영화 리터러시의 대상 8가지를 제시한 후 각각에 대해 학습하고 이해하는 시간을 갖는다. 영화 리터러시의 대상 8가지 중 특히 플롯과 기법(연출과 기술)은 설명이 더 필요한 개념이므로 자료를 준비하여 학습자들의 이해를 돕도록 한다.

먼저, 기법(연출과 기술)에 대한 부분이다. 영화의 기법은 영화언어에 해당하는 것으로 영화를 비판적으로 읽고 분석하는 데 필요한 요소이다. 본 글에서 영화 리터러시 수업의 궁극적 목적은 영화를 제작하는 것이 아니라 영화 자체를 이해하고 영화 속에 담긴 한국의 사회와 문화를 구체적으로 파악해 보는 것이므로 영화언어를 학습함에 있어서도 카메라의 다양한 기법, 편집 방법 등과 같이 지나치게 전문적인 내용까지는 다루지 않는다. 앞장에서 영화 〈국제시장〉의 특별한 기법(연출과 기술)을 분석한 바와 같이 영화의 주제, 특징 등을 드러내는 데 있어 효과적으로 활용된 기법이 무엇인지를 파악할 수 있을 정도로만 제시하여 학습하도록 한다.

예를 들면 영화의 구성단위에 해당하는 쇼트(shot), 신(scene), 시퀀스(sequence)의 의미를 학습하여 영화 속에서 인상적인 쇼트, 신, 시퀀스 등을 찾아보게 할 수 있으며 카메라, 조명, 소리, 편집 등 영화의 서술 기법(윤영, 2011)에 대해 간단히 학습한 후 영화에서 특징으로 나타나는 서술 기법을 찾아 설명하도록 할 수 있다. 이때 쇼트(shot)는 영화를 구성하는 가장 작은 단위로 카메라가 찍기 시작한 순간부터 멈출 때까지 연속적으로 기록된 영상을 말하고, 신(scene)은 여러 개의 쇼트로 구성된 하나의 장면으로 같은 시간, 같은 장소에서 하나의 사건이 마무리 된다. 그리고 시퀀스(sequence)는 여러 개의 장면, 즉 여러 개의 신이 모여 구성된 하나의 독립된 이야기를 말한다(윤영, 2011: 50).

다음의 표는 윤영(2011: 52)에 제시된 영화의 서술 기법을 재정리한 것이다.

<표 8-3> 영화언어를 이해하기 위한 영화의 서술 기법 및 분석할 내용

영화의 서술 기법	기법의 특징 및 분석할 내용
카메라	• 영화의 시점을 나타낸다. 영화의 시점은 수시로 바뀜을 이해하도록 한다. • 카메라의 움직임과 각도, 위치 등으로 인물의 성격과 심리 등을 나타낸다. • 영화에서 특별히 강조되고 있는 촬영 장면을 확인한다.
조명	• 밝기의 대비, 그림자, 역광 등으로 다양한 효과를 만든다. • 또한 조명은 영화의 주제, 분위기 등을 드러내는 데 활용되므로 영화에서 조명이 두드러지게 활용되고 있는 장면이 있는지 확인하고 그 의미를 파악한다.
소리	• 소리에는 음악, 음향, 대사, 내레이션 등이 포함된다. • 특정 장면에 어떤 음악이 삽입되었는지, 그 효과는 무엇인지 파악한다. • 음향으로 인물의 심리나 상황 등을 잘 표현한 부분을 찾아본다. • 대사에서 드러나는 인물들의 특징, 그리고 독백이나 내레이션을 활용한 이유, 감독의 의도 등을 파악한다.
편집	• 편집은 작품 전체의 구성, 효과에 가장 큰 영향을 미치는 요소이다. • 쇼트와 쇼트, 신과 신의 연결에서 특징적인 부분이 있는지 파악한다. • 일반적인 연결이 아닌 쇼트들의 조립으로 새로운 이미지나 의미를 만들어낸 부분이 있는지, 그 의도는 무엇인지를 파악한다.(몽타주) • 화면을 느리게, 혹은 빠르게 한 부분이 있는지, 그 의도는 무엇인지 파악한다.(시간 조절)

영화의 서술 기법을 간단히 설명한 후에는 실제 그러한 기법들이 잘 활용된 영화 장면을 보여주며 설명해 주도록 한다. 유튜브를 찾아보면 간단하면서도 재미있게 영화의 구성요소, 편집 등 영화의 기법을 설명한 영상들이 많이 올라와 있으므로 이를 잘 선별해 활용할 수도 있다.[50] 관련 동영상을 교수

---

[50] 영화를 이루는 기본적 요소 및 편집을 학습할 때에는 이를 잘 설명하고 있는 다양한 유튜브 영상을 활용할 수 있다.

자가 직접 찾아 설명해 줄 수도 있고 학습자들에게 관련 동영상을 찾아오도록 하여 서로 나누게 할 수도 있다. 또한 학습자들에게 자신이 좋아하는 영화를 다시 보고 앞서 배운 여러 기법에 해당 장면을 직접 찾아보도록 하는 방법도 여러 기법을 익히는 데 효과적일 것이다.

다음으로 플롯에 대해 학습하도록 한다. 플롯 역시 영화의 미학을 드러내는 중요한 요소로 감독은 영화의 내용이나 주제를 효과적으로 드러내기 위해 다양한 방법으로 영화의 스토리를 엮는다. 플롯은 시퀀스의 연결로 구성되는데 시나리오 연구가 시드 필드(Syd Field)가 모델화한 3ACT패턴(셋업-갈등-해결)을 분석하여 영화의 전체적인 플롯을 이해할 수 있다(류은영, 2012: 356-358). 수업에서는 학습자들에게 영화 전체를 먼저 3ACT로 나누도록 한다. 그리고 각 ACT를 다시 세분화할 수 있음을 알려주고 분석해 보게 한다. 또한 플롯에는 한 가지 이야기만 전개되는 단일 플롯과 두 가지 이상의 이야기가 복합적으로 얽혀 전개되는 복합 플롯이 있으며 영화 〈국제시장〉에서와 같이 하나의 이야기 안에 여러 개의 서브플롯이 들어가 있는 경우도 있음을 설명해준다.

(3) 접근 및 영화 분석(2차시)

2차시 '접근 및 영화 분석' 단계에서는 영화 보기 전, 영화 보기, 영화 본 후의 세 단계로 나누어 진행하도록 한다. 먼저 교사는 이번 수업에서 분석할 영화 〈국제시장〉을 소개한 후, 영화 리터러시 대상 8가지를 파악할 수 있도록 구성된 활동지(질문지)를 학습자들에게 나누어 준다. 영화 리터러시 대상을 파악하도록 하는 활동지의 질문은 다음과 같으며, 교수-학습 상황에 따라 이중 필요한 부분만 선별하여 제시할 수도 있다.

〈표 8-4〉 영화 리터러시를 읽기 위한 활동지의 질문 내용

영화 리터러시 대상		관련 질문	활용 단계 및 접근
1	필모그래피	• 이 영화의 필모그래피를 찾아서 적어봅시다. (감독 이름, 상영 기간, 제작, 수상 등)	영화 보기 전 단계에서 확인 (인터넷)
2	장르	• 이 영화는 어떤 장르에 해당합니까?	
3	시놉시스	• 이 영화의 기획 의도는 무엇입니까? • 영화의 스토리를 찾아보고 100자 내외로 적어봅시다.	
4	캐릭터[51]	• 영화에 등장하는 주요인물은 누구입니까? (이름, 나이 등 확인) • 어떤 배우가 그 역할을 맡았습니까?	
5	플롯 라인	• 영화를 크게 세 부분으로 나누어 봅시다. • 영화의 클라이맥스는 어느 부분입니까? • 이 영화의 플롯에서 특징적인 점은 무엇입니까?	영화 보기 단계에서 분석 (영화텍스트, 다른 자료 참고)
6	기법 (연출/기술)	• 영화에서 가장 인상적인 쇼트, 신을 찾아봅시다. • 카메라, 편집, 조명, 소리 등에서 특징적인 부분을 찾아보고 그 의도와 의미를 생각하여 적어봅시다.	
7	소재와 주제	• 이 영화의 소재(모티브)는 무엇입니까? • 이 영화의 주제(세계관)를 20자 정도로 짧게 적어 봅 시다.	
8	흥행 요소	• 이 영화의 관람객 수는 모두 몇 명입니까? 이 영화는 대중들에게 인기가 있었습니까, 아니면 없었습니까? 그 이유는 무엇일까요? • 이 영화에서 여러분이 감동을 받은 부분은 어디입니 까? 왜 그 부분에서 감동을 받았습니까?	영화 본 후 단계에서 분석 (영화텍스트, 인터넷)

① 영화 보기 전(15분)

〈표 8-4〉에 제시한 것처럼 영화를 보기 전 단계에서는 〈국제시장〉의 필모그래피, 장르, 시놉시스, 캐릭터 등을 찾아서 정리한 후 학습자들이 서로

---

51 '캐릭터'는 영화 보기 전 단계와 영화 보기 단계 모두에서 검토가 가능하다. 영화 보기 전 단계에서는 인터넷을 통해 주요 인물의 이름과 나이, 역할을 맡은 매우 등을 가볍게 확인하고 영화 보기 단계에서는 인물의 성격, 특징, 의미 등을 자세히 분석하도록 한다.

나누도록 한다. 영화에 대한 기본적인 정보는 인터넷을 통해 어렵지 않게 파악할 수 있다. 학습자들은 이러한 정보를 나누면서 영화에 대한 흥미와 궁금증을 가질 수 있을 것이다.

② 영화 보기 및 영화 본 후(45분)

'영화 보기' 단계에서는 영화 리터러시 대상 중 캐릭터, 플롯, 기법, 소재, 주제 등을 분석하고 '영화 본 후' 단계에서는 흥행요소를 분석하도록 한다. 이를 위해 학습자들에게 〈표 8-4〉를 바탕으로 구성한 활동지(질문지)를 나누어 준 후, 관련 질문에 주의를 기울여 영화를 감상하라고 당부한다. 영화의 러닝 타임이 약 2시간(126분)이나 되므로 수업시간에는 앞부분만 함께 감상하도록 하고(45분 정도) 나머지 부분은 학습자들이 각자 보고 올 수 있도록 한다. 영화를 다 감상한 후에는 활동지의 질문에 대한 답을 각자 정리해 오도록 한다.

본 글에서는 시간 관계상 영화보기의 후반부와 영화 본 후의 단계를 개별 학습으로 구성하였다. 영화 보기 단계와 영화 본 후의 단계는 학습자의 관심 정도, 수업의 여러 여건과 환경에 따라 시간을 조정하여 진행할 수 있을 것이다.

(4) 공유 및 정리(3차시)

이 단계에서는 각자가 정리해 온 영화 리터러시의 내용을 서로 나누면서 영화에 대한 이해를 확장하도록 한다. 또한 인터넷과 유튜브 자료, 관객 및 전문가의 평점 등을 찾아보고 영화에 대한 대중들의 반응이나 영화의 흥행 요소 및 그 이유 등을 확인해 보도록 한다. 나아가 영화 리터러시 분석을 통해 알게 된 한국의 사회와 문화, 한국인의 특징 등을 정리해 보고 이를 서로 나눔으로써 한국문화에 대한 이해를 높이도록 한다. 또한 타 문화권에서는 영화에 나타난 한국의 문화에 대해 어떻게 생각할 것인지, 학습자 개개인은 이에 대해 어떻게 생각하는지, 학습자 나라의 문화와 한국문화가 차별되는 점은 무엇인지 등을 서로 나누어 보게 함으로써 문화의 보편성과 특수성 등을 함께 고찰해 보도록 한다.

영화 리터러시를 비판적으로 나눈 후에는 이를 바탕으로 영화 〈국제시장〉에 대한 비평의 글을 작성해 오도록 과제를 제시한다. 시간적 여유가 있다면 수업 차시를 한 차시 더 추가하여 학습자들이 써온 글을 발표하고 토론할 수 있도록 한다.

5. 마무리

본 글에서는 현대와 같은 지식정보화 시대에는 다양한 미디어들에 접근해 그 정보를 능동적, 비판적으로 읽어내고 소통하는 것이 중요하다는 전제하에 한국어 학습자를 위한 영화 리터러시교육 방안에 대해 제안하였다. 다른 교육 분야에 비해 한국어교육에서는 여러 미디어를 비판적으로 읽어내는 리터러시교육 관련 연구가 아직 진전되지 않았다. 앞에서 살펴보았듯이 한국어교육 분야에서도 영화나 드라마, 뉴스, 광고 등을 수업에 보조적으로 활용하는 방안은 꾸준히 모색되어 왔다. 그러나 다양한 미디어에 접근하는 방법이나 해당 미디어를 비판적으로 분석한 후 관련 내용에 대해 소통하고, 나아가 창조할 수 있는 잠재력을 갖추도록 하는 방안에 대한 논의는 부족했다.

이에 본 글에서는 스마트폰과 영상에 익숙한 한국어 학습자들에게도 영화를 포함한 여러 미디어 리터러시교육이 수업 현장에서 이루어져야 한다는 필요성을 바탕으로 한국어 학습자들이 가장 익숙하게 접하는 한국영화를 비판적으로 읽어 내는 방법에 대해 제안하였다. 여기에서 제안한 방법에 따라 영화를 비판적으로 읽어내고 분석함으로써 영화 자체에 대한 이해를 높일 수 있을 것이며, 나아가 영화 리터러시 분석을 통해 한국의 사회문화와 여러 문화적 상징 등도 더 구체적으로 파악할 수 있을 것이다.

이러한 목적을 달성하기 위해 본 글에서는 먼저 영화 리터러시의 개념을 살펴보고 한국어 학습자를 위한 영화 리터러시의 수업 모형을 제시하였다. 그리고 한국에서 1,400만 이상의 관객을 모은 윤제균 감독의 영화 〈국제시장〉(2014)을 선정해 영화의 주제와 전반적 특징을 서술한 후, 이 작품의 영화 리터러시를 자세히 분석하여 제시하였다. 본 글에서 제시한 영화 분석 내용은 이 영화를 실제 수업에 적용해 보고자 하는 교사들에게 기초 자료가 될 것이다. 영화 리터러시를 분석한 후에는 수업의 각 단계와 그 단계에서 진행할 수 있는 수업 내용을 큰 틀에서 제시하여 교수-학습 상황에 맞게 탄력적으로 활용할 수 있도록 하였다.

본 연구는 영화라는 매체를 한국어나 한국문화 학습 등 다른 목적의 보조적 수단으로만 활용했던 기존의 연구에서 나아가 영화 내용 및 영화언어를 비판적으로 읽고 분석할 수 있는 방법, 즉 영화 리터러시교육 방법을 제안하여 학습자의 영화 해석 능력을 높일 수 있도록 했으며, 나아가 영화 리터러시교육을 통해 영화 속에 숨겨진 다양한 문화적 요소와 상징을 발견하고 파악할 수 있도록 했다는 점에서 의의를 찾을 수 있다.

연구자는 후속 연구를 통해 영화 리터러시교육에 대한 학습자의 반응을 확인하고 이를 바탕으로 더 효율적인 영화 리터러시교육 방안을 모색해 보고자 한다. 또한 영화 리터러시교육을 한국어교육 현장에 적용해 보고자 하는 교사들을 위해 한국영화 중 대중성과 작품성을 갖춘 영화를 선별하여 해당 작품의 영화 리터러시를 구체적으로 분석하여 제시하는 작업도 지속적으로 진행해 보고자 한다.

9장
상호문화 감수성과 애니메이션 리터러시

 모든 사람이 위대한 예술가가 될 수는 없지만,
위대한 예술가는 어디서든 나올 수 있다.
Not everyone can't become a great artist,
but a great artist can come from anywhere.

(애니메이션 〈라따뚜이〉 중에서)

1. 다문화 사회와 상호문화 감수성

세계보건기구(WHO) 사무총장은 2020년 3월 11일, COVID-19(신종 코로나바이러스 감염증, 코로나19)를 세계적인 팬데믹(pandemic)[52]으로 선포했다. 코로나19로 인한 일상의 변화는 병리학적인 영역에서만 국한되지 않고, 정치·사회·문화 전반에 걸쳐 팬데믹 현상으로 나타나고 있다. 특히 바이러스로 인한 두려움은 동일한 민족집단 내로 유입되는 낯선 이방인들에 대한 사회적 혐오로 이어지기도 한다. 한국도 코로나 초기 진원지가 중국의 우한이라는 이유로 국내로 들어오거나 거주하고 있는 우한 출신 중국인은 물론 중국인 전체에 대한 혐오의 움직임이 있었다. 뿐만 아니라 코로나로 인해 국내 거주 외국인은 물론 이주민들에게 곱지 않은 시선을 갖고 있었다. 이러한 혐오의 감정은 어디로부터 기인하는 것일까? 한국인이 지닌 단일민족적 관념에 의한 것인지, 상호문화에 대한 인식이 낮은 것인지를 따져볼 필요가 있다. 왜냐하면 사회적 혐오는 사회문제를 촉발할 수 있기 때문이다.

현대 사회의 일상 속에는 이미 다양한 정체성의 다른 누군가와 함께 살아가고 있다. 그럼에도 불구하고 한국 사회는 자연스럽게 '문화동화주의'를 이주민들에게 강요해왔다. 이런 맥락에서 한국 사회는 여전히 다문화 사회에 대한 고민이 부족하다고 할 수 있다. 이제는 다문화 시대를 제대로 이해하고 이에 따른 변화를 준비해야 한다. 이렇게 다문화 사회가 되었을 때 쉽게 사회적으로 나타나기 쉬운 현상이 '개인의 정체성 상실'과 '타자에 대한 혐오'이다. 즉 쉽게 자신을 확인할 수 있는 민족 혹은 국가 정체성의 상실로 인해서 자신을 받아들이지 못하고 변화를 거부하는 개인이 나타나기도 하고, 민족적·인종적 편견으로 폐쇄적이고 배타적인 방식으로 자신을 드러

---

52 국지적 유행병이 세계적으로 두 장소 이상에서 동시에 나타나면 팬데믹으로 정의한다.

내는 이들이 늘어나고 있다.

출입국외국인정책본부(2019)에 따르면, 한국에 체류하는 외국인은 2019년 기준으로 242만 명을 넘어섰다. 영주귀국 재외동포, 북한이탈주민, 불법 체류자 등을 포함하면 한국에 체류하는 이주민 인구는 향후 더욱 증가할 것이다. 이와 같은 사회적 소수자들은 이미 한국 사회의 자연스러운 구성원의 일부임을 보여주고 있다. 우리가 흔히 사용하는 '소수 인종'이나 '소수민족' 등과 같은 표현에서 알 수 있듯이, 소수자(少數者)는 인종이나 민족과 관련해서 상용되는 경우가 많다. 따라서 소수자는 미국이나 캐나다와 같은 다인종·다민족 사회에서 흔히 사용되는 개념이라고 생각한다. 한국처럼 단일 민족의 신화가 강하게 자리 잡은 곳에서는 사용될 일이 별로 없다는 느낌을 받을 수 있다. 그러나 한국 사회에도 화교, 외국인 이주노동자, 국제 결혼한 배우자, 다문화 가정 자녀 등과 같은 인종·민족적 의미의 소수자도 존재하며, 여성, 장애인, 노약자, 빈민과 같은 '전통적인' 소수자 집단도 엄연히 존재한다.

소수자는 다의적인 개념이다. 법적 개념정의를 어떻게 하느냐에 따라 소수자의 보호범위가 달라진다. 이러한 이유로 소수자에 대한 명확하고 확정적인 정의를 내리기란 쉽지 않다. 소수자의 법적 개념을 정립함은 그 자체만으로도 중요하며, 소수자 보호의 실천적 과제의 측면에서도 특별한 의미를 갖는다. 사회적 소수자가 사회 구조상의 어떤 문제에 직면하는가에 관한 논의는 이 글이 지향하는 다문화 사회를 위한 미디어 리터러시교육의 목적과 관련이 깊다. 사회적 소수자가 한 사회 속에서 직면하는 문제가 바로 '사회적 배제'이기 때문이다. 사회적 배제는 매우 논쟁적인 개념으로써 사회적 폐쇄의 한 형태로 개념화되어 있다. 사회적 배제에 대한 개념은 사회적·학문적 의미에서 다양하게 나타나고 있다. 사회적 배제는 사회참여 기회의 제한, 사회적 보호의 부족, 사회적 통합의 장애 현상 등으로 나타난다.

그렇다면 다양성이 극대화되어가고 있는 다문화 사회에서 증가할 수 있는 사회적 배제를 줄일 수 있는 방법은 과연 무엇일까? 이 글에서는 사회 구성원들에게 반드시 필요한 것이 바로 상호문화역량이라고 주장할 것이다. 일찍이 슈피츠버그(Spitzberg, 1988)는 상호문화역량을 향상시키는 가장 효율적인 방법은 상호문화 감수성을 증진시키는 것이라고 보았다.

1) 상호문화 감수성

첸(Chen, 1997)의 연구에 따르면, 개인이 지닌 상호문화 역량은 바로 상호문화 의사소통의 능력이라고 볼 수 있다. 여기에서 상호문화 의사소통 능력이란 '상호문화 인지능력(intercultural awareness)', '상호문화 감수성 (intercultural sensitivity)', '상호문화 기민성(intercultural adroitness)' 의 세 요소로 구성된 개인의 능력이다. 이 중에서도 상호문화 감수성이 함양되면, 개인은 자신과 타인의 문화 간의 차이를 구별할 수 있으며, 그 차이를 인정하고 타인의 문화를 존중하는 태도로써 주어진 환경에 가장 적절한 행동을 판단할 수 있게 되고, 개인의 상호문화 역량 또한 향상될 수 있다(김영순 외, 2013: 465-466).

상호문화 감수성은 단순히 문화지식을 습득하는 것만으로는 얻을 수 없는 능력으로써 타 문화와 타 문화의 사람들에 대해 유연하면서 개방적인 태도를 가지는 것을 의미한다. 즉 이러한 개방적인 태도는 책을 읽거나 암기를 한다고 해서 생기는 지식이 아니라, 직접 경험하고 그 경험을 토대로 스스로의 고정관념을 돌이켜 봄으로써 생기는 깨달음과 성찰의 과정을 통해 얻게 되는 것이다. 따라서 상호문화 감수성은 다문화적 상황에 노출되는 경험과 관련된 체험활동 등의 교육과 훈련을 통해 발달될 수 있는 개념이라 할 수 있다. 상호문화 감수성을 함양한 개인은 높은 자아 존중감을 가지고 있으며, 타인과의 의사소통에서 개방적이고 뛰어난 공감의 능력으로 참여적인 상호작용의 모습을 보인다(김영순 외, 2013: 466).

또한 상호문화 감수성은 자신이 하는 사회적 행위가 상황에 적절한지에 대해 민감하게 반응하고 자신의 행위에 대한 타인의 반응에 주목함으로써 스스로를 반성하고 차이를 이해하려고 한다. 따라서 상호문화 감수성이 높은 개인은 상대방과 소통함에 있어서 성급히 결론을 내리기보다는 진지하게 경청하여 이해하려고 하며, 이러한 태도는 개인이 타 문화와의 문화 간 차이를 경계하지 않고 즐길 수 있도록 한다(Chen & Starosta, 2000). 이처럼 상호문화 감수성이 높은 사람은 상대방에게 비교적 잘 적응할 수 있으며, 다소 복잡한 의사소통의 상황이더라도 상대적으로 잘 대응하는 모습을 보인다. 그래서 다문화 사회의 구성원들이 문화접촉상황에서 겪게 되는 갈등과 분쟁을 다루는 능력으로도 이해할 수 있다(박주희, 정진경, 2008).

첸과 스타로스타(Chen & Starosta, 2000)는 상호문화 감수성을 상호문화 의사소통 능력의 하위개념으로 인식하였으며, 이러한 상호문화 의사소통 능력을 측정하기 위해 상호문화 감수성을 측정하는 것으로 '상호문화 감수성 척도(Intercultural Sensitivity Scale, ISS)'를 제시하였다. 그들은 상호문화 감수성을 지닌 사람은 사회적 상호작용에서 자신의 행위가 상황에 적절한지에 민감하고, 타인에 대해 개방적이며, 뛰어난 감정이입 능력과 참여적 상호작용 능력을 갖고 있다는 점을 밝혀냈다(김영순 외, 2013: 467). 또한 상호문화 감수성이 높을수록 다양한 문화적 차이를 수용하고 존중하며, 이를 이해하고자 하는 능동적 욕구 및 동기가 더욱 높다고 주장하였다. 그러나 상호문화 감수성을 확보하는 과정을 조명한 연구는 매우 미흡하며 대부분 예비교사를 대상으로 연구가 진행되거나(이규림, 김영옥, 2012), 유아 및 초등, 중등 교육을 담당하는 교수자를 파악하는 데 중점을 두고 있다(모경환, 황혜원, 2007).

상호문화 감수성은 교수자가 학습자를 지도하는 데 있어 다양성을 수용할 수 있는 사고를 정립시키고, 해당 학생과의 상호작용을 보다 원활하게 해준다(김영순 외, 2013: 467). 따라서 상호문화 감수성은 교수자의 긍정적인 가치관을 형성하고 교육방식을 결정하는 데 있어서 중요한 요인이 될 것이다. 또한 기존의 연구들을 바탕으로 타 문화와의 접촉경험을 통해 형성된 가치관이 상호문화 감수성을 확보하는데 유의미한 영향을 미칠 것이라 예측할 수 있다(김영순 외, 2013: 467).

2) 상호문화 감수성 발달 단계

베넷(Bennett, 1993)은 인지적 · 정의적 · 행동적 측면에서 상호문화 감수성 발달 모형(Developmental Model of Intercultural Sensitivity, DMIS)을 제시하였다. 상호문화 감수성 발달은 문화적인 차이를 경험하게 해서 이를 인식하는 의식구조나 문화적 차이에 대한 태도 및 행동이 체계화되는 과정을 일컫는다. 상호문화 감수성의 일반적인 수용과정은 최초에는 자민족중심주의를 지키기 위해 타 문화에 대한 저항이 나타나지만 점차 상대방의 문화에 대해서 개방적인 태도를 보이면서 적응하고 통합되어 가는 발달 단계를 거친다. 즉 부정(denial), 방어(defense), 최소화(minimization)의 자민족 중심적 단계에서 수용(acception), 적응(adaption), 통합(integration)의 민족 상대주의적 단계로 이동한다는 것이다.

상호문화 감수성 발달 단계에 대한 세부적인 설명은 다음과 같다. 첫째, 부정의 단계는 고립(isolation)과 분리(separation)라는 하위 단계로 구성된 것으로 자민족중심주의의 가장 낮은 단계이다. 이 단계는 문화의 차이를 인정하지 않으며, 자신의 문화만을 진정한 문화라고 생각하고 다른 문화에 대해서는 관심을 갖지 않는다.

둘째, 방어의 단계는 비하(denigration), 우월감(superiority), 반전(reversal)이라는 하위 단계로 구성된 것으로 자민족중심주의의 두 번째 단계이다. 이 단계에서 개인은 타 문화와의 문화적 차이를 인식하지만, 자신이 속한 문화를 기준으로 타 문화에 대해 부정적인 평가를 한다. 그리고 문화의 차이가 심할수록 타 문화에 대한 부정적인 평가도 심해지는 경향을 보인다.

셋째, 최소화의 단계는 물리적 보편주의(physical universalism)와 초월적 보편주의(transcendent universalism)라는 하위 단계로 구성된 자민족중심주의의 마지막 단계이다. 이 단계에서 개인은 모든 인간이 근본적으로 유사하다는 가정을 수용하면서 다양한 문화적 차이를 받아들인다. 하지만 문화의 유사성에 보다 초점을 맞추는 자문화 중심적인 입장을 유지하고 있다. 이는 모든 인간이 근본적으로 유사하다는 점을 가정한다.

넷째, 수용의 단계는 행동 차이에 대한 존중(respect for behavioral difference)과 가치 차이에 대한 존중(respect for value difference)이라는 두 하위 단계를 가지고 있는 문화 상대주의의 초기 단계이다. 이 단계는 문화적 차이를 인정하기 시작하는 단계로서 문화 상대주의의 개념에 바탕을 두고 타 문화에 대한 이해와 해석의 능력이 갖춰지기 시작한다.

다섯째, 적응의 단계는 공감(empathy)과 다원주의(pluralism)라는 하위 단계를 가지고 있으며, 문화 상대주의의 두 번째 단계에 해당한다. 이 단계에서 개인은 문화 간 의사소통 능력을 발달시킨다. 효과적인 공감과 감정이입을 통해 타 문화를 이해하려고 노력하며 자신의 문화뿐만 아니라 타 문화의 입장에서 사건을 바라보기 위해 노력한다. 이 단계에 있는 개인은 상호문화 의사소통 능력을 보다 발달시키게 된다.

여섯째, 통합의 단계는 맥락적 평가(contextual evaluation)와 건설적 주변성(constructive marginality)이라는 두 하위 단계를 가지고 있으며, 문화 상대주의의 완성 단계에 해당한다. 이 단계는 개인이 다문화적 관점을 내면화하는 단계로서, 보다 범경제적인 관점에서 문화 간의 관계를 조명하고자 한다.

이와 같은 상호문화 감수성 발달 모형(DMIS)은 사회적 구성주의에 근거하여 상호문화 감수성을 문화적 차이를 이해하고 조절하는 능력으로 보았으며, 경험의 재구성을 통해 세계관의 변화가 행동과 태도의 변화를 가져온다는 관점을 제공하고 있다. 또한 상호문화 감수성의 발달과정을 발전적이고 예측 가능한 일련의 연속체로 개념화하였는데, 이 같은 관점은 상호문화 감수성을 정적인 단계가 아니라 계속 변화해 가는 과정에 있는 단계로서 인식하는 것이기에 교육과 훈련을 위한 모형으로서도 활용도가 높다고 할 수 있다(김영순 외, 2013: 469).

따라서 이 글은 상호문화 감수성을 통해 다문화 가정 구성원들과 같은 사회적 소수자들에 대한 다양한 사회적 배제 행태를 개선하고 이들에 대한 부정적인 인식을 제고하고자 한다. 이를 위해 2절에서는 다문화 정책 및 다문화교육에 관한 담론을 살펴본 후, 3절에서는 미디어교육으로서 애니메이션 리터러시의 개념과 방향에 대해서 논의할 것이다. 그리고 4절에서는 상호문화 감수성을 위한 애니메이션 리터러시를 탐구하고, 5절에서는 애니메이션 리터러시를 통한 미디어교육의 실천을 제시하며 마무리하고자 한다.

2. 다문화 정책 및 다문화교육에 관한 담론

이 절에서는 다문화 정책의 담론 방향과 다문화교육의 연구 동향을 살펴보고, 이제까지 미흡하게 다루어진 미디어 리터러시교육의 필요성을 제기할 것이다.

1) 다문화 정책에 대한 연구 경향

다문화 정책을 조망하고 그 실태를 분석한 논의들은 우선 김세훈(2006),

강휘원(2006), 한승준(2008a)을 들 수 있다. 이들은 오늘날 다양하게 전개되고 있는 국내 거주 외국인을 대상으로 하는 정책을 다문화 사회에 대응하는 공공 정책이라는 관점에서 분석하고 이러한 정책이 현실에서 나타나고 있는 사회적 상황과 얼마나 연관성을 가지고 진행되고 있는지를 살펴보았다. 특히 다문화 정책의 제도, 관련 주체, 거버넌스 현황을 분석하여, 보다 체계적인 다문화 정책 거버넌스(governance) 방향을 제시하였다. 김옥일 외 (2009)와 한승준(2009)은 기초 자치단체 다문화 정책과 관련하여 전략적 우선순위를 분석하였으며, 지자체 추진 체계를 분석한 후 추진 강화 방안을 마련하였다. 이혜경(2007)과 김원섭(2008)은 정부의 다문화 정책들을 이민 정책의 변화 및 패러다임의 변화 차원에서 분석하였다. 이후 다문화 정책 연구의 방향은 정주민의 다문화 정책에 대한 수용성(최하나, 김정희, 2018; 홍서연 외, 2018) 및 정책에 대한 정주민의 인식(이윤수, 2018; 장안리, 2018), 다문화 정책의 서비스 체계(윤용자, 김석주, 2018; 문정희, 2019; 이성은, 최경철, 2019), 다문화 정책의 제도화 과정(이광원, 2018), 다문화 정책에 대한 청소년문제(양경은, 함승환, 2018; 김영란, 2020) 등 더욱 구체적인 주제로 다문화 정책을 분석하고 있다.

두 번째 담론 유형은 이주민 사회 통합과 관련된 논의들이다. 이들은 주로 이주민들의 삶의 질 향상에 초점을 맞추어 논의된 것으로 평가할 수 있다. 그중 대표적인 논의들을 거론하면, 김기하(2008), 차용호(2008)는 주요 국가의 사례 분석을 통해 한국의 사회 통합과 법의 역할, 사회 통합 관련 이민법 체계를 재정립하고자 했다. 이성순(2008)과 이수정(2007)은 현행 사회 통합 프로그램 이수제의 도입에 따른 문제점을 검토하고 결혼 이민자와 일반 귀화자에게 한국어와 한국문화교육 이수의 필요성을 제안하였다. 다문화 정책 서비스 차원에서 이성은, 최경철(2019)은 다문화 가정의 삶의 질 향상을 위한 다문화지원 서비스 정책 발전 방안을 연구하였다.

세 번째 담론 유형은 해외의 다문화 정책을 조사하여 비교 분석한 논의들이다. 이들의 대부분은 비교적 이주민 사회 통합을 이룬 국가들의 우수 정책 사례를 소개하고 우리 사회의 다문화 정책 방향을 시사하고 있다. 이들 논의들의 대표적인 것을 거론하면 우평균(2008)은 다문화 공생사회에서의 국적 개념을 고찰하고 각국의 다문화 정책을 소개했으며, 주효진(2008)은 아시아의 다문화 정책에 대해 비교하였다. 김용찬(2008)과 김복래(2009), 김남국(2010)은 서유럽 국가 이주민 통합 정책의 수렴 경향에 관해 영국, 프랑스, 독일 사례를 분석하였고, 한승준(2008b)은 프랑스의 다문화 정책을, 주경철(2007)은 네덜란드 이주민 통합 문제를 연구하였다. 또한 정희라(2007)는 역사적 맥락 속에서 영국의 이민자 통합 정책의 변천 과정과 특징을 살펴보았다. 이용일(2007)과 박채복(2008)은 독일이 겪고 있는 다문화 사회로의 도전과 그 대응, 특히 이민자들의 사회 통합 과정을 살펴보면서, 미래 한국 사회가 나아가야 할 다문화 사회의 방향을 모색해 보고자 하였다. 이종열(2008)은 미국의 다문화 정책 사례를 탐색하였고, 강주현(2008)은 덴마크의 다문화 정책 사례를 분석하였다. 차윤경(2014)은 호주의 다문화교육 정책을 분석하여 호주의 다문화교육은 다문화주의에 입각하여 실시하고 있으며, 모든 학생 및 모든 사람을 위한 다문화교육을 제시하고 있음을 보여주었다.

네 번째 담론 유형은 한국 사회에 적용될 수 있는 다문화 정책 제안에 관한 논의들로 구성된다. 지종화 외(2008)는 다문화 국가에 대한 기존 연구의 이론적 분석을 통하여 한국적 현실에 맞는 이론을 제시하고자 하였다. 김헌민 외(2008)는 다양성이 경제·사회에 미치는 영향을 살펴보고 이를 바탕으로 다문화 사회를 위한 정책적 이슈를 논의하였다. 이혜경(2009)은 다문화 가족 지원 정책 및 서비스를 유형화하기 위해 '젠더'와 '문화 통합'이란 두 가지 변수를 결합하고 '가부장주의적 정책', '문화 양립적 정책' 등으로 다문화 가족 지원 정책을 유형화하여 각 유형에 속하는 다문화 가족 지원 정책 및 서비스를 모색하였다. 홍기원(2007)과 원숙연(2008)은 한국의 다문화 정책의 전개과정을 분석하기 위해 다문화 정책의 이론적 기초를 살펴보고 정책의 현황과 문제점을 비판적으로 탐구하고, 이를 토대로 다문화 정책의 중요한 요소들을 제시하고, 특히 문화 부분의 역할과 과제를 제안하였다. 최무현(2008)은 다문화 사회에서 정책 수단의 관점에서 소수자 정책을 유형화하고, 이를 바탕으로 정부의 다문화 정책을 분석하여 정책적 시사점을 제공하였다. 한국여성정책연구원(2008)은 문화적 다양성을 인정하는 다문화 정책의 대응 방안을 모색함으로써 공적 제도의 영역에서 보편적인 인권을 실현할 수 있는 토대를 만들고자 하였다. 심보선(2007)은 1990년대 이후 이주 노동자 정책의 흐름을 살펴보면서 정책 형성과 변화의 인과적 기제를 분석하였다. 또한 한국문화관광연구원(2009)은 다문화 정책의 평가 기준을 수립하고 다문화에 대한 일반 국민의 의식 수준을 평가하여 다문화 사회의 성격 및 특성을 파악할 수 있는 기준을 제시하였다.

위에서 다룬 다문화 관련 연구들은 네 가지 담론 유형(다문화 정책을 조망하고 그 실태를 분석한 한국 사회에 적용될 수 있는 다문화 정책 제안에 관한 논의, 이주민 사회 통합과 관련된 논의, 해외의 다문화 정책을 조사하여 비교 분석한 논의, 한국 사회에 적용될 수 있는 다문화 정책 제안에 관한 논의)를 형성해왔다. 그럼에도 불구하고 한 가지 아쉬운 점은 바로 다문화 미디어교육 정책에 대한 논의가 미흡했다는 점이다.

2) 다문화교육에 관한 연구 경향

다문화교육에 관한 연구 동향을 살펴보면 다음과 같다. 첫째, 다문화교육의 방향에 대한 연구를 구분하면 다문화교육의 담론과 방향을 연계한 연구로서 고홍규(2015), 김용신(2010), 모경환, 임정수(2011), 변종헌(2016),

서종남(2012), 이해주(2015), 김진희, 허영식(2013), 박민정(2012), 정지아 (2015), 최충옥, 조인제(2010), 황정미(2010) 등이 있다. 또한 한국의 다문화 교육에 대한 문제점을 파악한 뒤 방향성을 제시한 연구로는 박영준(2016), 서종남(2009), 이민경(2013)이 있으며, 포스트모더니즘과 다문화교육을 연 결시켜 방향성을 탐구한 연구는 김현희(2016)가 있다. 이 외에도 다문화교 육의 방향을 학교에 한정시킨 연구로는 염미경 외(2016), 고민정 외(2013) 가 있다. 미국의 사례를 중심으로 일반인에 대한 다문화교육의 방향을 연구 한 논문은 김지은, 권영실(2011)도 있다.

둘째, 다문화교육에서 다문화 감수성에 대한 연구 유형이다. 이는 크게 교수자의 다문화 감수성과 학생들의 다문화 감수성에 대한 연구로 나눌 수 있다. 김영순 외(2013), 김종백 외(2011), 이기용 외(2016), 천지영 외(2013) 등이 교수자, 즉 교사들의 다문화 감수성에 대해 연구하였고, 아영아(2013), 안병환(2012), 염미경(2012) 등이 학생들에 대한 다문화 감수성에 대해 연 구하였다. 이철현(2013)은 다문화 감수성을 측정하는 측정 도구 개발에 대 한 연구를 하였다. 다문화교육에 있어서 다문화 감수성은 아주 중요한 부 분을 차지한다고 할 수 있다. 다문화교육의 궁극적인 목적인 어떤 사회에서 '다문화인'이라고 일컫는 소수 집단은 물론 다수 집단 구성원 모두에게 다 문화 감수성을 높이는 것이라고 볼 수 있기 때문이다.

셋째, 다문화교육 정책에 대한 연구는 대부분이 한국의 다문화교육 정 책에 대해 비판하고 이에 대한 방향성을 제시하는 연구가 주를 이루었다. 서범석(2010), 오성배(2010)는 전반적인 다문화교육 정책의 현황을 제시하 고 이에 대한 비판점은 물론 이후 과제와 발전방향에 대해 탐색하였다. 류 방란(2013)은 다문화교육 정책과 교육 현실을 성찰하였고, 김선미(2011), 박종대(2017), 이경희(2011), 이명종(2013), 이민경(2010), 이정금(2018) 등 은 한국의 다문화교육 정책의 흐름을 고찰하고 각 정책에 대한 비판점을 제시했을 뿐만 아니라 이후 발전 방향을 제시하였다. 다문화교육 정책의 연구는 앞에서 기술한 바대로 정책의 비판과 방향성 제시에 대한 연구가 대부분이었다.

넷째, 다문화교육 프로그램에 대한 연구는 주로 각급 학교에서 실시할 수 있는 다문화교육 프로그램을 개발하는 것이었다. 구정화(2012), 최문성 외(2013)는 다문화교육을 초등학교에서 실시할 수 있는 프로그램 개발에 대한 연구를 하였고, 방기혁(2013)은 다문화 대안학교를 위한 고등학교 수준의 교육과정을 개발하는 연구를 하였다. 또한 민용성 외(2009)와 주재홍 외(2014)는 다문화교육을 위한 학교 교육과정 개발에 초점을 맞추었으며, 한용택(2012)은 영화를 활용한 다문화교육 프로그램을 제시하였다. 김정현 외(2009)는 도시형 다문화교육의 방향과 실제에 대한 연구를 수행하였다.

다섯째, 다문화교육 인식에 관한 연구이다. 이 유형의 연구는 대부분 교사의 다문화교육 인식에 대한 연구가 주를 이루었다. 류방란 외(2014), 박선미 외(2011), 최성보 외(2014), 현길자 외(2014) 등이 교사가 인식하고 있는 다문화교육에 대한 연구를 수행했고, 특히 이수정 외(2012)는 학교 관리자의 다문화교육 인식에 대한 연구를 수행하였다. 이들 연구 가운데 박선미 외(2011)의 연구는 학교 현장에서 다문화교육 경험을 가지고 있는 교사가 다문화 인식에 어떠한 영향을 미쳤는지에 대해 연구하였다. 그는 현장 연구를 통해 교사들의 다문화교육에 대한 인식에 대해 연구했다는 점에서 의의가 있다.

여섯째, 다문화 학교에 대한 연구이다. 이 유형의 연구로서 강일국(2010)과 정문성(2011)은 다문화 대안학교에 대한 연구를 수행하였고, 특히 김영순 외(2016)는 한국 최초의 공립 다문화 대안학교에 관한 연구를 하였다. 박철희 외(2016)와 조영달 외(2010)는 기존 학교 내에서의 다문화교육에 대한 연구를 수행하였다. 다문화 학교에 대한 연구 중 정문성(2011)은 국

공립 다문화 대안학교를 다문화교육의 해결책 중 하나로 제시하였다.

앞서도 언급했듯이, 현재까지의 다문화교육에 대한 연구는 대부분 다문화교육에 대한 문제점을 지적하면서 앞으로 다문화교육이 어떤 방향으로 나아가야 하는지에 대한 연구가 많은 부분을 차지했다. 하지만 이제는 이러한 기초적이고 이론적인 연구에서 한 단계 더 나아가 실제적이고 적용 가능성에 초점을 맞춘 연구가 더욱 필요하다. 이제는 다문화교육의 방향성을 세우고, 어떻게 하면 상호문화 감수성을 높일 수 있으며, 다문화 가정과 일반인을 대상으로 하는 다문화 정책이 무엇이 필요한지에 대한 연구도 중요하겠지만, 실제적으로 학교에서 또는 일반인을 대상으로 하는 교육과정과 다문화교육 프로그램에 대한 연구가 더욱 필요하다고 본다.

한국 정부, 특히 교육부에서 다문화교육 정책을 실시한 지도 15여 년이 지났다. 그러나 아직도 한국의 다문화교육 정책에 대한 지향성과 비판에 대한 논의들(오성배, 2010; 오만석, 2011; 진시원, 2012; 류방란, 2013; 정지아, 2015)은 지속되고 있다. 한국 정부가 추진해 온 다문화교육의 정책 내용과 변화를 시기별로 점검하고, 다문화교육의 실효성을 검토한 후 개선방안을 논의할 필요가 있다. 실제 국내 다문화교육의 개선안을 모색하기 위해 기존의 다문화교육 정책을 고찰하고, 다문화교육의 변화과정에 대한 연구(이경희, 2011; 정미야, 2016; 김기영, 2017)는 일부 있으나, 분석자료가 정부의 홍보성이 강한 보도자료 내용에 기반을 두거나, 특정한 시점을 동태적이고 한정적으로 고찰한 경우로 나타나고 있어 심도적인 분석에는 한계가 있기도 하다.

교육부의 다문화교육 기본계획 수립과 다문화교육 시행계획 수립이 법적으로 명문화되지 않는 한, 다문화교육 정책은 안정성과 지속성을 보장받을 수 없을 것이다(장덕호, 2015). 정부의 다문화교육 정책의 문제점 및 한계로 다문화교육 태동기부터 다문화교육정책 원칙과 방향성이 설정되어 있지 못하다는 측면도 지적될 수 있다(양계민 외, 2017). 특히 다문화, 다문화교육에 대한 정의에 대해 국가 정책적 정의와 법적 정의에서의 혼선도 문제시되고 있다. 그리고 국내출생 다문화 가정 자녀와 중도입국다문화 자녀를 면밀히 분석하지 못하고 동질집단으로 취급하여 중도입국다문화 자녀의 공교육 부적응 문제도 정책의 한계로 볼 수 있다(김정민, 2013). 2015년 국정감사의 지적처럼 다문화교육 실태조사의 법적 근거와 예산편성이 없다 보니, 다문화교육의 면밀한 실태조사도 없이 다문화교육 정책을 수행하고 정책집행 결과에 대한 효과성 검토가 없었다(국회 교육문화체육관광위원회, 2015)는 정책 한계의 지적도 있다.

다문화교육 정책의 변화에 대하여 연구한 최영준(2018)에 따르면, 한국의 다문화교육의 문제점은 다문화교육 대상이 아직도 다문화 배경의 이주민자녀인 다문화 학생들에 국한되고 있다는 점이다. 이들에 대한 교육지원은 당연하지만, 더 중요한 것은 다문화에 대한 전 국민의 인식의 전환과 모두를 위한 다문화교육이다. 교육부의 다문화교육 정책도 초기 태동기의 다문화교육 주요업무를 담당할 중앙다문화교육센터 구축을 비롯하여 다문화교육 지원을 위한 정책 도입기에는 거점학교 및 예비학교를 마련하여 다문화 가정 자녀의 역량강화를 시도하였고, 중도입국 자녀들에 대한 다문화교육의 실시가 있었다. 다문화교육 도입기에 여러 가지 정책들이 시행되었지만, 법적인 근거가 없었다. 다문화교육의 확대기로 접어들어 보다 더 다양한 다문화교육을 전개하고 있지만, 아직도 다문화교육 주관 부서의 명시 및 예산배정 등에 대한 법적 근거 등에서는 한계가 나타나고 있다.

한국 사회는 방송의 확장 및 방송·통신 융합에 따라 미디어의 역할이 더욱 강화될 것으로 예상된다. 이에 미디어의 문화적 및 사회화 기능을 통한 다문화 가정의 한국 사회 적응을 돕는 방안이 마련되어야 하며, 미디어를 통해 그들 문화를 이해할 수 있는 정주민들의 인식전환이 필요하다고 본다. 이미 전국 단위에서 시청자미디어교육센터에서의 미디어교육은 물론

학교 내에서의 미디어교육이 확산 일로에 있다. 그러나 이런 교육적 확산과 관심에도 불구하고 다문화 미디어교육 사업들에 대한 구체적인 수행절차나 성찰적인 평가가 이루어지지 않고 있다. 이는 아직까지 다문화 사회에서 미디어교육의 참여주체와 교육의 목표, 그리고 교육 프로그램에 대한 체계화가 이루어지지 않았기 때문이다.

국내 다문화 미디어교육 프로그램과 참여자 구성원들을 고려할 때, '다문화' 가정을 '비(非)다문화' 가정과 분리하여 교육을 진행하고 있는 것은 아닌지에 대한 성찰이 요구된다. 즉 다문화 가정의 여성과 자녀들이 보호주의적 관점에서 분리, 지원되는 것이 아니라 같은 모든 가정의 어린이 및 청소년, 그리고 여성들과 함께 사회적 적응과 미디어능력을 개발할 수 있는 미디어 리터러시교육 방법론이 필요하다(Cortés, 2000). 따라서 미디어에 대한 이해 및 미디어를 활용한 교육 과정, 그리고 미디어 메시지에 대한 비판적 접근 방안들이 다문화교육에 포함되어야 하는 것이다.

3. 미디어교육으로서 애니메이션 리터러시

1) 미디어교육과 미디어능력

이번 절에서는 다문화 미디어교육의 개념을 정립하고자 한다. 다문화 미디어교육이란 일반적으로 '미디어교육을 통해 다문화를 이해하는 것' 혹은 '다문화 사회 구성원들을 위한 미디어교육'으로 정의할 수 있다. 이 글에서는 이 둘 다의 개념을 포괄하는 '다문화 사회 구성원들뿐만 아니라 모든 사람들에게 미디어교육을 통해 다문화 인식을 제고하는 것'으로 정의하고자 한다. 따라서 이번 장에서는 지속가능한 다문화 사회를 위하여 미디어교육이 의사소통 능력 함양이라는 차원에서 반드시 필요하다는 것을 강조할 것이다.

다문화 사회의 구성원과 같은 사회적 소외계층에 대한 미디어교육이 필요한 이유는 미디어가 사회 통합적 기제, 삶의 질을 높이는 수단 등으로 부상되면서부터이다. 그들 또한 사회 구성원의 일부이기 때문에 인권을 기본으로 한 '퍼블릭 액세스[53](public access)권'은 더불어 사는 사회의 실천을 위해서 매우 중요한 일이다.

따라서 사회적 소수자는 물론 그렇지 않은 일반 대중들을 대상으로 한 다문화 미디어교육은 매우 중요한 과제가 아닐 수 없다.

미디어교육이란 대중미디어라고 할 수 있는 텔레비전, 영화, 대중음악, 인터넷, 컴퓨터 게임, 스마트폰 등 일상적 문화와 학습에 지대한 영향을 미치는 다양한 미디어에 대한 학습자들의 비판적 수용과 창의적 생산, 그리고 능동적인 참여를 지향하는 교육을 말한다(Buckingham, 2004). 따라서 미디어교육은 미디어를 수동적으로 그저 바라보는 '읽기'에 그치는 것이 아니라 미디어를 창의적으로 활용하는 '쓰기'로 나아가야 한다(김영순, 2006).

잘 알려진 바와 같이, 미디어기술의 변화는 미디어교육 영역의 변화를 수반한다. 이에 따른 변화는 타인보호에서 자아보호 중심, 비판적 수용에서 해방적, 교육공학적 접근, 행위 중심에서 생활세계 중심으로, 멀티미디어 중심의 미디어교육 등의 경향들이다(Hug, 2002). 아울러 현대적 미디어교육의 과제에는 그 비판적 기능과 가능성의 개발이라는 이론적, 실용적 프로그램이 요구된다. 나아가 최근의 미디어교육은 '미디어능력'의 향상을 강조하고 있다.

---

[53] 퍼블릭 액세스(public access)란 일반인이 주체가 되어 직접 프로그램을 제작하고 영상물을 방영하는 것을 뜻하는 방송용어이다. 일반 대중이 공급자가 되어 직접 기획·제작한 프로그램, 시청자가 방송사의 프로그램 제작에 참여해 시청자의 의견 또는 주장이 담긴 프로그램, 시청자 평가 프로그램 등을 포괄하는 개념이다. 넓게는 자신과 관련된 언론 행위에 대해 반론이나 해명을 요구할 수 있는 반론권까지 포함된다. 미디어를 통해 표현의 자유를 확보하고, 사고의 다양성을 통해 사회적 이슈나 공동체의 각종 현안들을 해결할 수 있다. 한국은 2000년 방송법 개정을 통해 도입되었다.

미디어능력은 다양한 의미가 내재되어 있지만 가장 핵심적인 요소 중 하나는 커뮤니케이션 능력이다. 오늘날의 미디어의 발전양상을 고려할 때, 전통적인 미디어교육의 이론과 실제 및 범위와 내용은 전통적인 미디어교육의 한계를 극복한 현대의 미디어사회에서는 보다 광범위하고 발전된 형태인 커뮤니케이션 교육으로 실현될 것이다. 어린이와 청소년, 학부모, 소외계층 등 우리 사회의 모두를 위한 교육과 교양이라는 측면에서의 커뮤니케이션 교육은 ① 사회 전체적인 관점에서 미디어현상 속 개인의 위치에 대한 능력, ② 미디어에 의한 사회의 정치, ③ 문화형성에 대한 개인의 의식적 참여능력, ④ 개인의 사회적 위치와 가능한 커뮤니케이션 공간에 대한 이해 능력, ⑤ 사회의 지배적인 커뮤니케이션 공간에 대한 요구능력, ⑥ 독자적이고 창조적인 커뮤니케이션과 미디어활용능력 등으로 간주된다.

또한 미디어능력의 개념에 대해 살펴보면, 이 개념은 다양한 의미가 있지만 바케(Baacke, 1997)에 의해 구체화되었다. 이는 하버마스(Habermas, 1987)의 커뮤니케이션 행위 개념을 미디어교육의 영역에서 실용적으로 발전시킨 작업의 산물이기도하다. 바케는 하버마스의 비언어적 태도에 대한 상대적 무관심을 비판하면서 "다른 가능한 방식의 태도들(제스처, 보디랭귀지, 행동들)"(Baacke, 1973)을 포괄하는 분석 개념들을 발전시킬 필요성을 강조하였다. 하버마스의 언어적 커뮤니케이션 능력 개념을 혁신적이고 창의적인 행위를 포함하는 미디어능력 개념으로 발전시키고자 했다(강진숙, 2005).

바케(Baacke, 1973)에 의하면 인간은 능력을 가진 존재이고, 이 점에서 모든 인간은 동등하다. 인간은 자신의 의사를 타인에게 전하고 또 타인의 의사를 이해하는 커뮤니케이션 능력을 지니고 있다. 이러한 능력의 보유는 인간이 본능적으로 교육에 대한 능력을 가지고 있다는 것을 의미한다. 이런 인간의 커뮤니케이션 능력의 현대적 전개가 미디어능력이다. 따라서 인간의 미디어능력을 개발 및 촉진시키고자 하는 것이 미디어교육의 핵심적인 지향점이 되는 것이다. 즉, 미디어능력 개념은 단순히 미디어와 능력이라는 용어상의 조합을 넘어서서 '누구나' 미디어를 '성숙하고 성찰적으로' 이용하고 생산해낼 수 있는 교육 및 학교 환경의 개선과 함께 능동적으로 창의적인 커뮤니케이션 행위 주체를 지향한다고 볼 수 있다(강진숙, 2005).

따라서 미디어능력은 미디어의 종류와 기술의 발달로 인해 확장된 인간 커뮤니케이션 능력(Baacke, 1999)이라 할 수 있다. 그러므로 미디어능력은 현대의 미디어 사회, 정보화 사회에서 한 개인이 필수적으로 갖추어야 할 능력으로, 경제적 측면과 기술적 측면을 포함하는 인간의 각 미디어에 대한 적응능력이다(문혜성, 2004).

한편 강진숙(2005)은 미디어능력은 미디어에 대한 지식을 습득하는 인지적 능력에 그치는 것이 아니라, "미디어를 비판적으로 이해하고, 능동적으로 이용하며, 혁신적이고 창의적으로 구성하고 제작할 수 있는 능력"이라고 정의했다. 그리고 미디어능력의 세부적인 자질 요건으로 미디어에 대한 단순한 기술이나 조작기능의 습득 차원에서부터 미디어와 사회의 문제점을 인지하고 비평하는 차원, 나아가 미디어의 능동적 이용의 차원과 함께 상호작용성과 창의적 구성 및 제작 능력을 제시하고 있다.

문혜성(2006)은 이런 미디어능력을 세 가지로 세분화하여 설명하였는데, 첫째, 각 미디어가 줄 수 있는 긍정적 측면을 적극 활용하여 실생활에 자율적으로 선용하는 능력이다. 둘째, 미디어능력은 미디어가 인간적, 사회적으로 미칠 수 있는 부정적 측면에 대해 충분히 인지하고, 이에 대한 예방적 차원을 강구하여 어린이 · 청소년 · 성인들이 사회 · 윤리적 관심에서 책임의식을 갖게 되는 능력이다. 셋째, 미디어능력은 인간과 미디어, 그리고 사회적 맥락에 대한 끊임없는 문제의식과 비평의식을 통해 인간과 사회에 대한 지속적인 발전을 지향하는 능력이다.

또한 미디어능력의 개발이라는 과제를 정리하면 다음과 같다(Baacke,

1999). 첫째, 인간의 미디어능력이 하나의 사회적 능력으로 촉진되어야 한다. 미디어시대에서는 교육과 미디어를 제대로 사용하는 능력이 우리의 사회적 지위를 결정하게 될 것이다. 따라서 커뮤니케이션 구조에 대한 지식과 미디어에 관한 전체적 조망, 그리고 집단 속의 사회적 변화에 대한 인식과 언론이나 인터넷 등의 콘텐츠에 대한 선택과 평가를 위해 커뮤니케이션 능력이 촉진되어야 한다.

둘째, 개인의 연령별 특성에 맞게 구분된 미디어능력의 촉진이 이루어져야 한다. 미디어능력을 개발하기 위해 인간과 미디어가 관련한 교육적 목표를 설정하고 교육의 현실화를 위한 행동을 추구해야 한다. 미디어능력을 갖는 주체는 사회화 과정에서 미디어능력을 어떻게 발달시켜야 하며, 어떠한 방법으로 이 발달이 지원되어야 하는가가 중요한 문제가 된다.

셋째, 중요한 교육적 과제로서 미디어능력 촉진이 이루어져야 한다. 미디어를 통한 커뮤니케이션 능력을 습득하고, 이것을 다시 우리에게 적용할 능력을 키우는 것은 하나의 교육과정으로서, 이러한 능력을 발전시키고 촉진하려는 것 자체가 교육이다. 이렇게 교육을 통한 미디어능력의 촉진을 위해 본질적으로 중요한 요소는 바로 교육자의 미디어능력에 관한 능력이다. 어린이와 청소년들에게 미디어능력을 전달하고 촉진하기 위해서 교육자들은 자신이 먼저 미디어를 선용할 능력을 가지고 있어야 한다. 나아가 이들은 미디어에 관한 사항을 전달하는 능력과 미디어에 관한 교육적 지식과 능력을 가지고 있어야 한다.

이런 미디어능력 촉진을 다문화 미디어교육에 대입하여 가정해 보면, 교실 현장에서 다문화 미디어교육이 실현되기 위해서는 일단 교수법이 바뀌어야 한다. 기존의 교사 위주의 강의식 수업을 탈피하여 토론, 발표, 프로젝트, 협동학습 등 다양한 교수법이 도입되고 자기주도적 학습 능력 신장은 물론 협동학습에 의한 문제해결력을 신장시켜야 한다.

2) 애니메이션 리터러시

애니메이션의 어원은 라틴어 아니마(anima), 즉 '영혼'과 '살아나게 하다'라는 의미의 아니마투스(animatus)에서 비롯되었다. 이것은 생명이 없는 특정한 사물이나 이미지를 '살아 움직이는 것처럼' 인위적인 운동성을 부여하는 총체적인 활동을 지시한다고 볼 수 있다(박유신, 2014). 애니메이션은 영화와 TV라는 미디어를 넘어서, 스마트폰이나 태블릿 PC 등의 모바일 환경, 게임 등의 가상적 시각 경험, 미디어 파사드(facade) 등과 같은 도시의 경관에 이르기까지 광범위하게 연결되어 있으며, 사회와 문화 전반에 밀접한 관련성을 가지고 있다. 또한 애니메이션은 여러 미디어가 다양하게 사용되고 있는데, 캐릭터, 배경, 영상 등의 시각적 요소 및 대사, 배경음악, 음향효과 등의 청각적 요소들을 예로 들 수 있다(박희현, 2017).

이러한 애니메이션은 조형성과 음악성 그리고 서술성이 상보적으로 융합됨으로써 향유자의 참여적 수행이 강화되는 가장 대표적인 장르다. 이와 같은 융합은 영화에서도 찾아볼 수 있지만, 애니메이션은 시뮬라크르(simulacres)에 의한 허구성이 극대화될 수 있다는 점에서 구별되며[54], 가주의적 시각에서 조형성을 강화할 수 있고, 이러한 조형성은 서술성을

---

[54] 일반적으로 애니메이션의 역사는 실사영화의 제작방식과는 달리 기술과 기법을 다양하게 사용하여 움직이는 이미지를 만들어 내는 기술의 역사라고 할 수 있다. 1963년 미국 MIT의 Ivan Sutherland가 대화형 CG System 'Sketchpad'를 발표한 이후, 컴퓨터그래픽 기술이 본격적으로 애니메이션 제작에 도입되기 전까지 제작기술은 주로 애니메이션 제작에 사용될 재료(인형, 모래, 진흙, 구슬, 종이 등)의 변화를 통해 새로운 표현 방법을 찾는 데 초점이 맞추어져 왔다. 그리고 애니메이션은 분업화가 가능한 투명한 셀로판지를 이용한 제작 방법이 소개된 이후 거의 모든 상업애니메이션은 셀 애니메이션(cel animation)으로 제작되었다. 이러한 이유로 인해 애니메이션 제작은 국제적 분업이 가능하였고, 한국은 기술 중심이 아닌 노동 집약적인 OEM형태를 중심으로 애니메이션 산업을 발전시켜 성장하였다 해도 과언은 아니다. 이러한 아날로그 제작시스템 방식은 디지털 산업의 발전과 함께 1990년대 후반부터 디지털 애니메이션 제작시스템으로 바뀌기 시작하였다. 또한 애니메이션 산업은 본격적으로 디지털 시대에 들어서면서 영상을 중심의 콘텐츠 산업으로서 급속히 팽창하고 있고, 휴대폰, DMB, 휴대인터넷(wibro), 포털사이트 등 뉴미디어의 출현과 함께 애니메이션 장르는 확장되고 있다. 여기서 주목해야 할 것은 디지털 미디어의 출현과 함께 태생적 표현의 한계를 넘어 끊임없이 도전해야 하는 애니메이션 장르는 통신과 방송의 융합, 유선과 무선의 융합, 미디어믹스 등으로 영화, 게임 산업과 함께 성장해야 할 중요한 산업적 토대가 되고 있다는 점이다(이상원, 2006).

기반으로 음악성과 결합된다(박기수, 2006). 이러한 융합적인 미디어 형태의 애니메이션은 기술의 발전으로 오늘날 더욱 다양하게 확장되면서 사회문화적으로 확대되고 있다.

애니메이션은 내러티브를 기반으로 음악적 요소와 영상적 요소, 그리고 서술적 요소를 유기적으로 결합되어진 분리할 수 없는 통합적 양상의 텍스트를 제공한다.

이와 같은 특성으로 인해 애니메이션 텍스트에 대한 리터러시는 총체적 방식으로 접근해야 한다. 그러나 음악이나 영상에 관한 개별적 리터러시도 파악하기 용이하지 않은 상황에서 통합적으로 제공되는 애니메이션 텍스트를 주체적으로 읽어내는 것은 결코 쉬운 일이 아니다. 더구나 주요 향유자들의 연령층이 대부분 어리기 때문에 주체적인 리터러시를 위한 학습이나 체험이 충분하지 못하다는 점도 애니메이션 리터러시의 활성화를 가로막는 요인 중에 하나다. 문제는 그럼에도 불구하고 향유자의 애니메이션에 대한 노출은 뉴미디어의 부상과 함께 빈번해지는 양상이며, 만화, 캐릭터, 출판물, 게임 등의 멀티유즈(multi-use) 과정을 통하여 그 영향력은 한층 강화되고 있다는 것이다(박기수, 2006). 이러한 사회 현상 속에서 애니메이션 리터러시에 대한 구체적이고 체계적이 교육이 활성화되고, 애니메이션의 콘텐츠 특성을 부각시킬 수 있는 교육적 접근이 필요하다.

애니메이션은 오늘날 우리의 삶과 가장 밀접한 미디어 중의 하나이며, 문화적, 인종적인 특징과 차이점을 명확하게 보여줌으로써 선입견을 내포한 대부분의 실사 영화에 비해 문화할인율[55]이 낮은 미디어이며, 선입견 없

---

55 문화할인율(cultural discount rate)이란 문화권 간 문화적 내용의 교류 가능성을 평가하기 위한 지표로 특정 문화권의 문화상품이 다른 문화권으로 진입했을 때 언어나 사고방식 등의 문화적인 차이 혹은 이질감으로 인해 제대로 의미가 전달되지 않아 문화상품으로의 가치가 떨어지는 현상을 문화적 할인이라고 하며 그 할인되는 비율을 의미한다. 다른 문화에서 수용이 어려울수록 '할인율이 높다'라고 본다.

이 거의 모든 문화를 담아낼 수 있는 그릇으로서 기능할 수 있기 때문이다. 또한 애니메이션은 디지털 기술과의 융합을 통해 상상을 현실화하는 공감각적인 미적 쾌의 깊이를 심화시킴으로써 인간의 감성을 더욱 풍요롭게 하는 문화 콘텐츠로서의 역할을 하고 있다(조정래, 2013).

또한 예술에 있어서 지능적인 기계의 활용이 인간의 사고에서 의미를 만드는 과정과 어떠한 관계를 이루며 기술이 결합된 예술이 전통적 예술의 미학으로부터 확장되었다. 현실세계의 물리법칙을 수학적인 해석으로 표현하는 절차적 애니메이션 기법들은 대다수 현실세계의 자연스럽고 임의적인 움직임을 재현하기 위한 구체적인 목표를 가지고 공학 분야에서 개발되었지만 컴퓨터 프로그래밍을 포괄하는 절차적인 리터러시로서의 미디어의 이해를 통해 예술가들은 컴퓨터를 매개로 한 예술작품의 창작과정에 보다 개념적으로 접근할 수 있게 된다(김혜란, 2014). 이러한 애니메이션의 다양한 표현은 하나의 주제를 통해 감상자에게 복합적인 경험을 제공하고, 애니메이션 리터러시에 대한 경험적 접근은 문제해결을 위한 창의성과 리터러시 역량을 향상시킬 수 있다.

애니메이션 리터러시를 통한 교육은 문화를 이해하고, 그 맥락 속에서 사회적 가치를 발견할 수 있게 함으로써 학습자에게 삶에 대한 통찰과 비판적 인식을 형성하며, 실천적 의지를 함양할 수 있도록 한다. 나아가 해당 미디어를 공유한 사람들이 함께 협의와 토론을 통해 다양성을 존중하는 협력적 자세를 배울 수 있다. 애니메이션이 다양한 미디어 기술의 발전으로 인해 활용 영역이 더욱 확장되고, 접근이 용이해짐에 따라 이에 대한 애니메이션 리터러시의 체계적인 교육에 대한 중요성이 확대되고 있는 것이다(장은영, 2018). 다문화 사회에서 애니메이션 리터러시를 활용한 미디어교육은 다문화교육의 전환적 실천으로 나아갈 것이다.

4. 상호문화 감수성을 위한 애니메이션 리터러시

1) 애니메이션 〈라따뚜이〉의 기호학적 분석

1절에서 우리는 상호문화 감수성에 대해 다른 문화적 배경을 가진 사람들에 대해 유연하면서도 개방적인 태도를 가지는 것을 의미한다고 정의했다. 상호문화 감수성은 다문화 사회를 살아가는 모든 사람들에게 함께 살아가기 위한 기본적인 역량이다. 이를 위해 우리는 일상생활에서 접하는 미디어, 즉 영화, 드라마, 만화, 애니메이션 등의 읽기를 통해 상호문화 감수성을 확보하는 방안을 고민해야 한다. 이번 절에서는 디즈니의 애니메이션인 〈라따뚜이〉[56]를 기호학적 분석을 통해 진행하는 리터러시 방법을 모색할 것이다. 특히 학습자들이 서사 구조와 등장인물의 기호학적 분석을 통해 미디어 텍스트 내면의 의미를 깨닫게 하는 스토리텔링 방법을 도입한다.

우리는 흔히 애니메이션이라고 하면 대개 어린이용으로서 어린이 시각의 애니메이션이라는 생각이 지배적이다. 그런데 〈라따뚜이〉는 어른에게도 감동을 주는 애니메이션이라고 볼 수 있다. 대강의 줄거리는 다음과 같다.

---

56 〈라따뚜이(Ratatouille)〉는 브레드 버드 감독 작품으로써 픽사 애니메이션 스튜디오에서 제작하여 2007년 7월에 개봉된 가족형 애니메이션임.

주인공 '레미'는 뛰어난 미각과 후각을 가지고 있는 의인화시킨 쥐이다. 요리에 관심을 갖게 되다가 우연히 발견한 식당에서 일하는 인간과의 만남으로 쥐가 사람 대신 요리를 한다는 다소 황당무계한 전형적인 만화적 상상력을 함유한 애니메이션이다. 하지만 쥐라는 동물이 아니라 쥐가 나타내는 기호를 사회적 소수자라고 간주하고 들여다보면 다문화 사회에서 상당히 감동적이고 매력적인 다문화교육의 소재라고 할 수 있다.

그렇다면 이 애니메이션을 어떻게 상호문화 감수성 함양을 위해 활용할 수 있는가를 생각해 보자. 그럼 먼저 〈라따뚜이〉의 서사구조를 살펴보면 다음과 같다.

〈표 9-1〉 애니메이션 〈라따뚜이〉의 서사구조

1	위기	• 레미(주인공 쥐)는 가족들과 헤어짐
2	협력자의 등장	• 링귀니는 식당에서 잡은 쥐(레미)를 살려줌 • 레미는 목숨을 구해준 보답으로 자신의 특기인 요리를 도와줌
3	계약	• 링귀니는 레미의 요리를 자신이 한 것처럼 하여 잡부에서 요리사로 직위의 상승 • 레미는 자신이 좋아하는 요리를 사람의 힘을 빌려 하기로 함
4	적대자의 등장	• 주방장이 링귀니의 요리를 의심하기 시작함 • 주방장은 링귀니가 전 식당주인이자 주방장인 구스또의 아들이라는 사실을 알게 됨
5	사랑	• 링니귀와 유일한 여자요리사이자 부주방장인 꼴레뜨와의 사랑
6	갈등의 극대화	• 레미가 링귀니가 구스또의 아들이라는 사실을 발견 이를 전해주려고 함 • 주방장은 이를 저지하려 함
7	갈등의 해소	• 링귀니에게 자신이 구스또의 아들이라는 사실이 알려지고 식당의 주인이 됨
8	협력자와의 갈등	• 링귀니와 꼴레뜨의 관계의 발전으로 레미의 말을 잘 듣지 않으려 하여 헤어짐
9	위기	• 구스또를 궁지에 몰아넣은 음식 평론가 안톤 이고의 방문 예정 • 레미가 전 주방장에 의해 납치
10	위기의 절정	• 레미가 없이는 음식을 못하는 링니귀가 레미의 존재를 밝히자 모든 요리사들이 떠남

11	위기의 해소	• 꼴레뜨는 다시 돌아오고 레미는 가족들을 동원하여 안톤 이고에게 음식을 만들어 줌
12	새로운 시작	• 안톤 이고는 요리사가 쥐라는 사실을 알았으나 평론에 극찬 • 후에 쥐로 인하여 식당이 위생 불합격이 되자 안톤 이고는 자신의 지위를 잃게 됨 • 레미와 링귀니, 꼴레뜨가 새로 차린 식당에서 레미의 음식을 먹으며 행복을 느낌

〈라따뚜이〉의 서사구조는 전개상 모두 12개로 구분하여 제시할 수 있다. 이는 주인공 '레미'와 협력자라고 할 수 있는 대리 주인공 '링귀니'가 서사구조의 주체로 설정된 것을 가정했을 때의 서사구조이다. 이 서사구조에 나타나는 다양한 캐릭터들은 주인공과의 '관계'를 형성하고 있다. 따라서 이들의 관계를 이해하는 것은 다문화 사회 구성원들인 우리의 사회 구조 속에서의 상호 관계들을 이해할 수 있는 계기가 된다. 그렇다면 지금부터 〈라따뚜이〉에 나타난 인물들에 대하여 기호학적으로 분석해 보도록 하자. 〈라따뚜이〉에 등장하는 주요인물은 의인화된 레미와 레미의 가족들은 에밀, 레미의 아버지가 있고 구스또, 링귀니, 꼴레드, 주방장, 링귀니, 안톤 이고 등이 있다. 이런 인물들을 다문화 사회에서의 사회적 소수자적 개념을 염두해 두고 관찰해 보자. 아울러 이 인물들에 나타난 언어, 외모, 행동, 배경 기호들을 기표와 기의[57]로 구분하여

---

57 기호학에서 사용하는 용어인 기표와 기의는 기호를 구성하는 두 가지 요소를 가리킨다. 기표는 기호가 나타나는 물질적 형태로써, 말해지거나 쓰여진 단어나 대상 등이 이에 해당된다. 반면 기의는 기호가 지시하는 개념이다. 예를 들어, 사과라는 단어가 있다면 사과라는 글자가 기표이며 사과라는 단어를 볼 때 우리가 머릿속에 떠올리는 대상이 바로 기의가 된다. 여기서 중요한 것은 우리의 상식적 생각과 달리 기의가 실재 세계에 존재하는 개별적인 대상이나 사건을 가리키는 것이 아니라는 점이다. 즉 사과라는 단어가 가리키는 것은 어느 특정한 사과가 아니라 사과 일반을 가리킨다. 소쉬르(Ferdinand de Saussure)가 기의를 설명하면서 기표가 지시하는 대상이라고 설명하지 않고 기표가 환기시키는 대상의 심적 영상이라고 표현한 것이 이를 보여준다. 또 하나의 기표가 반드시 하나의 기의하고만 연결되는 것도 아니다. 하나의 기표가 다수의 기의를 가질 수 있고 반대로 하나의 기의가 다수의 기표를 가질 수도 있는 것이다. 그래서 사과라는 기표는 과일로서의 사과 외에 맥락에 따라 어느 지역이나 특정한 기념일 등을 의미할 수 있으며, 마찬가지로 장미꽃이나 향수, 포옹 등이 모두 사랑이라는 기의를 표현하는 기표가 될 수 있다. 이들 기표와 기의 사이의 관계는 대체로 자의적이며 그 언어 공동체의 문화적 관습에 따라 결정된다(Edgar & Sedgwick, 2007).

분석한 기술들은 다음과 같다.

① 레미

영화의 주인공적인 캐릭터로 사건의 핵심을 구성하는 인물이다. 구스또의 요리 프로에 반하여 그를 우상으로 삼고 뛰어난 미각과 후각으로 요리에 천부적인 재능이 있다.

	언어	기표	자신감과 의욕이 결여된 힘없는 말투 → 자신감과 의욕이 넘치고 자신의 신념을 가족들에게 말함
		기의	안정적, 현실에 순응 → 도전적, 개척정신
	외모	기표	쥐들 사이에서도 아주 작음, 말랐음
		기의	민첩함, 약함
	행동	기표	전형적인 쥐의 행동(아무 음식이나 먹음)을 싫어함, 가족들이나 친구들이 오면 불편한 기색을 보임 → 가족들의 도움을 요청, 요리에 직접 참여하게 함
		기의	비판적, 차별적 관념, 우열성 부여 → 인정, 화합
	배경	기표	시골 쥐의 소굴(천장 틈새) → 도심 주택의 볕이 드는 창가, 혼자만의 공간
		기의	비속함, 더러움 → 고상함, 깨끗함

위의 분석에서 레미는 최초에 자신감이 결여된 모습을 보여주지만 시간이 지나면서 도전적이며 개척자적 모습으로 변하고 있음을 보여준다. 또한 요리 과정에 적극적으로 참여하며 인정과 화합적인 행동을 보여주고 있다.

② 에밀

레미의 형으로 등장한다. 성격은 낙천적이며, 전형적인 쥐의 습성을 보인다. 그러나 레미를 자주 찾아와 난처하게 하기도 한다.

	언어	기표	거침없는 말투 관심 밖의 대상에는 귀찮아함
		기의	무례함, 나태함
	외모	기표	크기는 아주 크지 않지만 뚱뚱하게 표현
		기의	낙천적
	행동	기표	전형적인 쥐의 행동(아무음식이나 먹음). 레미를 찾아가서 먹을 것을 달라고 하며 친구들까지 데리고 옴
		기의	더러움, 몰상식함, 무관념, 배려심 부족
	배경	기표	시골 쥐의 소굴(천장 틈새), 지하 소굴
		기의	천박함, 더러움

위의 분석에서와 같이, 레미의 형인 에밀은 무례하고 나태하며 낙천적인 성격의 소유자로 등장한다. 전형적인 시골 쥐의 모습으로 등장하여 그의 동생인 레미를 유능하고 똑똑한 생쥐로 부각시키는 데 기호학적 배경 역할을 수행한다.

③ 레미의 아버지

처음에는 레미에게 쥐다운 삶을 요구하면서 운명에 순종하기를 바라지만 레미의 마음을 이해하고 특별함을 발견하면서 레미가 추구하는 것을 도와주게 된다.

		기표	말이 많지 않음
	언어	기의	무뚝뚝함
	외모	기표	쥐 중에서 크고 엄한 인상
		기의	엄격함, 권력
	행동	기표	레미에게 쥐답게 살 것을 요구하고 인간세계에서의 쥐들의 현실을 보여줌 → 레미의 특별함을 인정하고 도와줌
		기의	현실에 순응 → 도전
	배경	기표	한 무리의 어른
		기의	쥐의 입장을 대변

위의 기호학적 분석에서 제시한 바와 같이, 레미의 아버지는 인간의 아버지와 같이 전형적인 아버지상을 보이고 있다. 특히 레미의 특별함을 인정하고 도우며 레미에게 도전정신을 일깨워 주는 보조자적 역할을 한다.

④ 구스또

생전에 구스또 식당의 주인이자 주방장 안톤 이고의 혹평에 상심하다 죽게 된다. 그렇지만 유명한 명언인 "요리는 누구나 할 수 있다."고 말했다.

		기표	부드러운 말투, 누구나 요리사가 될 수 있다고 말함
	언어	기의	자상함, 평등성
	외모	기표	뚱뚱함 자상한 얼굴 표정
		기의	자상함, 배려심, 도덕적
	행동	기표	레미의 용기를 북돋아주며 잘못된 행동을 타이름
		기의	올바른 길로 인도, 도덕적 기준
	배경	기표	책, TV, 식당
		기의	기준, 우상

위의 분석에서 구스또는 자상함, 평등성, 배려심 등의 기의를 획득한다.

또한 레미의 용기를 북돋아주고 잘못된 행동을 타이르는 이른바 '레미의 우상'으로 등장한다.

⑤ 링귀니

구스또의 아들이며 레미의 협력자이다. 어머니의 유언으로 식당을 찾게 되고, 레미의 도움으로 잡부에서 주방장으로 지위가 상승한다.

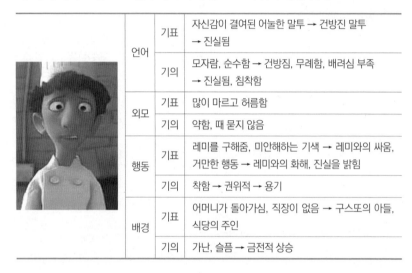

언어	기표	자신감이 결여된 어눌한 말투 → 건방진 말투 → 진실됨
	기의	모자람, 순수함 → 건방짐, 무례함, 배려심 부족 → 진실됨, 침착함
외모	기표	많이 마르고 허름함
	기의	약함, 때 묻지 않음
행동	기표	레미를 구해줌, 미안해하는 기색 → 레미와의 싸움, 거만한 행동 → 레미와의 화해, 진실을 밝힘
	기의	착함 → 권위적 → 용기
배경	기표	어머니가 돌아가심, 직장이 없음 → 구스또의 아들, 식당의 주인
	기의	가난, 슬픔 → 금전적 상승

위의 분석에서 링귀니는 앞서 분석한 레미의 기호분석 결과와 유사하다. 역시 레미와 마찬가지로 순진함, 진실함, 약함 등의 기의를 갖게 되지만, 시간이 지나면서 진실을 밝히기 위한 정의로운 행동가로 변화하고 있음을 알 수 있다.

⑥ 주방장

원래 수석주방장으로 주인인 구스또가 죽은 후 2년 동안 상속권을 가진 자가 없을 때 식당을 차지하게 되어 있다. 후에 구스또가 혈육임을 알고 이를 은폐하려다 밝혀져 직장을 잃는다.

언어	기표	권위적이고 억압적인 말투, 거친 단어	
	기의	권위적, 비도덕적	
외모	기표	작고 악질적인 인상의 얼굴	
	기의	의심, 비협조	
행동	기표	링귀니를 의심, 사실의 은폐, 방해공작, 진정한 요리와는 거리가 먼 인스턴트성 음식 판매	
	기의	의심, 조작, 거짓, 적대자로서의 역할	
배경	기표	식당, 개인 변호사	
	기의	금전적 이익에 집착	

위의 기호 분석에서 주방장은 우리 사회의 대표적인 기득권의 표상으로 등장한다. 언어에서는 권위적이고 억압적인 말투를 사용하며 금전적 이익에 집착하는 인물로 나타난다.

⑦ 꼴레뜨

부주방장으로 후에 링귀니와 연인 사이로 발전하는 인물이다. 링귀니의 진실됨을 알고 끝까지 링귀니를 도와주는 보조자적 역할을 한다.

언어	기표	공격적 말투, 거친 단어 → 부드러운 말투
	기의	권위적, 수직적, 전형적인 직장상사 → 포용적, 수평적 관계
외모	기표	다소 신경질적인 표정, 오토바이 복장
	기의	강함, 거침
행동	기표	링귀니에게 상사로서 엄격하게 행동 → 눈물, 링귀니에게 협조
	기의	엄격함, 자신보다는 전체의 이익을 위함
배경	기표	식당
	기의	일에 매달림

위의 기호분석에서 꼴레뜨는 여성이지만 남성과 동등한 행동 기표를 보이는 커리어 우먼으로 등장한다. 링귀니의 상사라는 지위에서 링귀니의 순수함을 인정하고 점차 연인으로 발전하는 조력자적 역할을 수행한다. 이 애니메이션에서 꼴레뜨는 다문화 사회에서 젠더 차별이 없어야 함을 드러내는 기호 역할을 한다.

⑧ 안톤 이고

요리평론가로서의 역할을 한다. 혹평을 위해 존재하는 것처럼 보이는 악명높은 평론가이지만 레미의 음식에 감동을 받게 된다. 그럼으로써 자신의 편향된 시선을 바로 잡고 맛있는 음식에서 행복을 느끼는 삶을 살게 된다.

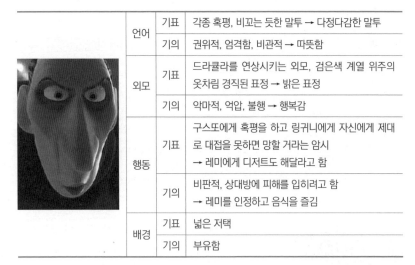

	언어	기표	각종 혹평, 비꼬는 듯한 말투 → 다정다감한 말투
		기의	권위적, 엄격함, 비관적 → 따뜻함
	외모	기표	드라큘라를 연상시키는 외모, 검은색 계열 위주의 옷차림 경직된 표정 → 밝은 표정
		기의	악마적, 억압, 불행 → 행복감
	행동	기표	구스또에게 혹평을 하고 링귀니에게 자신에게 제대로 대접을 못하면 망할 거라는 암시 → 레미에게 디저트도 해달라고 함
		기의	비판적, 상대방에 피해를 입히려고 함 → 레미를 인정하고 음식을 즐김
	배경	기표	넓은 저택
		기의	부유함

위의 기호 분석에서 안톤 이고는 우리 사회의 관료의 표상으로서 권위적, 엄격함 등으로 설정되어 있지만 가장 더러운 생쥐가 가장 아름다운 음식을 만든다는 이율배반적인 진리를 만들어내는 데 기여하는 역할을 한다.

2) 애니메이션 〈라따뚜이〉에 나타난 사회문화적 의미

우리는 이와 같은 인물 분석들을 기호학적 기의 분석, 즉 '다르게 해석해 보기'를 수행할 수 있다. 이와 같은 다르게 해석하기는 '다른 이야기'를 말하는 계기를 마련해 준다. 이는 어떻게 보면 다문화 사회에서 지녀야 할 상호문화 감수성을 획득하는 지점이 될 것이다.

의미는 기호 속에 들어 있는 것이 아니라 해석의 과정에서 탄생한다 (Chandler, 2006). 레미를 비롯한 쥐를 동물의 쥐가 아닌 인물 분석에서 나타난 기의인 비속함, 더러움 등의 기의를 사회적 소수자로 해석한다면 이 애니메이션을 보는 시각이 달라진다. 우선 쥐를 다문화 사회의 소외계층으로 해석하고 레미가 링귀니를 통하여 요리를 하는 것처럼 인간을 하나의 기업이나 자신의 특기를 발휘할 수 있는 매개체로 볼 수 있다. 또한 평론가는 어떤 사회의 주류적인 평가나 사람들의 시선 혹은 여론으로 해석할 수 있다.

레미는 가난하고 교육을 제대로 받지 못했거나 사회적 소수자이지만 뛰어난 재능을 가진 사람으로 혹은 우리 사회의 이주노동자, 결혼이주여성, 난민 등과 같은 이주 배경을 지닌 소수자로 간주될 수 있다. 레미의 특징은 식당에서 불결함을 기호로 가진 쥐라는 특성 때문에 자신을 드러내지 못하고 링귀니에 의해서만 자신의 능력을 발휘할 수 있다.

이러한 의미를 사회의 현상과 결부시켜 보면, 실력과 재능으로만 평가받지 못하고 외적인 것으로 미리 판단되어 자신의 실력을 보일 수 없는 인물들로 생각될 수 있다. 다시 말하면 피부의 색깔이 다르다고 해서, 사용하는 언어가 다르고 종교적 배경이 다르다고 해서 어떤 분야에 자신의 재능을 펼칠 수 없다고 가정할 수 있다. 또한 어떤 분야에서 일을 하려고 하지만 사회의 인식에 부딪혀서 아무것도 할 수 없는 사람, 즉 범죄자같이 사회적 낙인이 찍힌 사람들이나 다양한 사회적 소수자를 대입시켜 생각해볼 수 있다. 뿐만 아니라 기업의 횡포에 대항할 힘이 없는 열악한 상황에 있는 이주노동자 혹은 어떤 권리도 제대로 주장하지 못하는 난민의 경우도 생각해 볼 수 있다.

애니메이션 중에 레미와 링귀니가 싸우는 장면이 나오는데 레미는 자신의 신념, 생각대로 음식을 만들려고 하지만 링귀니는 자신보다 윗 계급에서 오는 요구를 그대로 따르려고 하는 데서 레미와 링귀니와 의견 충돌이 일어나고 상대적 약자인 레미는 잠깐 동안이지만 버림을 받게 된다. 또 레미의 요리 솜씨로 만든 요리가 인기를 끌면서 링귀니가 스포트라이트를 받으며 관심을 받게 되는데 여기서 큰 단체와 그 속에서 일하는 사람들의 관계를 상정해 볼 수 있다. 일은 레미의 계층이 하지만 평가는 그 개인이 아닌 큰 단체로 돌아간다. 〈라따뚜이〉에서는 링귀니가 사실을 밝히고 레미와의 갈등이 해소되면서 서로 화해하면서 요리사로서 레미 자신이 비평가인 안톤 이고에게 스스로의 작품임을 보였지만 현실에서는 그렇지 못하다. 특히 〈라따뚜이〉에서 가장 두드러진 부분은 레미의 음식을 먹고 쓴 안톤 이고의 평론의 내용이다.

어떻게 생각하면 비평이라는 작업은 굉장히 쉬운 일이다. 위험부담이 없을 뿐더러 우리의 평론만 목 빠지게 기다리는 사람들에게는 아주 젠 척 할 수 있는 직업이기 때문이다. 우리는 쓰기에도 읽기에도 재미있는 나쁜 말들을 잔뜩 적어 놓는다. 하지만 쓴 소리를 잘하는 우리 평론가들은 어쩌면 겉모습만 보고 있는 것인지도 모른다. 보잘 것 없어 보이는 작은 것들이 어쩌면 우리의 비평보다 더 의미가 있는 것인지도 모른다. 비평가들이 간과하는 것이 하나 있는데 그것은 새로운 것에 대한 발견과 방어이다. 세상은 새로운 재주나 창작물에 관대하지 못하다. 그들은 친구가 필요하다. 나도 어제 밤에 새로운 것을 경험했다. 정말 기가 막히게 맛이 있는 소스가 뿌려진 아주 특별한 식사! 음식이나 주방장 모두에 관해 내가 느끼고 있는 추잡한 선입견은 모두 배제한 채 얘기하기로 하겠다. 그게 중요한 게 아니므로! 솔직하게 말해 예전에는 구스또 주방장의 유명한 좌우명인 누구든지 요리할 수 있다는 말을 믿지 않았다. 하지만 지금은 그 말이 무슨 말인지 알 것 같다. 모든 사람이 예술가가 될 수 있는 것은 아니다. 그러나 예술가는 어디서든 나올 수 있는 것이다. 구스또에서 요리하고 있는 그 비천한 요리사를 상상하면, 이 평론 자체가 정말 힘들겠지만 감히 말한다. 그는 프랑스의 그 어느 요리사보다도 훌륭하다고!

여기서 부각되는 부분은 "세상은 새로운 재주나 창작물에 관대하지 못하다."라고 하는 부분이다. 이는 곧 우리 사회에서는 대부분 새로운 것 혹은 지금까지의 흐름이나 선입견을 깨는 것을 싫어하는 말로 번역될 수 있다. 애니메이션 〈라따뚜이〉가 말하려는 것은 선입견에 가려 진실한 것을 바로 보지 못하는 것을 꼬집는 것이라고 생각한다. 위의 요리비평가 안톤 이고의 비평과 아울러 인물 기호 분석에서 나타난 기의들을 대입하면 다음 〈표 9-2〉와 같다.

〈표 9-2〉 애니메이션 〈라따뚜이〉의 사회문화적 의미

기표	1차적 기의	2차적 기의(사회문화적 의미)
쥐	더러움, 보잘 것 없음, 인간보다 열등한 존재	사회적 소수자
레미	더러움, 보잘 것 없음, 인간보다 열등한 존재	재능을 가지고 있으나 사회적 편견이나 제한에 부딪혀 발휘할 수 없는 부류
인간	쥐보다 뛰어난 존재	기업, 권력을 가지고 있는 소위 '갑'인 단체
링귀니	레미가 자신으로 하여금 능력을 발휘할 수 있도록 허용	개인의 능력을 이용하는 기업 및 단체
비평가들	편견, 선입견, 기준, 관습	세상 사람들의 인식, 타인을 평가하는 잣대, 문화적 기준
안톤 이고	변화, 진실, 관습의 타파, 새로운 시각	새로운 변화를 받아들이고 그 변화에 능동적으로 참여하는 부류

〈표 9-2〉에서는 〈라따뚜이〉에 나타난 1차적 기의에 대해 사회구조를 반영한 2차적 기의를 추리해보았다. 쥐 혹은 레미를 사회적 소수자로 놓고 보면 우리 사회가 사회적 소수자에 대해 많은 다양한 편견을 가지고 있고 그들의 능력을 간과하는 경향이 있는 것으로 기술할 수 있다. 그렇지만 안톤 이고의 비평에서와 같이 그들의 능력을 인정하는 계기를 만들어내고 〈표 9-2〉에서 레미의 요리를 맛본 후의 안톤 이고의 2차적 기의인 사회문화적 의미는 '새로운 변화를 받아들이고 그 변화에 능동적으로 참여하는 부류'의 존재를 의미한다. 이렇게 된다면 미래의 다문화 사회는 공존과 상생이 가능한 사회가 될 것이다.

5. 마무리

이 글에서는 다문화 사회를 살아가는 시민을 위해 필요한 역량인 상호문화 감수성의 향상을 위하여 애니메이션 〈라따뚜이〉의 리터러시 모형을 제안하였다. 이 모형은 〈라따뚜이〉의 서사구조 분석, 인물기호에 대한 기호학적 분석으로 이루어진다. 특히 기표로 나타나는 인물기호에 대해 1차적 기의와 2차적 기의를 구분하고 사회문화적 의미를 부여하였다.

우리가 쉽게 접할 수 있고, 흥미를 갖고 접근할 수 있는 애니메이션 텍스트에 우리의 일상을 투영시키고, 텍스트 속에 존재하는 기호들의 세계가 우리의 현실과 별반 다르지 않다는 사실을 발견하는 것이 이 글의 핵심이며, 리터러시의 목적이 된다. 그 이유는 1장에서 제시한 리터러시와 프락시스의 변증법에 의해서이기 때문이다. 어떤 텍스트를 읽어내는 것은 읽기 행위 그 자체를 넘어 사회적 실천을 도모하고 결국 사회변화에 기여해야 한다는 것이다. 다시 말해 애니메이션 〈라따뚜이〉에 감추어진 2차적 기의인 사회문화적 의미를 탐색하고 이를 다시 독자의 일상에 실천하는 것이 중요하다는 것이다.

이 애니메이션을 꼼꼼히 읽다보면 다문화 가정 구성원과 같이 사회적 약자를 이해할 수 있는 적합한 교육 기제라는 것을 알 수 있다. 애니메이션 〈라따뚜이〉는 다문화 미디어교육을 위한 텍스트이자 리터러시의 교본인 셈이다. 다문화 사회의 구성원 모두가 자신과 다른 인종적, 민족적, 종교적, 경제적 배경이 다른 사람들을 이해하고 존중하는 것이 다문화교육의 중요한 본질 중 하나라면 이런 내용을 포함하고 있는 미디어 텍스트를 선정하여 교육 현장에 도입하는 것은 바로 가장 적극적인 다문화 미디어교육의 실천인 셈이다. 아울러 미디어교육은 상호문화 감수성 함양이라는 차원에서 반드시 필요하다. 특히 애니메이션 리터러시는 언어와 문화의 문턱이 낮고 남녀노소 모두가 어렵지 않게 접할 수 있다는 점에서 교육적 활용 가치가 높다.

상호문화 감수성은 특정한 문화를 흡수하거나 다른 문화를 지배하여 획일화시키려는 것이 아니라, 서로 간의 관용적 태도와 다원적 세계관을 바탕으로 상호간에 동시에 문화적으로 인정하는 것이다. 그러므로 문화 안에 존재하는 각 개인들의 '만남'과 '관계'가 상호 역동적으로 이루어지는 것이 중요하다. 이러한 역동성은 '자신의 것'과 '낯선 것'을 동시에 표현하며, 낯선 것과의 접촉은 언제나 자신의 지각모델에 따라 성찰한다는 것을 보여준다. 애니메이션 리터러시는 다중적이며 다원적인 한국 사회에서 나타나고 있는 사회적 갈등 구조를 이해하고, 나아가 다문화 사회에서 타자들의 공존과 연대를 모색하는 중요한 가능성을 제시할 수 있다. 다문화 미디어교육은 다문화적 요소를 포함하고 있는 미디어 텍스트를 통해 다문화 사회의 모든 구성원들이 상호이해하고 협력하는 것을 학습하고 실천하는 것이다. 따라서 상호문화 감수성을 높이는 교육적 시도는 분명히 미래 지속가능한 다문화 사회를 위해 확장되어야 한다. 이를 통해 모든 시민들이 다양성을 인정하고 존중하게 되며, 더불어 살아가는 아름다운 세상을 만들어 나갈 것이다.

참고문헌

강문지(2018), 세계시민교육을 위한 초등 미술과 내용 구성에 관한 연구, 경인교육대
학교 교육전문대학원 석사학위 논문.

강유진(2018), 소설 원작 영화를 활용한 리터러시 교육 모형 연구, 우리문학연구, 59,
59-84.

강일국(2010), 다문화 대안학교 '새날학교' 연구: 농어촌 다문화가정 교육지원을 위한
기초 연구, 교육과정연구, 28(4), 1-28.

강주현(2008), 해외 다문화사회 통합사례 연구, 다문화사회연구, 1(1), 105-134.

강진구, 이기성(2019), 텍스트마이닝(Text Minning)을 통해 본 제주 예멘 난민,
다문화콘텐츠연구, 30, 103-135.

강진숙(2005), 미디어 능력의 개념과 촉진사례 연구, 韓國言論學報, 49(3), 52-79.

강진숙(2012), 차이와 소수성을 위한 이주노동자 미디어교육에 대한 질적 연구(공저),
한국언론학보.

강진숙, 조재희, 김지연(2018), 미디어 소수자(미디어약자)를 위한 미디어교육 프로그램
개발방향 연구(공저), 한국언론학회.

강진숙, 배민영(2010), '소수자-되기'를 위한 노인 미디어교육 연구 - 노인 미디어
교육 교수자 및 학습자와의 심층인터뷰를 중심으로, 교육문화연구, 16(1),
255-280.

강현미, 김영순(2007), 문화교육과 이미지 리터러시 상관관계 연구, 언어와 문화,
3(3), 57-74.

강현석, 이지은(2016), 이해중심 교육과정을 위한 백워드 설계의 이론과 실천: 교실혁명,
학지사.

강혜순(2006), 스토리텔링 활용 수업이 초등학생의 읽기능력 및 정의적 영역에 미치는 영향, 제주교육대학교 교육대학원 석사학위논문.

강휘원(2006), 한국 다문화사회의 형성요인과 통합정책, 중앙행정논집, 20(2), 5-34.

고민정, 염미경, 김일방(2013), 다문화적 갈등 완화를 위한 학교다문화교육의 방향 - 다문화학생에 대한 일반학생의 인식을 중심으로 -, 법교육연구, 8(3), 1-28.

고홍규(2015), 한국의 다문화교육 담론에 대한 비판적 논의의 고찰과 미술교육에의 시사점에 관한 연구, 미술교육논총, 29(1), 109-132.

교육과학기술부(2012), 한국어 교육과정, 교육과학기술부 고시 제2012-14호 [별책27].

교육부(2015), 교육부 보도자료, 2015년, 7월 7일 국무회의, 유학생 유치 확대 방안.

교육부(2015), 국어과 교육과정, 교육부 고시 제2015-74호[별책 5].

교육부(2016), 2015개정 교육과정 총론 해설, 발간등록번호 11-1342000-000188-01.

교육부(2016), 2016년 교육부 업무계획, 교육부 배포자료(2016.1.28.).

교육부(2017), 한국어 교육과정, 교육부 고시 제2017-131호[별책42].

교육부(2019), 2019년 다문화교육 지원계획.

구정화(2012), 다문화 시민성을 위한 초등 다문화교육 프로그램 개발 연구, 사회과 교육, 51(1), 1-18.

국회교육문화체육관광위원회(2015), 국정 감사의 시정 및 처리요구사항, 교육문화체육관광위원회.

권금상(2013), 대중매체가 생산하는 '이주여성' 재현의 사회적 의미: 결혼이주민과 북한이탈주민 TV 프로그램을 중심으로, 다문화 사회연구, 6(2), 39-81.

권혁일(2008), 디지털 스토리텔링이 초등학생의 수학 학업성취도 및 태도에 미치는 효과, 교육과학연구, 39(3), 139-170.

김강원(2019), 이미지 리터러시를 활용한 자기소개 글쓰기 수업 방안 연구-외국인 유학생 글쓰기를 중심으로, 리터러시연구, 10(1), 135-171.

김강훈, 박상현(2011), 인과지도 분석을 통한 디지털 세대의 정치적 무관심과 정치 참여

　　　　형태 연구, 한국시스템다이내믹스 연구, 12(3), 47-66.

김경애(2017), 한국 중년관객을 위한 영화리터러시 수업모델, 아시아영화연구,

　　　　10(1), 55-77.

김경준(1998), 지역사회 주민의 공동체의식에 관한 연구, 한국지역사회발전학회,

　　　　23(2), 211-232.

김경희(2009), 텔레비전 뉴스 내러티브에 나타난 재한 이주민의 특성 - 뉴스초점이

　　　　주민과 주변인물(한국인·이주민) 분석을 중심으로, 한국방송학보, 23(3), 7-46.

김경희(2011), 휴먼다큐멘터리 프로그램 게시판에 나타난 이주민에 대한 수용자의 인식,

　　　　방송과 커뮤니케이션, 12(4), 5-42.

김기영(2017), 한국 다문화 교육 정책의 변화과정에 대한 연구, 입법과 정책, 9(1),

　　　　371-393.

김기하(2008), 사회통합을 위한 법의 역할, 저스티스, 106, 218-237.

김남국(2010), 다문화의 도전과 사회통합: 영국, 프랑스, 미국 비교 연구, 유럽연구,

　　　　28(3), 133-174.

김명희, 정윤자(2018), 영화 〈수상한 그녀〉를 활용한 한국어 의사소통 교육 연구,

　　　　새국어교육, 115, 207-236.

김미진, 김경은(2018), 국내 다문화 수용성에 관한 연구동향 분석, 다문화교육연구,

　　　　11(1), 1-27.

김민식, 이가희(2017), 디지털 플랫폼과 인공지능(AI)의 이해, 정보통신정책, 29(18), 1-19.

김병성(1990), 교육사회학 관련이론, 양서원.

김복래(2009), 프랑스, 영국, 미국의 다문화주의에 대한 비교 고찰, 유럽연구, 27(1),

　　　　207-236.

김서현(2012), 비판적 다문화교육을 위한 가정과 교수·학습 자료 개발 및 타당화 연구:

　　　　미디어 리터러시를 중심으로, 한국가정과교육학회지, 24(3), 1-34.

김선미(2011), '한국적' 다문화정책과 다문화교육의 성찰과 제언, 사회과교육, 50(4),

173-190.

김선정, 김창아(2020), 다문화 가정 자녀를 위한 한국어 교육 방안, 한국 다문화사회의
교육과 복지 실천(260-280), 집문당.

김세훈(2006), 다문화사회의 문화정책, 한국거버넌스학회 학술대회자료집, 461-470.

김송아(2010), 문화예술교육이 시민문화의식수준에 미치는 영향에 관한 연구,
서울시립대 석사학위논문.

김아미(2018), 미국 미디어 리터러시 교육의 과거와 현재, 그리고 미래, 4차 산업혁명
시대의 미디어 리터러시 교육, 지금, 440-471.

김애순(2005), 청년기 갈등과 자기이해, 시그마.

김영란(2020), 한국 다문화청소년정책의 패러다임 변화 방향 - 인정/분배를 중심으로
- 한국사회복지행정학, 22(1), 127-159.

김영순(2006), 미디어와 문화교육, 한국문화사.

김영순(2010a), 다문화 사회와 시민교육: 다문화역량을 중심으로, 시민인문학, 18, 33-59.

김영순(2010b), 이민자 통합을 위한 문화 정책의 기본 방향 연구, 문화정책논총, 23,
45-68.

김영순(2015), 다문화 사회와 인간 발달, 2015 한국인간발달학회 춘계학술대회 자료집, 1-18.

김영순(2017), 다문화교육의 이론과 이론가들, 북코리아.

김영순(2020), 이주여성의 상호문화소통과 정체성 협상, 북코리아.

김영순, 김금희, 전예은(2013), 외국인 대학원생을 지도하는 한국인 교수자의 다문화
감수성에 관한 연구, 인문과학연구, 37, 461-488.

김영순, 오영훈(2007), 의사소통 연구의 두 가지 논점: 인지 vs 기호, 언어과학연구,
42, 201-219.

김영순, 오영훈, 정지현, 김창아, 최영은, 정소민, 최승은, 조영철(2016), 처음 만나는
다문화교육, 북코리아.

김영순, 오영훈, 한성우, 윤희진, 권도영(2018), 인문 콘텐츠와 인물 스토리텔링, 선학사

김영순, 오장근(2004), 광고 텍스트 읽기의 즐거움, 연극과 인간.

김영순, 윤희진(2010a), 다문화시민성을 위한 스토리텔링 활용 문화교육 방안,
언어와 문화, 6(1), 27-46.

김영순, 최종임, (2016), 다문화 중점학교 프로그램 참여자의 다문화 시민성 인식에
관한 연구. 학습자중심교과교육연구, 16(4), 597-621

김영옥(2002), 유아 다문화교육 프로그램 모델 개발 연구, 幼兒敎育學論集, 6(2), 5-38.

김옥일, 채경진, 박광국(2009), 다문화정책의 전략적 우선순위에 관한 탐색적 연구,
한국사회와 행정연구, 115-135.

김용신(2010), 글로벌 시대 사회과 다문화교육의 방향, 사회과교육, 49(1), 47-56.

김용찬(2008), 서유럽국가 이주민 통합정책의 수렴 경향에 관한 연구, 大韓政治學會報,
16(1), 89-108.

김은선(2010), 음악치료가 다문화가정 아동의 언어적·감정적 자기표현력 증진에
미치는 효과, 성신여자대학교 석사학위논문.

김은영(2006), 저소득층 아동 및 청소년 대상의 문화예술교육 현황 및 개선방안 연구,
한국예술종합학교 예술전문사논문.

김재건(2002), 듀이 경험론의 재고찰: 구성주의 관점에 관련하여, 교육과정연구,
20(1), 75-95.

김재춘, 배지현(2009), 의미 생성 활동으로서의 스토리텔링의 교육적 함의, 초등교육
연구, 22(1), 61-82.

김재희, 이은희(2019), 학문 목적 한국어 학습자의 미디어 리터러시 수업 모형 개발을
위한 기초 연구-교재 분석 및 교사 인식을 중심으로, 리터러시연구, 10(3),
591-620.

김정민(2013), 중도입국 다문화가정 청소년의 다문화 대안학교 학습경험 탐색, 단국
대학교 박사학위논문.

김정선(2007), 공동체 경험을 통해 본 이주 여성의 귀속(belonging)의 정치학-한국

남성과 결혼한 필리핀 여성들의 공동체를 중심으로, 이화여자대학교 아시아 여성학센터 학술대회자료집, 2007(4), 82-108.

김정선(2016), 영화 속 '재한 외국인'의 목소리 재현 방식에 대한 고찰: 3세계 출신 이주민에 대한 위계적 시선, 언론과학연구, 16(2), 67-100.

김정현, 박석준, 이인숙(2009), 도시형 다문화 교육의 방향과 실제 - 대전시 서부다문화 교육센터 운영 사례를 중심으로-, 다문화교육연구, 2(2), 43-68.

김종백, 탁현주(2011), 교사의 다문화 교육인식과 다문화가정 학생의 학교적응과의 관계, 청소년학연구, 18(10), 161-185.

김지연(2013), 문화예술교육을 받은 다문화가정 2세의 자기효능감과 정서적·심리적 특성의 관계에 대한 연구, 숙명여자대학교 석사학위논문.

김지은, 권영실(2011), 일반인의 문화적 역량 증진을 위한 다문화 교육의 방향과 과제 - 미국의 교육 사례를 중심으로 -, 다문화교육 연구와 실천, 3, 63-109.

김지혜(2019), 다문화 문식성 함양을 위한 소설교육 연구, 국어교육연구, 69, 199-228.

김진석(2013), 담화분석과 영어교육, 한국문화사.

김진석(2015), 문화 간 의사소통 능력과 다문화교육, 한국문화사.

김진석(2016a), 영어과 교육과정 및 평가(개정판), 한국문화사.

김진석(2016b), 초등영어과 교육과정의 이해와 적용(개정 3판), 한국문화사.

김진석(2017a), 문화 간 의사소통 능력 함양을 위한 플립러닝 기반 초등영어 문화수업 모형 연구, 한국초등교육, 28(1), 111-122.

김진석(2017b), Direction of designing lesson plans based on conditions for language learning, 초등영어교육, 23(3), 99-119.

김진석(2018a), 제4차 산업혁명에서의 신경언어학 기반 영어교육, 한국언어과학회 2018년 겨울학술대회, 11-18.

김진석(2018b), 제4차 산업혁명에서의 교수-학습 방법 및 평가의 방향, 교육대학교 교육전문대학원 국제사회문화교육 전공 2018년 학술세미나자료집, 15-21.

김진석(2018c), 영어과 교육과정 기반 교육 평가의 이해, 한국문화사.

김진석(2019a), Multicultural literacy for English language learners, 한국문화사.

김진석(2019b), On developing English national curriculum and assessing methodsaligned with teaching focused on a weather chart for improving learners' digital literacy, 에너지기후변화교육, 9(1), 65-77.

김진석(2019c), On developing assessing methods aligned with teaching-learning activities for improving English language learners' digital literacy, 2019 Applied Research International Conference on Education, Literature & Language (ARICELL), London: King's College.

김진석(2019d), Designing unit and syllabus for improving primary English languagelearners' digital literacy, 한국초등교육, 30(3), 101-115.

김진석(2019e), Artificial intelligence-based digital literacy's goals and contents for primary English language learners: Focused on climate change and sustainability, 에너지기후변화교육, 9(3), 261-279.

김진석(2019f), 초등영어학습자를 위한 세계시민교육의 방향, 한국초등영어교육학회 하계 워크숍, 한국초등영어교육학회.

김진석(2020a), 초등영어학습자의 의사소통능력 함양을 위한 인공지능 Dialogflow API 챗봇 개발 및 구현 방안, 한국초등교육학회.

김진석(2020b), Artificial intelligence-based components and instructional goals for improving primary English language learners' global digital citizenship, 한국초등교육, 31(2), 15-167.

김진석, 장은숙(2015), 문화 간 화자를 위한 공동체 역량 기반 초등 영어과 교육과정의 내용 및 교수-학습 방법의 방향, 글로벌교육연구, 7(4), 55-78.

김진석, 장은숙(2017a), 문화 간 화자를 위한 수업 연계 역동적 평가 방향, 글로벌교육

연구, 9(4), 35-64.

김진석, 장은숙(2019a), On developing English national curriculum and assessing methods aligned with teaching Focused on a weather chart for improving learners'digital literacy, 에너지기후변화교육, 9(1), 65-77.

김진석, 장은숙(2019b), On Improving Primary Teachers' Assessment Literacy Based on Artificial Intelligence - Focused on Ongoing Assessment Aligned with English Class room Activities, English Language Assessment, 14(1), 61-80.

김진석, 장은숙, (2017a), 초등영어수업에서 백워드 설계 모형 기반 자기평가 구성의 방향, 한국초등교육, 28(3), 61-77.

김진희(2012), 호주사회의 국제난민을 둘러싼 다문화담론과 난민 이주민을 위한 교육, Andragogy Today, 15(3), 209-237.

김진희, 이로미(2019), 세계시민성 관점에서 본 제주도 예멘 난민 사태와 한국 다문화 교육의 과제, 다문화교육연구, 12(3), 37-64.

김진희, 허영식(2013), 다문화교육과 세계시민교육의 담론과 함의 고찰, 한국교육, 40(3), 155-181.

김창아(2015), 교육연극을 통한 다문화 대안학교 초등학생의 협동학습, 인하대학교 박사학위논문.

김창아(2020), 다문화 가정 학생의 교육연극과 협동학습, 한국 다문화 사회의 교육과 복지 실천(225-259), 집문당.

김창아, 김영순(2013), 교육연극을 활용한 다문화 대안학교의 한국어교육 프로그램 실행연구, 교육과학연구, 44(3), 241-269.

김창화(2003), 청소년을 위한 연극 교육, 문음사.

김청송(2009), 청소년심리학의 이론과 쟁점, 학지사.

김초희, 김도연(2018), 한국 다문화 TV 프로그램에서의 이주민·외국인 재현, 韓國言論學報,62(3), 309-341.

김초희, 김도연(2019), 한국 텔레비전 다문화 프로그램 속 다문화 구성원 및 외국인의 이미지 : 인종, 출신지, 다문화 구성 유형별 차이를 중심으로, 한국방송학회 33(4), 66-109.

김헌민, 김유미, 박지현(2008), 다문화사회의 정책적 이슈에 대한 고찰, 한국행정학회 학술발표논문집, 601-022.

김현철, 모상현(2016), NYPI 청소년 통계 브리프 ; 다문화청소년의 다문화정체성 발달특성분석, 한국청소년정책연구원.

김현희(2016), 포스트모더니즘과 다문화 교육에 대한 논의, 교육문제연구, 22(1), 93-110.

김혜란 (2014), 절차적 리터러시 (Literacy) 와 자동생성 애니메이션의 예술적 활용에 관한 연구, CONTENTS PLUS, 12(4), 49-65.

김희덕(2013), 장기집단미술치료가 지역아동센터 아동들의 자기표현과 자아존중감에 미치는 영향, 명지대학교 사회교육대학원 석사학위논문.

남호엽(2016), 글로벌 교육의 내용과 방법, 학지사.

노충래, 홍진주(2006), 이주노동자 자녀의 한국사회 적응실태 연구, 한국아동복지학, 22, 128-159.

두도장, 리한교(2010), 영화를 활용한 한국어 듣기 말하기 통합 교육 방안 -중국 현지 대학생을 대상으로-, 언어사실과 관점, 26, 227~265.

류방란(2013), 다문화교육 정책과 교육 현실의 성찰, 다문화교육연구, 6(4),131-149.

류방란, 김경애(2014), 중등학교 교사의 다문화 교육 인식, 다문화교육연구, 7(3), 87-111.

류은영(2012), 비평에서 리터러시로-영화 스토리텔링 리터러시를 중심으로, 세계문학 비교연구, 38, 346-384.

류재형(2015), 국제시장, 가부장적 가족주의의 재현, 현대영화연구, 22, 257-286.

류찬열(2010), 2000년대 한국영화에 나타난 이주노동자의 재현양상 연구 - 〈로니를 찾아서〉와 〈반두비〉를 중심으로, 다문화콘텐츠연구, 3, 137-152.

모경환, 임정수(2011), 사회과 다문화교육의 현황과 과제, 교육문화연구, 17(1), 261-290.

모경환, 황혜원(2007), 사회과교사의 다문화교육에 대한 인식과 교사교육의 과제, 한국교원교육연구, 24, 199-219.

문정희(2019), 다문화정책서비스 질의 영향요인: 다문화가족지원 종사자의 인식을 중심으로, 政策分析評價學會報, 29(1), 47-79.

문혜성(2004), 미디어교육학, 한국방송영상산업진흥원.

문혜성(2006), 미디어교수법, 한국방송영상산업진흥원.

민경원(2011), 문화예술교육으로서 영화교육의 현황과 전망, 영화연구, 49, 29-59.

민용성, 최화숙(2009), 다문화 사회에 대응하는 학교 교육과정 개발 방향 탐색, 학습 자중심교과교육연구, 9(3), 231-258.

민춘기(2018) 미디어 리터러시 수업의 외국 사례 및 국내 활용 가능성, 독어교육, 71, 7-30.

박기범(2014), 영화를 활용한 한국어 소설교육 연구 - '소나기'를 중심으로 -, 민족연구, 59, 30-57.

박기범, 송지영(2017), 소설과 영화 융합 수업의 개발 및 적용 ·한국어교육 수업 사례를 중심으로-, 우리말연구, 49, 211-233.

박기수(2006), 애니메이션 리터러시, 향유의 전략화, 한국학연구, 25, 45-70.

박동섭(2008), 바흐친의 대화성 개념을 통한 교실 담화분석의 방향 모색, 교육인류학 연구, 11(1), 37-72.

박명진(2011), 한국 영화의 공간성과 인종 재현 현상 - 이주노동자 소재 영화 〈바리케이트〉와 〈반두비〉의 경우를 중심으로, 語文論集, 46, 295-327.

박미경, 이헌율(2017), 가족주의 관점에서 본 KBS〈이웃집 찰스〉의 이주민 가족 재현 연구, 한국콘텐츠학회논문지, 17(4), 12-24.

박민정(2012), 한국 다문화교육 담론에 대한 비판적 고찰, 학습자중심교과교육연구, 12(1), 119-139.

박선미, 성민선(2011), 교사의 다문화교육 경험이 다문화적 인식에 미친 영향, 사회과교육, 50(3), 1-15.

박선웅, 이민경, 구정화, 박길자(2010), 다문화교육 연구학교의 프로그램에 대한 비판적 분석, 시민교육연구, 42(2), 29-60.

박선희(2012), 영화 리터러시 교육에 관한 사례연구, 교양교육연구, 6(1), 269-288.

박성(2017), 영화 〈국제시장〉을 활용한 한국 관념문화 교육 - 상호문화능력을 중심으로 - , 국제한국어교육학회 학술대회논문, 233-243.

박성현(2015), 영화감상교육프로그램 개발 연구 : 세종청소년 영화교실 감상수업을 중심으로, 세종대학교 교육대학원 석사논문.

박성호(1990), Aristoteles의 '윤리적 덕'에 있어서 '실천지'의 역할, 철학논총, 6, 131-157.

박순희, 김선애(2012), 초기 청소년의 문화적 경험과 다문화 인식 : 개방성-수용성-종중성과의 관계, 청소년연구, 19(7), 27-50.

박영준(2016), 한국 다문화교육의 문제점과 대안 고찰, 다문화콘텐츠연구, 21, 297-322.

박유신(2014), 시각문화교육과 디지털 미디어 시대의 애니메이션 교육의 방향, 만화애니메이션연구, 35, 29-65.

박윤경(2007), 지식구성과 다문화 문식성 교육, 독서연구, 18, 97-126.

박윤경, 이소연(2009), 다문화가정 학생의 학교생활 실태에 대한 조사 연구 : 집단간 차이와 집단 내 다양성, 시민교육연구, 41(1), 41-71.

박은지(2019), 영화의 리터러시와 부산의 예술영화관: 1990년대를 중심으로, 아시아영화연구, 12(1), 113-148.

박인기(2002), 국어교육과 문화교육; 문화적 문식성의 국어교육적 재개념화, 국어

교육학연구, 15, 23-54.

박인기(2002), 문화적 문식성의 국어교육적 재개념화, 국어교육학연구, 15, 25-54.

박인기(2016), 미래 사회 국어능력과 국어교육의 혁신, 새국어교육, 109, 191-218.

박종대(2017), 한국 다문화교육정책 사례 및 발전 방안 연구 – 상호문화주의를 대안
으로 –, 한국외국어대학교 박사학위논문.

박종필(2005), 수월성 교육 정책의 문제와 발전 방향 탐색, 수월성의 개념을 중심으로,
열린교육연구, 13(3), 29-46.

박주희, 정진경(2008), 타문화에 대한 태도발달검사의 타당화 연구, 한국심리학회지:
사회 및 성격, 22(1), 1-21.

박진우(2015), 다문화가정 청소년의 자아정체성 형성경험에 관한 연구, 중앙대학교
박사학위논문.

박천응(2013), 프락시스 중심의 다문화 리터러시 교육, 학습자중심교과교육학회학술
대회, 2013(3), 17-38.

박철희, 박주형, 김왕준(2016), 다문화학생 밀집학교의 교육현실과 과제: 서울 서남부
지역 초등학교를 중심으로, 다문화교육연구, 9(2), 173-201.

박휴용(2012), 다문화교육의 형평성과 수월성에 대한 비판적 고찰, 다문화교육연구
5(2), 147-172.

박휴용(2012), 비판적 다문화교육론, 이담Books.

박희현(2017), 애니메이션 제작을 통한 미디어 리터러시 교육 방향 연구, 한국융합학회
논문지, 8(2), 149-155.

방기혁(2013), 다문화 대안학교를 위한 고등학교 수준의 교육과정 개발 및 편성,
다문화교육연구, 6(3), 21-53.

변종헌(2016), 다문화 시민교육의 방향과 과제, 윤리교육연구, 40, 111-131.

서강식(2013), 다문화 가정 학생의 인성 및 학습 능력 함양을 위한 교육제도적 지원
연구, 도덕윤리과교육연구, 39, 73-99.

서명수(1998), 화용론과 극텍스트의 대화분석-대화 함축과 등장인물의 담화전략을
　　　중심으로, 한국연극학, 10(1), 203-233.

서명희(2018), 표상형식 간 융합교육을 통한 다중 리터러시의 신장, 국제어문 77,
　　　115-138.

서범석(2010), 다문화교육정책의 현황과 발전방향 탐색, 한양대학교 박사학위논문.

서유석(2015), 아부지, 이 정도면 저 정말 잘 살았지예?, 통일한국, 375, 76-77.

서종남(2009), 지역사회 통합을 위한 다문화교육의 역할과 과제, 교육문화연구,
　　　15(2), 75-104.

서종남(2012), 청소년의 다문화인식을 통한 다문화교육의 방향 연구, 교육문화연구,
　　　18(1), 83-110.

서혁(2011), 다문화 시대의 국어교육과 다문화 문식성 교육, 국어교육연구, 48,1-20.

설동훈(2009), 한국사회의 외국인 이주노동자: 새로운 '소수자 집단'에 대한 사회학적
　　　설명, 사림, 34, 53-77.

설진배, 어승원, 김연화(2013), 문화예술 다문화프로그램 운영실태 분석과 개선방안
　　　연구, 다문화사회연구, 6(1), 109-149.

손민영(2019), 이미지 리터러시와 직유를 활용한 자기발견 글쓰기, 문화와융합,
　　　41(5), 477-502.

손종현(2019), 대안교육과 학교기획-그 실험정신의 구현, 교육문화연구, 25(4), 213-237.

신예원, 마동훈(2019), 국내 미디어에 재현된 '예멘 난민'의 양면: 조선일보와 한겨레
　　　신문 보도에 대한 비판적 담론분석, 미디어 경제와 문화, 17(2), 3 -80.

신창호(2007), 동양의 교육전통에서 '배움'의 의미, 한국교육철학회교육철학, 3, 141-166.

심보선(2007), 온정주의 이주노동자 정책의 형성과 변화, 담론201, 10(2), 41-76.

심상민(2009), 다문화 사회에서의 문식성(Literacy) 교육의 제 문제, 국어교육학연구,
　　　35, 331-359.

아영아(2013), 다문화 학교환경이 청소년의 다문화태도에 미치는 영향, 청소년복지

연구, 15(1), 77-100.

안경식, 김동광, 김향은, 김회용, 박천응, 이철호, 장인실(2008), 다문화교육의 현황과
　　　과제, 학지사.

안병환(2012), 고등학교 학생들의 다문화교육에 대한 인식과 태도 연구, 홀리스틱
　　　교육연구, 16(2), 43-66.

안진숙(2019), 그림동화책 창작 프로그램에 참여한 다문화가정 청소년의 리터러시에
　　　관한 질적 연구, 인하대학교 박사학위논문.

양경은, 함승환(2018), 이주배경에 따른 청소년의 학교 소속감 격차: 다문화정책에
　　　대한 함의, 한국사회복지행정학, 45(1), 60-81.

양계민, 김성식, 김재우(2017), 다문화교육 종합발전방안연구 (연구보고서 17-R34), 교육부.

양성실(2013), 초등 사회과 교육과정에 나타난 다문화교육과 글로벌교육 내용 비교
　　　분석, 글로벌교육연구, 5(1), 29-53.

양정혜(2007), 소수 민족 이주여성의 재현, 미디어, 젠더 &문화, 7, 47-77.

엄미리(2010), e-포트폴리오 성찰일지 작성활동의 학습효과에 영향을 미치는 학습자
　　　관련 변인에 관한 연구, 고려대학교 박사학위논문.

엄한진(2011), 다문화 사회론: 이민과 다문화 상에 한 성찰 입문서, 소화.

여성가족부(2019), 2018년 전국다문화가족실태조사, 여성가족부.

염미경(2012), 대학 다문화교육과 대학생들의 다문화 인식: 다문화이해 관련 교양강좌
　　　수강생들을 중심으로, 현대사회와 다문화, 2(1), 211-233.

염미경, 김민호, 권상철(2016), 대학 다문화교육 현황과 방향 모색, 교육과학연구,
　　　18(2), 31-59.

영화진흥위원회 영화교재편찬위원회(2004), 영화 [읽기], 커뮤니케이션북스.

오만석(2011), 다문화가정 자녀교육의 현실과 과제: 여섯 가정을 중심으로, 다문화교육
　　　연구, 6(4), 43-77.

오성배(2007), 국제결혼 가정자녀의 교육환경과 문제, 교육비평, 22, 186-213.

오성배(2010), 다문화 교육 정책의 과제와 방향 탐색, 교육사상연구, 24(2), 149-170.

오성배, 김성식(2018), 다문화 학생의 학업성취 실태와 영향 요인 탐색, 교육논총, 38(2), 215-234.

오정훈(2011), 자아성찰시 교육 방법 연구, 열린교육연구, 19(4), 27-51.

우평균(2008), 다문화 공생사회에서의 국적 개념의 의의와 각국의 정책, 한국국제정치학회 학술대회 발표논문집, 201-215.

원숙경(2014), 타자의 시선으로 재현된 이주민 : 영화 〈방가?방가!〉와 〈완득이〉를 중심으로, 지역과 커뮤니케이션, 18(1), 109-134.

원숙연(2008), 다문화주의 시대 소수자 정책의 차별적 포섭과 배제, 韓國行政學報, 42(3), 29-49.

원진숙(2019), 미래 사회 대비 국어 문식성 교육의 역할과 과제, 새국어교육 118, 7-41.

유네스코 아시아태평양 국제이해교육원(2008), 다문화사회의 이해: 다문화교육의 현실과 전망, 동녘.

유네스코 아시아태평양 국제이해교육원(2014), 글로벌 시민교육: 새로운 교육의제, 유네스코 아시아태평양 국제이해교육원.

유네스코 아시아태평양 국제이해교육원(2015), 유네스코가 권장하는 세계시민교육 교수학습 길라잡이, 유네스코 아시아태평양 국제이해교육원.

유득순(2017), 역사 수업을 위한 역사영화 활용 방안 모색 - 영화 〈국제시장〉에 대한 학습자의 수용 양상 분석을 중심으로, 역사교육논집, 62, 47-88.

유병열(1997), 공동체주의 도덕교육연구, 서울교육대학교초등교육연구소.

육정학(2015), 영화<국제시장>에 나타난 관객 감동 요소, 한국엔터테인먼트 산악학회 논문집, 9(2), 59-70.

윤민종, 강충서(2019), 다문화 학생의 교육 불평등: 부모의 사회경제적 배경이 다문화 학생과 비다문화 학생의 교육 격차에 미치는 영향, 다문화교육연구,12(4), 57-77.

윤성은(2015), 눈물 아래로 침전된 한국현대사, 현대미학사, 88(1), 176-180.

윤수인, 이홍직(2019), 한국의 교육 불평등에 관한 분석, 한국웰니스학회지, 14(1), 275-283.

윤영(2008), 영화를 활용한 소설 교수-학습 방안 연구 - 소설 '사랑손님과 어머니'를 중심으로 - , 한국어교육 19(1), 141-168.

윤영(2011), 한국어 교육에서 영화를 활용한 소설 교육 연구, 연세대학교 박사학위논문.

윤영(2014), 문학을 통한 한국의 가치문화 교육 방안-신경숙의 '엄마를 부탁해'를 중심으로-, 외국어로서의 한국어교육, 40, 207-243.

윤영(2019), 역사영화를 활용한 한국문화교육 방법 연구 - 한국어 및 한국학 전공 외국인 학습자를 대상으로-, 문화교류연구, 8(2), 193-217.

윤영(2020), 한국어 학습자의 영화 리터리시 능력 함양을 위한 수업 모형 연구, 문화교류연구, 9(1), 51-80.

윤용자, 김석주(2018), 다문화 서비스 전달체계가 다문화정책 성과에 미치는 영향 분석, 한국정책과학학회보, 22(2), 213-235.

이경호(1997), 다문화 사회의 대두와 시민교육의 과제: 관용성을 중심으로, 시민교육 연구, 25(1), 279-303.

이경희(2011), 한국 다문화교육 정책에 대한 비판적 고찰, 교육사회학연구, 21(1), 111-131.

이광원(2018), 신제도주의적 관점을 통해 살펴본 다문화 정책의 제도화 과정에 관한 연구, 한국정책과학학회보, 22(3), 21-46.

이규림, 김영옥(2012), 유아교사의 다문화 감수성, 교수효능감 및 유아 다문화 인식의 관계, 열린유아교육연구, 17(4), 299-318.

이근호, 곽영순, 이승미, 최정순(2012), 미래 사회 대비 핵심역량 함양을 위한 국가교육 과정 구상, 한국교육과정평가원 연구보고 RRC 2012-4.

이기용, 최병옥(2016), 중등학교 교사의 다문화 태도, 다문화 교수 역량, 다문화 효능감 간의 구조 관계 분석, 학습자중심교과교육연구, 16(10), 541-563.

이길상(2018), 반다문화주의의 도전, 오민석 외 (편), 글로벌시대의 다문화교육, (56-92), 한국학중앙연구원출판부.

이명종(2013), 한국 다문화교육 정책의 내용 및 실태 분석, 중부대학교 박사학위논문.

이명현(2010), 농촌드라마 <산 너머 남촌에는>에 재현된 결혼이주여성, 다문화콘텐츠연구, 8, 153~177.

이미정(2008), 문화콘텐츠의 지식구성 과정에 관한 연구-구성주의 교수학습 원리를 중심으로, 인하대학교 박사학위논문.

이민경(2010), 한국 다문화교육정책 전개과정과 담론 분석: 교과부의 다문화가정 자녀 교육 지원정책(2006-2009)을 중심으로, 한국교육, 37(2), 155-176.

이민경(2013), '다문화교육' 연구동향과 쟁점: 교육사회학 연구에의 시사점을 중심으로, 교육사회학연구, 23(4), 177-205.

이병민(2005), 국제 비교를 통해 본 국어교육의 역사와 논리: 리터러시 개념의 변화와 미국의 리터러시 교육, 국어교육, 117, 133-175.

이병환(2008), 미국 대안교육의 다양화 경향 분석과 정책적 시사, 교육행정학연구, 26(1), 163-188.

이병환, 강대구, 김부태, 손종현, 엄재춘(2018), 대안교육 발전 방안 모색을 위한 연구, 2018 대구광역시교육청 교육정책연구보고서.

이병환, 김영순(2008), 대안교육의 실천과 모색, 학지사.

이상원(2006), 미디어 융합시대의 뉴미디어 애니메이션 교육, 애니메이션연구, 2(2), 145-163.

이성순(2008), 이민자의 사회통합 프로그램 이수제 도입에 관한 고찰, 다문화사회연구, 1(1), 347-357.

이성은, 최경철(2019), 다문화가정의 삶의 질 향상을 위한 다문화지원 서비스 정책 발전 방안 연구, 예술인문사회융합멀티미디어논문지, 9(5), 699-708.

이수정(2007), 다문화사회의 통합을 위한 인문학적 이슈 개발, 시민인문학, 15, 11-20.

이수정, 이철현(2012), 학교 관리자의 다문화 및 다문화교육 인식 조사 연구, 다문화교육연구, 5(1), 69-92.

이승희, 김동식(2003), 웹기반 학습환경에서 협력적 성찰이 문제 해결 수행 및 과정에 미치는 영향, 교육공학연구, 19(1), 131-159.

이아람찬(2005), 영화교육론, 커뮤니케이션북스.

이아람찬(2018), 영화교육의 개념 재정의하기, 씨네포럼, 29, 147-172.

이영식(2006), 독서치료 어떻게 할 것인가, 학지사.

이영주(2007), 다문화가정 아동의 심리사회적 적응에 영향을 미치는 요인에 관한 연구, 공주대학교 박사학위논문.

이용선(2019), 영화리터러시 교육프로그램이 초등학교 고학년 학생의 사회성과 자아존중감에 미치는 영향, 서강대학교 석사학위논문.

이용일(2007), 이민과 다문화사회로의 도전: 독일의 이민자 사회통합과 한국적 함의, 西洋史論, 92, 219-254.

이유미(2014), 스토리텔링 기법을 활용한 창의성증진 미술교육 프로그램 연구 : 6세~7세를 중심으로, 건국대학교 교육대학원 석사학위논문.

이유정, 김병수(2013), 결혼이주여성의 사회연결망과 교육지원행위에 관한 탐색적 연구: 한국인과의 관계형성 과정 및 유형을 중심으로, 가족과 문화, 25(2), 129-167.

이윤수(2018), 다문화 군인에 대한 장교들의 인식과 군 정책 방향, 국방정책연구, 34(2), 47-71.

이윤자(2018), 학문목적 한국어 학습자의 미디어 리터러시 향상을 위한 교육 방안 연구 - 문제중심학습 호라용의 강의 사례를 중심으로-, 문화와 융합, 40(3), 633-674.

이은숙(2003), 영화를 활용한 한국문화와 한국어 교육-〈엽기적인 그녀를 중심으로〉, 한국(조선)어교육연구, 1, 499-518, 중국한국(조선)어교육연구학회.

이은주(2017), 대안학교의 교육이념과 실제의 간극 탐구. 교육인류학연구, 20(3),

189-225.

이재분, 강순원, 김혜원(2008), 다문화가정 자녀 교육실태 연구 : 국제결혼가정을
　　　중심으로, 한국교육개발원.

이정금(2018), 미래사회 한국 다문화교육정책의 방향 탐색, 교육문화연구, 24(1),
　　　549-567.

이정미, 박수홍, 강문숙(2011), 스토리텔링 기반 이러닝 콘텐츠 프로토타입 설계,
　　　교육혁신연구, 21(2), 1-28.

이종태(1999), 대안교육의 철학적 기초 탐색(1), 생태주의 교육 이념을 중심으로,
　　　한국교육, 26(1), 1-19.

이창우, 김재홍, 강상진(2008), 니코마스윤리학(388-464), 이제이북스.

이철현(2013), 다문화교육 강좌의 효과성 측정을 위한 다문화감수성 측정 도구 개발,
　　　다문화교육연구, 6(3), 131-156.

이해리(2007), 청소년의 역경과 긍정적 적응 : 유연성의 역할, 한양대학교 박사학위
　　　논문, 교육혁신연구, 부산대학교 교육연구소, 21(2), 1-28.

이해주(2015), 실태 및 요구조사를 통한 다문화교육의 개선방안 모색, 평생학습사회,
　　　11(2),109-132.

이현주, 차윤경(2019), 이주배경 가정의 사회자본이 자녀의 고등교육기관 진학 여부에
　　　미치는 영향, 다문화교육연구, 12(1), 147-168.

이혜경(2009), 다문화가족 지원정책의 유형화에 관한 연구, 한국가족복지학, 25,
　　　147-166.

이희경(2010), 스토리텔링 기법을 활용한 중학교 금융 교육 수업 구성, 한국교원대학교
　　　석사학위논문.

임지원(2015), 참여적 글쓰기를 위한 복합양식리터러시 기반의 매체언어 연구, 사고와
　　　표현, 8(2), 279-308.

장덕호(2015), 현행 다문화교육 관련 법제의 문제점 고찰과 개선 방향 탐색에 관한

연구, 교육법학연구, 27(1), 163-189.

장미경(2005), 한국사회 소수자와 시민권의 정치, 韓國社會學, 39(6), 159-182.

장병희(2015), 영화 흥행 요인, 커뮤니케이션북스.

장안리(2018), 다문화가정 자녀 관련 제도 및 정책에 대한 대학생들의 인식 조사:
미디어의 영향 중심으로, 다문화와 평화, 12(1), 31-58.

장원순(2006), 민주시민교육을 위한 초등사회문화교육의 구체화 연구, 한국민주시민
교육학회보, 11(1), 69-89.

장은영(2017), 다문화 시대, 비판적 미디어 리터러시의 교육적 함의에 대해, 다문화
교육연구, 10(4), 1-25.

장은영(2018), 리터러시 접근법을 활용한 애니메이션의 교육적 활용에 관한 연구,
51, 35-58.

장은영(2020), 비판적 리터러시와 다문화 리터러시의 접점에 대한 고찰: H. 쟁크스의
리터러시 모형을 중심으로, 문화교류와 다문화교육, 9(1), 1-26

장인실(2008), 다문화 교육을 위한 교사 교육 교육과정 모형 탐구, 초등교육연구,
21(2), 281-305.

전경란(2009), 디지털 방송 콘텐츠의 매체미학적 특징과 개발 과제 : 양방향 콘텐츠에
대한 고찰을 중심으로, 인문콘텐츠, 15, 55-77.

전경숙, 임양미, 양정선, 이의정(2010), 경기도 다문화가정 청소년 생활실태와 지원
방안 연구, 경기도가족여성연구원.

전병주(2014), 다문화가족 청소년의 국민정체성에 관한 연구 : Heater의 이론을 적용
하여, 디지털융복합연구, 12(4), 33-41.

전영은(2015), 다문화교육에서 활용되는 문화예술 체험활동에 관한 문화인지론적
연구 - 신체성을 중심으로-, 인하대학교 박사학위논문.

전일균(2009), 프레이리의 교사론 연구, 교육철학, 46, 211-230.

정문성(2000), 협동학습의 실제-Simulation을 중심으로, 열린교육연구, 8(2), 35-49.

정문성(2011), 공립형 다문화 대안 학교의 가능성에 대한 탐색, 다문화교육, 2(2), 69-82.

정미야(2016), 다문화학생 교육 지원 정책의 개선방향 (2015년 국정감사 시정 및 처리결과 평가보고서 제21호), 국회입법조사처.

정민수, 장성민(2014), 스토리텔링 기반 문화다양성 수업전략 탐색, 다문화교육연구, 7(3), 1-26.

정석원, 정진철(2012), 청소년의 다문화 교육경험과 사회적 친밀감이 다문화 수용성에 미치는 영향, 다문화교육연구, 5(1), 51-68.

정선재(2011), 다문화자녀를 위한 문화예술교육프로그램 기획 연구, 전남대학교 석사학위논문.

정세구(2005), 도덕·윤리과 교육의 발전 방향과 과제, 교육과학사.

정소민(2014), 시민적 '프락시스'로서의 대학생 봉사활동 경험에 관한 문화연구적 해석, 인하대학교 박사학위논문.

정소민, 김영순(2015), 시민교육 패러다임 모색을 위한 프락시스 개념 탐구, 시민교육연구, 47(4), 241-271.

정의철(2011), 다문화 사회와 이주민 미디어 - 〈이주민방송〉을 중심으로, 언론과학연구, 11(4), 489-526.

정의철, 정용복(2016), 다문화 재현과 이주민의 미디어 이용과 사회관계 및 정체성, 한국언론학보, 60(4), 39-67.

정지아(2015), 한국 다문화교육의 철학과 방향 탐색, 교육철학연구, 37(3), 177-202.

정지현(2015), 다문화 리터러시 교육 참여 고등학생의 학습 경험에 나타난 프락시스의 의미, 인하대학교 박사학위논문.

정지현, 김영순(2020), 한국 내 유학생의 미디어 리터러시 경험 연구, 문화교류연구, 9(1), 61-104.

정지현, 김영순, 장연연(2015a), 다문화 리터러시 교육 참여 고등학생의 '세계시민 되기'의 의미, 학습자중심교과교육연구, 15(5), 323-350.

정지현, 김영순, 장연연(2015b), 다문화 리터러시 교육에 참여한 고등학생의 스토리텔링에 대한 의미 분석, 언어와 문화, 11(2), 263-290.

정지현, 김영순, 홍정훈(2014a), 다문화 리터러시 교육 프로그램 참여 고등학생의 다문화 인식에 관한 연구, 열린교육연구, 22(2), 19-41.

정지현, 김영순, 홍정훈(2014b), 다문화 리터러시 교육을 위한 유레카 프로그램의 교육적의미, 한국언어문화학, 11(1), 165-194.

정하성, 우룡(2007), 다문화 청소년 이해론, 양서원.

정현선(2014), 복합양식 문식성 교육의 의의와 방법, 우리말교육현장연구, 8(2), 61-93.

정혜승(2008a), 문식성(Literacy)의 변화와 기호학적 관점의 국어과 교육과정 모델, 교육과정연구, 26(4), 149-172.

정혜승(2008b), 문식성(Literacy) 교육의 쟁점 탐구, 교육과정평가연구, 11(1), 161-185.

정호범(2014), 행동실천과 습관형성을 위한 교수전략, 학습자중심교과교육연구, 14(3), 115-132.

정희라(2007), 유럽과 미국에서의 이민자 통합, 梨花史學硏究, 35, 1-27.

정희모(2006), 글쓰기 교육과 협력학습, 삼인.

조남민(2018), 비판적 인지와 자기표현 능력 향상을 위한 미디어 리터러시 교육 방안 연구, 교양교육연구 12(6), 195-215.

조성연(2009), 한국 청소년의 가족 내 사회화과정, 한국청소년학회 추계학술대회 자료집, 59-83.

조승석, 김희순(2013), 다문화가정 어머니가 경험한 자녀의 이중언어교육에 관한 연구, 한국산학기술학회, 14(11), 5549-5558.

조영달, 박윤경, 성경희, 이소연, 박하나(2010), 학교 다문화교육의 실태 분석, 시민교육연구, 42(1), 151-184.

조윤경(2003), 한국인의 나의식-우리의식과 개별성-관계성, 심리사회적 성숙도 및 대인관계 문제와의 관계, 상담과 심리치료, 15(1), 91-109.

조인제(2019), 우리나라 다문화학교에 대한 제도적 분석-다문화 예비학교(한국어학급) 및 특별학습, 다문화대안학교를 중심으로, 교육문화연구, 25(4), 771-792.

조정래(2013), 문화예술교육에서 애니메이션에 대한 논의 분석, 만화애니메이션연구, 31, 29-55.

주재원(2016), 미메시스로서의 '타자'와 디에게시스로서의 '다문화' : 지상파 방송 뉴스에 재현된 이주민들의 영상 담론 분석, 한국콘텐츠학회논문지, 16(1), 503-514.

주재홍, 김영천(2014), 효과적인 다문화교육 실천을 위한 학교 교육과정 개발, 교육과정연구, 32(4), 103-136.

주효진(2008), 아시아의 다문화정책에 대한 비교 연구, 한국행정학회 학술발표논문집, 89-104.

지종화, 정명주, 차창훈, 김도경(2009), 다문화 국가와 정책 이론, 한국지방정부학회 학술대회논문집, 105-137.

진시원(2012), 한국 다문화교육의 문제점과 개선방안, 국제정치연구, 15(1), 129-156.

차윤경(2014), 세계의 교육: 선진국의 다문화교육, 교육개발웹진, 41(4), Retrieved from http://edzine.kedi.re.kr/winter/2014/index.jsp

차윤경, 김미영, 김선아(2011), 예술로 배우는 다문화, 대교출판.

채진원(2009), 프락시스 (praxis) 관점에 있어서 아렌트와 마르크스간의 횡단성 (transversality), 철학사상, 33, 275-306.

천지영, 김경은(2013), 교육대학원 중등 예비사회교사의 다문화 태도와 다문화적 효능감 분석, 교사교육연구, 52(3), 363-378.

최무현(2008), 다문화시대의 소수자 정책수단에 관한 연구, 韓國行政學報, 42(3), 51-77.

최문성, 김순자(2013), 경남지역 초등학교 다문화교육 프로그램 분석 - 상호문화교육의 관점에서 -, 다문화교육연구, 6(4), 53-78.

최성보, 김영학(2014), 교사가 지각한 학교장의 다문화 교육 인식이 교사의 다문화

교수효능감에 미치는 영향, 다문화교육연구, 7(3), 153-169.

최성수, 이수빈(2018), 한국에서 교육 기회는 점점 더 불평등해져 왔는가?, 한국사회학, 52(4), 77-113.

최성환, 이진아(2012), 다문화사회에서의 '한국 전통음악'의 역할: 다문화교육에서 문화예술교육의 위상을 중심으로, 다문화콘텐츠연구, 12, 285-316.

최숙기(2007), 국어 교과서 다문화 제재 선정에 관한 연구: 민족과 문화 다양성에 대한 이해를 중심으로, 독서연구, 18, 287-319.

최슬기(2012), 어머니 나라의 동화를 통한 다문화 교육 프로그램 연구 : 필리핀 어머니를 둔 다문화가정 아동을 대상으로, 건국대학교 석사학위논문.

최영준(2018), 다문화교육 정책의 변화와 개선방안, 평생교육HRD연구, 14(2), 55-75.

최인자(2001), 문식성 교육의 사회, 문화적 접근, 국어교육연구, 8(1), 191-220.

최정순, 송임섭(2012), 영화를 활용한 한국 문화 교육 방안-〈공동경비구역JSA〉를 중심으로, 국제어문, 55, 639-668.

최지혜(2009), 영화를 활용한 한국어 듣기 교육 방법 연구, 한국어문화교육, 3, 한국어 문화교육학회, 169-196.

최충옥 외(2009), 다문화교육의 이론과 실제, 양서원.

최충옥, 조인제(2010), 다문화교육 연구의 동향과 향후 과제, 다문화교육, 1(1), 1-20.

최하나, 김정희(2018), 보육교사의 다문화정책지향성, 다문화수용성, 다문화역량에 관한 연구 - 서울시 지정 다문화통합 어린이집을 중심으로 -, 다문화아동 청소년연구, 3(3), 41-59.

최혜정(2014), 다문화 가정 아동의 이중언어 경험에 관한 연구, 학교사회복지, 27, 83-107.

출입국외국인정책본부(2019), 체류외국인통계자료, 법무부.

한경구, 김종훈, 이규영, 조대훈(2015), SDGs 시대의 세계시민교육 추진 방안, 유네스코 아시아태평양 국제이해교육원.

한국다문화교육연구학회(2014), 다문화교육 용어사전, 교육과학사.

한국문화관광연구원(2009), 다문화 지표 개발 연구: 기본연구.

한국문화관광정책연구원(2004a), 문화예술교육 중장기 발전방안, 한국문화관광정책
　　　　연구원.

한국문화관광정책연구원(2004b), 문화예술교육 활성화를 위한 정책기반 조성방안
　　　　연구, 한국문화관광정책연구원.

한국언론정보학회(2006), 현대사회와 매스커뮤니케이션, 한울아카데미.

한국여성정책연구원(2008), 다민족·다문화사회로의 이행을 위한 정책 페러다임 구축:
　　　　다문화 역량 증진을 위한 정책·사회적 실천 현황과 발전방향(총괄보고서),
　　　　경제 · 인문사회연구회 협동연구총서 08-10-01, 2008 연구보고서.

한국청소년상담연구원(2004), 청소년상담문제 연구보고서, 한국청소년상담원.

한승준(2008a), 우리나라 다문화정책의 거버넌스 분석, 한국행정학회학술대회발표
　　　　논문집, 67-87.

한승준(2008b), 프랑스 동화주의 다문화정책의 위기와 재편에 관한 연구, 韓國行政學報,
　　　　42(3), 463-486.

한승준(2009), 지자체 다문화정책 추진체계 구축방안에 관한 연구, 한국사회와 행정
　　　　연구, 20(2), 269-291.

한용택(2012), 영화를 활용한 다문화교육의 한 예 - 영화〈블라인드 사이드 Blind
　　　　Side〉와 중학교 다문화수업 -, 다문화교육 연구와 실천, 4, 93-116.

한일조(1997), 미국 법정판례에 나타난 교육의 평등과 재정중립의 개념, 교육학논총
　　　　16, 1-27.

한철우, 임택균(2010), 지식 기반 사회의 핵심능력과 국어교육, 청람어문교육, 42,
　　　　363-395.

허선민(2016), 비판적 리터러시와 영어교육, 정숙경 외 (편), 비판적 교수법과 영어교육,
　　　　(37-67), 한국문화사.

허영식(2010), 다문화, 세계화시대를 위한 세계시민주의의 담론과 함의, 한·독사회
　　　과학논총, 22(3), 57-86.

허찬행, 심영섭(2015), TV매체가 재현한 다문화 사회와 사회통합의 현실: 다문화 가정
　　　구성원과 전문가의 인식을 중심으로, 언론과학연구, 15(1), 325-363.

현길자, 염미경(2014), 다문화교육에 대한 교사의 인식: 제주시지역 다문화교육 중심
　　　학교 사례를 중심으로, 교사교육연구, 53(1), 304-320.

홍기원(2007), 다문화사회의 정책과제와 방향: 문화정책의 역할과 과제, 한국행정학
　　　회학술대회발표논문집, 909-928.

홍서연, 손병덕, 손주희(2018), 국민의 다문화 인식이 사회통합정책 수용에 미치는
　　　영향에 관한 연구: 수도권거주 국민을 중심으로, 다문화와 평화, 12(3),
　　　300-324.

홍종명(2015), 운영 사례 분석을 통한 한국어(KSL) 교육과정의 비판적 고찰, 국제어문
　　　64, 273-295.

황보성진, 박지윤, 이은희(2010), 영화교육의 이해와 실제, 커뮤니케이션북스.

황정미(2010), 다문화시민 없는 다문화교육 – 한국의 다문화교육 아젠다에 대한 고찰
　　　-, 담론201, 13(2), 93-123.

Anderson, L.W., Krathwohl, D. R., Airasian, P. W., Cruikshank, K. A.,
　　　Mayer, R. E.,Pintrich, P. R., Raths, J., & Wittrock, M. C.(2001),
　　　A taxonomy for learning, teaching, and assessing. New York:
　　　Longman.

Arasaratnam, L. A. (2006), Further testing of a new model of intercultural
　　　communication competence. Communication Research Reports,
　　　23(2), 93-99.

Arendt, H. (1973), The Origins of Totalitarianism: new edition with added
　　　prefaces.Florida: Harcourt Breace.

Arendt, H. (1987), Labor, work, action. In Bernauer J. W. (Ed.). Amor mundi (pp. 29-42). Boston College.

Arendt, H. (1989), Lectures on Kant's political philosophy. University of Chicago Press.

Arendt, H. (2006), 예루살렘의 아이히만. (김선욱 역). 한길사. (원저 1963 출판).

Arendt, H. (2017), 인간의 조건, (이진우 역), 한길사. (원저 1996년 출판).

Ashmore, R., & Del Boca, R. (1979), Sex stereotypes and implicit personality theory: Toward a cognitive-social psycho logical conceptualization. Sex Roles. 5, 219-248.

Baacke, D. (1973). Kommunikation und Kompetenz: Grundlegung einer Didaktik der Kommunikation und ihrer Medien, Muechen: Ju venta Verlag.

Baacke, D. (1999). Medienkompetenz: theoretisch erschließend und praktisch folgenreich. medien und erziehung, 43(1), 7-12.

Balch, B. V., Memory, D. M., Hofmeister, D. R. (2008), Teachers and the law: Application essentials, general considerations, and specific examples. Clearing House, 82(1), 5-9.

Banks, J. A. (1994), An introduction to multicultural education(2nd Ed.). M,A.: Allyn & Bacon.

Banks, J. A. (2003), Teaching for Multicultural Literacy, Global Citizenship, and Social Justice. Paper presented at The 2003 Charles Fowler Colloquium on Innovation in Arts Education, College Park, MD.

Banks, J. A. (2006), Cultural diversity and education: Foundation, curriculum, and teaching. Boston: Allyn & Bacon.

Banks, J. A. (2007), Educating citizenship in a multicultural society(2nd

Ed.). NewYork: Teachers College Press.

Banks, J. A. (2008), An introduction to multicultural education (4th Ed.).
Boston: Pearson.

Banks, J. A. (2009), 다문화교육입문, (모경환, 최충옥, 김명정, 임정수 공역),
아카데미프레스, (원저 2008년 출판).

Barber, B. (1984), Strong democracy. Berkeley, CA: University of
California Press.

Barker, C. (2009), 문화연구사전, (이경숙, 정영희 역), 커뮤니케이션북스,
(원저 2004년 출판).

Barthes, R. (1972), Mythologies. London: Paladin.

Bennett, C. I. (2007), Comprehensive Multicultural Education: Theory and
Practice. Boston: Pearson Education Inc.

Benett, W. L. (2008), Changing citizenship in the digital age. civic life
online: Learning how digital media can change youth.
Massachusetts: The MIT Press.

Bennett, C. I.(2009), 다문화교육 이론과 실제, (김옥순, 김진호, 신인순, 안선, 이경화,
이채식, 전성민, 조아미, 최상호, 최순종 공역), 학지사, (원저 2007년 출판).

Bennett, M. J. (1986), A developmental approach to training for
intercultural sensitivity. International journal of intercultural
relations, 10(2), 179-196.

Bennett, M. J. (1993), Towards ethnorelativism: A developmental model of
intercultural sensitivity. In R. M. Paige (Ed.), Education for the
intercultural experience (21-71). Yarmouth, ME: Intercultural Press.

Bennett, M. J. (1993), Towards ethnorelativism: A developmental model
of intercultural sensitivity. Education for the intercultural

experience, 2, 21-71.

Bennett, M. J. (2004), Becoming Interculturally Competent, In J,
        Wurzel(Ed.), Toward Multiculturalism: A Reader in Multicultural
        Education(2nd Ed.), Newton, MA: Intercultural Resource Corporation.

Bennette, M. J.(1993), Toward ethnorelativism : A Developmental model
        of intercultural sensitivity. R. M. Paige(Ed.). Education for the
        Intercultural Experience,Yarmouth, ME: Intercultural Press.

Bergmann, J. & Sams, A. (2014), Flipped learning: Gateway to student
        engagement.Eugene, Oregon: International Society for
        Technology in Education.

Bhawuk, D., & Brislin, R. (1992), The measurement of international
        sensitivity using the concepts of individualism and collectivism.
        international Journal of intercultural Relation. 16(4), 413-436.

Blaut, J. M. (1992), The Theory of Cultural Racism. Antipode: A Radical
        Journal of Geography, 23:289-299. Retrieved on December 15, 2017,
        from http://www.columbia.edu/~lnp3/mydocs/Blaut/racism.htm.

Bolton, G., (2012), 교실연기란 무엇인가, (김주연, 오판진 공역), 연극과 인간, (원저
        1998년 출판).

Bonilla-Silva, E. (2010), (3rd Ed.) Racism without racists: Color-blind
        racism and the persistence of racial inequality in the United
        States, New York, NY: Rowman & Littlefield publishers, Inc.

Bourdieu, P. (1991), Language and symbolic power. Cambridge, MA:
        Harvard University Press.

Bowell, P. & Heap, B. S., (2010), Drama is not a dirty word: past
        achievements, present concerns, alternative futures, Research in

Drama Education: The Journal of Applied Theatre and
Performance, 15(4), 579-592.

Brach, C., & Fraser, I. (2000), Can cultural competency reduce racial and
health disparities? A review and conceptual model [Supplement].
Medical Care Research and Review. 57, 181-217.

Brandt, D. and Clinton, K. (2002) "Limits of the local: Expanding
perspectives on literacy as a social practice", Journal of Literacy
Research, 34(3) pp. 337-356.

Broderick, D. (2014). Collaborative design: Participatory culture meets
multiliteracies in a high school literacy arts community. Journal
of Adolescent & Adult Literacy, 58(3), 198-208.

Bromley. K., Devitis, L and Modlo, M. (1995), Graphic organizers. New
York: Scholastic.

Brunner, J.(2005), 브루너 교육의 문화, (강현석, 이자현 공역), 교육과학사,
(원저 1996년 출판).

Buckingham, D. (2004). 미디어 교육: 학습, 리터러시, 그리고 현대문화 (기선정,
김아미 역), JN Book. (원저 2003년 출판).

Burbules et, al., (2010), 다문화시대 대화와 소통의 교육철학, (곽덕주 외 공역),
학지사, (원저 1995년 출판).

Burbules, N. C. & Berk, R. (1999), Critical thinking and critical pedagogy: Relations,
differences, and limits. Critical theories in education: Changing terrains
of knowledge and politics (pp. 45-65), NY: Routledge.

Byram, M. (1997), Teaching and assessing intercultural communicative
competence. Clevedon, UK: Multilingual Matters.

Caiyun Wen(2019), Research on the Color Symbol System of the

Movie 'The Course of the Golden Flower', 2019 ICME :
INTERNATIONAL CONFERENCE ON MULTICULTURE
AND EDUCATION, 175-187.

Cameron, L. (2001), Teaching languages to young learners. Cambridge:
Language Teaching Library.

Campbell, D. E., (2012), 민주주의와 다문화교육, (4th Edition), (김영순 외 역),
교육 과학사, (원저 2009년 출판).

Castle & Miller. (2013), 이주의 시대, 한국이민학회 옮김, 일조각, (원저 1993년 출판).

Chandler, D. (2006). 미디어 기호학 (강인규 역), 소명출판. (원저 1994년 출판).

Changar, J., & Harrison, A.(1992), Storytelling activities kit. NY: The
Center for Applied Research in Education.

Chen J, et al.(1994), Binding of TFIID to the CYC1 TATA boxes in yeast
occurs independently of upstream activating sequences. Proc
Natl Acad Sci U S A 91(25):11909-13

Chen, G. M. (1997). A Review of the Concept of Intercultural Sensitivity.

Chen, G. M., & Starosta, W. J. (1996), Intercultural communication
competence:A synythesisi. In B.R.Burleson (Ed.),
Communication Yearbook. 19,353-384.

Chen, G. M., & Starosta, W. J. (1997), A review of the concept of
international sensitivity. Human Communication. 1, 1-6.

Chen, G. M., & Starosta, W. J. (2000). The development and validation of
the intercultural sensitivity scale.

Cho, H., & Choi, J. (2018), Bridging social justice literacies: Elementary
teachers' beliefs about the goals of multicultural education. KEDI
Journal of Educational Policy, 15(2):23-46.

Clandinin, D. J., & Connelly, F. M. (2000), Narrative inquiry: Experience and story in qualitative research. San Francisco. CA: Jossey-Bass Publishers.

Clark, K. B., & Clark, M. K. (1947), Racial identification and preference in Negro children. in T. M. Newcomb & E. I Hartley(Eds.), Reading in social psychology(pp. 169-178). New york: Holt, Reinhart & Winston.

Connell, D. (2008), 뇌 기반 교수-학습 전략, (정종진, 임청환, 성용구 공역), 학지사, (원저 2005년 출판).

Cooper, L., Johnson, D.W., Johnson, R., & Wildson, F. (1980), The effects of cooperative, competitive, and individualistic experiences on interpersonal attractionamong heterogeneous peers. Journal of Social Psychology. 111, 243-253.

Cope, B., & Kalantzis, M., (2000), A pedagogy of multiliteracies: Designing social futures. In Multiliteracies: Literacy learning and the design of social futures . New York, NY : Routledge.

Cortés, C. E. (2000). The Children Are Watching: How the Media Teach about Diversity. Multicultural Education Series, Teachers College Press.

Courtney, R. (2007), 연극은 지적 행위인가, (황정현, 양윤석 역), 평민사, (원저 1989년 출판).

Courtney, R. (2010), 교육연극 교육과정, (황정현 역), 박이정, (원저 1980년 출판).

Dahlgren, P. (2006), Doing citizenship: The cultural origins of civic agency in the public sphere. European journal of cultural studies, 9(3), 267-286.

Dale, A. & Sparkes, J. (2011), The 'agency' of sustainable community develop ment, Community Development Journal, 46(4), 476-492.

Dalton, R. J. (2008), The Good Citizen: How a younger generation is reshaping American politics. CQ Press.

Deardorff, D. K. (2004), The identification and assessment of intercultural competence as a student outcome of international education at institutions of higher education in the United States. Unpublished dissertation, North Carolina State University, Raleigh, 8.

Deardorff, D. K. (2006), Identification and assessment of intercultural competence as a student of internationalization. Journal Studies in Intercultural Education, 10(3), 241-266.

Deleuze, G., & Guattari, F. (2001a), 천개의 고원. (김재인 역). 새물결. (원저 1987년 출판).

Deleuze, G. & Guattari, P.,(2001b), 천개의 고원: 자본주의와 분열증 2. (김재인 역), 새물결, (원저 1980년 출판).

Delpit, L. (1988). The silenced dialogue: Power and pedagogy in educating other people's children. Harvard Educational Review, 58, 280-298.

Deutsh, M. (1949), A theory of cooperation and competition. Human Relations. 2, 129-152.

Dewey, J. (1910), How we think. N. Y.: Dover Publications, INC.

Dewey, J. (1933), How we think. Lexington: D.C. Health and Company.

Dewey, J. (1944), Democracy and education. N. Y.: The Macmillan Company.(Original work published 1916).

Dewey, J. (1958), Experience and nature. N. Y.: Dover Publications, INC.

Dewey, J. (1990), 인간성과 행위, (신일철 역), 삼성출판사, (원저 1922년 출판).

Dewey, J. (2008), 민주주의와 교육, (김성숙, 이귀학 공역), 동서문화사, (원저 1916년 출판).

Duffy, T. (1996), Problem-based learning workshop. LG Learning Center, July 28-Aug. 3. Seoul, Korea. Unpublished manuscript.

Earth Council (2002), National council for the sustainable development report 2001.San Jose, Costa Rica: Earth Council.

Edgar, A., & Sedgwick, P. (Eds.). (2007). Cultural theory: The key concepts. Routledge.

Eisner, E. W. (2014), 인지와 교육과정, (박승배 역), 교육과학사, (원저 1994년 출판).

Ellis, G., & Brewster, J.(1991), The storytelling handbook: A guide for primary teachers of english. London: Penguin Books.

Erbe, T., Ban R., & Castaneda, M. (2009), Teaching English language learners through technology. New York: Routledge.

Erikson, E. H.(1982), The Life Cycle Completed. W.W. Norton.

Fantini, A. E. (2000), A central concern: Developing intercultural competence. SIT occasional papers series, 1, 25-42.

Fantini, A. E. (2005), About intercultural communicative competence: A construct. SIT Occasional Papers Series, 1-4.

Fantini, A. E. (2006), Assessment tools of intercultural communicative competence. Retrieved on, 12, 2015.

Farris, P. J. & Downey, P. (2005), Concept modeling: Dropping visual crumbs along the instructional trail. The Reading Teacher, 58(4), 376-380.

Feinberg, W. (1995), Liberalism and the aims of multicultural education. Journal of philosophy of education, 29(2). CARFAX PUBLISHING CO.

Feuerstein, R., Rand, Y., & Hoffman, M. B. (1979), The dynamic assessment of retarded performers. Baltimore: University Park Press.

Fischman, G. E. & McLaren, P. (2005), Rethinking critical pedagogy and the Gramscian and Freirean legacies: From organic to committed intellectuals or critical pedagogy, commitment, and praxis. Cultural Studies ↔ Critical Methodologies, 5(4), 425-446.

Fiske, S. (1993), Controlling other people: The impact of power on stereotyping. American Psychologist. 48, 621-628.

Fiske, S., & Morling, B. (1996), Stereotyping as a function of personal control motives and capacity constraints: The odd couple of power and anxiety. In R. Sorrentino & E. Higgins (Vol. Eds.), Handbook of motivation and cognition: Vol. 3. The interpersonal context. 322-346. New York: Guilford.

Fosnot, C. T. (1996), Constructivism. Theory, Perspectives, and Practive. Teachers College Press, Avenue, New York.

Foucault, M. (1978), The History of Sexuality: Vol. 1: An Introduction. New York: Pantheon.

Foucault, M. (1980), Power/knowledge: Selected interviews and other writings 1972-1977. New York, NY: Pantheon books.

Freire, P. (1970), Pedagogy of the oppressed. New York: Seabury Press.

Freire, P. (1995), 페다고지, (성찬성 역), 한마당, (원저 1968년 출판).

Freire, P. (2002), 페다고지, (남경태 역), 그린비, (원저 1993년 출판).

Freire, P. (2007), 자유의 교육학, (사람대사람 역) 아침이슬, (원저 1998년 출판)

Freire, P., & Macedo, D. (1987), Literacy: Reading the Word and the World. South Hadley, MA: Bergin & Garvey.

Fritz, W., Mollenberg A., & Chen, G. M. (2002), Measuring intercultural sensitivity in different cultural context. Intercultural Communication Studies. 11, 165-176.

García, E. G., & Willis, A. I. (2001), Frameworks for understanding multicultural literacies. In P. Schmidt & P. Mosenthal (Eds.), Reconceptualizing literacy in the new age of pluralism and multiculturalism (pp. 3-32). Greenwich, CT: JAI Press, Inc.

García, E. G., & Willis, A. I. (2016), Frameworks for promoting multicultural literacies: Moving toward educational justice. In P. R. Schmidt & A. M. Lazar (Eds.), 2nd Ed., Reconceptualizing literacy in the new age of multiculturalism and pluralism (pp. 3-38). Charlotte, NC: Information Age Publishing, INC.

García, G. E., Willis, A. I., & Harris, V. J. (1998), Introduction: Appropriating and creating space for difference in literacy research. Journal of Literacy Research, 30(2), 181 - 186.

Garmon, M. A. (2004), Changing reservice teachers' attitudes/beliefs about diversity. Journal of Teacher Education. 55(3), 201-213.

Gaudelli, W. (2016), Global citizenship education: Everyday transcendence. NewYork/London: Routledge.

Gay, G. (2018), Culturally responsive teaching: Theory, research, and practice. NewYork, NY: Teachers College Press.

Geertz, C.(2012), 문화의 해석(문옥표 역), 까치, (원저 1973년 출판).

Georgiou, M.(2005). Diasporic media across Europe: Multicultural societies and the universalismparticularism continuum. Journal of Ethnic and Migration Studies, 31(3), 481-498.

Giroux, H. A. & Giroux, S. S. (2006), Challenging neoliberalism's new world order:The promise of critical pedagogy. Cultural Studies ↔ Critical Methodologies, 6(1), 21-32.

Giroux, H. A. (1994), Doing cultural studies: Youth and the challenge of pedagogy, Harvard educational review, 64(3), 278-309.

Giroux, H. A. (2000), Public Pedagogy as Cultural Politics: Stuart Hall and the 'Crisis' of Culture, Cultural Studies, 14(2), 341-360.

Giroux, H. A. (2005), Cultural studies in dark times: Public pedagogy and the challenge of neoliberalism. 출처: http://www.uta.edu/huma/ agger/fastcapitalism/ 1_2/giroux.htm

Gramsci, A. (1971), Selections from the Prison Notebooks (Q. Hoare & G. Nowell-Smith, Eds., Trans.). New York: International Press.

Grant, C. A. & Sleeter, C. E., (2011), Doing multicultural education for achievement and equity(2 ed.), London: Routledge.

Gray, T., & Fleischman, S. (2004), Successful strategies for English language learners. Educational Leadership, 62(4), 84 - 85.

Green, B. (2002), A literacy project of our own? English in Australia, 134, 25-32.

Greenstein, L. (2012), Assessing 21st century skills: A guide to evaluating mastery and authentic learning. California: Corwin.

Gudykunst, W. B. (1993), Toward a theory of effective interpersonal and intergroup communication: an anxiety/uncertainty management (AUM) perspective. In R. L. Wise man, and J. Koester (Eds.), Intercultural communication theory (pp. 72-111). interkulturelle Herausforderung. Frankfurt am Main: IKO.

Gudykunst, W. B. (2002), Intercultural communication theories. Handbook of international and intercultural communication, 2, 179-182.

Haas, P. M., & Hird, J. A.(2017), 세계화의 논쟁, (이상현 역), 명인문화사, (원저 2013년 출간).

Habermas, J. (1970), Toward a theory of communicative competence. In H. Dreitzel (Ed.), Recent sociology. 2: Patterns of communicative behavior. 114-148. NY: Macmillan.

Habermas, J. (1971), Knowledge and human interests, translated by J. Shapiro. Boston: Beacon Press.

Habermas, J. (2006). 의사소통 행위이론 2 (장춘익 역), 나남출판사. (원저 1987년 출판).

Hammer, M. R. (2008), The Intercultural Development Inventory(IDI): An approach for assessing and building intercultural competence: In M. A. Moodian (ED.), Contemporary leadership and intercultural competence: Understanding and utilizing cultural diversity to build successful organization. Thousand Oaks, CA: Sage.

Hammer, M. R., Bennett. M. J., & Wiseman, R. (2003), Measuring intercultural sensitivity: The Intercultural Development Inventory. International Journal of Intercultural Relations. 27(4), 422-443.

Heath, S. B. (1983), Ways with words. Cambridge: Cambridge University Press.

Hirsch, E. D.(1987a), Validity in Interpretation. New Haven. CT: Yale University Press.

Hirsh, E. D. (1987b), Cultural Literacy: What Every American Needs to Know.

Hobbs, R., & Moore, D. C.(2013), Discovering media literacy: Teaching digital media and popular culture in elementary school. Thousand Oaks, CA: CORWIN.

Holcomb-McCoy, C., & Myers, J. (1999), Multicultural competence and counselor training: A national survey, Journal of Counseling and Development. 77, 294-302.

Hollander, J. A. & Einwohner, R. L. (2004), Conceptualizing resistance. Sociological Forum, 19(4), 533-554.

Holliday, A. (2014), 문화 간 의사소통 이해하기. (양은미 역). 한국문화사. (원저 2013년 출판).

Howe, L. W., & Howe, M. N. (1975), Personalizing education: values clarification and beyond. New York: Hark Publishing Company.

Hug, T. (2002), Medienpädagogik. In Einführung in die Medienwissenschaft (pp. 189-207). VS Verlag für Sozialwissenschaften.

Hull, G. and Schultz, K. (2002). School's Out: Bridging out-of-school literacies with classroom practice. Teachers College Press: NY.

Huotari, K., & Hamari, J. (2012), "Defining Gamification - A Service Marketing Perspective". Proceedings of the 16th International Academic MindTrek Conference 2012, Tampere, Finland, October 3 - 5.

Jang, E.-Y. (2017), "We got rid of her sentence for revenge": Re-viewing second language learner strategies considering multiple tensions in the ESL classroom. Mind, Culture and Activity, 24(1), 32-46.

Jang, E.-Y. (2018), Tracing power through intertextuality in the ESL classroom. English Language Teaching, 30(4), 49-68.

Jang, E.-Y., & Iddings, A. C.(2010), The social genesis of self-regulation: The case of two Korean adolescents learning English as a second language. Mind, Culture, and Activity, 17(4), 350-366

Janks, H. (2005), Deconstruction and reconstruction: Diversity as a

productive resource. Discourse: Studies in the Cultural Politics of
Education, 26(1), 31-43.

Janks, H. (2012), The importance of critical literacy. English Teaching:
Practice and Critique, 11(1), 150-163.

Janks, H. (2019), 리터러시와 권력. (장은영, 이지영, 이정아, 장인철, 안계명, 김혜경,
양선훈, 허선민, 서영미, 김은영 공역). 사회평론아카데미. (원저 2010년 출판)

Johnson, D. W. & Johnson, R. T. (2010), 다문화교육과 인간관계, (김영순 외 역),
교육과학사, (원저 2002년 출판).

Johnson, D. W., & Johnson, R. T. (1975), Learning together and alone.
Englewood Cliffs, N. J. : Prentice-Hall.

Johnson, D. W., & Johnson, R. T. (2000), Cooperative learning, values,
and culturally plural classrooms. In M. Leicester, C. Modgill, & S.
Modgil(Eds.). values, the classrooms, and cultural diversity
(89-10). London: Cassell PLC.

Johnson, S., & Johnson, D. W. (1989), Cooperation and competition:
Theory research, Edina, MN : Interaction Book Company.

Joly, M., (1999), 영상이미지 읽기, (김동윤 역), 문예출판사, (원저 1994년 출판).

Karsenti, T. (2019), Artificial intelligence in education: The urgent need to
prepare teachers for tomorrow's schools. Canada: The University
of Montreal.

Keating, D. (1980), Adolescent thinking. In S. Feldman & G. Elliott(Eds.),
At the threshold: The developing adolescent. 54 - 89. Cambridge:
Harvard Universty Press.

Kellner, D., & Share, J. (2007). Critical media literacy, democracy, and the
reconstruction of education. In D. Macedo & S. R. Steinberg

(Eds.), Media literacy: A reader (pp. 3-23). New York, NY: Peter Lang Publishing.

Kemmis, S. (1986), Action research and the politics of reflection. In D. Boud, R. Keogh, & D. Walker (Eds.), Refletion, turning experience into learning: NY:Nichols Pub.

Keohane, Robert and Joseph Nye Jr (2000), "Introduction, in Governance in a Globalizing World," J Nye Jr and J. Donnahue (eds) Wsshington, DC. Brook ings Institution Press

Kern, R. (2006). Perspectives on technology in learning and teaching languages. TESOL Quarterly, 40(1), 183-210.

Kilbane, C. R. & Milman, N. B. (2014), Teaching models: Designing instruction for 21st century learners. New York: Pearson.

Kim, J. -S. (2019), Multicultural literacy for English language learners. Seoul: Han Kook Publishing Company.

Kincheloe, J. L., & Steinberg, S. R. (1997), Changing multiculturalism. Buckingham: Open University Press.

Kirschenbaum, H. (1973), Beyond values clarification. Howard Kirschenbaum & Sidney B. Simon (eds.). Readings in values clarification. Minneapolis: Winston Press. 92-110.

Kramsch, C. (1998), Language and Culture. New York, NY: Oxford University Press.

Kress, G. (1999), Genre and the Changing Contexts for English Language Arts. Language Arts, 76(6). 461-469.

Kress, G. (2000). Multimodality: Challenges to thinking about language. TESOL Quarterly, 34(2), 337-340.

Kress, G. (2003), Literacy in the New Media Age. London: Routledge.

Kress, G., & van Leeuwen, T. (2001), Multimodal discourse. London: Arnold.

La Forge, P. G. (1983), Counselling and Culture in Second Language Acquisition. Oxfordd: Pergamon

Lankshear, C. & M. Knobel (2003), New literacies : changing knowledge and classroom learning, Maidenhead, UK : Open University Press

Lankshear, C., & McLaren, P. (1993), Critical Literacy: politics, praxis, and the post modern. Albany: SUNY Press.

Larson, J. (1996), Challenging autonomous models of literacy: Street's call to action. Linguistics & Education, 8, 439-445.

Lee, V. E., Winfield, L. F., & Wilson, T. C., (1991), Academic behaviors among high-achieving African-American students, Education and Urban Society, 24(1), 65-86.

Leung, C. (2007). Dynamic assessment: Assessment for and as teaching. Language Assessment Quarterly, 4(3), 257-278.

Levi-Strauss, C. (1998), 슬픈 열대. (박옥줄 역). 한길사. (원저 1955년 출판).

Lidz, C. S. (1997). Dynamic assessment: Psychoeducational assessment with cultural sensitivity. Journal of Social Distress and the Homeless, 6(2), 95-121.

Lucas, P. (1991a), Reflection, new practices and the need for reflexibility in supervising student-teachers, Journal of Further and Higher Education. 15(2), 84-93.

Lucas, T., Henze, R., & Donato, R., (1990), Promoting the success of Latino language-minority students: An exploratory study of six high schools, Harvard Educational Review, 60, 315-340.

Luke, A. (2015. April). Allen Luke: Critical Literacy [Video file], Retrieved from https://www.youtube.com/watch?v=UnWdARyk dcw&t=11s

Lustig, M. W. (2006). Communication curricular in the multicultural university. Communication Education 40, 250-254.

Macedo, S. et al. (2005), Democracy at risk: How political choices undermine citizen participation and what we can do about it. Brookings Institution Press.

Marshall, H. W. & DeCapua, A. (2013). Making the transition to classroom success: Culturally responsive teaching for struggling language learners. Michigan: University of Michigan Press.

Marx, K. (1845), Theses On Feuerbach. 출처: http://www.marxists.org/ archive/marx/works/ 1845/theses/theses.htm. (검색일: 2013. 10. 2).

Massey, D. (1994). Space, place, and gender. Minneapolis: University of Minnesota Press.

McCaslin, N.,(2006), Creative Drama in the Classroom and Beyound(8ed.). NY: Pearson.

McClain, D. M. (2016). Artificially intelligent computer assisted language learning system with AI student component. Tennessee: Southern Adventist University.

McLaren, P. (1995), White Terror and Oppositional Agency: Towards a Critical Multiculturalism. In Sleeter, C. E. & McLaren, P. L. (Eds.). Multicultural Education, Critical Pedagogy, and the Politics of Difference(33-70). Albany: State University of New York Press.

McMillan, D. G., & Chavis, D. M. (1986), Sense of community. Journal of
    Community Psychology. 14, 6-24.

McMillan, J. H. (2014). 교실평가의 원리와 실제, (손원숙, 박정, 강성은 공역),
    교육과학사. (원저 2007년 출판).

McTighe, J., & Wiggins, G. (2004). Understanding by design: Professional
    development workbook. Alexandria, VA: Association for
    Supervision and Curriculum Development.

Merryfield, M. M. & White, C. S. (1996). Issues-centered global education,
    in Evans, R. W. & Saxe, D. W. (Ed.), 1996, Handbook on teaching
    social issues. NCSS Bulletin 93.

Merryfield, M. M.(2005), Moving the center of global education: From
    imperial worldvies that divide the world to double consciousness,
    contrapuntal pedagogy, hybridity, and cross-cultural competence.
    In W. B. Stanley (Ed.), Criticalissues in social studies research for
    the 21st century. 179-207. Greenwich,NC: Information Age
    Publishing.

Metiri Group (2003). enGauge 21st century skills. Culver City, CA:
    Metiri Group. Retrieved December 7, 2019, from https://www.
    unctv.org/education/teachers_childcare/nco/documents/
    skillsbrochure.pdf.

Mezirow, J. (1990), How critical reflection triggers transformative learning.
    In J. Mezirow and Associates (Eds.), Fostering critical reflection
    in adulthood: A   guide to transformative and emancipatory
    learning. SF: Jossey-Bass Publishers.

Miller, N., Brewer, M., & Edwards, K. (1985), Cooperative interaction in desegregated settings: A laboratory analogue. Journal of Social Issues. 41(3), 63-79.

Moil, L., (1992). Bilingual classroom studies and community analysis: Some recent trends. Educational Researcher, 21(2), 20-24.

Moll, L., Amanti, C., Neff, D., & Gonzalez, N. (1992), Funds of knowledge for teaching: Using a qualitative approach to connect homes and classrooms. Theory into Practice, 31(2), 132/141.

Morgan, M. (1999), US Language Planning and Policies for Social Dialect Speakers. In Th. Huebner & K. A. Davis(Ed.). Sociopolitical Perspectives on Language Policy and Planning in the USA. John Benjamins.

Morgan, M. (2002), Language, discourse and power in African American culture. Social Anthropology, 13(2), 237-238.

Moskowitz, G. (1978), Caring and Sharing in the Foreign Language Class. Rowley, Mass.: Newbury House.

Murphy, R. F. (2019). Artificial intelligence applications to support K-12 teachers and teaching. The RAND

Na, I. S.(2008), Affecting Factors on the Stress among Foreign immigrant Women by marriage in Korea. Journal of Nonprofit research. 7(1), 97-136.

New London Group. (1996), A pedagogy of multiliteracies: Designing social futures. Harvard Educational Review, 66(1), 60-93.

Nieto, S. (2010), Language, Culture, and Teaching Critical Perspectives (2nd. ed.), Taylor & Francis.

Nieto, S. (2016), 언어, 문화 그리고 비판적 다문화교육, (김영순, 오영훈, 이미정,

강현민, 최승은, 임지혜, 정소민, 김창아, 박순덕 공역), 북코리아.

(원저 2009년 출판).

OECD (2003),. Definition and selection of competencies (DeSeCo).
Retrieved December 7, 2019, from https://www.oecd.org/pisa/
35070367.pdf.

Ong, W. (1982), Orality and literacy. London: Methuen.

Oslo, A., & Starkey, H. (2005), Changing Citizenship-Democracy and
Inclusion in Education, Open University Press.

Ostermann, A. C., Frezza, M., & Perobelli, R. (2020), LITERACY WITH
OUT BORDERS: THE FINE-GRAINED MINUTIAE OF
SOCIAL INTERACTION THAT DO MATTER (ALSO
IN PROMOTING HEALTH LITERACY), Trab. linguist. apl.
vol.59 no.1 Campinas Jan./Apr. 2020 Epub May 22,2020.
On-line version ISSN 2175-764X

Ouellet, F. (2002), Éducation interculturelle et l'education a la
Citoyennete: "Quelques pistes pour s'orienter dans la diversite
des conceptions," VEL Enjeux, n ° 129, juin. 146-167.

Oxfam (2013), Annual report. Oxford: Oxfam.

Oxfam (2016), Global citizenship in the classroom: A guide for teachers.
Oxford: Oxfam.

Pang, V. (2005), Multicultural education: A caring-centered, reflective ap
proach, (2nded) McGraw Hill.

Paris, D., & Alim, H. S. (2017), Culturally sustaining pedagogies: Teaching
and learning for justice in a changing world. New York, NY:
Teachers College Press.

Raths, Louis E. et al. (1994), 가치를 어떻게 가르칠 것인가, (정선심, 조성민 역), 철학과 현실사, (원저 1978년 출판).

Peirce, C. (2006), 퍼스의 기호 사상, (김성도 역) 민음사, (원저 1902년 출판).

Ribble, M. & Bailey, G.(2011), Digital citizenship in school. London: International So ciety for Technology in Education.

Ribble, M., & Bailey, G. (2005), Teaching digital citizenship: When will it become a Priority for 21st Century Schools? Retrieved from http://www.digitalcitizen ship.net/uploads/TeachingDC10.pdf 05.04.2013.

Rice, F. Philip(2003), 청소년 심리학. (정영숙, 신민섭, 설인자 공역), 시그마프레스, (원저 2001년 출판).

Richards, Jack C. & Rogers, Theodore S., (2008), 외국어 교육 접근 방법과 교수법, (전병만, 윤만근, 오준일, 김영태 공역), CAMBRIDGE, (원저 2008 출간).

Robson, K., Plangger, K., Kietzmann, J., McCarthy, I. & Pitt, L. (2015), "Is it all a game? Understanding the principles of gamification". Business Horizons. 58(4): 411 - 420.

Rodgers, C. (2002), Defining Reflection: Another look at John Dewey and reflective thinking. Teachers College Record. 104(4), 842-866.

Romero, A. J., Carvajal, S. C., Valle, F., & Orduna, M. (2007), Adolescent bicultural stress and its impact on mental well-being among Latinos, Asian American, and European Americans. Journal of Community Psychology, 35(4), 519-534.

Salter, D. E., (2013), They get what they deserve: Interrogating critical digital literacy experiences as framed in a Quebec alternative high school context. In Critical digital literacies as social praxis.

New York, NY : Peter Lang.

Sandel, M. (1982), Liberalism and the limit of justice. Cambridge, MA: Harvard University.

Schulz-von Thun, F., (1981), Miteinander reden, Reinbek.

Schwab, K. (2016), 클라우스 슈밥의 제4차 산업혁명, (송경진 역), 새로운 현재, (원저 2016년 출판).

Schwartz. (1995), Crossing Borders/Shifting Paradigms: Multiculturalism and Children's Literature, Harvard Educational Review. 65, 634-650.

Schön, D. (1983), The reflective practitioner: How professionals think in action. NY: Basic Book.

Schön, D. (1987), Educating the reflective practitioner. SA: Jseesy-Bass Publishers.

Scott, J. C. (1985), Weapons of the weak: Everyday forms of peasant resistance. Yale University Press.

Shor, I. (2009), what is critical literacy? In Darder, A., Baltodano, M. P., & Torres, R. D. (Eds.), 2nd Ed., The critical pedagogy reader (pp. 282-304). New York,NY: Routledge.

Siegel, H. (1988), Educating Reason: Rationality, Critical Thinking and Education, Routledge.

Silva, P. D. (2009). Television, public sphere, and minorities. Media Devepement, 56(4), 51-55.

Silverstone, R., & Georgiou, M. (2005), Editorial Introduction: Media and Minorities in Multicultural Europe, Journal of Ethnic and Migration Studies, 31(3), 433-441.

Sleeter, C., & Grant, C. (2003), Making choices for multicultural education

: five approaches to race, class, and gender(4th ed), New York: John Wiley & Sons.

Smith, S. (2001), Education for Judgment: An Arendtian Oxymoron?. In M. Gordon (Ed.). Hannah Arendt and education: renewing our common world (pp. 67-92), Colorado: Westview press.

Smitherman, G. (2000), Talk in that Talk: Language, Culture, and Education in African America, London ; Routledge.

Spinthourakis, J. A., & Karatzia-Stavlioti, E. (2006), Assessing and developing teacher's multicultural competence as a dimension of global citizenship. In Citizenship education: Europe and the world, A. Ross(ED.), London: London Metropolitan University.

Spitzberg, B. H, and Brunner, C. C.(1991), To ward a theo retical integration of context and competence inference research, Western Journal of Speech Communication, 55, 28-46.

Spitzberg, B. H. (1988), Communication Competence: Measures of Perceived. A hand book for the study of human communication: Methods and instruments for observing, measuring, and assessing communication processes, 67.

Spitzberg, B. H. (1997), A model of intercultural communication competence. Intercultural communication: A reader, 9, 375-387.

Spitzberg, B. H., and Brunner, C. C. (1991), Toward a theoretical integration of context and competence inference research. Western Journal of Speech Communication. 55, 28-46.

Spolsky, B., (1998), Sociolinguistics. Oxford: Oxford University Press.

Sreberny, A. (2005), 'Not Only, But Also': Mixedness and media. Journal of Ethnic and Migration Studies, 31(3), 443-459.

Sternberg, R. J. & Grigorenko, E. L. (2002), Dynamic testing: The nature and measurement of learning potential. Cambridge: Cambridge University Press.

Stewig, J. W. & Buege, C., (2004), 총체적 언어교육을 위한 교육연극, (황정현 역), 평민사, (원저 1994년 출판).

Street, B. (1984), Literacy in theory and practice. Cambridge: Cambridge University Press.

Street, B. (1995), Social literacies: Critical approaches to literacy in development, ethnography. and education. London: Longman.

Street, B. (2003). What's new in New Literacy Studies_ Critical approaches to literacy in theory and practice. Current Issues in Comparative Education, 5 (2), 77-91.

Sue, Derald Wing, and Sue, David(2011), 다문화상담-이론과 실제, (하혜숙, 김태호, 김인규, 이호준, 임은미 공역), 학지사, (원저 2008년 출판).

Thomas, D. C., & Inkson, K. (2004), Cultural Intelligence: People Skills for Global Business, Publishers Group West.

Thompson, J. B. (1990), Ideology and modern culture. Oxford: Basil Blackwell.

Ting-Toomey, S. (1993). Communicative resourcefulness: An identity negotiation perspective. In R. L. Wiseman

Tuan, Y. F. (2001). Space and place: The perspective of experience. WI: University of Wisconsin.

Turner, J., & Oakes, P. (1989), Self-categorization theory and social influence. In P. Paulus (Ed), Psychology of group influence (2nd ed 233-275). Hillsdale, NJ:Erlbaum.

Tylor, E. B. (1871), Primitive Culture. London: John Murray.

U.K. Assessment Reform Group. (2001), Assessment for learning. Cambridge, England: University of Cambridge.

UNESCO (2006), UNESCO Guidelines on Intercultural Education. Paris: UNESCO.

UNESCO (2009), Policy Guidelines on Inclusion in Education. Paris: UNESCO.

UNESCO (2012), 지속가능발전교육길잡이, 유네스코한국위원회.

UNESCO (2014), Draft outline of the framework for action on education post-2015. Paris: UNESCO.

UNESCO (2015a), Draft framework for action education 2030: Towards inclusive and equitable quality education and lifelong learning for all. Paris: UNESCO.

UNESCO (2015b), Global citizenship education: Taking it local. Paris: UNESCO.

UNESCO (2015c), Global citizenship education: Topics and learning objectives. Paris: UNESCO.

UNESCO (2017), Reading the Past, Writing the Future: Fifty Years of Promoting Literacy.

Van Manen, M. (1944), Practicing phenomenological writing. UALibraries Site Administrator Test Journal 2. 2(1), 36-69.

Van Manen, M. (1977), Linking ways of knowing with ways of being practical. Curriculum Inquiry. 6(30), 205-228.

Van Manen, M. (1990), Researching lived experience: human science for an action sensitive.

Verschueren J (2002), 화용론의 이해. (김영순, 지인영, 이정화 공역). 도서출판 동인.
(원저 1999년 출판).

Vygotsky, L. S. (1978), Mind in society: The development of higher
psychological processes. Cambridge, MA: Harvard University Press.

Vygotsky, L. S. (2009), 마인드 인 소사이어티, (정회욱 역), 학이시습, (원저 1978 출판).

Walzer, M. (1999), 정의와 다원적 평등, (정원섭 역), 철학과 현실사, (원저 1998년 출판).

Watts, R. J., Diemer, M. A., & Voight, A. M. (2011), Critical consciousness:
Current status and future directions. New Directions for Child
and Adolescent Development, 2011(134), 43-57.

Wessels, C. (2008), EFL 수업에서의 연극 활용 영어교수법, (최용훈 역), 종합 출판
EnG, (원저 1987년 출판).

Westheimer, J. & Kahne, J. (2004), What kind of citizen? The politics of
educating for democracy. American educational research journal,
41(2), 237-269.

William, G. (2016), Global Citizenship Education: Everyday Transcendence.
New York: Roultledge.

Williams, R. (1982), The sociology of culture. New York: Schocken Books.

Willis, A. I., García, G. E., Barrera, R., & Harris, V. J. (2003), (Eds.),
Multicultural Issues in literacy research and practice. Mahwah,
NJ: Lawrence Erlbaum Associates, Inc.

[참고사이트 및 참고기사]

교육과학기술부(2019), http://www.moe.go.kr/

농민신문 [독립문에서] 가짜뉴스는 어제오늘 일이 아니다. (설동훈 전북대학교 사회

학과교수, 2019. 05.29.)

서울신문 법원 "원어민 강사에 에이즈 검사 강요는 위법...국가배상." (신진호 기자,

2019년 11월 6일)

오마이뉴스, 2020년 3월 5일, "토종 한국인"이라던 연예인은 왜 사죄 기자회견 열었나.

위키피디아. 거울나라의 앨리스 (2020년 2월 11일).

쿠키뉴스 [이거 봤어?] "요즘 애들은 참 버릇이 없단 말야"...그런데 현실은 말입니다.

(김민석 기자, 2015년 04월 08일)

KICE 한국교육과정평가원(2008), http://www.kice.re.kr/

MBC뉴스 [이슈 톡]10대 '고졸 검정고시' 비율 67.7%…사상 최대. (김수산 리포터,

2020년1월 6일).

Wikipedia (2019). Artificial Intelligence. Retrieved December 7, 2019,

from https://en.wikipedia.org/wiki/Artificial_intelligence.

✎ 찾아보기

3ACT   375
4차 산업혁명   102

[A]
AI기반 디지털 리터러시   126
AI기반 매체   107

[E]
ESL수업   88

[S]
STAR수업 모형   135
Study Korea Project   302

[W]
WHERETO 요소   130

[ㄱ]
가부장적 가족주의   370
가상현실(virtual reality: VR)   105
가치명료화 과정   261
간문화적 체험   208
고독한 작업   43
공감(empathy)   109

공동체의식   269
관점의식   113
교사의 담화   92
교육과정   156
교육연극   173, 178
교육연극 수업 사례   196
교육적 형평성   155
구성적 공동체   270
구성적 관점   258
국민   227
권력이론   80
글로벌 교육 우선 구상   103
글로벌 이슈   126
기능적 리터러시   107
기법   353
기의   406
기표   406
기호체계   91

[ㄴ]
뉴 리터러시 연구   66
뉴 리터러시연구   59
능력주의   61

[ㄷ]

다문화가정 자녀 93

다문화가정 청소년 214, 226, 229

다문화가정 청소년들 203, 236, 242

다문화 감수성 263, 264, 276, 392

다문화교육 201, 207, 211, 232

다문화교육 정책 394

다문화교육 프로그램 295

다문화 대안학교 151

다문화 리터러시

69, 217, 218, 243, 248, 256, 310

다문화 리터러시 교육

97, 258, 261, 271

다문화 사회 218

다문화 수용성 72

다문화 역량 264

다문화인식 249

다문화 정책 388

다문화 정체성

199, 221, 224, 236, 237, 243

다문화 학교 393

다문화학교 151

다문화현장 281

다문화현장 텍스트 289, 290

다양성 266

다양성 없는 권력 79

다원주의 패러다임 154

다중 리터러시 59, 165, 169

다중 리터러시 개념 165

다중모드성 67

다중모드 텍스트 167

다중 문해력 169

다층양식 리터러시 179

대립적인 담론 63

대안교육 148

대안적 교육 248

대안학교 148, 152

대화성 176

도상기호 175

디지털 리터러시 기반 수업 129

디지털 시민성 122

디지털 학습자 132

[ㄹ]

리터러시(literacy)

58, 162, 195, 218, 255, 349

리터러시교육 378

리터러시 역량 55

리터러시의 교육화 64

[ㅁ]

멀티리터러시 165

명제적 사고 247

모델 수행 지표 133

문맹퇴치 운동 27

문식성 71

문화간 역량 225

문화감수성 215

문화감응적 리터러시 교수법　72
문화교육　202
문화 다양성　254
문화다양성　203, 206
문화예술교육　199, 202, 207
문화자본　96, 204
문화적 소수자　251
문화적 인종주의　81
문화적 정체성　238
물리적 보편주의　387
미디어　306, 311
미디어교육　397, 417
미디어능력　397, 400
미디어 리터러시　317, 349
미디어 약자　318
미디어 재현　309
미온적 의식　40
민족상대주의　226
민주주의 사회　153

[ㅂ]
반다문화주의 담론　81
백워드 설계 모형　127
보이지 않는 이주　304
부정적인 소수자재현　324
비다문화가정 청소년　203, 223
비언어적 의사소통　166
비인지적 기능들　114
비판적 기준　37

비판적 다문화교육　250, 253, 254
비판적 다문화주의　83, 255
비판적 리터러시　68, 77, 94, 97
비판적 미디어 리터러시　315, 317
비판적 성찰　260, 293
비판적 의식　39
비판적 의식화　38
비판적 페다고지　30, 35, 256, 297
비판철학　30

[ㅅ]
사회적 리터러시 차원　237
사회적 배제　383
사회적 불평등　292
사회적 상호의존성이론　268
사회적 상호작용　266
사회정의 리터러시　73
사회통합　152
상호문화 감수성
　　　221, 225, 237, 385, 417
상호문화 감수성 발달 모형
(Developmental Model of
Intercultural Sensitivity, DMIS)
　　　225, 264, 386, 388
상호문화 기민성　384
상호문화 소통역량　46, 115
상호문화역량　46, 48, 50
상호문화역량 모델　47
상호문화 인지능력　384

상호문화 프락시스　52

상호의존모형　68

상호의존성　287

서브플롯　370

성찰　259

세계시민　228, 271

세계시민교육　113, 126

세계시민성　221, 228, 239, 244

세계화　227

소극적 참여　44

소수자　152, 307, 383

소수자 되기　309, 315, 340

소수자 미디어　308

소수자재현　314

소재와 주제　353

수용기　119

순진한 의식　39

스크래치　105

스테레오타입　267

스토리텔링　207, 210, 231

스토리텔링교육　198, 230

스토리텔링교육 과정　200

시놉시스　353

시니피앙　91

시니피에　91

시민　227

시민적 참여 주체　44

신민　227

실천적 능력　255

[ㅇ]

앙가주망　42

애니메이션　401, 402, 404

애니메이션 텍스트　402

언어적 커뮤니케이션　398

역량　110

연극공연　196

연극하기　189

열린 수업　287

영화 리터러시　345, 348, 351, 377

영화 리터러시교육　345, 348

영화 리터러시교육 방법　379

영화의 언어　344

예술교육　202

유교적 사상　358

유기적 지식인　34

유학생 유치 확대방안　304

의사소통　179

의사소통 행위　178

의식화　262

이념모형　64

이미지　175

이주민 소수자　336, 337

이주민 소수자 미디어　308, 319, 338

인공지능　102

인물기호　416

인본주의 교수기법　171

[ㅈ]

자극선호 52
자민족중심주의 226, 386
자아정체성 215
자율모형 64
작업 기억 119
저항적 소수자 332
전인적 접근 157
전지구적 공동체 271
전지구적 공동체의식 271, 297
전지구적 공존 244
'전통적' 지식인 35
접근성의 모순 93
정보처리역량 108
정의적 여과 134
정체성의 정치 335
제 2언어 158
제 2언어교수법 177
제국주의적 권력 구조 83
제노포비아 324
주류 미디어 306, 326, 329
주체적 정치 332
주체적 참여 41
증강현실 105
지구 위원회 123
지능형 강의 시스템 106
지능형 강의 플랫폼 105
지능형 컴퓨터 보조 언어 학습 106
지식 257

지식 자원 96
직시 169
직시소 169

[ㅊ]

차별배제정책 307
참여구조의 변화 91
참여적 대안미디어 313
창의적 드라마 174, 176
창의적인 학습활동 288
챗봇 105
처리기 119
초국적 디아스포라 291, 292
초국적 이주 공동체 290

[ㅋ]

카타르시스 356, 368
캐릭터 353
커뮤니케이션 교육 398

[ㅌ]

타자 251, 284
타자화 85, 312
테오리아 26
특수 목적의 리터러시 107

[ㅍ]

퍼블릭 액세스 397
평등 154

포이에시스	31	한국문화교육	345
표상형식	169	한국어교육과정	161
표현기	119	행위자성	40
프락시스	25, 29, 60	허용적 평등	154
플롯	353	현실화된 시민	122
필모그래피	353	협동학습	177, 268
		협동학습 과정	268
[ㅎ]		협력적인 의사소통	152
학교 리터러시	64	형식적 교육과정	173
학생의 담화	92	형평성교육	148
학습 결과에 대한 평가	138	혼종적 언어체계	90
학습을 위한 평가	138	효 중심의 가족주의	358
학습자 정체성	92	흥행 요소	353

✎ 저자소개_집필순

김영순 kimysoon@inha.ac.kr (1장 집필, 7장, 9장 공동 집필)

독일 베를린자유대에서 문화변동에 관한 연구로 철학박사 학위를 취득하고, 현재 인하대 사회교육과 교수 겸 대학원 다문화교육학과 학과장로 재직 중이다. 또한 인하대 부설 다문화융합연구소장, 탈북다문화멘토링사업단장, BK21+글로컬다문화교육연구단장직을 수행하고 있다. 학문후속세대를 위하여 전국의 대학원생을 대상으로 질적 연구방법론 캠프를 열고 있다. 공동저서로는 〈문화, 미디어로 소통하기〉, 〈미디어교육과 만남〉, 〈학교로 간 미디어교육〉, 〈질적연구의 즐거움〉, 〈처음 만나는 다문화교육〉 등이 있으며, 단독 저서로는 〈미디어와 문화교육〉, 〈다문화교육의 이론과 이론가들〉, 〈다문화교육과 협동학습 경험〉, 〈이주여성의 상호문화 소통과 정체성 협상〉 등이 있다.

장은영 eyjang@snue.ac.kr (2장 집필)

미국 밴더빌트 대학의 피바디 사범대에서 언어, 문해, 문화전공으로 박사학위를 취득하고 현재 서울교대 대학원 다문화교육 전공 교수이자 다문화교육연구원 원장으로 재직 중이다. 사회문화이론과 비판적 교수법을 기반으로 다문화교육, 이중 · 다중언어교육, 미디어 리터러시에 관심을 가지고, 다문화 혹은 이민가정 자녀들의 주류 언어 습득과 모어 유지 및 정체성 협상에 대해 사회문화적 맥락에서 연구하였다. 최근에는 탈북 청소년의 학교 밖 미디어 및 다언어 교육을 통한 하이브리드 정체성과 소수자 연구자의 자기생애사 연구를 수행하고 있다. 다수의 국내외 저명학술지에 연구 논문을 게재하였고, 다문화교육 관련 공저 〈학교다문화교육론〉와 공역서 〈리터러시와 권력〉를 출간하였다.

김진석 jskim@snue.ac.kr (3장 집필)

부산대에서 시간해석에 관한 연구로 문학박사 학위를 취득하고, 현재 서울교대 영어교육과, 대학원 국제사회문화교육과와 인공지능교육과에 교수로 재직 중이다. 또한 서울교대 교무처장 겸 교수학습지원센터 소장을 수행하고 있다. 공동 저서로는 〈문화 속의 영어, 영어속의 문화〉, 〈초등영어교육 및 평가〉, 〈초등영어교육과 평가〉, 〈영어로 수업하는 영어수업 인증제〉 등이 있으며, 단독 저서로는 〈문화간 의사소통능력과 다문화교육〉, 〈영어과 교육과정 및 평가〉, 〈초등영어과교육과정의 이해와 적용〉, 〈담화분석과 영어교육〉, 〈영어과 교육과정 기반 교육평가의 이해〉, 〈Multicultural Literacy for English Language Learners〉 등이 있다.

장은숙 esjang@knuw.ac.kr (3장 공동 집필)

부산대에서 상황상과 의미역에 관한 연구로 문학박사 학위를 취득하고, 현재 한국복지대 장애행정과 교수로 재직 중이다. 한국복지대 학생처장, 학술정보관장 등을 수행하였다. 공동 저서로는 〈English in Culture, Culture in English(문화 속의 영어, 영어속의 문화)〉, 〈초등영어교육 및 평가〉, 〈초등영어교육과 평가〉 등이 있다. 교과서로는 중·고등학교 영어교과서, 외국어고등학교 영어회화 교과서 등이 있다.

김창아 73nabi@hanmail.net (4장 집필)

인하대 대학원에서 다문화교육 전공으로 교육학 박사학위를 취득하였다. 현재 서울시교육청 소속 교사로 재직 중이다. 인하대 다문화융합연구소의 객원연구원으로 한국연구재단의 토대연구를 수행하고 있다. 공저로는 〈사회과 창의·인성수업〉, 〈다문화교육 용어사전〉, 〈다문화교육 연구의 경향과 쟁점〉, 〈창의적 체험활동 교육 프로그램의 운영과 실제〉, 〈처음 만나는 다문화교육〉, 〈질적연구의 즐거움〉, 〈한국 다문화 사회의 교육과 복지 실천〉 등이 있으며 공동번역서로는 〈언어, 문화 그리고 비판적 다문화교육〉이 있다.

안진숙 ajsbook@hanmail.net (5장 집필)

인하대 대학원에서 다문화교육을 전공하여 교육학 박사학위를 취득하고, 현재 다문화 관련 현장에서 한국어교육과 이민통합 관련 강의를 진행 중이다. 법무부 사회통합프로그램, 여성가족부 한국어교육, 중도입국청소년 대상 교육, 북한이탈주민 지원사업, 결혼이민자 조기적응프로그램, 유학생 한국어교육, 법무부 구술면접관 등 다문화 관련 현장에 참여하고 있다. 경기다문화뉴스에서 〈한국어와 한국문화〉를 연재 중이며, 저서로는 〈유아교사를 위한 다문화교육의 이해〉를 출간하였다. 다문화 청소년들의 스토리텔링 교육프로그램을 진행하여 〈다문화, 이야기꽃이 피었습니다〉 전 7권을 기획·출간하였다.

정지현 oxy59j@hanmail.net (6장 집필, 7장 공동 집필)

인하대 대학원에서 다문화교육 전공으로 교육학 박사학위를 취득하였다. 현재 서정대 항공관광과에 부교수로 재직 중이다. 인하대 언어교육원에서 한국어를 강의하였고, 동대학 대학원에서 다문화교육 관련 강의를 하였다. 다문화 리터러시 교육과 관련하여 다수의 논문이 있으며, 공저로는 〈다문화교육 용어사전〉, 〈다문화교육의 이론과 적용〉, 〈처음 만나는 다문화교육〉, 〈질적연구의 즐거움〉, 〈사할린 한인들의 다양한 삶과 그 이야기〉, 〈다문화 생활세계와 사회통합연구〉, 〈중국계 이주민의 다문화 생활세계 연구〉, 〈동남아시아계 이주민의 다문화 생활세계 연구〉 등이 있다.

윤 영 yyoung@honam.ac.kr (8장 집필)

연세대 대학원에서 한국어교육 전공(영화를 활용한 소설교육)으로 박사학위를 취득하였으며 현재 호남대학교 한국어학과 학과장, 대학원 한국어교육학과 주임교수로 재직 중이다. 한국문화와 한국문학 교육 분야를 지속적으로 연구하고 있으며 국립국어원, 세종학당, 한국국제교류재단, 재외동포재단 등에서 문화 및 문학 교육 관련 특강 및 교